国家社科基金
GUOJIA SHEKE JIJIN HOUQI ZIZHU XIANGMU
后期资助项目

体 育 课 程 学

Physical Education Curse Subject Study

张振华　著

北京师范大学出版集团
BEIJING NORMAL UNIVERSITY PUBLISHING GROUP
北京师范大学出版社

图书在版编目（CIP）数据

体育课程学/张振华著. —北京：北京师范大学出版社，2020.7
ISBN 978-7-303-25572-6

Ⅰ.①体… Ⅱ.①张… Ⅲ.①体育教学－教学研究－高等学校
Ⅳ.①G807.4

中国版本图书馆 CIP 数据核字（2020）第 009575 号

营 销 中 心 电 话　010-58805385
北 京 师 范 大 学 出 版 社
主题出版与重大项目策划部　http://xueda.bnup.com

TIYU KECHENGXUE

出版发行：北京师范大学出版社　www.bnup.com
　　　　　北京市西城区新街口外大街 12-3 号
　　　　　邮政编码：100088
印　　刷：北京京师印务有限公司
经　　销：全国新华书店
开　　本：787 mm×1092 mm　1/16
印　　张：22
字　　数：336 千字
版　　次：2020 年 7 月第 1 版
印　　次：2020 年 7 月第 1 次印刷
定　　价：88.00 元

策划编辑：郭　珍　　　　　　责任编辑：张静洁
美术编辑：王齐云　　　　　　装帧设计：王齐云
责任校对：陈　民　　　　　　责任印制：陈　涛

国家社科基金后期资助项目
出 版 说 明

后期资助项目是国家社科基金设立的一类重要项目，旨在鼓励广大社科研究者潜心治学，支持基础研究多出优秀成果。它是经过严格评审，从接近完成的科研成果中遴选立项的。为扩大后期资助项目的影响，更好地推动学术发展，促进成果转化，全国哲学社会科学工作办公室按照"统一设计、统一标识、统一版式、形成系列"的总体要求，组织出版国家社科基金后期资助项目成果。

全国哲学社会科学工作办公室

代　序

走入 21 世纪，面对学校体育对人才培养的需求，广大体育学人对新理论的渴望，在众多学者的筚路蓝缕的努力下，2005 年多本体育教学论绽放问世，极大地充尽了理论的发展，推动学科体系向前迈进了可喜的一大步。其后，有关教学论研究的论文如钱塘江的潮水涌流不断，可是有关课程论研究的文章一直沉浸在黎明静悄悄。这一阙如多年来，就成为学界同仁们谈之心痛，忆之心酸，情之挥不去的一块心病。陷于乔居院长之责，事事需小心躬身实行，为了解决这个焦虑，几番动笔，几番停笔，欲罢难止，一直未能成行。

2015 年花开之日，我收到安徽师范大学体育学院张振华教授寄来的书稿《体育课程学》，言中说，如认为该书写的可以，请我给写一封国家社科后期资助课题的推荐信为盼。由于该书之名戳中心病，当即在办公室翻阅，久久难以放下。春江水暖鸭先知，阅后高兴难禁，学科终于有了一本体育课程论的学术著作了。该书本土性强、学术味足、风格新、文力活，处处濯去旧意以来新见，令人读后大快朵颐，人间美味也！正如古人云："文章合为时而著，歌诗合为事而作。"於是欣然尊嘱撰写了这封推荐信，见下文。

张振华教授的《体育课程学》是一本巨著，也是一个精品教材，更是一个研究成果的集萃。因为这本书是张教授历时多年在研究生之体育课程论的讲学中，边教学，边研究，边实证，边思考，边改革的成果。其中的诸多理论有着独特观点和思考，也是用独特的视野看问题而写出来的。据本人多年来在此领域的研究与教学经验来判断，许多观点具有重要的创新性，一些理论带有突破性的价值。本人阅后多受启发，也心生敬佩。因此，本人特别愿意推荐张教授的这本《体育课程学》得到国家社科基金后期资助的立项支持，并得以出版。

今天，这本书的结题成果即将出版了，张教授希望我能给写个收官之语，促进对该书理解。遵循"文以明道，津以渡人"之训，鼓励出一本好书是学者的责任，于是就写下了自己的感悟供同仁分享。同时借此之际，寄语"一花独开不是春，百花齐放春满园"，衷心希望有更多本体育课程论问世，香满学校体育的花园为盼！

毛振明
2019 年春于北京师范大学

前　言

　　课程是学校教育的核心，是知识赖以传递的载体，践行着把知识从外化走向内化的行动。课程对上关涉到人才的培养，对下牵扯到教育发展的导向。世界教育实践表明，没有课程的改革，就没有教育改革的成功。众所周知，对于课程论的认识，由于受历史的制约，中华人民共和国成立后，我们不得不一边倒地师从于苏联的学校教育理论。受其影响，教学（母系统）的范围大于课程（子系统），课程从属于教学，无须再专门研究。这导致学者们把课程视为教学的一部分来研究。文献资料显示，从 1992 年起，中国才开始在行文体系上，把沿用多年的"教学计划"更名为"课程计划"，结束了把教学作为学校授业的计划与学程的指导宗旨。因而，半个世纪以来，我们只有教学论的研究，没有把课程作为一门学科的研究。这导致课程没有实现工具性、科学性与思想性的统一，理论匮乏、范式缺失、没有体系，难以为新课程的实施提供支撑。虽然 1989 年，学者陈侠、钟启泉提出了课程论，但资料显示直到 2007 年，《课程论》（钟启泉主编，全国 12 所重点师范大学联合编写，教育科学出版社，2007 年）才正式走进本科生教材。这一"尴尬"同样出现在学校体育教育领域，有关体育课程论专著之编在本科生教学中无，在研究生教学中也无，当然就更没有进入博士生教学之列了。鉴于此，改变中国学校体育没有课程论不足，"让课程论说中国话"就成为学校体育时代的课题。

　　那么专著是什么？学术发展史认为，专著是理论成熟的标志，是衡量学术博观返约、辩难识错的里程碑。这一专著的结果带来对学校体育课程的研究对象、任务、领域和范围较为混沌、不明白的划断和对学校体育课程怎样发展的认识不清，致使我们以对单一课程本质的认识与思维模式去论述体育教育，"自出己意以为诗"，不能从更广阔的角度挖掘体育课程既是锻炼又是娱乐，既是运动又是教育等的多元功能，缺失了对显性课程与隐性课程、学科课程与活动课程、必修课程与选修课程、分科课程与综合课程等的多元理解。其结果是只能说明课程"是教学什么"的事实，丢弃了课程"知识应如何"的内核，即课程对人和社会发展的价值关注。这一研究范畴的"缩小"，显然给体育教育带来不全面的后果，只能培养出应用技能的"勇士"，难以实现培养全面发展的人的目标。难以扶正学校体育发展的目标、任务和策略。这一现状不仅影响学校体育学科自身的发展，而且也成为阻碍当前学校体育课程与教学改革进一步深入发展的瓶颈。

由此引起的后果是，在学校体育课程发展中缺乏逻辑可靠的理论扶正和正确的方法论原理，难以为广大教师提供致知之途的方法论，判断"体育课程"的结构、内容、实施、评价等的生成依据，厘清课程与科学、道德、知识之间的甄别与分配的文化归属。教师无法对体育课程的内在价值（文化、精神等）和工具价值（技能、功用等）及社会价值（人的需要、社会的需要等）三者的属性和供用关系予以普遍的明清，无法解决由其引发的选择、分类、组织、分配、评价等过程的操作在实践现象问题的处理。给课程的实践实施带来的解释力的不足，不能使广大体育教师整体性地明白体育课程为什么（目的）、如何做（选择）、怎样做（实施）的问题，只能贫困地面对学校体育课程发展的丰富实践。正如海德格尔对解释学的论断，理解不仅是简单地获得对对象的认识，它还存在转向认识对象的经验，认识能力必须在实际过程中才可以获得解释。以致出现每一届全国体育课观摩大赛的理念变化不定导致广大体育教师不知如何进行课程建设、怎样进行课程实施。

正是这种需要使得"体育课程论"的研究变得急切而富有意义，值得钩沉与探析。诚如毛振明先生2010年10月，在北京师范大学体育教学论研讨会上所言，学校体育教育研究遗留的课题很多亟待全国同仁共同确认和探讨。为此，秉承"学术乃天下之公器"的精神，"天行健，君子以自强不息"的告诫。为摆脱学校体育自中华人民共和国成立至今"体育课程论"匮缺的不足。作者虽然老骥伏枥即将告别教坛，但学于斯、长于斯、六经注我、我注六经，依心而行，无憾今生，恪守学理不留空白的担当与老实站好最后一班岗的职责，不敢"丧志"，怀着著述就是著生活的敬畏，内心亲炙自我，每日笔以忘食、不知老已将至，日不敢忘其所无，月不敢忘其所责，辗动开凿《体育课程论》。希望钩沉致远能为结束划断学校体育在"体育课程论"缺乏的贫困做出应有的敬献，走完自己最后在岗的一公里。诚如《酒外人语》所说，这酒，分明是一脉不断的深情，一生不竭的追求。

古人云："文章合为时而著，歌诗合为事而作。"鉴于上为划断这一阙如，本书通过对课程相关理论的梳理和对各阶段结构体系的研究，立足于体育课程论的新品质特征与设计编制的优化策略，分著十章：第一章绪论阐述体育课程论的目的与作用，着清对象与任务；第二章梳理体育课程的发展、争鸣与流变，解析体育课程的本质与文化基础；第三章评说体育课程的形成与发展，审视中国体育课程论的建设与发展；第四章界定体育课程的范畴与结构，厘清体育课程的设置与分类；第五章提出体育课程目标的功能与制定，体育校本课程的目标编写与方式；第六章解析体育课程的设计与编制、理论与方法；第七章指出体育课程组织与实施的编制与方法；第八章厘清体育课程评价与判断，提出类型与对象、模式与实施；第九章探讨体育课程资源的开发与运用、能力与培养；第十章分析体育课程研究的发展与取向，评述国外学校体育课程的设置与借鉴。

最后"如欲方驾、须识关捩"。虽然作者忠实于重材料、重考证、重把问题考订清楚，慎终追远明其斯路。把文本置于一切对文本的考量之上，囊万殊、裁一相。希望纳百家之言而立一家之理、成一科之学经得起"阅读"。由于课程的演进是一个"由一进多的过程"，在其理解上不断衍生着新思想的变迁，在其范围上不断拓展着新关系的分化。虽刻求昭清繁芜庞杂，不干扰害义渗进杂质，不萧规曹随老生常谈，用好理论和概念之返本开新的丰富性和深刻性。着力他山之石可功玉，理性表达出体育课程论的气象特点。期望通过这十章内容能够总结提炼出一些有价值的思想或澄明的观点，既能反映学科发展的基本趋势，又能体现理论求新的诉求，做好"体育课程论"的构建，推进体育课程理论的发展；但深知体育课程论是"小村落、大文化"，难以穷尽真理。在编写中会恐力不能逮"取乎其上，仅得其中、或仅得其下"。要一张致广大而尽精微，达到普遍出场的水平难度极大。正如唯物辩证法指出，所有事物都是普遍联系的多样性的统一，存在着无尽的思考和推测。由而，怀着著述的目的就是教育自己，探讨是为了再次出发，能为后续研究的昉起成为垫脚石的愿望，还是躬行了此书。犹如洛克曾说，认为自己能够像一个清扫工人，把地面清扫得干净一些，把求知路上堆着的垃圾搬掉一些，能为后人行走带来方面就够满足了。需要备注的是，俗语讲要登高，看远，求新还须知故。在撰写过程中参考引用了前人的探索与成果，革故鼎新放眼了站在巨人肩上看问题的学术视野，正源见性丰富开阔了思想，在此对他们致以衷心的感谢和诚挚的敬意！

张振华
2018 年元旦于文津花园

目　　录

第一章 绪 论

【本章摘要】

一是用现代课程教育观去审视课程发展的实践，考察传统课程的局限，吸收新的成果，更新、充实、丰富课程理论，以回答体育课程建设与发展不断出现的实践问题与理论问题，为体育课程建设与发展的笃行与丰实提供理论燧犀。二是界定体育课程论的研究对象范围，明确研究对象，标识构建体育课程体系的范畴和结构。三是科学认识体育课程的现象，挖掘体育课程的价值、本质和使命，追问体育课程论的教育本质，明确体育课程论的教育功能，推进体育课程论的科学化进程，改变中国体育课程没有理论、没有范式、没有体系的现状。

【本章内容结构】

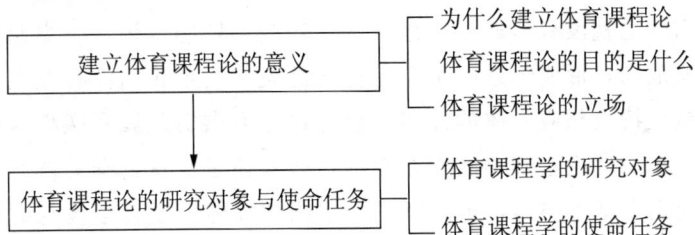

```
建立体育课程论的意义 ─┬─ 为什么建立体育课程论
                    ├─ 体育课程论的目的是什么
                    └─ 体育课程论的立场
        │
        ↓
体育课程论的研究对象与使命任务 ─┬─ 体育课程学的研究对象
                          └─ 体育课程学的使命任务
```

【本章理解】

1. 识记体育课程论在学校体育课程教育、教学的目的与作用。

2. 理解体育课程论对学科地位与性质的影响及其得失和应用。

3. 认识体育课程论的研究对象与主要任务，清除偏见，构筑新视域。

4. 运用体育课程论的理论指导新课程发展的实践，考察反思传统体育课程的局限与问题。

【关键词】

体育课程论；目的作用；对象使命；观点声张

第一节 建立体育课程论的意义

纵览教育历史的进程可以发现，课程与教学一直是古今中外众多教育家最关心的核心问题。今天，对课程与教学问题的专门研究，已经形成了两门独立的学科，即课程论与教学论(也有学者把课程论称为课程学)。它们既是主导学校体育的代表性学科，也是推动学校体育发展的基石。随着中国新课程改革的不断深入，课程论的指导作用越来越凸显。为了更好地理解和把握课程论的功用和任务，众多国内外教育家以本体论为解说、文化论为视角、教育论为切入点，对课程进行梳理解析，界定课程要探讨的问题，这些成果为体育课程论的建立奠定了基础。

一、为什么建立体育课程论

文献梳理发现，中国在体育课程论方面探讨寡、成果少，对体育课程实践的解释力的不足，难以摆脱模糊性的经验安排，存有以下问题需要探讨解决。改革开放后在学习和吸收国内外已有成果的基础上，我们只探讨了如何准确把握体育课程现代化的问题，推使体育的课程标准向科学具体化的方向前进了一步，但总体上仍处在未分化和草创时期，存有课程研究对象笼统，方法使用盲目偶然，具体的研究区域不明确，缺乏对其本质、名称、定义、对象、范畴等有关学科的关系等理论立据的基础。当然也就没有形成一定范式的、普遍理解的认识，确立起精确的研究对象范围，形成体系的平台。也就是说，至今我们没有建立起与体育教学机理特点相应一体的课程理解，缺乏可供实践展开课程与教学关系之间互动的理论基础，因而，不论是著作还是文章，有关体育课程体系的研究至今基本空白，远远跟不上中国学校体育学科建设与时代发展的要求。

有鉴于此，本书试图用现代教育观去审视体育新课程发展的实践，吸收新的成果，考察传统体育课程的局限，更新、充实、丰富体育课程体系，以回应体育新课程出现的实践问题与理论问题，为体育课程体系的建设与发展提供理论奠基，改变中国体育课程没有理论、没有范式、没有体系的困境。正如学者毛振明在2017年杭州"全国中学生论文报告大会"上所述，如果我们不能把体育课程的功用说清，普遍出其在人类发展中的意义，我们有什么理由进入教育，要求学生学习它、欣赏它、使用它？

实践证明，任何话语的问世与演进，都有深刻的时代背景。任何一个有价值的命题，都不是空穴来风，其背后都蕴含着深邃的学理性支持和价值观内涵的关怀，存有"价值系统—表述系统—行为系统"的形态逻辑架构。显然，体育课程论的研究，符合著名科学家钱学森生前所说的，青少年是社会的未来，他们必须受到好的教育，以培养他们的潜能和创造力。

要构建体育课程论，首先非要清晰界定其目的与作用，即课程是已被证实的理解方式，是由一定价值的、科学的、工具的等"恰当"的知识所组成，存有"致知、力行的不可偏废"。而未被课程化的知识是外在的、零散的、碎片化的，不是一个可接受的整体。因而，不能满足教师教学和学生的学习的要求。为什么？因为，它没有知识认知的学习性和可教的层级秩序性，是混乱的、散乱的，难以掌握知识的边界与重点，难以划分出知识之间与学习规律的关系、知识之间与不同年龄之间的关系，不能赋予学习者产生学习对象化的意义建构。诚如库恩、纽曼等认为"一个范式的构建就是一个整套的科学体系"①。

沿着上述认识，可见，任何知识的目的都是以人的丰满和完善为最终目标，正如马克思的观点"社会知识是物化社会存在的基础"。显然，体育课程论研究的这个问题，对上涉对着国家发展的方向，对下关联着人才培养的质量，反映一个国家教育现代化的程度，是一国教育全面发展的标识。笔者认为，一个完整的体育课程理解应包括三个方面的内容：一是为什么需要，即体育课程的学科定位问题；二是它是一门什么学问，其本质是什么，对象与使命是什么；三是它是凭借什么手段采用何种方式来实施的，是否具有自己独特的主体领域的理论与方法论，即体系问题。正如学者张志勇在2016年华东帅范大学全国体育课程论坛上提出的，在体育课程的每一个时空里，都特定着社会关系、交往方式和生活经验的习得。

体系是一切类型的、一切事物的关系性的最终理解，即当一个知识领域被充分建立起来以后，实际问题就可以用一种简单、经济、准确、有效的方式来解决，这是该学科在应用性、理论性、科学性和学术性等方面的成熟体现。为此，现代汉语词典对"体系"的解释是"若干有关事物或某些意识互相联系而构成的一个整体"。故而，研究"体育课程论"对象与任务的第一个问题，就是阐明其面对的主题与解决的问题是什么。正如毛泽东在《矛盾论》中指出的，任何"科学研究的区分，就是根据科学对象所具有的特殊的矛盾性。因此，对于某一现象的领域所特有的某一种矛盾的研究，就构成某一门科学的对象"②。

---

① 刘义兵、段俊霞：《教学研究范式论：内涵与变革》，北京，人民教育出版社，2011，第5页。

② 《毛泽东选集》第一卷，北京，人民出版社，1991，第309页。

那么，体育课程论何为呢？显然要接近体育课程的本质和本体，可见有无"体育课程论"这个体系是其存在的根本。它包括价值观、基本理论、范式、方法、手段、标准等的分类和关系等能否构成一个系统。那么，如何由理论理解走向实践确认能否从有限的事实和具象中概括出具有可教性的范式、可学习性的方式、可认知的层级结构，即能否把课程范畴与结构、课程分类与形态、组织评价与课程实施等的科学设置，构成一个相互联系、相互作用、系统运行的整体，从而引导、规范、调节、控制、监督，保证着体育课程的指向，向着预定目标前进并最终达到目标？笔者认为，可以从三个方面的对象存在做好体育课程论，体育课程——与人的关系是什么？从内在价值到外在价值——课程能做什么？怎样实现课程在教与学"认识和改造"两重任务的实现。

沿着这一认识的逻辑，笔者认为提出"为何而生"可帮助厘清体育课程论认识世界的任务，发问肇端于体育课程知识真理的源泉，追索体育课程对人的发展本原的教育存在功能。而提出"为何而能"则是探索课程自身范式的原理、结构、边界、运行逻辑、主体方式、实施原则等的范围与目张。两者的论纲驻足于解决体育课程论改造世界的任务，怎样完成体育课程教育的使命与任务，怎样展开体育课程范式与功能的作用，怎样运行体育课程与教学机理之间的关系与演化。正如怀特海认为的，一切体系化的思想都必须从一些预先做出的假定出发，对范围广泛和适当的一般性概念予以思考。

鉴于此，笔者认为提出"为何而生、为何而能"的意义在于：证明与预测体育课程论是一门科学"范式"的假说，阐明体育课程本体论（为什么要教它）、认识论（能教什么）、方法论（怎样去教）的问题。从课程价值的存在性、课程结构的认知性、课程技术的可教性，推理出课程对象人的实践活动。把理论优先的解释世界转变为实践优先的改造世界，实现体育课程从"理念"到"实践"的责任，改变中国体育课程理论匮缺、范式缺失、没有体系的现状。

二、体育课程论的目的是什么

上述讨论得出，课程是人类有意识利用知识理性教育自己而采用的形式。既有的研究证明，受体育教育较高的人，往往能利用自身学识修正自己的生活习惯，享受体育人文的塑造，保持身心健康，减少不良因素的干扰。因而，体育课程论是一种关注人的发展的理论，是教化人们理解体育、享受体育的平台。据而得出，体育课程论的目的，是为体育课程的实践性提供支撑，回答以什么样的课程、什么样的范式、什么样的方法，去选择与推进施行体育课程以实现优质教育的问题。

换言之，即阐明体育课程教育它给人的"内圣"是什么，它能带来哪些"外王"，从而指出体育课程论是实施体育教育的根柢，没有它教学活动就无法开展。为此，已有的成果研究表明，对其理解的不同，对学校体育知识、技能、能力、态度、情感等方面一系列基本问题的认识与实施就不同。因为，课程不仅涉及"教什么""为什么要这样教"的问题，还关涉"怎样教""如何教"的教学设计。对此，正如学者毛振明在2015年云南玉溪全国学校体育大会上的所言：体育不是宗教，但是它能聚集人的共识；体育不是艺术，但是它给人以美感；体育不是思想，但是它给人以拼搏；体育不是伦理，但是它给人以向善；体育不是生活，但是它给人快乐的享受。

可见，由于每一种课程的定义不仅隐含着某种哲学假设和价值取向，也标识着不同社会意识形态对人的发展图景的教育理念张力，即形塑着人是什么样的人，规定着为什么要成为这样的人，贯穿着怎样推进人如何发展的问题。例如，是以知识积累为导向的课程方式，还是以能力为导向的课程方式。这不同的两种观念是传统课程教学与现代课程教学的分水岭。

因此，体育课程论的构建关涉着教育方向、社会发展的问题，与民族命运息息相关。对其的研究既是学科发展的基础，也是学科水平的体现。用联合国教科文组织对当代教育要求的话来说，体育课程存在着"学会做事、学会生活、学会做人、学会生存"的认知与实践。犹如教育家乌申斯基所说："完善的教育可以使人类身体的、智力的和道德的力量得到广泛的发挥。"[1]也如学者毛振明所说："体育课程不仅包括以运动技术基础的操作性知识，还包括精神世界的生长成果。"[2]

由此谓之，体育院校是培养体育教师的摇篮，培养着未来学校体育教育的政策制定者、设计者、组织者和执行者。教育实践证明，光有好的技术和技能，不懂课程的科学理论，是政策走不向教育真理深处的。要想赢得尊重，一个好的教师必须具有教学者和研究者双重角色，要成为一个合格的体育教师，必须懂得用课程理论指导实践，用课程理论反思实践，才能站得高、看得远。心有高标、方可致远，讲的就是这个

---

① 王玉栋：《关于价值本质的几个问题》，载《学术研究》2008年第8期。
② 2013年10月沈阳，毛振明在全国学校体育学体育教学论研讨班上的发言。

道理。

因而，学习体育课程理论有助于我们科学设置课程，正确选择知识内容，合理组织学习层级的教学实施，即知道了"为什么教"才能做好"教什么"。新课程改革表明，缺乏课程论的指导，课程改革是不可能取得成功的。因而，对体育教师而言，体育课程论是一个必须踏实学习与定要领会掌握的知识。对学校体育来说，体育课程论不是能否建立而是到了非建立不可的时候。

三、体育课程论的立场

从上而知，课程是知识教育化的完成式。课程的知识特征决定它与教育实践相伴共生，与教育活动共生共长。由而，课程与教育的关系问题，一直是人们孜孜不倦的思考，也是区别课程是否具有真理的基石。为此笔者认为，体育课程论有以下作用需予以辨清，以深化我们对体育课程的科学认识和理解。曾如列宁所说："一门科学理论的要核，是认识和掌握自然现象之间的网上纽结。"[1]

其一，阐明体育课程关涉国家教育意识的设置。体育课程潜藏着一个国家或民族"淑世担道，格物致知，崇德求实"意象的薪火传递，安放着现代社会发展对人的要求，使学生在体育学习的活动中认识自己，认识与他人的关系，学会人类社会交往的基本技能、知识和社会规范，即"和生、和立、和处、和达、和爱"于人类的认识方式与关系。这些问题涉对着体育课程本质的科学性、工具性和人文性的价值澄清，有助于科学认识体育课程知识的选择、分配、组织和实施的合理构建。

其二，实践证明，"理论不彻底，其体必繁，其政自乱"。显然，体育课程论的学习，可帮助我们理解体育课程前后相续、建设与发展的趋势，提高我们对体育教育整体历史、现在、未来三个维度的认识。避免因理论的滞后与偏差，阻碍学校体育现代化进程的发展。也就是说，体育的课程目的与对象之间、体育的课程理论与实践之间存在着矛盾过程，需要体育课程论来实现对对象的把握。犹如学者王新生曾说："所有的人类思想和价值观念都是历史性的，是将来必然的形式和落脚的原则。"[2]

其三，正如唯物辩证法指出，抓住了事物的本质联系，才能把握住规律。因此，要认清学校体育教育的本质，应当从课程学入手。只有这

---

[1]　路书红：《教学论建设的方法论比较》，济南，山东人民出版社，1995，第 465 页。

[2]　王新生：《马克思哲学的历史主义根基：遗忘与重建》，载《吉林大学社会科学学报》2009 年第 2 期。

样才能解码体育教育的立场，以求得课程的真理性，帮助我们建立从关注体育知识技能外向性积累的存在，走向体育知识技能与人的发展的内向性思考，从更深层次去认清不同时期体育课程的变迁，以便更好、更深入地做好体育教育教学工作，从根本上翻转学校体育旧有教育生物观的理解方式，促进学校体育教育教学和方法创造出更多的方式，揭示出体育课程发展人的更大、更新的作用。

其四，作为一个合格的教师，必须有能力不断更新课程内容与提高自己的教学能力，这是每一个教师不可推卸、必须担当的责任。为此，通过体育课程论学习，提高运用所学理论知识指导体育教育工作的实践能力、分析问题和解决问题的能力，以及进行体育科学研究的能力等，并能进一步演绎成从人文精神、科学精神的价值取向全面、系统地再审视、选择与构建体育课程，正确排除和消弭传统困惑、现代化的挑战、国际化与本土化、继承与改造创新等相互掣肘、彼此对抗的关系，彰明与笃行体育课程不断地运转再造，走向新的高地。

其五，课程是衡量国家进步的标准。通过课程学的指导将不同国家课程文本与中国课程旨趣相对照，有利于进一步借鉴不同国家学校体育课程的文明与成果。培养兼具中国立场和国际视野的体育课程，进一步加深全球化背景下对当代中国学校体育课程教育变迁的理解。领悟任何一个能走在时代前列的文化，任何一个能在世界普遍论述的理论，都是民族性与时代性的统一。

显然，上述这些问题的解决，需要体育课程论的建构。可以说，没有体育课程论的构建，体育课程就无法摆脱模糊的"经验"安排的定位，我们无法解读落实素质教育任务在体育领域的实施，无法解决传统体育课程改革"繁、难、偏、旧"的失衡问题，无法架构体育课程的走向，定位体育课程范畴的组织体系是什么，无法识别体育课程有哪些类型，怎样设置才能处理好学科发展的需要、社会发展的需要、学生发展的需要，无法对体育课程的资源进行开发与整合、建设与利用，促进课程的丰富性与多样性，满足学习者的需求，无法对体育课程的目标、过程与结果实施科学评价，为课程实施的优劣有效与否予以价值判断的评估，无法科学实施对不同体育课程类型进行合理均衡搭配，实现课程结果"1+1=2"的目标。

为此笔者认为，学好体育课程论，无论是对于正在进行体育教育专业学习的学生，还是对于已经在第一线工作的体育教师或是研究者来说，都具有以下方面的积极功用。

　　其一，正确地辨别各种体育课程现象。由于体育课程承载着历史的认知，理论流派众多，观点芜杂，常常使我们无法摆正共相与殊相的统一，影响我们正确地判断和评价体育课程工作。因此，学好体育课程论能使我们透过现象、撇开迷雾，正确识别体育课程不同现象与本质。

　　其二，统一有关体育课程的概念和术语。由于体育课程是一个多议的集合体，存有理论与时代之间的错位，致使概念和术语的表达演变，难以对应时代的变化。因此，通过体育课程论可使我们获得课程的专业知识，不断提高自己的专业化能力。

　　其三，把握基本要素，概观地认识体育课程本质。由于体育课程的视域存有多元化的诠释，内隐着科学知识和人文知识的交织和考量，常使我们迷惑其中，"见木不见林"。因此，学习体育课程论可使我们进一步地把握体育课程机理与条件的关系，建立宏观与微观、局部与整体、理论与实践对立统一的整体体育课程观，提高应对体育教学实际问题的能力。

　　其四，掌握体育课程规律，指导体育教学实践。由于体育课程论可以引导我们系统探究和处理课程活动，并提供体育课程的价值主张、基本规律和应用策略的方法手段，可为我们走出"我向思考"，检视教学经历，直面教育变革的理解，从旁观者走向建构者的转向，实现有效教学，避免无效教学，消弭低效教学。

　　其五，推动体育课程研究、完善教育理念。由于学校体育教育的改革通常伴有多理论中心的转移，聚集着不同争鸣的主张，这些主张彼此阻滞又相互促进，推动体育课程研究发生质的变革。因此，系统地学习体育课程论可以帮助大家对话沟通，学习理论、应用理论、贡献理论，不断走向新的理论高度。

　　综上所述，学习体育课程论，可帮助我们从深层次把握体育教育的本质，认识课程现象、揭示课程规律，总结体育课程教育的教训和经验，经过去粗取精、去伪存真的扬弃，由表及里、由此及彼的深入研究，贯通升华为：学习理论—领会理论—贡献理论。创新新的理论去指导实践工作，以适应当代教育发展的新潮流。正如恩格斯曾经指出："一门科学提出每一种新见解，都饱含着这门科学的术语的革命。"①

---

① 何中华：《马克思主义哲学中国化四问》，载《新华文摘》2011 年第 2 期。

第二节　体育课程学的研究对象与使命任务

对要学习体育课程学的人来说，认识这门学科的事实判断，很重要的一点，就是首先明确这个学科的研究的对象——"学科性质"是什么，其次认识它需要完成的使命是什么、它所着力解决的任务是什么，即首先让学习者明白这个学科探究世界的性质与特点，明晰该门学科的实践指向。如果对这些学科基础问题认识不清，不仅会造成体育课程际线模糊、方向视角不清，也会影响课程在实践运用中的理论相通、方法相通。因此，厘清体育课程论的研究对象与使命任务，就成为体育课程论首要解决的核心问题。

一、体育课程学的研究对象

教育科学研究表明，决定一门学科能否独立存在的重要前提，是这门学科是否有自己的研究对象。也就是说，这门理论的观点和学术成果是否具有"唯一"的归属领地与定义权，是否能就其主题立一界说，下一定义，能循着定义以纵说之、横说之，是其存在的根本。由而，阐明体育课程研究的对象，既是学科持续发展的基础，也是学科存在的高度体现。其研究不仅释义着体育知识与文化的谱系关系，也宣示着体育知识与人与社会的立场。对其界说不同，不仅关涉着学校体育育人的目的，也影响着这门学科的发展路向。正如富兰所说："只有提高我们对教育变革整体的意识和洞察力，我们才能有所作为。"[①]

基于此，我们认为体育课程论的研究对象是让课程说好体育的话语，处理好三个层面的问题：一是内在价值的问题，即处理好体育与人的关系；二是外在价值的问题，即处理好体育素质与社会的关系；三是科学价值的问题，即处理好自身专业化、体系化的关系。可见，所谓的体育课程学，就是按照教育的要求，推进体育学习的科学化与系统化。正如，体育界长江学者季浏在2016南京师范大学"纪念百年体育教育的论坛"上论道，教育能给予人"自知""自强"的能力，因而，能够使人走向"得道""闻道""为道"之路，体育是教育的一部分，因而也具有此功能。

历史证明，任何一个学科都有其扎根和生存的土壤。要认识体育课

---

① ［加拿大］迈克·富兰：《变革的力量——透视教育改革》，中央教育科学研究所、加拿大多伦多国际学院译，北京，教育科学出版社，2000，第186页。

程论的研究对象，首先必须鲜明其课程"根"的定位问题。由于体育课程论既存有追求知识的目标，也存有运用体育知识使人德性化的目的，因而，如何确切掌握两者之间的关系，并能就这些特点产生的原因进行分析并给予解释尤为必要。正如德国存在主义哲学家雅斯贝尔斯在《什么是教育》一书中的论道，教育是使受教育者顿悟的艺术……是促进受教育者自觉生成的一种方式……是人走向自由与超越，是人存在的根本。①

　　那么，人为什么需要体育课程呢？因为，体育课程的学习是人类社会化手段的一个质的飞跃，它使人类的教化活动进入了一个有组织、有计划的"德智体"全面发展的阶段。对此，学者王家宏说得好，要想赢得世界的尊敬，培养健康的民族体质与性格乃是关键，这就是体育课的重要性。正如毛泽东100年前所说的"故夫体育非他，养乎吾生、乐乎吾心而已"。对此，学者廖哲勋指出，课程的本质是由一定的育人目标、基本文化成果及学习活动方式组成的，用于指导学校育人的规划和引导学生认识世界、了解自己、提高自己的媒介。②

　　由而引申出，体育课程学研究对象应围绕两个维度去实施：一是向下的（技术）维度，通过持续不断的运动，促使人的身心发生质的转变；二是向上的（思想）维度，通过运动经验的积累，推动人内在精神实现"人文化成"的转变。也就是人通过与体育课程的对话获得涵养生命的认识，借以体育课程的知识学习、技能练习推进人的社会化的养成。正如德国哲学家雅斯贝尔斯在《什么是教育》一书中认为："教育是人的灵魂的教育，而非理智知识和认识的堆集。"③。毛泽东在《体育之研究》一文中所说"有体育兹文明"，讲的就是这个道理。

　　这一命题揭示，如果体育课程论仅停留在物质和有形的层面来研究体育，只重视其形而下的东西，而放弃了形而上文化的承担，无疑是走不远的。这告诫我们不能狭隘地将体育课程对象集约在一般技能传授和掌握上，体育课程不仅是改变人们生活形态的一种方式，而且还是改变人们精神面貌和建构精神消费的价值观方式。也就是说，体育课程存在着"既是运动、又是教育，既是锻炼、又是娱乐，既能健康、又能愉悦，既能参与欣赏、又能多样发展"的教育性特点，蕴藏着"理解不仅是简单

---

　　①　[德]雅斯贝尔斯：《什么是教育》，邹进译，北京，生活·读书·新知三联书店，1991，第3页。

　　②　廖哲勋：《课程学》，武汉，华中师范大学出版社，1991，第1、28、29页。

　　③　[德]雅斯贝尔斯：《什么是教育》，邹进译，北京，生活·读书·新知三联书店，1991，第4页。

地获得对象的认识，它还存在转向认识对象的经验"的回答。

这一认识正如马克思人性观所指出，人的个性完美有两层意思：一是指通过社会实践使因文化内化形成人的各种潜能素质最大限度地得到开发，从潜在的可能性转换成客观的现实性；二是指人的对象化关系的全面生成和社会关系的高度丰富，即"人以一种全面的方式，也就是说，作为一个完整的人，占有自己的全面的本质"①。正如学者王皋华在《体育新课程设计》一书中说道："如果一种方式只能体现在人的物质结构的改变，不能进入人的精神世界解构和建构，那它就不是教育。"②

正如毛泽东在《体育之研究》中也指出："体育之效，至于强筋骨，因而增知识，因而调感情，因而强意志。"③这也就是说，体育能否进入人的精神世界，是区分体育课程是否具有真理性的界碑。质言之，体育课程的对象只有明确了为人的原则才能取得普遍的真理论说，从而得以实现体育课程的内在和外在价值：内在价值——体育知识对于人精神层面的生长；外在价值——体育是生活的工具，人通过体育知识可获得对生活、社会未来的展望。可见，体育课程的目的不是培养某一方面或只具备某种技能、能力、意识的人，而是培养"整体"的人或"全人"。

举此博约而观，体育课程对人教化的目的：一是增强体质提升人的生存能力；二是把人从社会关系中解放出来；三是陶冶人的价值观，引领社会文明的养成。60年的体育课程理论研究，我们做到了一，健康工作50年；正在迈进二，幸福生活一辈了；尚没有鲜活三，"解放人"的完成。

总之，笔者认为体育课程论是一门将本体论、认识论和方法论融为一体的学问，是研究体育课程与人、与社会、与文化等关系的学说。它用关系思维来探寻体育课程与"知识、教育者、社会"三大形态的价值性，分析体育课程与教学发生的功能性和方法性。体育课程是通过内在经验塑造自身与外在环境自身进化，并在这一相互作用的过程中实现经验改造和意义建构诠释着这样一个外部知识如何被学生获得、占有，并转化为学生个体内在的能力与精神财富的问题。

二、体育课程学的使命任务

现代解释学告诉我们，只有把从理解的文本转到理解的本身，才能

① 《马克思恩格斯全集》（第42卷），北京，人民出版社，1979，第123页。
② 王皋华：《体育新课程设计》，北京，高等教育出版社，2003，第69页。
③ 毛泽东：《体育之研究》，中共中央文献研究室，1990，第81页。

获得绝对可靠的真理。这一命题揭示，要想使体育具有广泛参与性，必须让人们理解体育让我们更健康的根本是什么。明乎此，学校体育课程学使命与任务的研究与明辨，是关系到学科自身科学化发展的一个重要问题。对其的研究既是判析体育课程真理性存在的问题，也是体育课程范畴与结构是否科学的问题，可见体育课程是学校教育中实现培养人目的不可或缺的"桥梁"。从体育课程的意义来说，其对象化的活动，就是将一个生物学意义上的自然人培养为一个有文化的社会人的过程，使其从外在行为到内心世界尽可能地合乎社会的需要。

显然，上述逻辑说明了体育课程研究的对象不仅仅是为了获得文本——认识世界，更重要是彰显理解的本身——改造世界，从这一意义上讲体育课程论是一门方法。借用教育哲学的理论，体育课程的研究是有目的的科学认识活动，是认识、表述和考察体育课程的客体和人的主体的可教性的意义建构。显然，对其使命与任务等一系列问题认识的正确与否，直接影响到体育课程自身的社会存在。正如学者毛振明 2015 年在"北京体育教学观摩课大会"上所言，体育课要做好两个方面的任务，教人学会运动和健康，使人成为自强的人，两者结合才具有完整的意义。

笔者在文献梳理过程中发现，对体育课程论使命与任务的探讨，理论界至今未有可供参考的普遍论述，探讨者寡、成果少，这远远跟不上中国学校体育学科建设与时代发展的要求。因而，对其的研究是必要的，也是十分重要的。基于此笔者认为，体育课程论的使命和任务可从以下三个方面予以认知表述。

（一）标识体育课程的价值真理、确定体育课程的使命任务

从人类知识发生史来看，课程是复制人类对外部世界以及自身关系认知的一种价值标识。是人类从自身知识需要和教育目的出发，逻辑预置的一种知识体系与价值观阐释的科学概定。因而，体育课程不仅是对教育知识的真理性和成就性状况的单纯客观的概念描述，而且也是一个关涉社会主体存在和发展状况的价值概念，即其不仅存有对人类文化的选择、整理和提炼的活动状态，还存有全面考虑和正确处理知识、受教育者和社会三大要素的位置选择和关系的确定。古德莱德认为，课程作为一个研究领域，主要涉及三个研究问题：第一，要探讨的问题是它们的本质、价值、制定的基础和彼此的关系，即课程资源配置的文化性，根据什么理论，需要什么知识；第二，要探讨的问题是通过什么程序和哪些层次选择和组织课程知识，即课程知识的选择及编码的方式与社会变革的关系；第三，要探讨的问题是技术、专业性的问题，即课程的设计与制作、选择与分配，方式和结构的问题。①

　　根据古德莱德的标准，体育课程就是人类对体育知识的教育界说和价值标识，人们以什么方式看待体育，就以什么方式实践体育、体现体育。过去受传统价值观的影响，体育课程一是重在强调政治性、阶级性等社会属性承载的实施，二是凸显以学科为中心，通过对人的生理活动规律、心理认知规律等的预置，寻求对课程结构与技能传授的科学匹配。其结果是体育课程被禁锢在"为体育知识而学习体育"，断裂了思考体育课程学习对人的生活、生存的教育意义。质言之，体育教育是"全人"的教育，而非仅是认识知识和技能运用的堆集。

　　回身实践，传统体育课程以"运动技能"传授为经纬线，以运动成绩达成为追求，以增强体质为终极目标，以统一进度、统一组织、统一要求、统一负荷为课程教学原则。改革开放以来，中国体育课程的建设又过于驻足社会性的匹配，没有真正做好借助于学科课程的文化价值和精神财富，把蕴含在学科知识技能中的价值观念、审美情趣、思维方式和行为规范等加以挖掘和提升，缺乏以多种学习方式体现以参与、合作、理解、体验等为标志的课程实施。显然，这些问题都是体育课程论必需解决的。

　　要解决上述问题，要从以下三个方面思考：一是传统体育学习的认识与理解存在着缺乏人的怎样发展与如何发展的思考；二是传统体育学习缺乏为谁生产知识以及生产什么类型的知识的认知；二是传统体育学习缺乏把何种意图参与、何种方式展开与完成何种程度的规约相联。因而，导致很多误解的发生。正如德国哲学家雅斯贝尔斯在《什么是教育》一书中的认为"任何中断这种我和你的对话关系，均使人类萎缩。"②因而没有交往精神的教育，将会沦为人为的训练和控制，阻碍学生主体性的发展和自由的生成。

　　这一不足，导致学习者收获的知识性少、工具理性少、文化理性少，既没有继承传统教学抓好技能的优点，也没有筑起体育行为的养成，难以构起体育终身运动的习惯。为此，有教师把这种现象称为"花拳绣腿"。至今大学生体质连续多年出现下降，不能说与此没有关系。对此，学者张楚廷批评道："在大学多年教育研究上，要不只注意方法技术，要不盘旋于知识的选择，少有人注意到教育思想与人的目标和前途需要等；是

---

① 胡定荣：《课程改革的文化研究》，北京，教育科学出版社，2005，第22～23页。
② ［德］雅斯贝尔斯：《什么是教育》，邹进译，北京，生活·读书·新知三联书店，1991，第2页。

以常常只有躯体而失掉了灵魂，失掉了方向，不知来自何处，亦不知往那里走。"①

今天的体育课程论问世，显然，是人类的新教育的认识和体育科学发展所再造的产物。其载体围绕"不精诚不足于动人、不丰富不足于发展人"的这一运动教育特质汇聚、整合而形成的一种范式体系。其主旨是能动地处理好课程面临的三个基本关系：一是处理人与自然的关系，建立适应自然环境变迁的能力；二是处理社会人与人的关系，其中涉及学会做人、学会做事、学会生活、学会生存；三是处理人与自身的关系，它涉及基于知识、思想、观念、信仰、态度、价值等的正相关的养成。

这一新体育课程论与传统体育课程范式的不同之处在于，它不仅拉开了人类社会由知识取向的教学理解（侧重于知识性积累的拥有）与能力取向的教学理解（侧重于知识的把握与创造），并开始迈向解放取向的教学理解（以人的完整性和个性发展为核心）的新高。故而，在实践上，它以运动践行的悦起为主线，提倡在课程的选择与设计上：一是采用多样化练习方法，使枯燥的练习变得津津有味；二是优化课程教材，挖掘课程内容的情趣美，着力于教学过程生发学习的快乐，促使沉闷的学习变得生机盎然；三是复现课程的知、情、意、行多维知识面孔，让学生"享有"懂、会、乐的自悟快乐的学习与体验阶段。正如苏霍姆林斯基的一句名言："建立学习跟知识之间的和谐，是学校面临的最重要的实际和理论问题之一。"

也就是说，它着力于以身体活动为主要手段，以竞技体育的价值和功能促进人的全面发展为本质的特征。强调学生运动方法和习惯的养成是在练习过程中逐渐习得的。学生心理的变化与生成、学生精彩观念的诞生是在技能练习之路上获得的，其最后的落脚点是运动技艺的形成。力求在课程中达成：体育课的知识与技能可转化为劳动的智慧、生活的智慧、能力的智慧，可与人的情感、意义、人生观、价值观结合起来。实现让体育的知识与人的能力贯通，把体育的激情与生活结合起来，帮助人完善素质形成能力。

具体说体育课程学着力于两个表现。一是如何把体育的课程打造为"课程超市"，满足学生个性化发展的需求，体现出学生学习能力的差异性。为每一个学生提供出形式多样的丰富课程，可供学生根据自己的爱好、能力进行自主选择。理解只有在因材施教的关照中，才能给予学

---

① 张楚廷：《课程与教学哲学》，北京，人民教育出版社，2003，第211页。

生获得体育学习知行合一的完整理解。二是如何利用多媒化的新教育技术的范式，使学生摆脱传统"授—受"的被动学习模式，给予学生"课内学习与课外学习、集体学习与个体学习、必修学习与选项学习"等多元融合的空间，激发点燃学生学习的积极性，让每一个同学都能在体育课程的辉映下闪现出五颜六色的光芒。正如联合国教科文组织于1994年发布的《萨拉曼卡宣言》一文中的指出，"每个儿童都有其独特的特性、兴趣、能力和学习需要，教育制度的设计和教育计划的实施，应该考虑到这些特性和需要的广泛差异。"

由是而观，体育课程学倡导通过多元体育运动的践行，搭建体育的技能领会，形成"终身体育"的生命自觉。沿着这一认识，"不精诚不动人"，可见体育课程的功能与作用只有被学习者接受、欣赏、参与才能得到实现，显然要实现上述这一"要求"，就要从"体育学习主体的形式""体育学习传播的内容""体育学习的手段"等着手，要由一元主体向多元主体转变，为学习者提供一个卓越的学习环境。给予学习者清晰的、精致化的、情境化的、留忆分享体育学习的就读经验，才能构建好体育学习的课程场域。道依术而立，术依道而存，两者统一才能坚实无比产生力量，讲的就是这个道理。

上述论述表明，促进运动技能"格物致知"和知识"礼源于俗"的统一才是硬道理，创造精彩的体验是体育课程生存的内涵，多元技能的学习方式是体育课程生长的基础，即一切形而上的思想意识和观念，都是由形而下的存在构筑的。因而，无论体育课程如何发展，其课程体系的任务都必须以"运动技能为主线"而构建，紧紧围绕以人的内在价值和外在价值的获得而展开课程的实施。恰如杜威认为："学校科目相互联系的真正中心不是科学，不是文学，不是历史，不是地理，而是儿童本身的社会活动。"[①]也曾如毛泽东在《体育之研究》中指出："欲图体育之效，非动起主观，促其对于体育自觉不可。……苟自之不振，虽使外在的客观的尽善尽美，亦犹之乎不能受益也，故讲体育必自自动始。"[②]

（二）认识体育课程现象[③]，揭示体育课程规律[④]

从哲学论来看，体育课程不仅涉及知识的起源问题，而且也涉及知

---

① ［美］约翰·杜威：《学校与社会·明日之学校》，赵祥麟等译，北京，教育科学出版社，2005，第9页。

② 毛泽东：《体育之研究》，北京，人民体育出版社，2004，第8页。

③ 课程现象——在现代教育活动中人们把课程现象分为物质性、活动性和关系性的三个层面。

④ 课程规律——是指课程及其组成成分发展变化过程中的本质联系和必然趋势。

识的理解问题。一是既包含着知识的授业和认知记忆的理论，也存在着人的使命不断的生成和超越，是一个汇聚着教与学因果关系的复杂集合体。二是也存有知识从抽象到具体的课程现象，又盘结着课程与教学相互作用交织的规律。这些因果常关系伴随着不同现象的转移而表现着彼消此长，使我们迷惑其中"见木不见林"。因此，需要我们"以兼易别"透过现象抽绎规律，解析其构成与组织，概括方式与总结策略，提出行为范式，按照从抽象到具体、从目标到方法的取向，为消除课程教与学设计的矛盾性提供理论解释，并通过对这些机理关系的运行理解，认识体育课程的现象，把握运行规律，指导和规范人们的课程行为。

为此，发展一种能对其说明和评价的解释，标清课程表达与实践行动的方式，以使人们对其有一个更加系统的理解和把握，避免课程可教性的偏差，以有效地促使课程各种要素有机结合，达成共相与殊相的统一。所以揭示课程规律、指导课程实践，处理好思维与存在的关系，是体育课程论又一个必须研究的重点。对这两种现象，前者有如叶澜教授的精辟指出："教育活动是人为的实践活动。存有发生的各种现象和运动而言的教育活动的特殊性。对此研究可提高教育的科学性，促进教育的专业化建设水平。"[1]后者也如学者何克抗的曾说，"教育思想和技术方法两者是应相辅而行的，互相影响，互相引导，这并不是互相矛盾，是一前一后的两种力量"。[2]

显然，"认识体育课程现象，揭示体育课程规律"，要实现这目标，应把体育课程变成学生需要的知识思考，驱动着让教学从知识本位走向素质本位、解放本位，让"教师为中心"渐行渐远，让"学生为中心"渐行渐近。把教育的主体地位还给学生，让学生在精诚动人的学习过程中获取健全的体魄，健全的人格。体育课程论是体育教育知识的理论性和体系性走向科学道路的标识，可协助我们认识体育课程现象，揭示体育课程规律，使我们能清晰地辨别体育课程中各种事件与矛盾的发生，有助于我们更好地认识体育课程的本质与规律，更好地把握体育课程的实施。这对于进一步提高体育课程的科学性以及厘清未来的发展思路具有重要意义。因而，如何把握好这对关系就显得尤为重要。

（三）推进体育课程科学化进程，指导体育课程教学实践

从认识不断深化的角度来看，体育课程的建设与发展是一个纠偏去

---

① 叶澜：《教育研究方法论初探》，上海，上海教育出版社，1999，第313页。
② 何克抗：《教学系统设计》，北京，北京师范大学出版社，2007，第17页。

衡、兴废继绝、回转创辟、丰富发展的长青过程。要想不断走进真实、真理，科学化是它发展的重要理论形式。也就是科学化的客观性，可为体育课程的发展进程提供判别获得正确的尺度，防止主观化人为地干扰，使其更加客观、准确；又可为体育课程的理论研究提供方案，帮助人们排除感官错觉和主管因素的干扰，防止将任意的知识纳入课程；也可为体育课程的发展提供假说，预料未来的结果，促进人们深刻认识对象背后"质"的现象，把客观变成恒定合理的普遍。

因而，科学化是体育课程获取真理的最精确、最完备和可靠的范式，可使课程理论经得起检验，是区分课程理论真理与谬误的试金石。对其应用可推进体育课程科学化进程，指导体育课程的教学实践，规范课程现象。为体育课程不断迈向实践理性的追求提供实践解释和理论预见，因而是体育课程论必需的关注点。正如学者陈桂生有见地的指出："教育的问题非用着科学的方法去解决不可。教育学只有成为一门科学，教育学本身的价值，才可以提高。"[1]也如杜威 1929 年在《教育科学的资源》一书中明确的阐述："我们要感觉到教育过程的复杂性，意识到要使教育过程明智地按照指定的方向进行，必须援引多种科学。"[2]

缘此，从体育课程的历史进程可以看出，科学化是构成体育课程理论进步的阶梯。它以事实更换传统观念及偏见，以精确测验代替粗略估计，使体育课程从传统经验因袭的跌宕中超脱出来成为理性、成为范式、成为体系。尤其是随着 2004 年基础教育课程改革的全面展开，科学化进程的迈进消弭了体育课程理论在实践的主观性、约定性、任意性，给中国体育课程观、目标、设计、评价、制度与管理、教学方式、学习方式、师生关系等都带来深刻的变化与极大的发展，不断引发体育教学认知的改变、教学方式的重建、教学价值取向等在更为广泛的意义上的反思与重构，使我们开阔了体育课程的认知视野，深化了对体育课程的理解。由此可见，体育课程的科学化追求可在新的方面翻转新说，进一步促进学校体育的发展。科学理性应该是体育课程发展的必然追求。

上述表明，课程是为学习者创设获得学习经验的情境结构。科学化的研究有助于我们认知体育课程的本质、现象，确定教育目标，选择课程内容，组织方法手段，展开课程评价。对其现状进行客观省察，将会更好地增大体育课程的实践指导，为我们整体上促进了体育课程体系的

---

① 陈桂生：《教育学的建构》，长沙，湖南教育出版社，1998，第 285 页。

② John Dewey：*The Sources of a Science of Education*，New York，Macmillan，1929，p. 49.

建立，推动了体育课程理论研究的拓展与深化。正如拉伊·梅依曼宣称："教育学不只是一种从实际经验得来的艺术，而且是一种科学。"①建立课程与学习之间的和谐，是学校面临的最重要的实际和理论问题之一。对其研究，可踏实课程可教性的关系与方法，使人们对体育课程的使命任务有一个更加明确和清晰的定位。

小　结

理论告诉我们，任何一门科学的形成，总是有它自己明显的标志，拥有其他学科无法取代的研究对象和学科定义，是其存在的所在。这一命题引申出，体育课程论的成立是否有明确的、独立的研究对象和相应的学科定义，是判断该门学科是否存在的标准。这告诫我们寻绎体育课程论对象，追问课程使命，考察其与实践的关系，对"目的—手段"的各个方面做具体化、标准化和技术化等方略的系统探讨，可为体育课程形成范式，提供理论基础和手段实施的合理说明，修正干扰，预见未来发展，为体育课程不断迈向实践理性的追求，提供实践解释和理论预见。

综上所述，体育课程论既要有深入的理论建构，又要有面向实践意义的追寻。没有体育课程论独立化、学科化、体系化的成立，这些是难以实现的。正如俗语所说，没有车站就不会有火车开来。由而，本书通过体育课程论使命和任务的学说孕育和探讨，从源头观照体育课程论演进的逻辑与未来走向，以获得体育课程论的本身存在的基本认识，为学校体育课程从经验科学走向理论科学的建立奠定基础。

【思考与启示】

本章指出，体育课程的构建是有目的的科学认识活动，是对体育课程的完整性和全面性的阐释。通过认识、表意和考察体育课程认识客体和认识主体的否定之否定的意义建构，追问知识的基础，探究知识的起源，确实知识的真理性，推演知识的普遍性、科学知识的结构性、有效知识范式性，以体育课程这些丰富的研究领域，为体育课程的方法立据、理论竖旗，为体育课程形成范式、体系，显然是必要的工作。

一是发问肇端于体育课程知识真理的源泉，追索体育课程对人的发展本原的教育存在，提溯体育课程范式的原理、结构、边界和运行逻辑的科学更张。从真理深处纲举目张体育课程之煌煌功业，实现对其使命

---

① ［德］拉伊：《实验教育学》，沈剑平，瞿葆奎译，北京，人民教育出版社，2005，第292页。

与任务等一系列问题的正确认识。

二是文明体育课程承载的教育本元，抽绎体育课程的育人功能，展现体育课程的科学化教育进程。自觉体育课程认识，开新体育课程的教学实践，为体育课程不断迈向实践理性的追求提供实践解释和理论预见。

三是得出一个结论：体育课程的出发点、宗旨和使命都应该落实到实际活动着的人以及人所生活和活动的世界。正如马克思在《德意志意识形态》一文中明确宣称的"我们的出发点是从事实际活动的人"①，从而有道出，唯有以"人是目的""以人为本"才是体育课程存在的实质和精神。

【作业与讨论】

1. 简述为什么要构建体育课程学。
2. 简述一个完整的体育课程理解应包括哪三个方面的内容。
3. 简述为什么要学习体育课程学。
4. 简述体育课程论的研究要处理好哪三个层面的关系。
5. 识记体育课程论的对象实施的两个维度。
6. 识记体育课程要做好哪些方面的任务。
7. 简述影响体育课程研究的三个方面问题。
8. 讨论体育课程学使命和任务的指向与目的。

---

① 孙伟平：《价值论与哲学的实质性"变革"》，载《新华文摘》2015 年第 3 期。

第二章　体育课程的界说与文化基础

【本章摘要】

一是体育课程的概念是统摄课程取向的指南。二是多元文化是体育课程论开新的根基。理解好这些定义和文化基础，可更好地把握课程发展，加深课程走向真理的思考与探讨。为此，厘清体育课程概念的争鸣与矛盾，探讨体育课程概念真理，摆脱不同时代跌宕的束缚和偏颇建立起高阔的视野，进一步认知体育课程文化基础的意义，为未来体育课程论体系的建设与发展奠定基础。鉴于此，本章对此予以阐述。

【本章内容结构】

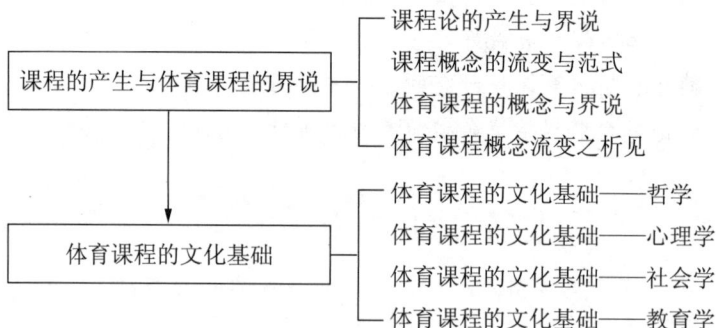

```
                              ┌── 课程论的产生与界说
                              ├── 课程概念的流变与范式
  ┌─────────────────────┐     ├── 体育课程的概念与界说
  │ 课程的产生与体育课程的界说 │─────┤
  └─────────────────────┘     └── 体育课程概念流变之析见
              │
              ↓               ┌── 体育课程的文化基础——哲学
  ┌─────────────────────┐     ├── 体育课程的文化基础——心理学
  │   体育课程的文化基础    │─────┤
  └─────────────────────┘     ├── 体育课程的文化基础——社会学
                              └── 体育课程的文化基础——教育学
```

【本章理解】

1. 掌握体育课程概念对学校体育的影响、嬗变和得失。

2. 识记理解体育课程的概念论不同观点或声张，建立正确体育课程观。

3. 运用新体育课程概念考察传统课程概念的局限，反思新课程实践的问题与经验。

第一节　课程的产生与体育课程的界说

唯物辩证法告诉我们，个别先于一般，客观事物的存在是由其自身的特性而决定的。为此，要想让课程说好体育，就必须把其本质形成的深刻认识界说出学派的定位——概念。为什么？因为，概念服务于知识的确定性，揭示着学科存在的来源。也就是说，通过概念的规定，我们可以把"非专业"的常识上升为"专业化"的理论，灵活地汲取和融通各种理论资源，实现理解与解释的统一。故而，对其的研究既是学科理论的基础，也是学派存在的基础，没有"概念"这一定位，学科就不存在了。基于此，为激浊扬清课程存在的真理，本节试图对课程概念的流变进行辨析与探讨，为未来体育课程建设与发展建立起高阔的视野。加深对课程原理与研究范式的思索与探讨，进一步认知体育课程的作用以及对未来课程的展望，从而确立起一个比较完整的学校体育课程论的框架。

一、课程的产生与界说

据史料记载，课程概念的出现可谓历史久矣。有研究发现，"课程"一词的概念在中国文献中的出现，始于唐代。唐朝孔颖达在《五经正义》里为《诗经·小雅·巧言》的"奕奕寝庙，君子作之"句注疏："教护课程，必君子监之，乃得依法制也。"南宋朱熹在《朱子全书·论学》中亦有"宽着期限，紧着课程""小立课程，大作功夫"等词句。这里的课程已含有学习范围、进程、计划的程式之义，这与我们现在对课程的理解颇有相似之处。不同之处，有学者认为，中国古代的"课程"意指的是"学程"，只有教学内容的规范，没有教法的规定。[①]

国外"课程"概念一词，英语为 curriculum。在西方教育史中，英国教育家斯宾塞(H. Spencer)在其《什么知识最有价值》一文中，首先提出"课程"概念这一术语，并将之概化为"教育内容的系统组织"。有研究指出，该词源于拉丁文 currere，即 race-course，意为"跑道"，指"学习内容进程"之意。以后这一术语被西方教育家广泛采用。[②]

但是纵观教育发展的历史，早期关于课程问题的许多讨论，并不关注课程的理论本身。把课程真正作为知识的表征，从理论标识"为学习者创设获得学习经验的情境结构"，成为学校教育的内容，确是近代以来的事情。因此，美国课程学者坦纳(D. Tanner)指出："课程有悠久的过去，但只有短暂的历史。"[③]

当前学校体育学界津津兴起的体育课程论和教学论，是学校体育新生命力的具体化与系统化的结果。可以说它既是学校体育学科发展的基础，也是学校体育学科水平的体现，可谓是现代学校体育学的有机构成

---

① 江山野：《简明国际教育百科全书》，北京，教育科学出版社，1991，第 64 页。

② 张华：《课程与教学论》，上海，上海教育出版社，2000，第 10 页。

③ Tanner, D., Tanner, L.：，*Curriculum Development：Theory into Practice*，New York，Macmillam，1980，p. 4.

部分与重要基础。为什么？因为它既反映了现代学校体育学的研究重心、主题、领域、内容和方法；更是体现为对学校体育教育性的认识和理论高度的窗口，代表着学科未来发展的方向。运用体育课程论和教学论完善课程质量提高教学水平，已成为中国体育学者研究的重心，以及广大体育教师的普遍共识和方法上的自觉追求。为此，它是学校体育借以进而获取真理的动力，检验和提高自身真理的方法。[①] 正如马克思指出："每一个原理都有其出现的世纪。"[②]

二、课程概念的流变与范式

唯物辩证法指出，概念是反映事物本质属性的思维方式，是事物的本质在人的头脑中的概括反映，是解决问题的"标准"。它贯穿事物发展过程的始终，是事物发展过程中始终存在的稳定的东西。显然，要研究体育课程问题首先就会遇到其概念是什么，什么是体育课程，即要对这一事物本质特征的内涵和外延做出确切的表述，无从认识和识别它就不存在了。那么，所谓的课程范式，是一种分析框架，是人们用来感知和解释课程现象的认知结构，它将复杂的课程现象归纳概括并置于一定的规范之中使其清晰化，形成具有标准意义的，能够传播、学习、运用的理性体系。

课程的发展史表明，课程的术语定义和课程范式的研究一样，在研究者中从来没有获得过一致的看法和认识。虽然课程是人们经常使用的概念，但至今尚无一个为大家广泛接受的定义。这并非是课程论的研究陷入停顿和困难，而是课程与时俱进长青的表现。纵观国内外近百年来对课程所下的定义可以发现，其焦点虽然纠结在概念上，但究其现象的背后，确是"人"与课程之间交互作用的反映，即对人有什么看法，对课程就有什么释义。

从教育哲学的角度来审看这一过程，由于课程的概念是人类对知识的教育界说和价值的标识，必须同广泛的社会目标有机连接才能产生力量。这一过程按照马克思的历史唯物观点来看，课程的实践内在地包含着人与自然的关系、人与社会的关系以及人与其意识的关系，是特定历史条件下的产物。受社会存在的反映，存在着不同时代"观念支配"的因果逻辑，人们以什么方式看待课程，就以什么方式实践课程、体现课程。

---

① 张振华：《体育课程论与体育教学论的辨析与建构》，载《成都体育学院学报》2010 年第 2 期。

② 《马克思恩格斯选集》(第 1 卷)，北京，人民出版社，1995，第 476 页。

教育的历程表明，概念是课程的生成，没有概念就没有课程。由于不同的历史阶段，人们对教育的假设与价值观选择的倾向不一样，致使课程概念的界定的认识与理解的范式角度不一样，导致课程出现各式各样的定义，存在着不同侧面的认识和理解的差异，衍化出不同范式的观念与话题。因此，只有从本质出发，在已有认识的感性基础上，不断进行科学的理论抽象和推演，才能最终实现体育课程概念准确、全面的认知。正如唯物辩证法告诉我们的，撇开相异的方面，抽取其共同的、彼此相同之处。把其变动不居的、多样性的特殊方面抽象化，就会大道通衢而得到普遍论述的公理理解，这样就颇有利于课程的建设与发展。

为此，从这一背景出发，概括国内外对课程概念的不同界说，使课程不再是一种模糊的"经验"安排，理解课程概念的价值观念与外化形式是必要。因而，梳理发现大致有以下比较典型课程范式理解可供我们参考，增加对体育课程的理解，现分析如下。

（一）课程即教学科目

这种课程观把课程即"学科或教材"等同于所教的教学科目，认为课程即学科，或是指广义的课程——学生学习的全部学科，或是指狭义的课程——某一门学科。该观点在历史上由来已久，中国古代的课程有礼、乐、射、御、书、数六艺；欧洲中世纪初的课程有文法、修辞、辩证法、算术、几何、音乐、天文学七艺。其实质上是把知识系统化，形成一定的科目或学科，将这些学科的知识传授给学生，以实现教育目标。如顾明远主编的《教育大辞典》将课程理解为"为实现学校教育目标而选择的教育内容的称谓"[①]。

其课程观实质，是强调向学生传授学科的知识体系，是一种典型的"教程"。然而，由于只关注教学科目疏远了教育即生活，往往容易忽视社会实践及其他一些隐性课程对学生身心发展的影响。国内外课程研究表明，课程可分为显性课程和隐性课程两种，这说明把课程等同于教学科目是不周全的。

（二）课程即预期的学习结果或目标

这种课程观认为课程不应该指向活动，而应该关注预期的学习结果或目标，要求课程应事先制定一套有结构、有序列的学习目标，然后，围绕预定的教育教学目标而选择组织学习经验，实施教育教学活动，并进行教育教学评价。持这种课程观的主要有博比特（J. F. Bobbitt）、泰勒

---

① 顾明远：《教育大辞典》，上海，上海译文出版社，1997，第892页。

（R. W. Tyler）、加涅（R. M. Gagne）等人。例如，世界经合组织曾把课程定义为"囊括儿童在学校学习期间所应具备的全部经验，并包含教育目标、教育目的、课程、教学活动、师生关系、人力物力资源以及所有影响学校师生关系的调查"①。中国学者郝德永就同意这一观点，认为："课程是指在学校指导下，为了使学习者在个人的、社会的能力方面获得判断的、有意识的发展，通过对知识和经验的系统改造，而形成有计划和有指导的学习经验及预期的学习结果。"②

这种课程观强调教育的目的可操作性，对课程理论具有较大影响。然而研究表明，这种观点由于过分强调教育目标、学习结果的制定，容易忽视教育环境实施过程及客观变化的要求。而研究表明，师生互动、班级氛围、校园文化等隐性课程，对学生成长有很大影响。

（三）课程即"计划"

这种定义认为，课程不只是教学内容，还包括教育教学的目标、内容、活动和评价及教学设计和教学方法等。这一观点国外主要代表人物有麦克唐纳（J. B. Macdonald）、比彻姆（G. A. Beachamp）、斯坦豪斯（L. Stenhouse）等。中国也有学者持这种观点，认为："课程是指一定学科有目的的、有计划的教学进程。这个进程有量、质方面的要求，它也泛指各级各类学校某级学生所应学习的学科总和及其进程和安排。"③

这一课程定义把教学的范围、序列和进程，甚至把教学方法和教学设计，即把所有有计划的教学活动都组合在一起，力图对课程本身有一个比较全面的说明。相对说来，这个定义考虑得比较周全。但是，这一定义本身也存在疑义：把有计划的教学活动安排作为课程的主要的特征，往往会把重点只放在教学活动上，而不是放在学生实际体验上，从而易容了课程含有养育学生个性品质之服务的这个目的，即教学活动不能代表课程的本身。

（四）课程即"经验"

这种课程定义受杜威教育思想的影响，强调尊重学习者的兴趣与需要，发展学习者的个性，主张以学习者的生活经验为课程，重视学习者与环境的相互作用，体现了以生为本的现代教育理念，这一定义催发了学校体育由寻求普遍性的教育规律走向寻求个人情境化的教育意义，与

---

① ［伊朗］S. 拉塞克、［罗马尼亚］G. 维迪努：《从现在到 2000 年教育内容发展的全球展望》，北京，教育科学出版社，1996，第 125 页。

② 郝德永：《课程研制方法论》，北京，教育科学出版社，2000，第 12 页。

③ 上海师范大学《教育学》编写组：《教育学》，北京，人民教育出版社，1979，第 97 页。

重建适合新时代基于个人发展的体育课程为己任的一种努力目标。这种课程定义可把我们引向所殷切向往的、实现人的自由个性发展的目的地，是值得尊敬的。

从理论上讲，这种课程定义照顾了学生的积极主动体验，把教学的出发点放在了学生身上，实现了课程本质从"物"到"人"的转变，是值得肯定的，但它以学生的个人经验包容代替学科知识的系统学习是不可取的。由于学习者个人经验的多样性存在，给课程内容带来不系统性和评价标准的不确定性，导致课程宽泛化很难把握实施。

总之，上述课程概念研究表明，事物是发展变化的，某一时期必有其相对应的存在的形式。揭示出考察课程的概念应遵循事物发展的本质和原则。不同的课程理解伴随着相应的社会主观行为，而主观行为又演变出相应不同的课程概念和结果。正如伯恩斯坦的研究认为："一个社会怎样选择、分类分配、传递和评价它所认定的公共知识。反映了权力分配和社会控制的原则。"[1]

可以肯定，上述这些异彩纷呈的各种研究与实践主张，将会不断开创与丰实课程研究与实践的新图景。相信随着社会的发展和人们对课程认识的不断深入，课程的定义将不断燃犀新见、丰富完善，带来新的发展特点和方式。相反，贫乏狭隘的课程理解只能给课程研究的发展带来片面的色彩。今天人们日益深刻地认识到，长期以来在课程学研究领域中产生的各种各样的对立关系，如知识与能力、理智与情感、道德与科学、理性与非理性等的对立，这些课程问题既是课程发展的矛盾，又是课程发展的动力。诚如著名科学家波普尔（K. R. Popper）指出："科学与知识的增长永远始于问题，终于问题——越来越深化问题，越来越能启发大量新问题的问题。"[2]

三、体育课程的概念与范式的界说

课程是实现教育目标的基本途径，从中国教育改革的经验来看，不进入课程改革的层面，任何教育改革都是难以取得目标的实现，而概念与上述问题密切相关。因此，自1978年学校体育吹响改革的号角以来，学校体育的概念界定始终是影响改革能否实现的一个关键问题，对它的

---

[1] Ross, A. : *Curriculum—Construction and Critique*, London, Falmer Press, 2000, p. 10.

[2] ［英］波普尔：《科学知识进化论——波普尔科学哲学选集》，纪树立编译，北京，生活·读书·新知三联书店，1987，第184页。

理解影响与制约着新课程的推进与教育实施。为正确把握学校体育课程的建设与发展，资料梳理发现国内不少学者都从不同角度对其进行了分析研究，目前学校体育课程概念有以下几种范式观点颇为纠结需要予以剖析。

（一）体育课程是一门学科的课程

体育与健康课程是一门以身体练习为主要手段，以增进学生健康为主要目的的必修课程。持有这种观点的学者认为："体育课程是以发展学生体能，增进学生身心健康为主的一种特殊的教学课程，它与德育课程、智育课程、美育课程、劳动教育课程相配合，共同促进学生身心全面发展，是整个学校教育的一个方面的课程。"[①]"体育课程是指为实现学校的教育目标，配合德智美全面发展，并以发展学生体能，增进学生身心健康为主的特殊课程。"[②]

这种课程定义，通过课程的目的与功能来说明学科存在的地位，以特定的指向来整合与教育彼此互动的关系。可以说，较为完整地标识了学校体育课程如何实现培养人的特质和品格，明确了体育课程的指向"是为了学生的发展"而设置的一门课程，它是教育全面发展的一个组成部分。

需要注意的是，日常用语说话做事的方法和形式，只要约定俗成就可以了，但"体育课程"作为教育教学专业的一个科学概念，必须要明确它的内涵与外延方可指导我们的教学活动。因而，这一观点缺少给出具体规定性的判断，只有课的内容，没有课的进程。也没有指出具有组织要素的属性（通过体育的知识、技术、技能），能明确反映出一定知识主张的取向将做些什么（如培养终身体育的能力与习惯），难以为体育课程的选择与组织提供预期的决策，因而存在着理解与把握的不足。

（二）体育课程是一门综合性的课程

持这种观点的人认为，课程是文化的再生产。体育课程即多种内容、多种功能和多种价值的综合性集合，是以体育为主，融合文化教育等多种内容的一门课程，力图从技能、认知、情感、生活等有机结构和学生身心发展密切相关的体育与健康知识和手段等方面，鲜明体育课程是一门综合性的课程。持有这种观点的人认为："体育课程不是一门学科课程，而是学生全面发展的一个方面的课程。"[③]

---

① 吴志超：《现代教学论与体育教学》，北京，人民体育出版社，1992，第4页。
② 周登嵩：《学校体育教学探索》，北京，人民体育出版社，2000，第4页。
③ 于晓霞：《学校体育教育手册》，天津，天津人民出版社，1998，第3页。

这种课程观定义，从宏观的层面考虑了体育文化性的问题，但陷于泛化。因为人类社会的一切现象最终莫不可归于文化范围内，由此反而无法突出体育的本质与特性；考虑了一切文化对心灵的塑造作用，却忽视了体育学科有别于其他学科的差异性，"体育不是你思考的东西，而是你练习的东西"。也就是说，学生精彩观念的诞生是在运动技能练习之路上产生的，其最后的落脚点是练习的实践性。僭越特征就会陷入"东不成，西不就"，"向前难行，向后难退"，一种失去主体性状态的尴尬局面。学校体育改革实践证明，以此为本就会有忽视学科存在，重归"淡化技能"的偏颇，悬置体育教育目的，难以有效确立体育课程的存在。

（三）体育课程是有组织的教学活动

持这种观点的人认为，体育课程即有组织的教学活动，是相关体育活动的组合与及其进程和安排，是按照体育学科的目的，有目的的、有计划的教学进程，包括教育、教学的目标、内容、活动和评价及教学设计和教学方法等的组成。持有这种观点的学者提出："体育课程是纳入学校教学计划的体育方面有目的、有计划、有组织的活动。"[1]"体育课程是体育教学内容及其进程的总合，是教师和学生进行各种学习活动的总体规划，是体育教学活动的内容纲要和目标体系。"[2]

这一课程定义把教学的范围、序列和进程、教学方法和教学设计等所有的教学活动都组合在一起，比较全面地标识了体育课程的教学。存在的问题是把教学特征等同于了教育。课程不仅包括各种科目的静态集合，还应包括动态的学习过程，把有组织的教学活动的安排作为课程的全部的特征，遗忘了学生在体育中的参与、合作、体验等人文化成的价值。质言之，教学活动不能代表课程的本身。

（四）体育课程是获取运动经验

持这种观点的人认为，教育即生活，教育即经验，教育是不断地改造与成长。体育课程是儿童获得的不间断的经验所组成的，由一系列预先安排好的教育情境和儿童在运动中获得的全部经验所组成。持有这种观点的学者提出："课程是在学校指导下，目的在于促进学生全面发展的，具有教育性活动和经验，这种相互适应的结构化教育活动的方案及其实施过程就是课程。"[3]

这种课程观定义，通过学习者与课堂情境的相互作用获得经验发现

---

[1]　毛振明：《学校体育学》，北京，高等教育出版社，2001，第3页。

[2]　张志勇：《体育教学论》，北京，科学出版社，2004，第75页。

[3]　潘绍伟、于可红：《学校体育学》，北京，高等教育出版社，2005，第63、64页。

自我，把教学内容不断转化为意义建构是好的，有解放人的时代精神。这种课程观可促使我们更加关注体育课程结构与教学过程存在的作用，不断促进认识的深化。这种观点以课程初级本质的表现来代替体育课程的品格、立场与图景，将普遍的课程概念代替对象不同的体育课程，没有区别于、区分出体育课程概念与其他课程概念之间内在规定性的不同，把丰富的体育学习集合为"教育性活动和经验"，显然是不足的。它背离了概念可相互联系，但不可僭越、不可没有对象的原则。显然，这种课程观隔离了体育课程本质属性的机能展开与目的，没有具体而现实的阐述，定向勾连出对象的完整图景，何种意图参与、何种方式展开，达成何种程度，即没有界定体育课为什么的（目的）、如何做的（选择）、怎样做的（实施）任务，难以为体育课程的实施提供具体指导。

（五）体育课程是教学科目

持这种观点的人认为，体育课程一般是指为实现学校体育目标而规定的体育内容、程度和进程。学者李艳翎认为，体育课程是指为实现学校体育目标后人学生自主发展目标所赋予的体育内容及其结构、程度和进程。[①]

这种课程观把课程即"学科或教材"等同于所教的教学科目，认为课程即学科，或是指广义的课程——学生学习的全部学科。或是指狭义的课程——某一门学科。其实质上是把知识系统化，形成一定的科目或学科，将这些学科的知识传授给学生，以实现教育目标。其课程观实质，是强调向学生传授学科的知识体系，是一种典型的"教程"。显然，由于只关注教学科目疏远了教育即生活，往往容易忽视社会实践及其他一些隐性课程对学生身心发展的影响。国内外课程研究表明，课程可分为显性课程和隐性课程两种，这说明把课程等同于教学科目是不周全的。对此多尔（Doll）在其著作《后现代课程观》一书扉页中提出："学校课程存有正规的和非正规的内容和过程，通过它学习者获得知识和理解，发展技巧，以及在学校的帮助下改变态度，欣赏和价值。"

可见，这种课程观定义，虽然突出了体育课程内容在课程中的核心地位。但从体育课程的功能和价值来看，这一视角显然窄化了课程的本质范畴，因而，也是偏颇的。其最后的落脚点是练习的实践性。僭越特征就会陷入"东不成，西不就"，"向前难行，向后难退"，一种失去主体性状态的尴尬局面。学校体育改革实践证明，以此为本就会有忽视学科

---

① 李艳翎：《体育课程论》，长沙，湖南师范大学出版社，2006，第2页。

存在，重归"体育是一种技能"的偏颇，导致体育缺失文化育人的实践意义，难以有效确立体育为一门学科的存在。

上述之论，一是学者们从不同的角度共同推进了"体育课程概念"的研究。显然，这一事物形态的矛盾运动，是体育教育变革的内核与新生成的逻辑之点。可以发现对"体育课程"认知的主动意识越来越明确，引进、学习和研究的目的也越来越明晰。可以说，这一过程经过了静态的分层与动态更迭的辩证跃迁，实现了"体育课程"从国外话向中国话的理论自觉。二是现有体育课程概念的观点受不同目的观制约，不同的研究者对课程的目的持有不同的视角和看法，导致对体育课程概念的认识大相径庭。这种现象一方面说明了这一问题的复杂性，另一方面也制约了人们的认识，影响了认识的一致性，分化了体育课程概念的有效指导性。三是梳理表明，由于受历史发展的制约，不同时代的体育课程概念观演绎着不同时代的思想，各概念虽然都一定代表性地范式描述了体育课程的本质、属性和立场，但其背后潜藏的理念都存在着这样或那样的不足，因而，孰是孰非尚未达成一致的观点给予使用，需要重新界定与厘清。

四、体育课程概念流变之析见

上述梳理表明，受时代观察视点与价值目标差异的对立，课程本质认识的争论不休一方面说明了这一问题的复杂性，另一方面也说明有很多因素制约了人们的认识，影响了人们认识的一致性。为澄清这些争议，研究发现这种认识的差异主要来自对"本质个系和种系发生之间的关系"认识不清，即按照价值论的观点，本质（概念）是唯一的，但本质（概念）的现象表现却是丰富的。

所谓的"本质"（概念）就是事物存在的根据和原因，而"表现"即"现象"是事物的某一侧面的属性。也就是说，"本质"是时代精神的反映，受不同时代的制约，就会有多种不同时代的"本质"。因而，就会出现该时代的"本质"（概念）会成为下一时代"本质"（概念）某一侧面的"表现"。二者相互联系、相互依存，是不可分割的两个方面。按照存在与意识的哲学观来看，任何课程的概念都要通过一定的现象"表现"出来的。为此，学者李鸿江在2016年华东师范大学"体育课程论坛"上指出，体育课的学习不仅是一种客观物质的存在、一种道义范式的存在，也是一种社会意识的存在、文化观念的存在，禀赋着工具性、科学性与价值性的习养、增殖、优化与提升。

从历史唯物观来看，社会现象决定课程观念，因而，课程概念的存在和发展植根于时代。故此，有多种观念就有多种概念，也就衍生出如此多的不同范式认识的争论，也就是说，受时代多元格局与社会变迁的影响，导致社会对体育课程的提出不同的"诉求"，受这一不断变化的"势"的驱动，促使体育课程不断探索提出问题、解决问题，逐渐走向成熟。按照唯物辩证法的观点来看，对其的辨析可帮助我们透视争鸣获得"丰富"，更加全面、更加深刻地认识与把握好体育课程发展的当代及历史之间的关系，从而揭示出新时代体育"课程概念"的本质是什么，只有这样才能体现出体育课程的时代作用。

可见，这些不同观念争鸣的后果，促使体育课程不再是一种模糊的"经验"安排，从理论上不断澄清了体育课程概念的意象，获得了要从传统以技能学习为主要对象目标，走向怎样在技能学习过程中实现人的最大发展为对象目标，才是判断体育课程概念的核心所在，揭示出体育课程的概念不是一个死板的定义，而是一个与时俱进长青的"解放""发展"人的动态的过程，体育课程的学习过程就是逐步实现人的全面发展的过程。概言之，这为进一步认识和深化"课程的概念并不是体育单个所固有的抽象物，在其现实性上，它是一切社会关系的总和"提供了理论依据。

沿着这一认识，驻足于今天的视角来看：体育课程是一门学科的课程的之说，只给出学科一隅存在的价值，挂一漏万没有系统化地体现出体育课程本质属性的"工具性、科学性与人文性"三者的全部安放，存有以偏概全的不足；体育课程是一门综合性的课程的之说，不是体育课程的概念，其指出的是体育课程主体世界多样性的之事实，即课程的本质是唯一的，但课程的表现是多元的；体育课程是有组织教学活动的之说，更偏离了课程的概念本意，其直接用教学来代替课程显然是混淆概念，在立场上没有分清谁是发动者、谁是承担者的逻辑秩序；体育课程是获取运动经验之说，抽调了课程是什么的语境，把课程限制于学习后的经验，缺失了课程本质的理性意义与人文意义，显然也存在不足；体育课程是教学科目之说，呈现的是推动课程实施的方式，即课程运行的基本路径是什么，没有阐明课程"担当者"的文化基因是什么、所作所为是什么，显然也不是体育课程概念的完整之意。

显然，上述从多个角度指出了构成体育课程的诸要素间相互作用的关系与方式的"关系场"，可帮助我们进一步了解体育课程的系统及其所具有的变化，对推动体育课程从理论走向实践提供了可能。也就是说，课程的概念存在着"本质与属性"这一根源的互摄互动、相互营造的辩证关系，认清这些不同课程概念的本质就可以把握课程概念发展的规律性、必然性，促使体育课程摆脱不再是一种模糊的"经验"安排。

按照哲学的观点来看，不同社会形态下的社会关系决定了不同的体育课程的本质，体育课程概念的这一争论，存在着认识论与本体论的统一，唯物论与实践论的统一。要处理好这一"存在与意识"的关系，只有把目的之善形而上和手段之善形而下实现有机统一，才是体育课程概念的逻辑构成。对此，学者张志勇在《体育教学论》一书中扉页认为，教育改革的真正目的，不是变换条件，而是回归人的教育本身。"任何中断这种目的的行为，均使人类萎缩。因为没有人的教育，将会沦为知识的训练和控制，阻碍学生主体性的发展和自由的生成。"

显然，这一关系蕴藏着历史发展的敞开，反映出体育课程的概念是一代又一代的历史接承，只有这样体育课程的发展才能生生不息浩荡不竭。概言之，体育教育不是孤立于社会之外存在的，它本身是一个连续发展的过程。体育课程"概念"的这种连续性和继承性不仅表现其是一种社会形态的产生、发展和成熟的过程，也表现为前一种社会形态的体育课程"概念"，能够积累出后一种社会形态体育课程"概念"的产生，提供所必要的条件。

为此，本书认为，体育课程的概念既是一个描述性的概念——蕴含有目的与功能的指向，又是一个规范性的范畴——统摄着行动选择的原则与方式，两者是一种相互依赖、相互促进、相互作用的过程，体现了体育课程的发展存在着与时代发展、实践创新的复杂互动、整体关联的关系。也就是说，这一对话显见着两种表现：一是人对体育学习的认识与理解存在着人的怎样发展与如何发展的思考；二是规约着体育课程为谁生产知识以及生产什么类型的知识的追问。

驻足于时代的今天来看，本书认为所谓的"体育课程"的概念认知，就是按照体育知识的价值性、工具性和科学性来选择知识，并把所选择的知识加工组织成为可供"学习的方式"，给予学习者体育基本知识、基本技能、基本技术的认知、欣赏和价值观的养成。因而，一个完整的课程概念应包括知识的价值性、指向性与结果性。

综上，笔者认为，体育课程的概念应这样定义比较完整，体育与健康课程是指学校体育为实现培养目标而选择的教育内容与其进程，它是以学习体育知识、技术和技能为手段，锻炼身体，增强体能，提高健康水平、伦理道德情操，培养终身体育运动能力和习惯为目的，促进学生全面发展的一门必修课程。所以，它是实施素质教育和培养德智体美全面发展的人才所不可缺少的重要途径，是学校课程体系的重要组成部分。

正如美国学者艾伦·布洛克认为的："课程是一种事先规定好的知识体系，以及传播这一知识体系的方法。"①由而，引来另一个范式的追问，实现体育课程"学习的方式"是什么？即课程的构建要遵循学习的规律，体现思维记忆的理性。其一，要遵循体现学习的认知性，由易到难、由简到繁、由浅入深的规律。其二，要遵循体现学习的逻辑性，由点到面、由层级到结构到系统的规律。其三，要遵循体现学习的科学性，按照人脑智能内化理解贮存和加工的规律，学习认知负荷接受的量度去设计才能实现有效学习。换言之，这一"学习的方式"，就是把具有体育知识属性的相对抽象的范畴，"再造"成为涉对着学习者客体经验的具体普遍的范畴，即课程。

正如唯物辩证法告诉我们的，人类认识世界是从简单到复杂、从现象到本质逐步深化的渐进过程，相应的思维发展也是由形象思维到抽象思维，这是一个由低级机械记忆到高级内悟理解的过程。显然，体育课程概念的认知承接着教学方式与学习方式的变量制约。这一"过程"存在着输入、贮存与内化的"量变到质变"的规律、知识学习层次结构上下衔接的"逻辑性"的规律，沿着层层推导，逐步展开，从抽象上升为具体的"识与记"的记忆规律。

体育课程只有符合这一规律，按照知识的逻辑系统有序地学习，学习才能产生好的效果。不经由这一量变到质变再到层次序列去学习知识，学习是散乱的低效的。沿着这一认识进一步追问，什么是教学内容？即把所谓的"课程"转化为教学的形式，就是按照教师所教学的教学环境、教学条件、学生能力等因素再次去设计课程（知识），也就是传统所讲的"备课"，现在称之为"教学设计"，以及"说课"或"无生上课"等都是对"课程"转化为"教学内容"的具体化的表述。

可见，上述对其"概念"的研究，无疑可开拓对整个体育课程认知的新理解，有助于澄清当前学校体育界对体育课程对象认知的某些混乱。可以说，这一概念界定把体育课程纳入一个有规律、有科学种属、有对象范畴，相互联系的、可说明、可操作的范式，指明与理顺了体育课程的文化因素与教育的特殊关系、学习与教学活动的内在的逻辑关系，体育课程知识的价值原理和性质以及走向，以便更好地探索未来体育教育发展的进路。于可红、余立峰在《体育课程教学模块设计》一书扉页中认

---

① ［英］亚瑟·K.埃利斯：《课程伦理及其实践范例》，张军译，北京，教育科学出版社，2005，第11页。

为，体育课程的出现使知识的学习过程有了组织体系，摆脱了经验的模糊安排。

不言而喻，对其的需要，就像我们在绘画时必须首先给予学习者如何握笔和用笔，在唱歌时必须如何用胸、用嗓、用嘴，在骑马时必须如何收缰、放缰和夹腿的概念同理一样，含有异曲同工的遵从和应用。对其的梳理，不仅仅是使我们在教科书中应当如何合理地给出"体育课程"一个科学的概念；而在于，没有它就没有自身，体育在学校教育就会失去认定的基础，不知"体育课程"是"什么"了。"皮之不在毛之焉存"讲的就是这个道理。

可见，有了对概念的澄清，我们不仅可以直观地给出体育课程的对象是什么，还可以进一步给出体育课程能做哪些规训的引导，从而宣讲和评判出体育课程的立场与对象化活动的丰富含义。显然，这一全面的观察对其的认知，可帮助我们反思体育课程过去的进程，弄清体育课程现在的进程，预言体育课程未来的进程，使课程的发展更具有针对性与可行性，使我们走上理论与实践的可持续发展之路。正如当代著名哲学家 M. W. 瓦托夫斯基在他的名著《科学思想的概念基础——科学哲学导论》中深刻阐述所说的："科学研究不单单是一件积累事实的事情，科学也不是一大堆积累起来的事实。就科学是理性的和批判的而言，它是一项力图整理观察事实并在清晰的语言结构中，用某种首尾一贯的、系统的方法来表示这些事实的尝试。"[1]

总之，特定的体育课程概念承载着特定的时代思想，表达着特定时代的精神，渗透着民族文化的意味、再造、变异与机杼，来自对时代的认知、抽象与概括。历史发展的证明，每个族群的历史形成，都离不开它所置身的客观环境的造就；任何地区，任何文明的演进都离不开"文化"的丰富。同样，体育课程"概念"的产生与变迁亦不是偶然的。不同体育课程概念的流变与分野，也烙印着不同社会时代对文化的态度、理解和进展，体育课程的每一次新进，都反映着时代对人的新认识、新理解，体现着执政者对体育教育的精神领会和对人的生命尊重。

正如学者董翠香在《体育校课程》一书扉页中认为的，体育课程不仅是一种客观物质的存在、一种教育教学范式的存在，也是一种社会意识的存在、文化观念的存在，存在着走向工具性、科学性与价值性日益统

---

[1]　[美]M. W. 瓦托夫斯基：《科学思想的概念基础》，范贷年译，北京，求实出版社，1983，第 5 页。

一融合整体优化的趋向。这也揭示出，体育课程可以反映教育现代化的形象与样式，是标识我们国家德智体教育的"章程"的根由所在。

上述课程的发展史表明，虽然课程是人们经常使用的概念，但课程的术语定义，在研究者中间从来没有获得过一致的看法和认识，没有一个为大家广泛接受的定义。对此美国的课程专家斯考特（R. D. Scotter）就曾指出："课程是一个用得最普遍，却又是最不成熟的术语。"[①]这并非是课程论的研究陷入停顿和困难，而是课程与时俱进长青的表现。集合国内外近百年来对课程所下的定义可以发现，其焦点虽然纠结在概念上，但究其现象的背后，确是"人"与社会之间交互作用的反映，即对人、对社会有什么看法，对课程就有什么释义。课程烙印着社会的生产关系，社会实践活动的性质和原因制约着课程资源的决策和配置。正如唯物辩证法认为的，现实物质生产实践不仅是整个现存的感性世界的基础，更是人类历史生成发展的基础。这一历史性的差异，必然造成对此观念认识的不一致。对此学者胡定荣在其《课程改革的文化研究》一书中指出："课程改革是一种配置课程资源的社会实践活动。……课程是社会实践活动存在的形式。"[②]

显然上述研究指出，由于课程是历史的产物，没有所谓永恒不变和恒常的出场。不同的课程的理念表达并反映着人特定的存在方式，折射着不同时期的时代诉求，烙印着社会的转向和发展。因而，体育课程研究存在的纠葛，体育课程概念出现的多种理解。这些现象是正常的，也是必然的。因为，受制于所处的历史时期和社会条件不同，导致不同研究者在课程理论与实践研究的着眼点、经验和方法的理解与应用也不相同。有的着眼于课程活动的过程或程序，有的思考课程的概念和范畴，有的驻足于课程的选择与组织，有的把课程等同于教学或经验。这些研究者对客观世界认识水平的层次性与差异性，泛起"怎样认识课程与怎样界定课程"的问题，因而给课程下一个统一的概念是困难的。这正如坐在开动的火车上，是以自己为参照物还是以窗外的物体作为参照物，得出的结论往往是不同的。诚如列宁曾指出，"考察每个问题都要看某种现象在历史上是怎样产生、在发展中经过了哪些主要阶段，并根据它的这种发展去考察这一事物现在是怎样的。"[③]

---

① Scotter, R. D. et al.: *Foundations of Education*: *Social Perspective*, New York, Macmillan, 1979, p. 87.

② 胡定荣：《课程改革的文化研究》，北京，教育科学出版社，2005，第 44、49 页。

③ 张象：《迎接世界现代史学科新的春天》，载《新华文摘》2013 年第 9 期。

可以肯定，上述这些异彩纷呈的各种研究与实践主张，将会不断开创与丰实课程研究与实践的新图景。现代课程论的基本观点认为：研究课程概念的目的不是为了让学生机械地背诵定义，而是告诉学生我们应该怎样去做，怎样才能在不同的情境中更好地做好体育课。学习体育课程的概念不仅是获取知识学意义上的理解。其着力点是使学习者走向社会实践意义的实现，将学习与践行统一起来，促进体育教育在学校更好地生根、开花、结果，实现求知体育教育的目的是给力学习者学会做人、学会做事。为此，相信随着社会的发展和人们对课程认识的不断深入，课程的定义将不断燃犀新见、丰富完善。相反，如果以终结真理的视野看待其，那是不科学的。贫乏狭隘的课程理解只能给社会的发展带来片面的色彩。

本节通过对各种课程定义的辨析以及对定义方式的考察，不是为了得出一个精确的课程定义，而是为了说明课程存在着动态的变化与演进，每一种有代表性的课程定义都有一定的指向性，即都是当时特定社会历史条件下课程所出现的问题，所以都有某种合理性，但同时也存在着某些局限性。因为，社会发展了原来的课程就不再适应社会需要了，课程的定义就会发生了相应的变化。重要的不是选择这种或那种课程定义，而是要意识到各种课程定义所要解决的问题与存在的缺陷，能把握时代来临而随之的新问题，走向学习理论、应用理论、贡献理论。

第二节　体育课程的文化基础

课程的发展史表明，任何课程的设计与构建都必须具有自身的理论或知识基础。对学校体育课程的理论与实践而言，其离不开哲学、心理学、社会学、教育学等文化的基础。按美国学者蔡斯的观点，课程基础是影响和形成课程的内容和组织的基本因素。中国学者翟葆奎认为，课程基础是课程的源泉。学者施良方认为，课程基础是确定课程知识领域的外部界限，是确定与课程最相关的和最有效的信息来源，也就是说，只有把握课程的基础学科有哪些具有自身的理论的知识基础，才能更好地走向真理。[①]

今天，我们要做好学校体育教育教学工作，创建有中国特色的体育课程体系，就不可不研究和把握学校体育教育赖以发生和发展的这一学

---

① 李定仁、徐继存：《课程论研究二十年》，北京，人民教育出版社，2006，第139页。

科基础。因为，我们只有了解了影响课程的诸理论基础，才能做好课程建构更有效地指导学生的学习。

借助哲学方法论，以下两种方法的实施可为体育课程发现更多的价值理解与功能展示：一是以思辨的方法，归纳演绎课程的知识价值的革命与课程取向的问题；二是以人文理解的方法，探讨蕴含于课程教育性的实施与教学方法论的选择问题。

如借助心理学方法论，通过理论与实证两种科学途径，为体育课程的实施发现更多的联合因素：一种途径是以课程现场实施的观察法、实验法、调查法等，分析影响课程实施的多种因素，并加以努力促使这些因素成为动力而非阻力；另一种途径是探明课程实施中的知识结构，如何转化为学生学习的认知结构的形成等。

如借助教育学方法，遵从理论与实践的两种途径：运用教育理论的文脉，为各类体育课程的教育活动提供着理论指导和方法指导；而在教育实践方面，通过对各种教育活动的剖析，探寻学校体育课程教育的可教性与教学有效性的展开。

如借助社会学方法，以理论探讨、比较分析、内容分析、现场分析、调查等方法，研究作为法定文化的课程在实施过程中对不同阶层、性别、种族等因素的影响，以修正干扰、消弭可能出现的偏离。

总之，通过这些文化基础理论的形成对学校课程从功能到实践、从外部到内部、从一般到具体逐级内化的认识。从而使学校体育课程得以长青，不断迈向新高，不断走向真理深处。正如英国比较教育家萨德勒(M. Sedller)所说的："孤立地研究教育是不对的，必须重视教育的文化背景，研究决定教育的各种因素。"①

一、体育课程的文化基础——哲学

纵观课程发展史可以发现，哲学对课程的影响源远流长，课程理论与实践的每一次进展，都离不开一定哲学思想的支撑和导引。哲学是时代的"智慧"，是关于自然、社会和人类思维的方法论的学问，统摄着有关知识价值、形式、分类与实施。正如穆尔认为，哲学是课程达到至善的目的和手段。② 由而，任何课程理论都必然以某种哲学理论或观点为依据，反映着某种哲学的思考。为什么？因为，哲学对课程理论与实践

---

① 顾明远：《中国教育的文化基础》，太原，山西教育出版社，2004，第13页。
② 穆尔：《知识与课程》，钟启泉译，载《外国教育资料》1995年第6期。

具有选择和规范功能，可为课程的选择与利用提供一种理论与方法，提供一种解决问题的思路与框架，从而使我们节省时间和精力，少走弯路，迅速抓住事物的本质。对此爱因斯坦曾深刻指出："如果把哲学理解为在最普遍最广泛的形式中对知识的追求，那么显然，哲学就可以被认为是全部研究之母。"①

理论证明教育实践的每一步前进都伴随着哲学理论的发展。在过去一百多年来，基于"实用主义"教育哲学，诞生了"做中学"的经验本位和实践本位课程发展；伴随"要素主义"教育哲学，诞生了"学科结构"课程的开发；伴随"进步主义"教育哲学，诞生了"理解课程"。当今，人类社会已进入新知识经济时代，以个性为解放的新的知识教育形态日益凸显正成为不可阻挡的世界潮流。在这一背景下，解放人的潜力、扩展人的关系、挖掘人的创造力、促进人的全面发展就成为教育的首要任务。这一变化对人类的认知能力形成新的挑战，这就意味着按照以前基于"学科结构"等教育理论的课程无法满足发展。人类必须思考到底用什么新的理论引领我们的学习和教育。但有限的教育时间里无法培养人的全部素养，于是通过对人的核心素养的遴选，以基础性、必要性、关键性实现"以少胜多"的效果。在每个人有限的学习时间里，发展其最为核心的素养，从而使其具有持续学习、生活发展、参与社会生产所需的必备品格和关键能力。按照这一变革，世界主要国家和国际组织都先后启动了以"核心素养"为教育目标的变革。中国也于 2016 年正式公布了中国学生发展核心素养体系。也正是基于对教育本质的新认识，2015 年联合国教科文组织发布了《反思教育：向"全球共同利益"的理念转变?》的研究，提出教育应负的责任和教育的变革，要重新定义知识、学习和教育。可见不同课程目标理论的提出，必然有其哲学本质发展的原因。

基于此，若从哲学的认识论进行体育课程的深层检视，可以发现，体育课程存在着哲学的两个基本问题的追问与展开。一是体育课程中的知识有何价值；二是怎样形成学习的知识变成行为。第一个问题是从思辨的方法进行研究。第二个问题是通过主观理解的逻辑思维做出阐释。也就是说，需要哲学从知识论层面告诉人们客观选择的标准——什么知识最有价值；从认识论层面设计着——如何更好地认证知识：显性体育课程"做什么"和"怎样做"的使命体认，深化出有所为、有所不为等一系列辩证的关系，即从扬弃旧世界中发现走向新世界的方向和途径。

① 张世英：《哲学导论》，北京，北京大学出版社，2005，第 205 页。

可见，哲学是奠基体育课程的理论根底，课程是哲学基本精神的表述。哲学是体育课程建设与改革的逻辑起点。历史以来人们就是通过哲学来检验判断知识的先进与落后之分，调整着课程知识的选择，驱动着课程的进步与发展。从而点睛出，在寻求体育课程现代教育的变革方向和理想模式的过程中，哲学起着重大的指导作用，对其理解与运用是无可规避的、必须掌握好的。诚如顾明远主编的《教育大辞典》指出，课程改革是按某种观点对课程和教材进行改造的，是课程变革的一种形式，包括课程观念的报告和课程开发体制的变革，是一项有目的、有计划的行动，以一定的理论为基础。①

20世纪以来，哲学对体育课程产生的影响较大的有以下流派，把握这些历程变迁的进步性与偏误性、历史性与复杂性，对于我们扶正体育"课程"理论建设与发展紧跟时代的真理性，跟进走好正确选择和应用符合新时代哲学的课程普遍性论述，显得尤为必要和迫切。因而，对其进行阐释既是体育课程研究理论基础的需要，也是把握体育课程研究的起点，现予以分析如下，供借鉴参考。

（一）哲学流派对体育课程的影响与制约

1. 要素主义教育哲学

以唯心主义和古典唯实主义哲学为基础，代表人物有康德等。要素主义教育哲学认为教育的目的在于传递人类文化的核心或要素，帮助个人实现理智和道德的训练，形成理性的人格；主张课程开发应有长期的目标、严格的价值标准和逻辑关系，课程的设置上应体现国家的教育意志和民族的利益，注重智力和美德教育；强调传统文化、权威、纪律和系统知识的传授，主张教育的中心在教师而不在于学生，提倡发挥教师的"权威性"，学生不学习就强迫压制他学习。该理论在20世纪60年代风靡一时，其认知的思想被广泛用于课程设计，造就课程设计与课程实施，其思想推进了课程的科学性，但也造成用技术代替人的不足。李启迪、邵伟德在《体育教学基本理论研究》一书扉页中认为，这种思想导致体育课程只是驻足"形而下的谓之器"，从人的物质统一性出发，强调人存在的自然性、客观性、物质性，没有把体育课程的自然存在转化为人的意识存在、生存存在、社会存在。

这种思潮偏向于强调知识为重，标榜直观本质，要求从知识的层次来进行教育的理论研究，课程的选择要建立在科学的精神基础之上，要

---

① 顾明远：《教育大辞典》，上海，上海教育出版社，1998，第895页。

求知识要具有为社会服务的工具性，要考虑国家和民族的需要。从现代看这种思潮是存在着忽视"人"的不足，是不合时宜、落伍的。在历史的当时看是正确的，因为，它迎合了20世纪初时代的要求，为知识取向教育的普及奠定了基础，推进教学制适应了社会大机器生产所带来的标准化、质量、效率的要求，完成培养大批的、符合大工业化需要的，能看图纸和懂操作的统一性人才的当时教育的使命。

但以现在社会的发展理念看来这种思潮是偏颇的。由于这种课程仅把"获取知识"作为课程唯一的学习目标，把拥有知识的多少作为人才的标志，强调为社会服务的外在目标，以客观的、永恒的、真理的现代知识为内容，以与目标相联系的、客观的、机械的、定量的知识与智力测量作为评价标准，将效率和标准化作为学校课程运行的基础，认为工厂是学校教育的核心品质，以自然科学的精确性和纯客观的方法对待教育，忽视了人的内心世界的复杂性和人的能动性，它必然走向只重认知，不重情感和意志教育的形而上学的泥沼。

从某种意义上来说，任何教育都负载着一定的价值。这一命题的出现无疑也要求学校教育教学相应的格式化调整，引发理论和教学与其联盟。于是，以行为主义生物观为描述的机械式的传习技术和"兵操式"整齐划一的操练就成为体育教学的时代范式，统一负荷、统一进度、统一标准、统一要求就成为体育课程的规格特征。诚如后现代课程论专家多尔所言："这一课程是典型的泰勒模式，隐含四个重要步骤（确立目标、选择经验、组织经验、评价结果），局限于线性的因果关系的封闭框架中，强调对教学的精确控制。……违背了人是第一人称的主体性。"[①]

2. 永恒主义教育哲学

以唯实主义哲学为基础，代表人物赫钦斯等。永恒主义教育哲学认为教育活动的目的在于培养社会理智的公民，主张恢复古典教育传统对学生进行绅士品格的培养，强调百科全书式的课程体系。显然，今天来看这种课程理论"不是从实践出发解释观念，而是从观念出发解释实践"，同样过于关注"知识积累"的概要，也给课程设计与课程实施带来脱节，只有知识没有素质，难以解决缺失"能力"的这一问题。

这种思潮认为知识是社会的产物，强调重视理论知识的社会价值和学科设置，教育史上称之为"形式课程"。在课程目的上关注知识与社会

① ［美］小威廉姆·E.多尔：《后现代课程观》，王红宇译，北京，教育科学出版社，2000，第71、76页。

的联系，强调要把人类文化遗产中最具有学术性的知识作为课程内容，认为学科的结构是深入探究和构建各门课程所必需的法则。其优点在于：突出了文化的人类共性，强调了人类共同生活的文化基础，把课程的目的看成培养学生成为有文化、有知识的人。但是，永恒主义教育哲学把知识看成是历史的、静态的物品，是客观真理的，以课程目的代替人占有、掌握、再现社会生产、生活的相联系，认为只要有了知识，学习者就会幸福，忽视了课程对人的能力培养等功能，即只注意了课程原始的文化传承意义，忽视了课程改造、能动的社会工具性价值。正如学者潘绍伟在《体育教学》一书扉页中所写，这种体育课程失落了能力的存在，导致知识就是积累的发生，遗忘了联合国教科文组织对教育"学会做事、学会合作、学会做人、学会生存"的章程。

在这一思潮的推进下，学校体育课程推崇学科教育的社会价值取向。课程导向以传授体育"三基"为主，以精雕细刻运动技能为教学方式，以单一技艺系统复制的为设计框架。课程教育的主张和行为是站在狭隘的"学科立场"唯体育而研究体育。所有的研究只围绕学科的"形式"，而没有触及学科教育的"本质"。因而，难以完成终身体育的养成。正如学者毛振明指出："体育学习与培养仅仅满足于一般传授技艺与增进体能。体育文化的意义和体育人化的崇高境界却被淡化和遗忘了。"①

我们认识到，体育课程是知识与技能、过程与方法、情感态度与价值观教育共生的结果。理解任何教育，如果只重视一部分人类的能力并且围绕它来组织课程教学，把它视为完整人生的标准加以过分强调，那么这种课程就不可能成为最好的教学。我们重新审视学科教育的属性与作用及在学校教育的位置，弄清体育教育与人的素质和社会可持续发展之间的关系，以体育为媒介将不同文化属性整合到课程与教学中去，从学科的特点出发，努力探寻"学科教学观与学习主观能动性的研究""学科科学性与人文性的研究""学科教学活动的丰富性与教学目标价值取向多元性的研究""学科知识观变化与学习方式变革的研究"的新路子，发挥学校体育"德智体"多因素育人潜在的因素，把德育、智育、美育等有机地统一在体育教学活动的各个环节，才是最根本的价值所在。让每一个学生都能在"教学"中享受体育学习"懂、会、乐"和谐的乐趣，达到既是运动又是教育，既能锻炼又能娱乐的两者不可偏废的关联。

3. 进步主义教育哲学

---

① 毛振明：《体育教学论》，北京，高等教育出版社，2005，第 72 页。

　　进步主义教育哲学是以实用主义哲学为基础，以批判学科中心的传统课程理论基础成长起来的，代表人物杜威。进步主义教育哲学认为教育即生长，教育即生活，教育即经验的不断改造与重组；主张课程应以儿童为中心，课程内容的组织应考虑儿童现有的经验和生活的范围，应以儿童心理发展规律为依据；强调理想的课程目标是建立在儿童活动和兴趣之上的，促进儿童的生长和发展，课程类型要以相关课程、活动课程为主。

　　这一视界的萌新，引发人们从关注外向性知识的存在走向内向性知识的思考，从根本上颠覆了人类旧有体育课程教育以知识为目的永恒绝对理解方式，要求体育教育提供更多的个性选择，解释知识的更大变动性和对人认识的理解。正如斯普朗格认为："教育绝非单纯的文化传递，教育之为教育，正因为它是一种人格心灵的'唤醒'，这是教育的核心所在。……人们活着不能只是作为能使他成为运动的机器的驾驭者。"①

　　受其认知论的羁绊，导致在体育新课改初期出现"以学生经验为中心""以学生兴趣为中心"。从理论上看这些并没有错，但是过于强调学生的经验性，以植根于学习者经验为唯一是狭隘的，这会否定知识的作用，容易造成知识无用论，存在消解教育主导作用的偏差，导致只关注知识产生过程中的主观性一面，消解了科学知识的神圣性和真理性。

　　但其闪光的论断，可为学校体育摆脱惰性知识的困境，走向再发展指明一条道路，给教育研究和实践提供崭新的尺度。拉开人类社会由知识取向的教学理解（侧重于知识性积累的拥有）、能力取向的教学理解（侧重于知识的把握与创造）迈向以生为本取向的教学理解（侧重于解放、发展个性的自由）的帷幕。正如马克思指出："自由个性是人的个性发展的最高阶段。"②也诚如学者郭文安、靖国平认为："当代教育是对于人的独立个性的追求与探索。"③

　　综上而述，可以发现哲学作为描述与解释教育的方式，受每个时代主导的思想意识的制约，但其理论是长青的，其对教育描述的主题和原则都在不断地转换与调整。基于此，教育哲学中的课程观可以分为三大类型。

　　一是功利主义的课程观。这种观点主张衡量课程知识的标准在于能

---

① ［澳］克莱登：《课程与文化》，刘民等译，大连，大连理工大学出版社，1992，第73页。
② 王锐生：《马克思人的理论和科学发展观》，载《学术研究》2005年第10期。
③ 郭文安、靖国平：《论当代教育对于人的独立个性的追求与探索》，载《教育研究与实验》2000年第4期。

在多大程度上促进学生获得资本。例如，学会"数理化"走遍天下都不怕，导出学习的利润是其最大的追求目标。按照这一"知识＝资本"的公式，就会带来"一切向钱看"的弊病与泛滥，出现学习体育就是未来为了赚钱的笑话。同时其对象体育课的学习表现，仅满足人的生产劳动的自然生命需要，无法显现学习体育是标识知识对世界的意义、使人的社会生活更加健全的意义。

但这一思想立足于人的需要是历史前进的动力，凸显了教育功用之一"教育即生活"，又是伟大的，后继的进步都是其防起的结果。这符合了马克思的观点，人类的需要是社会发展的规律，物质是社会生活的基础，是决定其他一切活动的东西，即一个没有物质的社会，显然不是个文明的社会、幸福的社会。这也是为什么"市场经济理论、物质利益原则和社会分配原则理论"会成为改革开放的支柱。诚如恩格斯的认为："人的智力是按照人如何学会改变自然界而发展的。"[1]也如马克思指出："生产劳动同智育和体育相结合，它不仅是提高社会生产的一种方法，而且是造就全面发展的人的唯一方法。"[2]

二是知识课程观。此种观点认为，知识就是力量，只有知识多的人才可以获得幸福。衡量课程的知识价值的标准在于看其知识积累性如何。这种课程观在体育的表现是难、繁、多、深，引发体育教学围绕"精雕细刻"打圈圈，没有体现体育学习对人类本质、人类生活的意义存在，忘记了"读书其实就是读自己"的道义，也是偏颇的。因而，没有走入因体育课程的介入导致的人类生命本性发生变化，即新的思想目标建立、新生活态度确立，实现人的生命存在和生活意义的统一。

但这一思想驻足于知识是人们认识世界、改造世界的力量，可转化为物质，对社会发展产生深刻的影响。这种影响，不仅表现在个人的成长历程中，而且表现在民族和国家的历史中，凸显了教育的价值之一"知识就是力量"，是社会再生产的理论，是人类文明进步的动力，是改造世界和创造财富的源泉，即马克思的观点，"只有文化才有可能让对象物产生认识和改变"，又是伟大的。诚如马克思在《资本论》第四卷中指出的："社会生活中存在着两种生产力：一种是物质生产力，一种是精神生产力。"

三是（科学与人文）认识论课程观。其主要从认识论角度为课程研

---

[1] 《马克思恩格斯选集》(第3卷)，北京，人民出版社，1995，第456页。

[2] 《马克思恩格斯全集》(第23卷)，北京，人民出版社，1972，第530页。

究提供启示，分为两大类：科学主义课程观和人文主义课程观。其究竟的是要真理，还是要知识。例如科学课程，可使我们有可能预见性地因果我们的行为结果，注重通过理性、归纳、思维、逻辑演绎、概念推演等，解剖分析知识对世界的把握。而人文课程，可促使人在生活中"己所不欲勿施于人"，从而保证个人和一切人的幸福统一。但如果陷入非此即彼二律悖反地以任一课程观为核心，试图单一地施教，就会割裂和窒息现实性和应用性。这启示我们，体育既要实现"三基"的目标达成，也要促进人品质的养成，把"形而上者谓之道"与"形而下者谓之器"完美地结合起来才是可为的。也就是马克思所说的："人的生命活动的独特性，在于人能使自己的生命活动本身变成自己意志和自己意识的对象。"①

也就是说，由于受不同时期时代背景的制约，历史上的一些哲学思想既有优点也有明显的时代局限性。为什么？因为，历史证明人类总是沿着低级文明不断走向高级文明的。正如马克思在《政治经济学批判序言》中的指出，"每一个原理都有其出现的世纪"，一个时代的理论总是受到它的时代精神的影响。哲学也是一个具有鲜明时代特征和现实针对性的理论概念，具有历史性和社会性、主观性和客观性的特点。对其历史发展的回顾，可以帮助我们从不同的角度去认识哲学对教育传承和发展的影响，这样有利于体育课程从更为前沿、更为科学、更为专业的角度，去探讨体育课程的学科概念和体系，完善学科的体系结构，进一步深化和求解其背后的个同教育语境与多样化的特征，拓展体育课程认识的视野深度与广度，扩大研究范围和强化理论基础，为促进体育课程的科学发展和研究提供参考。

(二) 不同哲学思想在体育课程观的表现

从课程与哲学的关系来考察，受其影响，体育课程曾产生以下对立的思想与割裂的现象。

1．"身体教育论"或"生物"体育观

将"身体"作为理论思考的重心，是当代西方哲学发展的一条重要线索。自苏格拉底与柏拉图的"身心二元论"，至笛卡尔以后的身体是意识主体即理性的客观对象，身体是附庸、是工具，到尼采的"本质先于存在论"的根本上颠覆，"身体乃是比陈旧的灵魂更令人惊异的思想""对身体的信仰始终胜于对精神的信仰"，此后经梅洛-庞蒂、福柯等人大力推进，身体从被贬损、被驾驭的对象翻转成为人存在的基础。身体理论从传统

---

① 杨魁森：《劳动与生活》，载《新华文摘》2010 年第 21 期。

到现代，由边缘到中心，由低调到张扬，渐渐渗入了经济、政治、文艺、教育、生活等各个领域，成为各项论说中的基本元素和重要维度。"身体教育论"或"生物"体育观的再探讨也是以此为基础的。

持这种学说的代表林笑峰等认为体育课程的本质只有一个，那就是增强体质。"强身健体是永远不变的体育航向"，这一误读，把增强体质作为体育课程确定的要务，导致陷入唯一，失却体育课程育人的多种功能。这一论观仅抓住了体育中核心的元素——身体，但局限于此就无法挖掘体育本质的多层内涵与价值。从某种角度而言，增强体质只是其中的一个目标。这一论观忽略了体育课程既是运动又是教育，既是锻炼又是娱乐，既可欣赏又可参与的多种作用，过分偏颇强调人的生物性特点，以人的"生物性"为核心，强调课程对人所产生的生物影响作用，没有把人看作社会的人、精神的人。同时该论观提出者认为学校体育不应包括竞技、游戏等娱乐活动，忌讳与竞技运动"同庙认宗"。其核心思想是利用各种非对抗性的身体活动，通过测量心率，绘制曲线等手段，强制性地提高每个学生的身体素质。该论者把学校体育执教为人的教育理念仅是囿于表面，难以给学生带来运动的欢乐、运动的高峰体验，学生身心自由的养成没有在学校体育得到实现。

2. 运动技术体育观

这种观点以进化论为指导思想，深深受技术主义的工具范式与思维习惯的影响，以致给中国学校体育的课程观带来：以追求运动技能客观准确的最佳运动形式为目的，以描摹好各运动图式的样子为定型，聚焦于突出专业化、专项化独特的运动技能；以发现和改良运动教授手段和方法为使命，沉溺、痴迷在传授某种高特定运动状态的形成，是否映射着某种物理形态的验证假设的主要路径上。"人体技能的有效形成"成为表现中国学校体育的"轴心"，并延续至今。

这种思想导致在学校体育教育中呈现出下述特征。学校体育过分强调运动技术、运动负荷的教学与训练；看重学生运动素质的评价，忽视对人思想的整体养成，在一些学校里，本应该充满欢声笑语的体育课堂，却由于单一重复的运动技能练习而陷入枯燥，使体育课堂学习失去了"丰富性"，造成学生厌学。这一"武夫"式的体育教学在中国占有相当大的比例，遗忘了体育学习是一个知情意行的过程，缺少任何一个方面都是偏颇的。

从哲学的视角来看，这种思想把对体育课程的理解仅限制在"形而下之谓之器"的狭隘空间中，从人的生物性出发，强调人存在的自然性、客观性、物质性。其结果把体育教学变成单板的技能传授与刻苦的标准训练，把体育学习变成了"只认技能不认人"的灌输和规训，失去了体育学习懂、会、乐的因果性和目的性的统一。在体育学习中通过体育主体对象化的活动来证明自己、领会自己。正如学者毛振明在《体育教学改革新视野》一书扉页的指出：体育学习与培养仅仅满足于一般传授技艺与增进体能。体育文化"懂、会、乐"的意义和体育人化的崇高境界却被淡化和遗忘了。体育课的一切感觉都被简化为肉体的收获，技能雕刻的占有。犹如商人们只关注钻石的交换价值，而看不到它的美。这导致学校体育教学的指导和培养只是把人变成了勇士，没有使人成为人。

3. 科学体育观与人文体育观

科学主义与人文主义是人类重要的精神财富。受两种理论的影响，产生科学体育教育观和人文体育教育观两种理论观点，导致课程目的、内容、方法等方面都存在着严重的分歧，表现了当代课程两种相反的倾向。"科学主义"课程重视认知的、理性的逻辑活动，以知识、技能、智慧作为主要目的，运用客观真理性的教材，把科学技术视为教学内容的重点，教学活动注重计划和控制。"人文主义"则表现出与之相反的特征，重视个性培养、情感交流、自我创造，以人的价值实现、情感体验的满足、精神健康为教学宗旨。课程注重教材的主观价值、人文的养成。教学活动崇尚过程的体悟和领会，不要求严密固定的活动程序。这种绝对认识论思维辐射到体育思想领域，或是体育研究以及体育教学与训练中，片面重视人体生理素质和运动素质等客观指标的改变，而对人之为人的兴趣、情感、意志、习惯等人文素质的养成视而不见；或是两者相反。这种割裂极大影响了体育课程的形成和发展。

其结果，在这一矛盾里扭曲生长出：一是以军国体育观、"野蛮"体育观等把人当作工具，企图通过兵操、体操等程序性的训练把人被物化为"物"；一是以"取消竞技技能""淡化体育竞技技能"混淆体育目的，遮蔽了体育课是一门以身体活动为主要手段，促进人的全面发展为本质的课程的特征。体育学习主要是通过一系列身体技能练习的经历，去理解知识、体验学习的成功与曲折，感受技能建构过程获得的喜悦，实现意识的培养、意志的锤炼、品质的塑造。人的精神养成是在技能练习之路上产生的，其最后的落脚点是练习的实践性。两者之间的矛盾与斗争制约与影响体育课程与教学的发展，成为每一种教育改革都不得不面对的问题与选择。历史证明两者都具有不同程度的片面性，因而谁也没有开辟出当代课程与教学的康庄大道。两者的斗争预示着体育课程与教学发展的一个重要的趋势：科学和人文的统一，体育课程与教学将沿着这条道路走向未来。受这一思想进化的影响，体育课程的必须全面把握与正确处理好的科学与人文的双重特性的特征。试图单一孤立地谈论某一课程思想只会带来混乱和灾难。

综上所述，笔者认为以下观点是正确的，应予以维护与实施。

第一，从体育知识性来看，体育是一种运动技术。因而，不论哪种观点，都不能改变体育是以身体活动为基本手段，根据人体生长发育、技能形成和机能提高等规律，达成增强体质与提高运动能力，来改善生活方式与提高生活质量的本体特点。

第二，从体育的功能上来看，它存有丰富人文价值。体育是学生扮演社会角色、发展自我意识的一种有效教育，是他们早期借以了解社会文明和人们共同生活准则的途径之一。为此，课程的选择与设计要有助于青少年个体参与社会群体、合作交往的养成。要有助于形成公民责任的担当，实现体育对人精神成长与社会化的完成。

第三，从体育的未来发展来看，体育越来越成为人的一种权利。1978 年 1 月 21 日联合国教科文组织通过的《体育教育与体育运动宪章》，第一条即阐明"进行体育教育和体育运动是基本人权"。《奥林匹克宪章》也明确规定："进行体育教育和体育运动是人的权利，每个人都应有按照自己的需要从事体育活动的可能性。"课程选择与设计要体现出体育作为生活的一部分，作为人们娱乐自身的重要内容和一种权利。因而，体育课程要体现"为人的目的"才是完美的。

总之，以上从哲学对课程影响的变革与构建为主题，从历史演进角度探讨不同哲学思潮对体育课程视域和范式的影响，深化其在确保新时代体育教学的认识。力求以"新认识论"视角，对这一进程进行深刻反思。确保哲学可确保课程长青，不断丰实从一座高峰走向另一座高峰。体育课程活动不是纯粹的客观现象，不同时代烙印着不同哲学的价值追求，对其理解要释义科学的扬弃。正如列宁所说："我们的学说不是教条，而是行动的指南。"①

二、体育课程的文化基础——心理学

体育课程论的科学化的进程表明，课程是伴随着心理学在学习规律和学习条件的各种研究成果成长的，心理学是体育课程发展不可缺少的

---

① 《列宁全集》(第 3 卷)，北京，人民出版社，1985，第 219 页。

重要依据和理论基础。自从赫尔巴特把心理学引入学校教育以来，行为主义心理学、认知心理学以及建构、人本等各种心理学关于学习问题的研究，对体育课程的发展都起到难以磨灭的推动作用。下面就选择一些它们的基本观点剖析和评价，以便帮助大家对这些问题有一个比较全面的认识，从而更好地把握心理学在体育课程的建设与发展。正如杜威曾说，心理学与课程的关系是"把它们从窗里赶出去，又不得不把它们从门里请进来"①。

（一）行为主义心理学对课程的影响

从理论的发生来看，行为主义心理学把课程的实施看作一种"刺激—反应"行为不断修正的过程，要求体育课程要施力于学习者行为习惯的控制和培养、塑造和矫正，以批评表扬和榜样赞赏等激发和调动学生学习的主动性、积极性和自觉性为有效教学的出发点和基础，强化学生的优良行为，消除不良行为。通过提供和创设适宜的教学条件为有效教学的实质和核心，促使学生形成有效学习。

行为主义心理学认为通过把课程目标和内容分解成很小的单元，然后按照逻辑顺序排列，一步一步地通过强化手段帮助学生尽可能做出正确反应，使错误率降低到最小限度，从而提高学习效率。使学生逐步掌握课程内容，最终达到课程预期的目标。以此要求学习围绕教学组织的安排，教学进程、密度、节奏等一切情境为转移；教学评价以学生学习的结果为根本标准；不是看学生学习的主动性好不好，而是看教师为学生的学习创设的教学条件是否适宜、是否有效。

主要表现在以下方面：在课程与教学方面强调行为目标；在课程内容方面强调由简到繁的累积；强调基本技能的训练；注重以教的设计为模式。虽然行为主义心理学学派把人类学习描述的过于简单、机械，以为只需要把课程内容分解成小单元，然后按逻辑排列，通过指定的步骤，便能使学生达到课程目标。从哲学上讲它们都属于机械唯物主义的范畴，其学说的着力点仅限于第一范畴（认知过程），而失落了第二范畴（社会过程）与第三范畴（内省过程）。由于这一理论开创了科学化教学、个别化学习的先河，至今对体育课程仍产生着巨大的作用。

需要指出的是：虽然这一理论由于其历史局限性，学习的类型只能适用于人类机械记忆学习、联想学习等，但它是走向高级创新学习的基

---

① ［美］杜威：《学校与社会》，程接力，王莹译，北京，外语教学与研究出版社，2012，第 130 页。

础。为后人的研究奠定了基础。几乎后来教育、体育的每一学科的新发现和新理论都直接或间接支持了它的基本思想。在今天的体育教育中，我们仍然处处感到早期的行为主义教育理论不可磨灭的影响，享用着它的指导作用。

（二）认知主义心理学对课程的影响

理论发现，认知主义心理学在体育课程研究的基本问题有两个：一是已有的课程是否适应学习者现有的心理发展水平；二是课程对促进学习者经验的意义建构有何意义。20世纪以来，围绕这一问题研究对体育课程最有影响的有以下五个理论。

1. 皮亚杰的认知发展阶段论

这一理论为体育的内容与学习者的生理年龄阶段性、心理的认知性的适合与选择，提供了理论依据。该理论从构建体育课程教学内容的学习过程和条件的"同化"与"顺应"这种相互作用的变量图式，提出课程与教学选择与设计的四种内部运算图式：感知运算，前运算，具体运算，形式运算。也就是说，个体的认知发生与认知建构存在着不同生理的分段过程及其学习的特点与方式，如果课程的内容选择违背了这一原则，知识的意义建构就会发生困难。例如，对低年级教学要以直观教学方法为主，对高年级学生要以语言逻辑教学方法为主，良好的学习行为才可发生。他认为："儿童的智慧和生理结构同我们成人不一样，因而教育方法应尽一切努力符合儿童的生理不同的发展阶段，将要教的方法以适合不同年龄儿童的形式进行教学才是可为。"[1]

2. 布鲁纳的认知结构理论

该理论为最佳课程结构的设计奠定了理论基础。在布鲁纳看来，我们应该注重课程内容的结构与学生认知重组的统一，使其范围、深度、速度不仅要同"该阶段"生理发育相适应，也要同教学对象"该阶段"的认知水平相适应才是科学的。告诫我们，认知的结构是学习者成功的基础。学生良好学习的形成，是从良好的教材结构转化过来的。要重视在旧知识和新知识之间设置中介的连接，如通过"先行者组织策略"，启发学习者思维，由此及彼，同化新知。

3. 奥苏伯尔的同化理论

奥苏伯尔将课程认知分为机械学习和有意义学习两种表现，认为学习存有客观事物的两种性质反映，按其规律进行，可以取得事半功倍的

---

[1]　莫雷：《20世纪心理学名家名著》，广州，广东高等教育出版社，2005，第399、409页。

效果。一种表现形式是"机械学习"，其过程和条件可以用联想学习或条件反应理论来解释。另一种表现形式是"有意义学习"，其过程和条件用同化论来解释。奥苏伯尔指出这两种学习表现形式相辅相成，课程是在这一相互促进中实现进的。

4. 加涅的信息加工理论

该理论为精心合理地安排一系列外部事件（活动）以支持学习的内部过程，提供了理论基础。告诫我们，教师教学信息存有短时记忆、中时记忆、长时记忆的多种感觉通道。要求我们要根据不同记忆的感受器的特点，选择运用学习情境条件，不要造成认知记忆负荷超载，引起学习的抑制或减弱。

5. 布卢姆的教育目标分类学

该理论是对课程目标构建最有影响的学说。布卢姆指出教育目标存有三个不同的领域：认知领域、情感领域、动作技能领域。目标分类是选择与设计课程的重要理论基础。目标设计只有同每个分类的领域相契合，良好的学习行为才可以发生。这一科学理论为课程目标的编制与设计提供了方向，提示我们在确定学习目标、分析和组织学习内容、选择教学方法和媒体时要契合知识分类的不同领域，否则教育目标就会出现偏离，造成目标与行动脱节。这一观点促使人们去根据知识领域的特点去选择目标，促进了课程与教学之间的联盟与融合。

综上所述，认知心理学的这些观点，为体育课程不同教学阶段的设计提供了认知的、生理的和心理的具体依据，为促进学习者图式由顺应向同化的建构，形成系统化、概括化、有良好组织的认知结构的课程优化找到了提高效率的途径，引发了课程目标与学习内容条件的意义学习建构，值得我们重视。今天，这些观点仍在课程中释放着"皮格马利翁效应"，丰实着体育课程的发展。

这些观点同时告诫我们，必须把体育课程的结构改造成适合学习者该阶段能普遍接受和理解的形式，使其范围、深度、速度能同教学对象的身心的实际水平相适应，良好的学习行为才可发生，即体育课程的内容不仅包括一个知识的各种概念和规则，同时也包括学习者的生理特点与认知结构、方法的逻辑，如不注意这一关系，课程的内容就不可能真正被学习者理解掌握。

（三）建构主义心理学对课程的影响

由于不满意行为主义、认知主义执着于教学就是知识的传授，建构主义心理学提出：课程设计的立足点应"为理解而教""为学习而设计"；

以学生主动地建构知识为中心,让学习者在参与意义中获得知识,在开放的对话中获得新的理解和新的知识;从面向知识结论的轨道转向在丰富的、复杂的真实情境中体悟知识、生成知识;以大量的附着学习者知觉经验等隐性知识系统作支撑,通过情境探究、发现其中的过程之美,而不再是直奔主题的简单结论的知识记忆。这些正是时代发展对教育提出的迫切要求。

因此,建构主义教学论一问世就受到世界各国的极大关注,拉开人类社会由知识取向的教学理解(侧重于知识性积累的拥有)、能力取向的教学理解(侧重于知识的把握与创造)开始迈向解放取向的教学理解(侧重于解放、发展个性的自由)的帷幕。这一思想告诫我们,体育教学的乘数效应不仅仅在于关注课程是一个完成知识学习的过程的理性和逻辑的设计,还要是一个蕴含着丰富情感、人生哲理的教育性的使命过程。正如联合国教科文组织在《学会生存——教育世界的今天和明天》报告中指出:"教育如果像过去一样,局限于按照某些预定的组织规划、需要和见解去训练……这是不可能的……教育正日益走向包括整个社会和个人终身方向的解放。"[1]但是,其思想过分驻足于"以植根于学习者的经验作为课程构建的唯一",消解了教师、教育的主导作用,是偏颇的,应予以扬弃。

(四)人本主义心理学对课程的影响

人本主义学习理论从 20 世纪 70 年代流行,一开始就关注学校课程的问题。人本主义心理学家关注的不是学生学习的结果(它认为这是行为主义者所关心的),也不是学生学习的过程(它认为这是认知心理学家所关心的),而是学生的起因,即学生学习的情感、理念和意图等。这些是一个学生不同于另一个学生的差异行为。在他们看来,如果课程起因对学生没有什么个人意义的话,学习就不大可能发生。为此,人本主义心理学家卡尔·罗杰斯在《自由学习观》一文中认为,只有把认知与情感合二为一,才是完整的课程。没有情感的教学是消极灌入的容器。他把课程看作满足学生生长和个性整合需要的自由解放的过程,课程的重点要从教材转向学生个体需要。这也是目前学校课程改革要求的,课程改革要从传统的以牺牲情感为代价的认知,转向强调学生情感与认知的整合。所以课程改革出发点不应该关注历来教育者关心的问题,如怎样为学生制定课程目标、怎样选择和组织课程内容、用什么方式实施课程以达到

---

① 联合国教科文组织:《学会生存——教育世界的今天和明天》,北京,教育科学出版社,1996,第 2 页。

预定的课程目标，而应关注这样的问题：什么课程内容可能对学生产生意义建构？什么课程内容可唤起学生情感投入？因而，如何使识课程与学生成长结合起来，是我们等待解决的问题。对此认为，以"为需要而设计课程，为理解时刻而教、个性学习自由度"的章程，成为未来发展的路向。

由上而知，心理学是课程的理论基础。心理学的每一次前进，都会在课程领域留下自己的痕迹，促成课程教育观念或实践发生转向与变革。由而揭示，对心理学基础的考察，有利于大家清醒地认识与科学选择心理学原理的运用，把握课程建设，少走弯路，更有效地做好体育课程工作。

三、体育课程的文化基础——社会学

从社会学的视野来看，课程作为一种"法定文化"，是社会控制的中介。社会通过制定和实施课程这种文化，来维护现行的社会秩序和稳定国家的民族取向。也就是说，由于体育课程的设置与划分存有价值导向的传统，是国家教育意识的具体化标识，因而，社会学是体育课程的文化基础。学校课程作为社会文化的一部分，既受社会政治、经济等方面因素的制约，同时也因其保存、传递或重建社会文化的职能而对社会发展产生一定的影响。对课程与社会环境之间的这种交互作用，正如布鲁纳所说的："离开了社会背景，课程存在的意义就黯然失色了。"①

显然，这番话是布鲁纳对自己亲身改革经历的总结，启示我们离开社会的体育课程是无市场的。因为任一课程思想的背后，都是一个由国家行动主体在社会制度背景中做决定和行动的过程。它是社会变革的一种缩影，也是社会文化的再生产、再改造在教育上的表现。因为，学校体制变化和目标的制定，课程基础价值观念的变化和方向调整，无一不受着社会的制约。试图单一孤立地谈论课程思想只会带来混乱和灾难。从这个意义上说，与社会不相干的课程是不存在。由此可得出这样的认识。

第一，学校体育课程与社会的政治、经济和文化有着生生不息的关系，社会政治、经济制度制约着课程的设置以及课程编制过程。例如，高校教育目标从"教授高等学术，培养专门人才"转向"教授应用科学，培

---

①　[美]布鲁纳：《布鲁纳教育论著选》，邵瑞珍等译，北京，人民教育出版社，1989，第7页。

养技术人才"的章程，实际上就是社会关系的反映。社会经济的发展需要，导引了大学的职能由"传授文化、培养人才"走向"发展科技、服务社会"的这种价值塑造，故此，建立大学—市场—社会三位一体的要求就成为大学主体性的重建。

第二，学校体育课程作为社会文化的一个重要组成部分，既传递和复制社会文化，同时也受到社会文化尤其是意识形态的规范制约。纯粹客观的、价值中立的知识是不存在的。由于体育课不是单纯的技艺复制，体育课程为社会服务就成为教育的目的。如何结合这一点，而不只是停留在技能技术的教学上，就成为体育课程必需的关注。

第三，学校体育课程应把围绕当代社会的发展，帮助学生关心社会改造和社会活动计划等方面。因而，体育课程不能仅仅关注学科的知识体系，而应围绕体育是国家软实力的命题来组织课程，帮助理解体育文化在国家繁荣强大的担当，加深学生了解体育的社会文化责任与贡献。正如约翰·奈比特《在亚洲大趋势》中一段非常中肯的评述："那些成功地维持了世界强国地位的国家莫不是向世界提供了某种文化和制度。"中国学者也指出，北京奥运会后政府内生变量表明，北京奥运会的成功举办有力地促进了中国政治进程的建设与发展。①

从社会学的角度出发，研究课程的问题有四个方面：一是课程代表的是谁的知识；二是这些知识是由谁来选择的；三是为什么要这样来组织知识；四是其社会原因是什么，这样做哪个群体最有获益。可见，通过对社会学考察可以发现，体育课程的行为变迁受着社会关系的制约，是社会理想的理性表达。因社会学这一命题的释义，体育课程受学生本位、社会本位、学科本位的制约与影响。为此，我们对其要有清醒的认识，扬弃矛盾走向真理，把握体育课程建设与社会发展步伐的与时俱进，少走弯路，更有效地做好课程工作。正如布鲁纳所说："不顾教育过程的政治、经济和社会环境来论述教育理论的心理学家和教育家，是自甘浅薄，势必在社会上和教室里受到蔑视。"②

四、体育课程的文化基础——教育学

课程是教育的认知化，是教育的方法化。因而，教育学是体育课程论赖以发生和发展的基础，是"阐明把体育一切教育给人类的艺术"。由

---

① 何精华：《政府工作流程创新：理论逻辑与路径选择》，载《新华文摘》2008年第23期。
② ［美］布鲁纳：《布鲁纳教育论著选》，邵瑞珍等译，北京，人民教育出版社，1989，第92页。

而，教育学是体育课程做好教育的理论基础与向前发展的不竭动力。教育学不仅是指导课程选择与设计的原则，也是积极促进教学具体的、现实的可持续发展的准绳。一是为课程的运行提供目标指向，规准实在的内容与支撑，诊断各种课程类型的实践形态与目标评价。二是以教育学科体系的视阈分层、对象分化和条件分用的规律和原则作为学科底版，构成教学的范式与实践样态。

体育课程的教育实践推动并实现着教育学的理念，教育学的理念指导并统整着体育课程的教育实践。因而，课程是教育学的实践基础，教育学是课程的指导思想。可见，教育学是衡量学校体育课程体系发展及成熟程度的一个主要参照，是促使学校体育课程由理论走向教育实践、由应然走向实然的基础理论，即实现用教育来解释体育、用体育来为教育服务。为此笔者认为，教育学在体育课程中所要解决的问题，就是解决教师为什么这样教、学生为什么这样学的问题，避免低效、无效的发生。显然，脱离了教育的理论基础，体育课程就会失却根基而坍塌，难以实现有效教学的理念。

故此认为，教育学可为我们在体育课程与教学的变革中正确处理好以下问题关系，实现预设与生成的有机统一。

第一，教育学可为正确理解和把握学科与教育的关系与机理，坚持和强化体育课程教育的学术本位，解决学校体育课程设计的简单化，以缺失教育性的偏差、伤害或淡化自身教育的不足。

第二，教育学可为体育课程教育实践提供科学的目标预测、建构导向、标准参照和评价反思，使体育课程充分发挥教育功能的优势，实现自己的价值。

第三，教育学可为正确理解和把握学科的有机系统性实质特征，矫正和去除那些背离教育的结构与功能的主观偏见与谬误，淡化和规避体育课程非教育学科性的表现，从知识的内在关联和相互印证上保证体育课程教育的科学性。

小　结

综上而述，课程是古往今来各种知识、观念、理论、方法等融通共生的结果，课程不是孤立于社会之外存在的，它本身是一个连续发展的过程。也就是说，这种连续性和继承性不仅表现课程为一种社会形态的产生、发展和成熟的过程，也表现为前一种社会形态的课程，能够积累出后一种社会形态课程的产生提供所必要的物质和精神的资源条件。可见，哲学、心理学、社会学、教育学等资源，是学校体育的不可缺少的根基，贯穿学校体育的各个课程范畴，可为学校体育课程提供丰实的营养。这些资源是体育课程赖以存在与发展的源泉，是学校体育课程一切活动和教学行为理念的依据，它决定着体育课程的价值取向、决策与开发、目标、内容、结构、评价，甚至决定着教学活动中所有认知性与非认知性活动的具体内容和方式。

【思考与启示】

以上论述可给我们以下思考和启示，对待事物的认识不是用纯粹的观念性的东西去框定现实，而是在于思考事物的本质，进而抽象出普遍原理。也就是说，体育课程概念的演变与范式转换，受社会多种因素的影响，进而影响体育课程方向性和目的性，反映人的不断能动的理解。体育课程只有"以人为目的"，才能把课程对象化为属人的世界，实现"在那里，体育课程是一切人的自由发展的条件"。哲学、心理学、教育学、社会学等论纲是体育课程生长的根基、跃进的动力、开新的力量。对其认知可获得理论化的超越，为体育寻得更宽广的道路，改变以外在的对象认知体育的不足。可见，体育课程离不开不哲学、心理学、教育学、社会学等理论的滋养而独立存在，只有通过它们才能走出学科单一的桎梏。

【作业与讨论】

1. 讨论引起体育课程概念范式的变化因素。
2. 讨论体育课程概念变化对学校体育的影响。
3. 简述构建体育课程的规律有哪三个方面的表现。
4. 简述为什么要重视体育课程的文化基础。
5. 识记哲学对体育课程的影响。
6. 识记心理学对体育课程的影响。
7. 识记教育学对体育课程的影响。
8. 识记社会学对体育课程的影响。

第三章　体育课程的形成与发展

【本章摘要】

一是梳理国内外体育课程发展的历史，探析体育课程研究的发展及演变过程，释义其形成阶段、建立阶段、发展阶段的特点与取向，预见其未来与科学、人文融合的迈进方向。回顾体育课程论的孕育和发展是一个不断克服障碍、开辟道路的发展过程。二是审视中国体育课程论发展——课程论中国化、课程论科学化、课程论的学科化和课程论学科体系构建的经验与问题，勾勒出体育课程论从国外化到中国化的过程和演变逻辑，并做出评价，以期为当前中国体育课程论的发展提供历史的借鉴。

【本章内容结构】

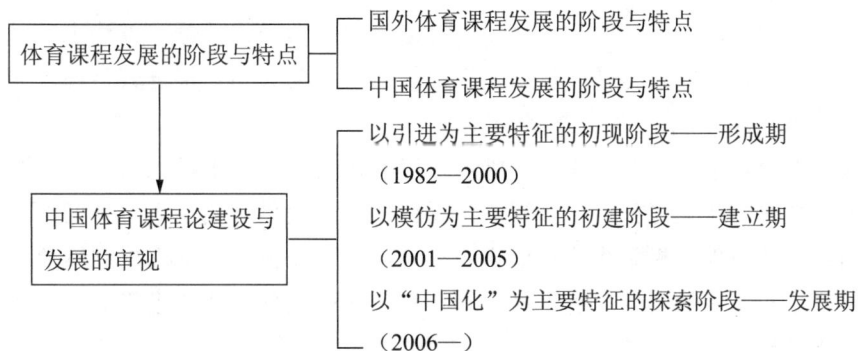

```
体育课程发展的阶段与特点 ┬ 国外体育课程发展的阶段与特点
                        └ 中国体育课程发展的阶段与特点

中国体育课程论建设与     ┬ 以引进为主要特征的初现阶段——形成期
发展的审视                 （1982—2000）
                         ├ 以模仿为主要特征的初建阶段——建立期
                           （2001—2005）
                         └ 以"中国化"为主要特征的探索阶段——发展期
                           （2006—）
```

【本章理解】

1. 理解国内外各个时期体育课程的形成、演变、得失的问题与争鸣。

2. 思考理解各时期体育课程的时代演变对课程本质观点的影响与启示。

3. 识记中国现代体育课程的形成与发展的基本主题与取向。

4. 说明与分析中国体育课程发展阶段不同时期主要特征与变革取向。

【关键词】

课程的形成与发展；经验与教训；未来发展与展望

科学和哲学告诉我们，任何一种学说，都存有三个递进的特征：其一，它以历史的逻辑体系为人们提供发展的图景，规范人们对自我的理解和相互理解；其二，它以概念框架体系为人们提供时代水平的世界图景，从而规范人们对世界的理解和对世界的改造；其三，它以理论所具有的普遍性、规律性和理想性为人们提供历史发展着的价值观念，从而规范人们如何去把握、描述和解释世界。体育课程论也应是一个范式，不仅有着自己的研究对象、原理与体系，也有着自己对应的事件依附与阶段。按此论述，体育课程论不仅存在着关于过去的真实知识，也存在着关于现在的新性知识，还存在着关于未来的可能的知识。这揭示出体育课程是一个不断克服障碍、不断开辟道路的历史发展，要真正把握体育课程，必须开通过去、现在与未来的连接。

总之，传统体育课程的视角聚焦于自己看自己，停留在感性经验的描述，这是非常局限的。只有唯物地、辩证地把体育课程的个别与一般、特殊与普遍、多样与统一、具体与抽象、现象与本质等之间的关联打通、整合，才能更好地认识体育课程，做好体育课程。显然，寻找出这一学科的普遍性，才能更好地认识体育课程，把握好体育课程发展的运作。为此，对其的研究，可为体育课程对象化的活动提供理论和方法上的依据，明确其定向和解释、预见和规划等活动上的关系，推进其走向理想的状态。

故而，本章对体育课程形成与发展的研究，有助于增大对体育课程发展规律的认识与理解，可为体育课程的实践提供理论基础，把问题的内在本质与外在相关性的归依联结在一起，可以很好地从现象到本质去解释这些关系的发生，使体育课程在实现人的发展、社会进步的作用进一步显现。

第一节　体育课程发展的阶段与特点

从体育课程的历史发展来看，体育课程的完成形态及演变过程，同其他学科一样，大体经历了形成阶段、建立阶段、发展阶段，其未来将向着科学与人文融合的方向大步迈进。其历史发展的不同阶段，有不同的代表人物，包含着理论的多样性与思想差异性的概括与综合。由此可见，体育课程是一个孕育、发展、不断克服障碍、开辟道路的发展过程。这一历程告诉我们，每一个时代都有其相符的课程理念、形式特点、目的结果的演进，其背后蕴含着不同时代体育课程的目标追求。它们紧密地联系在一起，并表现出不同的阶段与特点，每一个阶段都为下一个阶段创造着新生的条件，循环着从局部走向整体地新意义建构的理解生成。因而，体育课程是一个不断认识的过程，不断实践的过程，不断再探讨、再改进的过程。

一、国外体育课程发展的阶段与特点

学术发展的历程表明，史料的发掘、研究方法的进化、知识谱系的更新、论文的争鸣、专著的出版，是一门学术不断成熟的标志。对此，有研究认为，博比是现代课程理论的开拓者，其先声于 1910 年在芝加哥大学开设了第一门"课程"的课程，并率先在 1918 年出版了第一本《课程》的著作。这一贡献把对课程的认识带到了从没有抵达的地方，使课程走向了科学的范式，解决了课程只有直接经验的观照，而无学术专著体系的困境。它把对象、概念、学理等分散的因素集合了起来，统摄形成系统化的课程谱系，摆脱了课程是"经验"的模糊安排，使学界有了系统化的理论的成果来印证解释课程的理论与实践。显然，这一成果可以给予体育课程再认知的"养分"和跨学科的思路来实施课程的研究。

沿着这一认识，可发现体育课程的形成也有着自己独立的学科标志、各个阶段存在着自己学科影响的事件和代表性的人物及其著作，明确的学科理论创始人、发展代表人。这一过程同其他课程的发展一样，既有前学科化的萌芽时期，也有学科化形成建立时期、理论体系建构与发展时期。三个阶段之间既有历史继承性，又有各自不同的特点。因而，了解各个阶段中有影响的课程事件和代表性人物及其观点，能够丰富我们的课程知识，识别正误之辨，分享历史的经验，提高把握理论的能力。犹如学者王新生曾说："所有的人类思想和价值观念都是历史性的，是将来必然的形式和落脚的原则。"[①]

显然，上述视野之论可给我们带来有意义的指导，提供正误之辨的识别，增强理论的理解。为此，下面对体育课程的历史沿革与演变等事件做一分析释义。

（二）前学科化研究时期(17 世纪末叶—19 世纪中叶)

历史地看，体育课程的孕育可以追溯到古希腊的城邦教育的思想。文献显示古希腊的教育理论包含有丰富的体育思想。其教育观点认为，

---

① 王新生：《马克思哲学的历史主义根基：遗忘与重建》，《吉林大学社会科学学报》，2009 年第 2 期。

一个良好的公民应是体、智、美、德等诸品质集于一身的人。因而，柏拉图在《理想王国》里推崇教育就是用体操来训练身体，用音乐来陶冶心灵。他认为这种教育可使人身体健康、心灵完美，和谐人格。受这种思想的影响，一些先驱者在文艺复兴与启蒙的运动中得以苏醒，对腐朽的神学教育和封建的骑士教育展开批判。他们力图恢复古希腊的体育教育传统，认为体育是人和谐发展的基础。例如，意大利人文主义教育家维多利诺创办的"快乐之家"，将智力教学与体育活动有机结合，组织学生每天到户外跑跳、骑马、击剑、游泳和玩乐球戏等，把体育作为教育活动的一个不可缺少的组成部分。

其后受这一思潮的影响，十七八世纪一批教育家和思想家纷纷著书立说，他们认为"良好的知识寓于健康的身体"。这一新教育的认识催醒了认识的需要，促成了近代学校体育课程的形成。为学校体育课程走近、走入、走向现代化体系奠定了理论思想基础。

1. 夸美纽斯的体育思想特点[①](1592—1670)

大教育家夸美纽斯在 1633 年的《母育学校》一书中，专章论述了婴幼儿体育的问题。他将教育分成婴儿(0～6 岁)、儿童(7～12 岁)、少年(13～18 岁)和青年(19～20 岁)4 个阶段，相应设立母育学校、国语学校、拉丁语学校和大学。他主张学校要设置宽广的运动场，采用游戏和各种体育活动来增进学生健康并激发他们的精神。他首创了体育教学班级授课制，提出在每进行 1 小时智力课后，要有半小时休息，在早饭和午饭后，要有 1 小时的散步和娱乐活动。这样做是为了"让身体活动，而让心灵休息"，即现在世界各国学校普遍实行的课间活动、课间操制度。在夸美纽斯的教学计划中，体育首次成为学校课程的有机组成部分。为此，有某些西方学者称他为"学校体育教育之父"。

2. 约翰·洛克的体育思想特点[②]

约翰·洛克(1632—1704)是英国唯物主义哲学家、政治家和教育家。他认为："健全的精神寓于健康的身体，这是对于幸福人生的一个简短的描述。""人类的幸福与痛苦大部分都是由自己造成的。一个心术不正的人永远走不上正道；一个身体虚弱的人，即便走上正道，也无力向前迈进。"虽然他提出体育教育的目的，主要是为培养绅士服务的。但这一方案提倡德智体多方位的教育，提升体育文化上的境界，把体育教育与人

---

① 谭华：《体育史》，北京，高等教育出版社，2005，第 169 页。
② [英]洛克：《教育漫画》，北京，人民教育出版社，1979，第 4、178、180 页。

的社会化发展联系起来，可见在一定程度上也反映了现代教育精神，为改造传统的旧教育、创办新教育指明了方向。这一倡导对英国乃至西方各国的教育和体育实践有广泛的影响。为现代体育观念的产生创造了前提条件。竞技运动能成为英国社会生活的一个特色，在很大程度上应归功于绅士体育的推动。受时代的制约这一教育理念含有瑕疵，但这一思想，不仅为现代教育理论体系奠定了基础，也闪烁着现代体育思想的耀眼光辉。既为英国获得了"运动王国"的美称，也因"体育强则一国强"，为英国成为世界的强国奠基了基础。

3. 卢梭的体育思想特点

让·雅克·卢梭(1712—1778)是18世纪法国著名的启蒙思想家和教育家。资料显示，卢梭的哲学和政治思想、教育思想都深受洛克的影响。他在《社会契约论》提出的民主平等的社会原则，为日后的体育公平、公正、平等的理念提供了主要的思想依据。他在《爱弥尔》书中把课程分为体育、智育和德育三类，提出了系统的"自然教育"理论，把"自然的目标"作为"教育的目标"，强调人的教育、事物的教育必须服从于"自然的教育"，要求教育者们深入地研究儿童的"自然状态"，按照学生的年龄去对待。他认为应根据儿童的身心发展的自然规律教育，并将教育划分为四个阶段：0～2岁阶段、2～12岁阶段、12～15岁阶段和15～20岁阶段。他要求每个阶段施以不同的教育内容，采取不同的教育方法。把教育观建立在心理观之上无疑是非常正确的，这鲜明地突出了对儿童的尊重。他推进了教育与心理学的联姻，为科学勾画学校教育未来的方向与发展提供活水。这不仅对促进教育，同时对学校体育课程的构建与繁荣无疑也是具有极其重要意义的。曾如布鲁纳所说："一门课程不但要反映知识本身的性质，还要反映求知者的素质和知识获得过程的性质。"[①]

4. 裴斯泰洛齐的体育思想特点[②]

裴斯泰洛齐(1746—1827)瑞士人，19世纪欧洲三位伟大的教育巨匠之一，第一个用要素的观点分析人体运动。他提出应根据儿童的心理特点改进体育教育工作，成为第一个使体育教育心理学化的教育家。他认为，体育的任务是把人身体天赋的潜在的生理全部力量发展出来。裴斯泰洛齐从这一立场出发，要求体育教育的目的就在于发展人天性的素质，形成完善的人。由此，他倡导全面和谐发展的体育教育课程，建立了一

---

① [法]卢梭：《爱弥尔》，李平沤译，北京，商务印书馆，1983，第156页。
② 顾明远、孟繁华：《国际教育新理念》，海口，海南出版社，2005，第254页。

整套和谐发展的体育课程体系。裴斯泰洛齐主张体育和劳动教育、道德教育、智育的和谐发展才是全面的教育。他改革课程构建教法，把生理学、解剖学等知识引入体育课程，推进了教学方法的科学化，要求教师在体育教育中要按照这些特点从简单到复杂、从单项到综合的方法进行教学。这一理念影响至今成为体育一种不可或缺的宝贵财富。

5. 斯宾赛的体育思想特点

斯宾赛(1820—1903)英国著名的哲学家、社会学家，近代体育运动的倡导者。[①] 他的《教育论：智育、德育和体育》一书，影响了当时和后来世界教育改革，对现代科学教育、体育的发展起到了重大的促进作用。他根据不同课程所包含的知识价值，提出了教育史上第一个以实用为主的五级课程体系，并认为体育教育是实用科学教育的重要内容。体育课程这种科学知识，是合理的教育中最重要的一部分，是实现"完满生活"之首要。强调学校体育课程教育原理要符合科学性。19 世纪后期美国许多大学课程都要求学生阅读斯宾赛的著作，美国学校几乎都接受他教育思想的影响，有力地推动了美国成为世界体育强国。在中国，1895 年严复以《明民权》和《劝学篇》为名，对斯宾赛的《教育论》大加介绍，并以教育振国兴邦为旨意作了译序。1922 年，胡毅用白话文重译出版了斯宾赛的《教育论》。推动了斯宾赛的智育.德育和体育的"三育"思想在中国教育界广为传播。

6. 巴塞多、古茨穆斯等的体育思想特点[②]

真正使体育初步具有了课程的形式，并随着教育化的进程踏上制度化和科学化之路的是德国教育家巴塞多(1723—1790)。在 1774 年，德国教育家巴塞多在德绍创办了第一所博爱学校，是最早把体育列为学校教育的正式课程的，他将古希腊体操、传统骑士项目、民间游戏等融合在一起，加以改造和发展，将各种身体练习组合成协调统一的体育手段，因而创造了著名的"德绍五项"，即跑步、跳高、攀登、平衡和负重。这对于形成现代学校体育课程的基本形式建立，起到了积极的促进作用。

在此基础上，后继者古茨穆斯又对此进行深入的研究，1804 年构建了完整的体育课程体系，使体育课程成为学校教育普遍的模式，被称为"近代学校体育之父"。伴随着 19 世纪工业革命进程的澎湃浪潮，社会生产力迅速增长，社会财富快速积聚。人们对健康和娱乐的需求不断增长，

---

① ［瑞］裴斯泰洛齐：《裴斯泰洛齐教育论著选》，北京，人民教育出版社，2001，第 123 页。
② ［英］斯宾塞：《教育论》，胡毅译，北京，人民教育出版社，1962，第 114 页。

促使欧洲不断掀起体育发展的新阶段，加速了学校体育课程的体系化和社会化的形成。1778—1852年德国费里德里希·路德维格·杨创建了"杨氏器械体操"，后来施皮斯把顾茨穆斯的体操理念和其进一步结合成为"秩序运动、徒手体操和器械体操"三部分的体操体系。在瑞典，佩尔·享里克·林创立了以"教育体操、兵式体操、医疗体操、健美体操"组合的"林氏体操体系"，从而推动体操率先由社会活动成为体系进入学校体育课程。户外运动热潮的引发足球、橄榄球、曲棍球、水球、网球、板球、游泳、冰滑雪等项目在学校教育的开展，同时一些竞技较强的田径运动也被学校体育课程吸收，成为教学内容。欧洲人乐此不疲的户外运动和游戏越来越得到世界各国人士的青睐，并发展成为世界范围内普遍流行的方式，是现代学校体育课程的奠基石。

　　综上而述，可以发现这些古典教育家给我们留下两笔可贵课程资源：一是判断一个人的高贵与否不是看有多少财产或世俗荣耀，而是看他有没有高贵的包括体育在内的"知识教养"；二是真正的教育不是追求世俗功利，而是培养人成为完整的人。体育是培养成为完整的人的最重要的课程，真正的教育是来自包括"体育高贵知识"的教导。由于该时期的教育家们把主要精力放在对体育教育的外部功能的发掘上，广泛执着于从不同角度论述体育教育对人类的作用和功能，其目的是建立体育在教育工具意义上的理解，而不是确立体育教育在对人的意义上的理解，因而，也就没有给出体育学科体系的具体化体系。

　　故而，该时期体育课程的研究特点处于孕育与萌发的历史阶段，其反映在体育课程的研究思想都交织在哲学、教育、伦理与政治等的论述中。虽然教育家们对体育课程的认识，仅仅局限于体育练习利于儿童生长的直观感悟。但这些研究为体育成为学校教育的一门学科奠定了重要理论基础，引发了把体育的成果运用到学校教育的实践，为体育课程进入学校教育打通道路。受时代的制约，这些教育家的思想，没有能把科学知识与人的个性发展相统一，导致体育课程局限于身体教育的生物观，缺失了"教育的功能、教育的目的——人是目的表述"。正如布卢姆在他的名著《教育评价》中指出的："扪心自问，在一味沉溺于教育的认知功能——运用词语概念的能力——的同时，我们有无严重的忽视关于个性和生活的其他重要性的，以至于甚至更为单纯于一个方面。"①

（三）建立时期（19世纪中叶—20世纪初叶）

　　进入20世纪，在工业革命的不断推动下，教育发生了巨大的转变，

---

①　［日］佐藤正夫：《教学原理》，钟启泉译，北京，教育科学出版社，2002，第141页。

促使了体育课程出现新的思想，从过去主要以教育角度论及体育的趋向分化转变为迈向自我理论的建立。以奥地利高尔霍夫尔为代表的自然体育思想、美国伍德和赫塞林顿为代表的新体育运动思想，摆脱了施皮斯等体操单一性实施的不足，使学校体育课程走向新的发展，对20世纪学校体育课程产生深远广泛的影响。把体育课程推向一个新的阶段，使体育课程的独立走出了具体化的一步，体育开始走入成为学校全面教育不可缺少的一门课程。

1. 奥地利自然体育思想学说[①]

高尔霍夫尔(1885—1941)是20世纪初期奥地利教育部体育局局长，是奥地利体育课程改革的主要设计者和推动者。他推动了奥地利的体育课程改革和学校体育理论的研究。他在《奥地利学校体育概要》中否定了第一次世界大战前在欧洲学校体育中占主导地位的斯比茨(1810—1858)的体育课程体系，为当时陷于困惑的体育教师提供了新的体育课程思路。书中阐述了奥地利教育改革三原则(自主活动原则、乡土化原则和综合教学原则)在体育课程中的应用。与斯比茨体育课程体系要求学生学习符合运动规律的体操相反，《奥地利学校体育概要》按照儿童生长发育的规律、体育活动的生理学价值和儿童的运动兴趣，设计了针对儿童发育成长的课程。

在体育理论研究方面，高尔霍夫尔建立了以保健和有利于促进青少年发育为特色的教材体系，主要包括补偿运动(柔软性、弛缓和肌肉力量的补偿，以消除或改善体格上的欠缺)；形成运动(运动形成与姿势形成)和完美运动(竞争游戏、防卫运动、冬季运动、游泳和基本运动等)。在教学法方面，他提出了以生物学为基础的儿童中心主义(尊重儿童的运动需求)，在授课安排上，他第一次提出要系统地考虑速度、耐力和灵敏的运动学特性，这是他在方法论上的突出贡献。奥地利的体育课程体系和高尔霍夫尔的自然体育思想对欧洲各国的体育课程产生了极大的影响，许多欧洲国家的体育教育者都先后派人去奥地利观摩学习。

2. 美国"新体育"思想学说[②]

对世界学校体育产生另一巨大影响的是美国"新体育"运动学派，发源于美国教育家杜威的教育思想与"进步教育"运动。他们接受杜威高度评价游戏的教育作用，主张从儿童的特性出发进行教育，承认"任何时代

---

① ［美］布卢姆：《教育评价》，邱渊等译，上海，华东师范大学出版社，1987，第474、475页。

② 王则珊：《学校体育理论与实践》，北京，北京体育大学出版社，1995，第137页。

任何人，对于儿童的教育，尤其是对于年幼儿童的教育，无不在很大程度上依赖于游戏和娱乐。""一切教育活动的基础在于儿童本能冲动的态度和活动。"受其影响，美国哥伦比亚大学师范学院的伍德（T. D. Wood）和赫塞林顿（C. Hetherington）把其思想作为"新体育"运动的理论学说基础，对美国学校体育课程进行改革。

"新体育"运动理论认为：传统的德式体操和瑞典体操未能很好地完成体育全面发展人的任务，需要对体育的目标和手段重新进行诠释。1893 年，伍德在全美教育学会的会议上提出："体育的伟大理想不仅是限于身体方面的训练，更重要的是体育与全面教育的关系，然后是使身体能在个人生活的环境方面、训练方面或是文化方面充分发挥它的作用。"赫塞林顿亦认为："新体育的理论强调'育'与'体'重要性，要求体育技能表示出'育'的活动，而不是仅有智力才是教育的手""教育既不是单为身体，也不是单为精神，而是要发展出由于体育教育的活动而实现了人类的一切能力。"他把新体育分为四个方面：机体教育、神经肌肉活动教育、品德教育和智力教育。后经威廉士的发展，形成一整套"自然体育"的概念、原理和方法。自然体育秉持"通过身体的运动来教育人，谋求达到全面教育目的"的主张，这一领先的教育思想和独特的课程结构引起各国瞩目，有力地再认知了体育教育的思想，推动学校体育走向新的发展。

综上而述，这一时期高尔霍夫尔、伍德和赫塞林顿的这些闪光的思想，明确论述了体育与教育的关系问题，完成了对欧洲传统体育活动的整理和走向现代化的改造，赋予了体育在学校课程的全新意义——体育就是为年青一代"对尚未做好的社会生活准备施加影响"。从新的立场第一次确立了体育课程研究的对象，第一次明确了体育课程的目的。这些思想概括和深化了体育在学校教育的合理性、目的，认为学习体育是人生的义务——使体育走出了只给少数人带来欢乐收获的立场。为学校体育课程的教学制度确立、场地设施和师资培训等走向系统的、规范的、科学的方法体系奠定了基础，开始把体育课程作为一门独立学科进行研究。虽然它含有按实用主义观点建构学校体育教育的尝试，但从此体育课程的在学校教育的学科地位被确定了下来，由奥地利和美国开始走向世界。它们的诞生对推动世界体育课程的发展产生了广泛的影响。各国都纷纷建立了体育课程体系，规定了本国的学校体育大纲，实现了学校体育课程的规范化。

该时期的体育课程研究特点处于建立阶段，没有形成体育课程科学的概念及系统的理论体系。一些课程研究思想仍然交织在哲学、教育、伦理与政治等的论述中,特别是没有走入对教育目的、内容等的思考之中,没有专门的术语、概念、体系、著作和论述,更谈不上对课程的目标、结构、内容、评价等问题的专门研究;与课程研究相关的论述,仅仅停留在描述、规定或记载上,而并没有把"课程"作为专门的研究对象,而且也没有完成对课程的设计、评价及构成课程要素的内部规律的认识与把握。其一,明确提出自己的思想,突出了体育课程的人文观、知识观。其二,强烈的主智主义——学科色彩成为课程体系的构建,于是课堂为中心、教师为中心、教材为中心成为学校体育的教育特色,致使掌握基本知识、基本技能成为课程唯一的追求。

(四)发展时期(20世纪中叶—21世纪初叶)

进入20世纪中叶,一是随着社会生产力的发展和社会文明的进步,人们对健康和体能的要求日益高涨,希望体育能为健康和生活提供更多的方式选择,更多地幸福人的"生活与生存能力"。二是终身教育、建构主义、人本主义、后现代主义等多元教育理念的提出,对世界的深刻影响令世人侧目。这些变革不仅从宏观上战略影响世界各国的教育规划,在微观上也启迪了人们的思想生发了新的认识。20世纪60年代末,苏联学者提出了"终身体育"的主张;1975年欧洲共同体发表了《大众体育的宪章》,推动了各国大众体育的发展;1976年联合国教科文组织召开了关于促进青少年体育的会议,确认了终身体育的普遍价值;1978年联合国教科文组织又通过了《国际体育运动宪章》,宣布体育运动是教育体系的重要组成部分,是生涯教育中不可缺少的重要因素。

在这一社会需要和个体需要相结合的背景下,西方各国纷纷掀起对统治世界长达半个世纪之久的"身体教育观"的本质属性的质疑,反思"体育就是一种运用身体运动的教育或训练的手段,是对学生的身体进行生物学改造的过程"。这场认识上的变革,引发人们从单一的生物观向生物、心理、社会三维体育观转变。促使各国学者从新的高度、新的视野来重新认识学校体育课程的功能,对体育课程的程序化、单一化、训练化的现状进行了反思。推动体育课程迅速向广泛化、多样化、多层次的功能目标发展。要求课程处理好体育的多功能与本质功能、多目标与本质目标之间的关系。打破学校体育课程的单一的功能目标的局限,与社会、与人生链接,确立终身体育的价值取向。

这些新理念,推动体育课程由不准确走向准确地前进,变"物"的体育为"人"的体育。明确了体育课程自身特点:体育"课程的功能、课程的目的既是人的关系，也是人的目的"。确切了教育尺度的含义：体育不仅是一种社会活动、也是一种教育活动，它区别于其他社会事务的本质属性——就是人的培养。诚如学者季浏说得好，要想赢得世界的尊敬，培养一个健康的民族性格乃是关键。

基于此，各国为实现优秀教育目标，1995 年美国颁布了国家体育标准《走向未来——全国体育标准、内容和评价手册》，以期望提高美国体育课程的教育质量。1988 年日本颁布了《新学习指导纲要——体育课程标准》，其核心强调"余暇""生存能力"，告别传统灌输式的体育教育，培养具有丰富人性、社会性，能够在国际社会生存的日本国民。1999 年英国新修订了"国家课程标准"，要求通过学习领域四个方面的发展，即获得和发展技能；选择和运用技能；评价和提高活动能力；体能和健康的知识理解力，促进学生实现精神、道德、社会和文化的发展。

这些新气象有力地推动课程开始实现：培养全面发展的个人的理想和理论走向实践；课程与社会体育和终身体育相结合，功能扩大，体现其文化性、整体性和多元性；体育课程研究逐渐分化独立，课程理论家相继出现，课程研究走向逐步繁荣形成系统。

文献表明，体育课程研究脱离母学科体育教育独立出来，已为课程成为一门独立的学科做了理论准备，并在对课程问题的有关研究中，表现出系统理论形成的某些特征：

一是体育课程研究的初步系统化。不仅考虑到课程的结构、教材与涉及课程的门类、内容，还考虑到课程与学习者各方面发展的关系等。

二是体育课程研究理论科学化。课程研究中改变了理论话语附庸于哲学、教育、心理学的状态，使课程研究达到了较高的科学化水平。

三是体育课程问题的专门化研究。如体育课程本质与目标的多元之争、三级课程与学科课程的安排、知识与能力的使用与训练、课程编排的顺序、分科与综合等。

四是出现一批有影响性的理论和著作，如西等托普的"新运动论"、蒂姆的"竞技运动的课程本质与基础"、托马斯的"论美国大学公共体育课程的理念"、小林笃的"体育授业的原理和实践"等，积累了丰富的观点和理论。

总之，这一时期体育课程理论研究的思想框架已基本构成，并从总体性上拉开了各分科体育课程理论研究的帷幕。为形成专门化的体育课程的范式与体系，众多学者们也纷纷做出了自身积极的施力，相继完成了体育教育对人的生命体"自然状态"的认知，对人的生活行为影响的认知，对人类社会活动方式影响的认知。

二、中国体育课程发展的阶段与特点

依据著名历史学家胡绳等的观点，中国学校体育百年发展可以中华人民共和国成立为界，划分为近代和现代两大历史时期。[①] 据此认为，中国学校体育发展的阶段可划分为四个阶段：1840 年的开始启动阶段、1919 年以后的孕育阶段、1949 年以后的慢速阶段和 1978 年改革开放以来的快速阶段。在这一历史过程其中，出现过三次历史性中断和三次大的重大事件的转向。

（一）近代中国学校体育课程发展的阶段与特点

1. 开始启动阶段（1840—1919）

中国近代学校体育课程是在国家从强盛走向落后挨打的历史背景下被动产生的。在魏源"师夷长技以制夷"思想发展的影响下，1903 年清朝政府颁布《奏定学堂章程》这一时期的体育观点，仿照日本、德国在学校中开设体操和兵操课。虽然这是确立中国走向现代教育的分水岭，但在洋务运动"求富求强""强国强军"的作用下，学校体育课程被"断章取义"式地用来"鼓民力"，未用它来"启民智"。学校体育课程被限制在中体西用的"用"上，忽略了其中与"育人"相互关联的目的。这一时期的体育观点并非是对其真实精神的自觉把握，因而就相对忽视了对学校体育本身特征的科学思考，弱化了对其理性的追求。其目的只是为固护清朝的维系和延续。

该课程虽然具有强身健体、尚武和纪律教育的积极性，结束了两千多年来封建教育"天下无不病书生"的历史。但其偏重兵操的专制盲从、整齐划一机械的操练方式，导致体育课程生硬单调、枯燥乏味，极大地挫伤了学生学习的积极性。于是中外学校体育课程的理解就在这里脱了节，沿着两条不同的路线展开了。

该时期：受洋务运动"求富求强""强国强军"思想的影响，直白"兵操"课程的开展，中断了学校体育完整形态的建立。导致在长达 19 年的学校体育教学内容上，显得简陋、不全面、不系统、体味不足，无趣味而言。如毛泽东在《体育之研究》第三节对（兵式体操）这样描述："然而体操之益者甚少。非徒无益，又有害焉。教者发令，学者强应，身顺而心违，精神受无量之痛苦。精神苦而身亦苦也。盖一体操之终。"指出这种

---

① 张海鹏：《20 世纪中国近代史学科体系问题的探讨》，载《新华文摘》2005 年第 7 期。

开山之工的不力，遮蔽了其本质学校体育文明的特点，反而会导致人们对学校体育得出错误的认识和判断，谴责体育为"进入罪恶之门"，带来对学校体育的反对和鄙薄。但它推动了近代学校体育课程的确立，冲破了两千多年来封建传统教育重智轻体的束缚，促进了民族尚武风气的兴起，应是值得肯定的。

2. 孕育阶段（1919—1949）

"五四"新文化运动对"兵操"课程进行了抨击，教育界开展"兵操废存"的课程之争。以陈独秀、蔡元培、张伯苓、毛泽东、恽代英等为代表的先进知识分子则纷纷撰说，用近代科学观点研究和提倡体育，对学校教育产生了广泛的影响，促进学校体育产生了新的变化。在此背景下，1919 年 10 月全国教育联合会通过《改革学校体育课方案》、1922 年颁布《壬戌学制》、1923 年公布《中小学课程标准纲要》。从此支配学校体育课程的军国主义教育思想被欧美自然主义体育思想所取代，确立田径、球类、游戏等近代体育为主要教材，同时还把生理卫生和保健知识纳入了体育课程实施的内容和范围。对体育教学规律和教学方法的探索与研究，也受到了人们的重视。学者袁敦礼、吴蕴瑞著写了《体育理论》，一些留美学者引进了《体育原理》《体育概论》等专著。这标志着中国学校体育课程由此开始进入一个建立完整形态、走上初步完善和正规的新发展阶段。

这是中国学校体育课程的第二个重大历史变化和变革，即由学德日转向学欧美。这表明中国学校体育课程的发展有了一个大的进步，进入了一个新的发展阶段，开始跟上世界学校体育的潮流。此时期虽然国民党政府不断颁布了有关学校体育课程实施的各项法令。由于这些法规大部分是仿照西方国家的一些做法而制的，所以有不少是脱离国情的。因此真正付诸实施的不多，成效也甚微。随着国家主权沦丧，国民政府抱残守缺、媚外忘民，社会变革的浪潮风起云涌。学校体育课程前十年还有发展，以后随着社会越来越进入革命的对抗之中，体育课程由发展进入失去平衡，到极不正常，最后陷入名存实亡。

该时期一是中国学校体育领域发生了"引进"方向的第二次整体转向，自然主义体育先进思想的契入中断了对日本课程的学习，改变了中国学校体育兵式体操制、单调、枯燥的课程教学模式。其历史启蒙意义不言自明。二是此阶段学校体育的勃兴与衰败，乃时势使然，是国家大变局的合力所致。因而反映着那个时代的情绪，折射出那个时代的影像。不可避免地记录着中国半封建半殖民地的性质，决定其没有明确的教育方针、独立自主的教育思想。学校体育就难免会沦为"中西合璧"，在对待国外学校体育理论与实践的学习引进上，缺乏完整的认识，容易"囫囵吞枣"，照抄照搬"舶来品"，很难从中产生系统的理论形态，更谈不上对国外先进学校体育思想的研究与创新。它让我们得出一个可贵的"国家兴、教育兴、学校体育兴"的真理。

（二）现代中国学校体育课程发展的阶段与特点

1. 慢速阶段（1949—1978）

中华人民共和国诞生后确立了"德智体全面发展"的正确方向，开创了学校体育课程的建设道路。由于受到"砸烂旧的建立新的""左"倾躁动的影响和路线的干扰，学校体育课程建设的方向未能全面正确坚持中国共产党的"古为今用、洋为中用"和"百花齐放、推陈出新"的指导方针，出现在学术上一口气"横扫一切"，批判杜威的自然主义体育思想，批判新中国成立前国内"旧的体育教育思想"的现象。在理论上，中国学校体育课程尚处于"幼年"阶段，体育课程理论"一穷二白"，尚未形成自己的课程体系，开启了中国学校体育第三个重大历史变化和变革，即由学欧美转向学苏联，以凯洛夫《教育学》思想理论指导我们的课程教育，以致体育课程没有"属于自己的语言"。

该时期一是在学习苏联的过程中，未能很好地结合中国的国情加以改革和创新，对旧中国及资本主义的学校体育思想简单地加以全盘否定，以致造成中国学校体育长期陷入思想和实践发展的单一模式。二是受"大跃进""左"倾思潮的干扰，出现以劳动、军训来作为学校体育课程的不良现象。这一"左倾干扰"使学校体育的知识性和学术性所剩无几，使学校体育前期"中国化"的努力遭受毁灭性的破坏，引发学生体质普遍下降。针对此，学者徐英超、林晓峰的"体质教育"思想应运而生，成为学校体育的主流。于是脉搏测定、绘制心率曲线、计算课密度，以时间为核心设计的评价指标成为课的评价主体。这虽然窄化了学校体育的发展目标，在一定程度上却增强了学生的身体素质，客观上促使体育课的评价标准迈向了科学化发展的道路。三是"中苏"意识形态的对立，"防修反修"中断了对苏联学校体育的学习，构成中国学校体育史上的第三次中断。

2. 发展阶段（1978—   ）

1978 年"扬州会议"吹响了学校体育改革的号角，在改革开放思想的指引下，2004 年拉开了"体育新课程标准"改革的帷幕，被隔绝了半个世纪的国外各种教育思想与模式如潮水般地引入中国。各种"新观念"与"新手法"的革新实验确实撬动了传统体育课程的重石，在多方面恢复了课程被遮蔽的本质。由而认为，《体育新课程标准》的最大特点是把中国学校体育课程纳入了世界现代化的视野，改变了学校体育课程终结扣押在一个"身体教育观"的单纯见解。由于急切求"解放"思想的牵引，急切要摆脱"旧学校体育"的缠绕，遗憾的是未能结合国情和特色，没有把完成"体育课程的中国化"。

该时期一是急用全盘"引进"的做法，带来的消极影响是未能深入地借用国外先进科学方法，切实研究中国的情形，以求出适当之教育方法，完成"中国的教育中国化"的任务。20 世纪 50 年代引进的"苏联范式"，几乎不变地又上演一遍。二是"体育新课程标准"催生了"教师是主导，学生是主体"课堂教学的新风貌。引发着眼于形成"知识传递"的教学环境，强调关注学习者"潜能"的存在，支援基于学习者自身意义发现而展开的"选项"教学。修正了以凯洛夫教学论为代表的"以书本为中心、以课堂为中心、以教师为中心"的缺陷。虽然存有未能结合国情的缺陷。但它扩大了课的外延，吸纳了素质教育、终身体育、健康第一的新的知识，开始关注对人发展的隐性部分。由重结果向重过程转变，从手段到目的转变体现了"为学习而设计"的表现。推使学校体育课程进入多元化发展阶段，竞技性、健身性、休闲性、娱乐性、社会性、生活性得以开显，满足了不同学生对知识内容和结构的要求，展现了学校体育既是运动又是教育，既是锻炼又是娱乐，既能养护健康又能社会欣赏的文化价值，释放了体育课程的品格，是值得尊敬的。

总之，课程理论发展历史的属性告诉我们，体育课程建设和发展是一个不断完善的过程，其任何一次新的迈进都是历史奠基的丰实与派生。要进行课程改革和建设就必须用历史的眼光、联系的观点，才能捕捉到当下面临问题的瓶颈，找到有效解决的路径。与历史中断只会使我们孤立地看待现象，走向失败。因而，对课程历史的考察与梳理，则有助于帮助我们借鉴历史的经验和教训。自明认识、排除偏离，防止重蹈错误的发生，以正确的思路和眼光来开展课程发展和研究。

第二节　中国体育课程论建设与发展的审视

考察中国体育课程论发展的基本历程，可以发现体育课程论的生发是在 20 世纪下半叶，应对学校体育课程改革的需要而引进的。其发展大致划分为以下三个阶段：以引进为主要特征的初现阶段——形成期（1982—2000）；以模仿为主要特征的初建阶段——建立期（2001—2005）；以"中国化"为主要特征的探索阶段——发展期（2006—　　）。这三个阶段体育课程论的发展与主要面临的问题是：课程论中国化、课程论科学化、课程论的学科化和课程论体系化构建的四个基本问题。解决"课程不仅是一种运动过程，还是一种教育过程；课程不仅要有锻炼效果，还要有娱乐效果；课程不仅要作用于人的自然性改变，还要作用于人的思想性改变"的问题。

基于此，笔者试图通过围绕这些方面的研究，勾勒出体育课程论从国外化到中国化的过程和演变逻辑，并做出理解，以期为当前中国体育课程论的建设与发展提供可谓的借鉴。

一、以引进为主要特征的初现阶段——形成期(1982—2000)

文献资料显示，从1992年起中国才开始把沿用多年的"教学计划"更名为"课程计划"，结束了把"教学计划"作为"课程计划"的行文方式。因而，20世纪中国体育教育学者并没有就如何构建体育课程论展开研究。因此，该时期有关体育课程的研究散见于教学的格文。缺乏统一、没有专论的学说问世。多以附庸于性的论述出现，没有在体育课程问题的有关研究中，显现出系统理论形成的某些特征。以致既未在经验层面形成相关体育课程论的经典化积累，也未在理论层面为实践提供符合体育课程发展的规律以及本质的体认。

究其原因，由于中国体育课程师从于苏联，受其影响教学的范围（母系统）大于课程（子系统），体育课程从属于体育教学。是教学论研究的范畴，无须再专门研究。将课程实施视为教学计划的落实。导致学者们把课程视为教学的一部分，将体育课程作为体育教学的一部分来研究。例如，学者陈琦的《现代体育课程及其发展趋势》等虽然先声走向了体育课程考察的论述，遗憾的是思想还是以教学来论述课程，没有以可持续的眼光，进一步释义课程与体育教学的相互区别与联系的问题，展开探寻课程的本质，追问课程是什么的研究，不能适应课程改革与发展的需要，以保证体育课程适应迅猛发展的社会需求。

因而，在该时期对其各有的研究对象、任务、领域和范围就一直处于较为混沌的状态，对体育教育学论、体育课程论的概念、学科性质、研究对象和研究任务等核心问题的认识还比较模糊。这导致两个学科的范畴不清，概念不明，研究零散，致使我们以单一课程本质的认识与思维模式去论述体育教育，不能从更广阔的角度挖掘体育课程既是锻炼又是娱乐，既是运动又是教育等的多元功能。缺失了对显性课程与隐性课程、学科课程与活动课程、必修与选修课程、分科课程与综合课程等的多元理解。其结果只在旨趣课程是"跑道如何"的事实，即只重视研究课程在教学微观方面关系，丢弃了课程"知识应如何"的价值关注，即课程与人和社会发展的宏观关系。这一课程范畴的丢失，显然给体育教育带来不全面的后果：只能培养勇士，难以实现培养全面发展的人的目标，难以扶正学校体育发展的目标、任务和策略，不能及时规范和调整中国体育课程以适应社会的发展。这一现状不仅影响了学校体育学科自身的发展，而且阻碍了当前体育课程与教学改革的进一步深入发展。

在这一背景下，一批学者开始了课程的中国化和中国化课程教育问题的思考。1982年华东师范大学率先引进了西方课程论，以钟启泉为代表的一批学者开启了建立中国特色的课程教育体系的探讨。这一引进，推动了毛振明、季浏等体育学者对体育课程论的关注，拉开了体育课程论研究的帷幕。例如，学者王健的《新中国成立以来中学体育课程目标建设初探》（2000）、学者王健和潘明的《关于构建初中体育课程目标体系的思考》（2000）等从本体论上考察体育课程本质和功能，探讨体育课程文化的多元属性，思考其多元文化性的教育方式。这些研究仍然属于经验的总结与提炼，见木不见林、略显单薄，没有能升华为理论，还不能算是真正意义上的课程论研究，但它们为走进、走入体育课程论的建设，迈开体育课程论发展的步伐提供了最初的支持。

概观该时期，其他学科的课程论研究获得丰富的收获，体育课程却是"黎明静悄悄"缺少明确的发展意识。由于体育课程与其他学科相比基础研究薄弱，本质体认相对模糊，本学科理论依据甚少，缺乏内在传统学科的理论根基。由此引起的后果是，理论对实践的指导基本处于"失语"状态，在体育课程论研究中缺乏逻辑可靠的理论扶正真理和正确的方法论原理作以指导。因而该时期形成有价值的课程研究少，难以为学校体育课程提供重要的参考和指导。仍处在未分化和草创时期，没有形成具体的认识。研究对象笼统，方法盲目偶然，缺乏规范。没有形成体育课程研究的思想和范畴，树立自己的价值导向。

二、以模仿为主要特征的初建阶段——建立期（2001—2005）

迈入21世纪，中国基础教育课程教材的改革与发展的步伐加快，提出国家、地方、学校的三级课程的建设目标。明确把课程教材引入竞争机制，实现课程教材多样化，以适应各类地区、各类学校的需要。在全国引发课程研究、编制教材的高潮。这在客观上大大地推动了学者们对体育课程论独立的研究。为此，毛振明、王华倬、张志勇等学者呼吁"教学论、课程论是学校体育学中的一门重要的科学分支，它不仅是学校体育教学的出发点，而且也是全部课程活动的关键。"这一主张，为体育课程迈向"从自己土地里长出东西"勾勒了目标。从既有的研究看，在论文方代表性方面：学者王华倬《论中国近现代中小学体育课程的发展演变及其历史经验》一文，从社会学背景，指出了社会变迁对课程本质影响的问题。学者董利民等《从国内外近、现代学校体育课程比较中探析、当前中国学校体育改革的发展方向》一文，探讨了课程的社会设计与知识改革的发展问题。学者刘仁盛《学校体育课程资源开发与教师专业发展》一文，从课程的要素的开发利用以及课程实施的必要条件作了机制的探讨。在著作方面半个世纪以来的研究仅有：学者王德平沿用课程内容与教学手段、如何贯彻课程标准纲要等有关教育学的释义，撰著了《体育新课程教学设计》，但给人存有射靶意义描述大于对象的经验之感。学者王皋华从现代课程设计理念、方法、步骤剖析了课程标准的设计与制订，令人耳目一新，撰著了《体育新课程设计》，准确概括和表述了《体育课程设计》的逻辑形式。学者王华倬运用文献、比较等多种方法系统研究总结了中国百年来体育课程历程的演变，撰著了《中国近代体育课程史论》，为体育课程的建设与发展提供了经验和教训的借鉴。

上述成果的问世无疑在某种意义上标志体育课程论分支的初步确立。但其研究范畴方面，有些仍然是以课程跑道"是如何"为基轴，其研究方向基本都立足于对课程理念与内容、目标、方法实施的标识，以认识的演绎来把握课程以及这些要素组合在一起的关系。基本命题依然是围绕课程在教学"应然性"的问题，而非课程"实然性"的学科化理论研究，对课程中的知识有何价值、怎样形成学生的知识更有价值等基本命题研究的确认还有相当的距离。

这些研究难以为广大教师提供有效的方法论，判断"体育课程"的结构、内容、实施、评价等的生成依据，厘清课程与科学、道德、知识三者之间的甄别与分配的文化归属，无法对其内在价值（文化、精神等）、工具价值（科学性的功用等）和社会价值（政治、经济、科技等）三者属性和供用关系予以普遍的明清。无法解决由其引发产生的选择、分类、组织、分配、评价等过程的操作在实践现象问题的处理，难以满足学校体育课程与教学发展对理论的需要。

综上而述，该时期，由于体育教学理论本身的成熟与实践的需要，在众多学者的辛勤研究下，王文生（《体育教学论》，2001），樊临虎（《体育教学论》，2002），陈建绩（《体育教学新论》，2003），龚正伟（《体育教学论》，2004)，毛振明(《体育教学论》，2005)，张勇(《体育教学论》，2005)，姚蕾(《体育教学论》，2005)等人著作的相继问世，为体育教学论的发展奠定了基础，丰富了路向。

从目前国内的体育课程理论范畴的研究现状来看，不论是课程上位概念的"元认识"的研究，还是中位概念的"方法论"的研究、与课程下位概念的实践性研究，至今仍是探讨者寡、成果少。且已有的课程研究成果难以契合现代教育理念，可谓参差不齐不成系统远远跟不上时代的需要。缺乏一条贯穿上位—中位—下位的系统理论的集合，显得分散而漂浮，未能为体育新课程的实施提供重要的基础及表述与细化，缺少能够系统地说明和解决实际问题的体育新课程的理论与方法来能对各种问题或现象进行理性思考，在深入剖析的基础上探求其规律性，进而推动问题的解决。① 因而，加强"体育课程论"体系的建设，使这一移自外域的理论取得民族形式与特性，应成为学校体育教育时代的课题。

三、以"中国化"为主要特征的探索阶段——发展期(2006—   )

2006 年后全国各地体育新课程进入大力、逐力推进的高潮，广大教师期望理论能为课程提供具有真理意义应答检验的依据。这些呼吁，引发加深了广大体育学者对于课程学发展重要意义的认识。唯有建立体育课程论体系，才有解决问题的方法可能。这一认知，催动了学校体育学者中一股扎根本土、敢于探索的研究力量的生长与集聚。推发产生由"借鉴"转向"课程论中国化"的建设，把"引进式加工"向"本土性发展"转换的强烈愿望和责任感。他们展开厘清国外课程长处、剥其缺陷不足、撷长补短，发展中国自己理论的步伐。研究从借鉴到消化，内容从零散到系统，一些国外课程的思想不断被扬弃成为中国体育课程理论的有机组成部分，开启了构建中国新时期体育课程论发展的历程。

如学者李艳翎与李卫东、李艳萍等参照大课程论范式将其简化，撰著了《体育课程论》(湖南师范大学出版社，2006)，遗憾的是过于简明一笔带过，存有形式大于内容，缺失了具体学理要义的存在，没有打通最后的一公里。学者董翠香从体育校本课程的基本理念、基本要素、基本构成、实施机制等角度撰著了《体育校本课程导论》(北京体育大学出版社，2006)，为广大教师开发和利用课程资源提供了路径。学者张学忠、杨旭东等撰著了《学校体育课程论》(中国科学技术出版社，2013)，从历

---

① 《马克思恩格斯全集》(第23卷)，北京，人民出版社，1972，第34页。

史叙事的角度论述中国体育课程由传统走向现代的经验和教训，施以方法论端看学校体育历程变迁的进步性与偏误性、历史性与复杂性，并提出很多理解有为的见解，讨论了体育课程的设计与分属、显性与隐性、教学关系论、资源与文化论、主体与领导论等。据实而言，这一相关研究开阔了研究思路，但也存在题繁而不体、题理而不深的缺点，以致留下不知体育课程的本身是何为的追问。

学者们这些耕耘使体育课程理论的建设向具体化的方向前进了一步，基本廓清与形成普遍出场的共识与路向。但研究的程度仍然没有扶正"体育课程论"在学校体育教育建设与发展中存在的必要性和真理性，难以为中国学校体育教育提供契合民族性、适切性的"体育课程论"资鉴。

考察该时期的研究可以发现，从不加解释地引用课程理论到认识课程理论研究的意义，再到对课程理论进行文化自觉的理性思考和实践探索，中国学者走过了 20 多年的历程。逐渐形成两条交相辉映的主线：一是"基层实践研究"的路线；二是"理论中国化研究"的路线。

第一种是学者与基层教师相结合，简称为走"基层实践研究"的路线，以毛振明、季浏、王华倬、邵伟德、潘绍伟、于可红、于素梅等为代表者。他们从关注中国本土的体育教育问题入手，将课程研究置身于实践改革之中，通过沉入事实之中，提取符合现实状况的答案，以著书立论的传播方法，积极应答体育课程改革。这些学者通过借用国外课程教育的理念对中国传统体育课程教育进行改造，服务于课程改革。以学校体育课程教育的实践需要为直接目标，在推进实践探索的同时，积累形成一批理论成果，有力地解决了体育新课程实施中产生的问题与矛盾。

这条"基层实践研究"路线主要指向"学校体育教学需求、问题导向"原则，关注怎样使学生喜欢上体育课，怎样从体育课中真正获得知识、素质与能力等方面的成长。他们通过吸收国外课程教学的经验，明确认为能否让个体（学生）产生"兴趣"是教学取得成功的起点。认同一切课程教学必须依托学习者的经验才能取得成功。必须改变过去课程改革是"专家学者的研讨会"，而应走近学校实践情境，深入研究"教师、学生、教材和环境"这四大因素的相互作用。呼吁课程理论的起点应由学校教育之外转向学校体育教育的实践。成立由教师、学生、专家的"课程集体"协商解决学校体育课程的改革。

他们呼应体育课程改革的教学实践需要，寻求突破阻碍体育新课程与教学实施的限制因素，关注体育课程有效性教学的实施与作用。研究体育课程实施的各个层面与有效教学之间的有效性，对已有的结果进行反思，建构理论，提升课程实施的教学水准，丰富课程教学实践实施的经验。试图通过借助对体育新教学不同实践问题的实证分析，建立理论科学化形态，指导体育课程实践。为广大教师开辟"教学智慧"，"减少教学障碍、增加教学良机"，避免低效、无效甚至负效教学行为。这一种形态已成为当前学校体育课程论研究事实存在的主流行动，其理论成果被广大基层教师广泛认同接受与普遍重视，为体育新课程的发展投向提供着引领与示范的支撑。

第二种是直接从体育课程学理论发展的立场提出问题和开展研究，可以简称为"理论中国化研究"的路线。走这条路的人，大多是在高校从事学校体育学中科目的研究和教学工作的，如王皋华、李艳翎、张学忠、张振华、董翠香、张志勇、李启迪等。他们大多既有理论基础，又有一定参与基层实践的经历，具有相当程度的研究功底和理解"西学"的能力。他们可将"国外理论"的基本原理作为一种思想方法来运用，形成对体育课程教育的新的认识和提出新的观点，表达对中国化的理解。他们认为：我们不能把国外的月亮移植过来，同样也不可把外国的教育直接拿来应用。我们要做的是吸收先进课程的成果，契合本土的实践经验，以文化自觉的自我再认识予以解答中国课程的问题。他们倡导运用国外先进课程理论的范式建立起本土经验的感知，发现有别于国外理论的特质。把"拿"与"用"结合起来，构建起中国体育课程理论体系。这一路向推进了体育课程理论学理研究的步伐，显示了其研究的价值。

这条"理论中国化研究"的路线，主要指向"全球视野、本土行动"，即主义是拿来的、问题是土产的，理论是自立的。以马克思主义中国化的视域，检视现代课程理论的研究成果，比附其可对中国体育课程理论建设的贡献。总结每种理论在实践应用的普遍规律和特殊表现，针砭产生优质教学方法的策略与方针，彰明有成效地运用这些程序的条件、范围和角度。立足于挖掘国内外课程历史的经验，互动通约其在"异地现时"的差别与共性，更新理论的品质为我所用。以较为系统的思路对中国体育课程的过去、现在和未来进行反思总结和拓展探索。从课程价值依据与科学功能的学理性指向着手，探讨学校体育课程的性质、任务、目标、课程设计与编制、实施与评价等，展开标识体育课程论教育学的标准和框架。建立"体育课程论"，使其成为一门独立的分支学科出现在大学的殿堂作为追求。试图以理论的专属性帮助人们理清课程观某些方面的误区，为广大体育教师深化认识提供理性地应答。期望通过这些努力为新世纪新的体育课程与教学的发展提供支撑。力求为中国体育课程论学科化体系的建立提供坚实的学理支撑。

综上而述，这两个方面的路向在行动背景与研究旨趣的行动上虽有各异，基点上却达到统一：都以为学校体育课程论构建的"科学献身"为目的；都把课程论作为学校体育一个系统来认识；都力求"濯去旧见，以来新意"，突破了传统"学校体育课程"的研究视野。这两个方面的路向从大教育的立场去认识体育课程现象的复杂性、相互关联性和动态性。在分别扩展自我视域的同时，都着力于满足学校体育新课程逐力推进需求的日益渴望，为广大体育教师提升专业化能力，探索应答改革发展的实践和理论提供支撑。鼎新广大教师"登高望远"脱掉旧教学认知的外套，会通对"21世纪新体育教学本质"的认知与理解，形成教育实践的新视阈，构筑起教育实践的新行为。他们的努力表现了当前体育课程论在中国化建设与发展的走向，是值得肯定与尊敬的。

上述而知，体育课程进入学校教育在中国已有百年历史了，但其成为学校教育一门课程论的科学研究的历史却并不长。在中国，对学校体育课程的认识是伴随着学校体育学的科学认识逐步加深的，学校体育学作为一门独立的学科是始于20世纪80年代初，其标志是1983年出版的《学校体育学》。但面对改革开放后学校体育课程的不断进展和认识水平的不断提高，传统学校体育学的课程理论与教学标准被实践不断突破，理论面对实践丧失了解释力。同样在教育的各个领域超前的课程实践与落后的理论建设形成巨大的反差，加剧了课程与时代关系之间矛盾。在这种背景下1982年华东师范大学首开先河，从美国引入课程论与教学论的研究。

在此发展的基础上，直到21世纪的初叶，体育课程论与教学论才正式形成。可以说以毛振明、张志勇为代表的一批学校体育学者（2005年）基本完成了体育教学论的定性与体系的构建，推动了学校体育教学体系的理论发展。但学术界对体育课程论"拓荒"的论文与专著较少，至今在研究方法、理论和科学体系仍未能初步形成研究的理论体系，以致难以推出针对前述问题与实践问题有解释力的话语权，不能催生形成与时代"新风貌"同步的课程环境，满足实践对理论的渴望，成为学校体育数十年来难以解决的问题。

小　结

总之，体育课程论的不成熟，导致学校体育至今在体育课程的对象、概念、领域、类型等，不同诸范畴的相互区别与门类分置、派属与关系较为混乱。导致了学校体育课程诸范畴不清，概念不明，研究零散。难以为学科课程成长和发展提供了较为普适的指导、参照和迁移的作用，无法引导学校体育课程走向"有为"意义的提升。例如，国家教委1992年颁布《在中小学开展实施活动课程》的文件，而有关活动课程实施研究的论文直至1996年之后才不断见呈，严重滞后于课程实践的发展。[①] 正如施瓦步所宣称："课程领域已步入穷途，按照现行的方法和原则已不能维持其研究，它需要新原则，以便对其问题的特点和多样性形成一种新观点。它需要新的方法，以便适应课程领域中出现的一整套新问题。"[②]

【思考与启示】

一是论述课程的形成历程是标识课程发展认识活动的反映，不同课程时期的代表人物与课程发展的成果存有密切相连的关系，他们的课程思想认识影响与制约着体育课程发展的步伐与取向。了解与把握这一点可有助于我们认清体育课程未来的道路与方向，发掘体育课程深蕴的育人精神。

二是正如马克思主义认为，作为意识形态的文化，具有历史的继承性，特定的每一个社会的意识形式。这一易言大端出，透过形形色色的不同观点去认识体育课程存在的现象与矛盾，可丰富我们的理论修养，提高我们的鉴别能力。立基我们用跨时代的眼光思考体育课程的建设、研究体育课程的发展，进而淬砺求其精微而致其广大。

三是体育课程形态是随着历史条件的变化而变化的。也就是说，其所反映的内容是客观存在的，是不以人的主观意志或意愿为转移的，对其判断要以社会客观现实为理解。体育课程方式的划分，是以科学水平为依托而展开的；但其体育课程际线的设置，是以社会的（物质）发展而更张具象的。阐述体育课程只有在社会这个框架中才能得到客观的论述，深化出其在教育的固有之意义存在的合目的性的价值。由而，"国运兴，教育兴"讲的就是这个道理。

【作业与讨论】

1. 简述理解体育课程发展阶段与特点的意义是什么。

2. 简述国外体育课程发展阶段与特点是什么。

3. 识记我国体育课程发展阶段与特点是什么。

4. 识记我国体育课程论建设与发展存在的问题是什么。

5. 识记我国体育课程学理论发展的两种路线是什么。

---

① 李定仁、徐继存：《课程论研究二十年》，北京，人民教育出版社，2004，第114页。

② 张华：《课程与教学论》，上海，上海教育出版社，2003，第19页。

第四章　体育课程的建构

【本章摘要】

　　梳理体育课程范畴领域、结构类型的特点与本质；明晰体育课程范畴领域、结构类型之间彼此关系与组织序列的关联；指出不同类型课程之间的优势互补与整体和谐的价值、意义。培养科学视野的研究思维和方法，培养文化自觉，激发运用该章知识论证审视体育课程的建构、分配、组织与选用。

【本章内容结构】

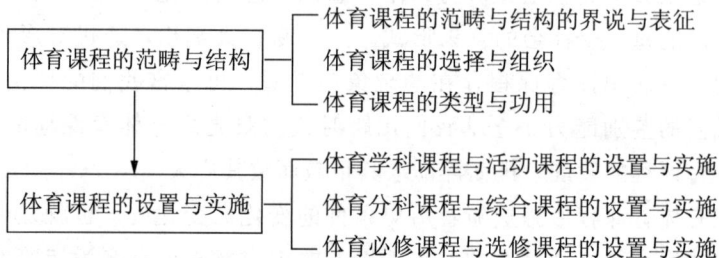

```
                        ┌─ 体育课程的范畴与结构的界说与表征
  ┌───────────────┐      │
  │ 体育课程的范畴与结构 │──┼─ 体育课程的选择与组织
  └───────────────┘      │
         │              └─ 体育课程的类型与功用
         ↓
                        ┌─ 体育学科课程与活动课程的设置与实施
  ┌───────────────┐      │
  │ 体育课程的设置与实施 │──┼─ 体育分科课程与综合课程的设置与实施
  └───────────────┘      │
                        └─ 体育必修课程与选修课程的设置与实施
```

【本章理解】

　　1. 识记体育课程范畴与结构类型的基本功能与表现应用形式。

　　2. 思考理解体育课程范畴与结构类型的时代演变对体育课程组织的影响与启示。

　　3. 掌握体育课程范畴领域和结构类型的功能与情境任务的组织操作。

　　4. 举例说明与分析不同体育课程结构与类型的相关组织与选用原理。

【关键词】

　　体育课程范畴、结构、类型；功能属性与载体形式；相互关系；联系与区别

　　课程是学校教育的核心，是每一次教育改革最终的、必然的、始终要抓住的关键，即教育改革的最终都必然的落实到课程这个核心的问题之上。教育历史的实践证明，如果没有课程的实质性改革，而只改学制、教法，这样的教育改革，最后是不能成功的。① 学者易言告诉我们，教育改革的目标再好，如果没有课程改革的整体优化的配合，教育改革的目标就无法实现。基于此，本章试图从课程主体的形态与范畴、类型与结构、内容与功能等方面对体育课程学理进行建构。力求通过对其水平与垂直关系等的比较研究，解析"范畴""结构"两者在体育课程的定位与取向；辨析其的分野及交合互动的关系；揭示其积极变化和努力的方向，寻绎其生发和发展的成因。对其做出系统分类与界定以减少盲目性，明晰其相互联系与区别。借以提高体育课程的基础理论水平，为科学和有效地运用"两者"提供参考，更有效地指导学校体育课程实践。

第一节　体育课程的范畴与结构

哲学告诉我们，个别先于一般，从物质世界到精神世界，一切客体都具有特定的范畴和结构。按照这一命题需要说明，体育学科体系的内部框架结构的范畴是什么，学科内部各个组成部分之间的相互关系是什么，凭借这些关系的建构而有别于其他学科体系的服务对象与责任是什么。换言之，任何一种成熟的学科，都有自己确定的范畴，学科依据范畴厘清关系生成结构、特性取向确立维度划分课程，可谓没有两者的存在就没有学科的存在。也就是说，体育课程论作为一个独立的学科门类，是由它的功能和地位决定的，而这一命题是通过范畴和结构的基本关系来体现的。为什么？因为，范畴是一门学科的框架，决定一门学科的知识、技能和经验，界定知识的边界与归属，划分知识的别类与关系。也就是说，范畴是区分事物的梯级，按事物的上下所属分类划出界线，是厘清不同类事物上下逻辑关系的认知组结，对其研究可获得对象内容的鲜明层次性。而结构是区分事物左右关系的纽结，即把某一梯级范围内的事物按照差异互补而使其丰富，达到"$1+1>2$"的效果，对其研究可获得对象内容的广泛性。

也就是说，只有通过这一基本的认知，才能比较容易清晰学校体育教育的目的、必须学习的内容、必须完成的技巧训练、必须承担的责任、必须遵循的守则是什么，才能可以把知识变成有组织顺序的系列、有认知层级的通透成为课程，使之系统化，易于触类旁通，好学好用，比较容易理顺体育课程服务于人的对象与形质、结体与布局、选择与组织、

① 课程研究所：《课程改革整体论》，北京，人民教育出版社，2004，第38页。

方式与应用的专业纷呈，获得课程"1+1＞2"的认识、匹配与均衡的异彩，健全对体育教育的理解，得到"知识贵在汇通"的真谛，从而得以在整体上形成体育课程的有效性、可行性和科学性。

就于此，从研究对象与范围来看，课程的主体一般包含这些方面内容。如从课程整体的形态来看，课程可以分为核心课程、基础课程与外延课程。如从课程结构的形态角度划分，可以分为体育学科课程、体育活动课程、体育综合课程、体育分科课程等；从课程设置形式看，体育课程可以划分为必修课程与选修课程；从课程的认知方式看，体育课程可以分为显性课程与隐性课程两种；从课程的管理层面看，体育课程可以分为国家课程、地方课程和校本课程；它们相互参照、相互渗融、相互拉动共同构成了课程的整体。

任何一种科学理论都有一个框架体系，这是判断一门学科成熟的特性。也就是说，范畴与结构的时相蕴藏着体育课程所研究的全部对象与关系。对此，学者张志勇在《体育教学论》一书中论道，任何课程实施的都着力于易教、易学，都要体现出知识的深度和广度、序列与层级的关系。因而，没有课程范畴的划分，就没有课程整体有效性图景的描绘，不能指出归属、分门别类划分出知识的边界与使用。质言之，没有课程结构化的确立，就不能找到课程之间对象的类型与相互关系或因果关系，难以厘清各种不同知识属性之间的内在的有机联系，难以实施课程比重之间的科学划分，不能有效体现出知识的归属性与类聚的和谐性，即"1+1＞2"的问题。因而，也就难以为学习者建构出意义学习的对象化活动。[①]

这一路线鲜明体育课程的体系，存在着本体论的层次，认识论的层次，方法论的层次的时相与价值性、科学性、工具性的关系。换言之，这一相互的联系构建了体育"核心课程与外围课程、主要课程与辅助课程"的对象变建构与迁移，变幻着课程的调整与校正、生成与运动。由此起始，沿着概念生成范畴，范畴生成结构的推衍与论证。在彼此的互动中显现与印证、补充与归整、明确与清晰，协约体育课程不断展开自身走向科学。显然，对其的研究，可为体育课程实践的行稳与理论的致远确立依据，不断推动体育课程的走向演变、生成与完善、建设与发展。

鉴于上，研究认为体育课程不是单因素、单方面的，而是一个存有

---

① 于涛、周建东：《美国体育"学科革命"对体育学知识体系构建的影响》，载《上海体育学院学报》2017 年第 2 期。

多时相、多关系的标识与组成。具有自己独立的具体化、系统化的概念表述，富有明显的科学性、针对性和应用性，体育课程的进路正是沿着这一逻辑走向成熟的。也就是说，只有在范畴中才能发现体育课程的一切对象性的形式和与此相适应的一切主体性的关系，可见对其理解与掌握对体育课程实践具有重要的指导作用。显然，范畴与结构之间的相互作用、相互影响，共同构成了课程存在的基本内涵。只有从范畴与结构出发才能把握好各种知识的运用、优化各种课程的形式和形态的选择与安排。对此，学者毛振明在《体育教学研究》一文中论道，体育各种分科课程的结构识别都是以范畴为基础的，并不是只有范畴才是原因，才是积极的，而其余一切都不过是消极的结果，它们之间的能动与互相影响都对范畴的重建与划分发生着重大的影响。

系于此认为，所谓的范畴是课程目标取向审视的结果，是按照一定的角度，划定相同教育属性课程的范围边界，防止体系的失乱。所谓的结构是课程实施的组织形态与类型，其指向整体的各部分的搭配和安排实现"1+1＞2"的目的。两者是学校体育课程在深度与宽度的具体标识，是实现学校体育课程内容教育指向和有效课程组织结构与方式的基本途径。实践证明，对两者之间的走进与把握是课程发展的动力，只有对其深入认识才能正确把握体育课程的设计与设置、选择与分配。从逻辑学的角度看，对其研究就是用最精炼的、确切的、简明的语言来表达其概念的内涵，揭示它所反映的事物的本质属性，以便更好地认识课程、设计课程、实践课程。

一、体育课程的范畴与结构的界说与表征

为了实现体育教育的培养目标，首要问题就是必须解决好课程的范畴性和结构性的理解，即界定课程的主体是什么、基本构成是什么、包含哪些方面的内容、如何运作。正如《新基础教育课程纲要》指出为了培养不同层次、不同规格的人才，首要问题就是必须解决好整个课程系统的范畴，与课程的结构的基础性和层次性的问题。

从学理上看，范畴与结构是课程的基本构成与整体形态，两者"彼—此"关系的互动组成课程的主体。范畴是对课程基本对象及其本质、关系的类特性，进行高度抽象与概括的基本形式。其责任是说清课程边界与结构之间的限定，辨清其课程不同分殊及交合互动的关系，给出定位与取向的指引以减少盲目性。而结构则是纽带，着力于对不同课程诸内容的运作机制进行协调与整合，为课程有效"资源"的配置，提供可观察、

可测量、可操作的考订。其责任是明晰不同课程内容各自的行动位置与运作，聚合不同课程内容共同达成的知识有效平衡，保证课程目标的正确实施。两者的作用恰如鸟之双翼、车之两轮，同等重要、缺一不可。正如哲学告诉我们，任何一门学科都存有已然、应然、实然三个递进的学说才是完善的。即任何一门科学，从理论形态上来说，都是由范畴建构起来的，而结构是范畴分类和分属的运行贯穿整个过程，对范畴认知的准确理解和把握，是建立课程结构的重要基础。为此，对体育课程开展研究，首先就要从范畴开始，因为范畴既可为课程清晰地界定出内涵与外延，也可为课程结构的内容、组建与实施提供规定性的标准。

从范畴的功能看，范畴的目的，是确立与界定课程的完整性与内容逻辑性的有机统一的问题，是处理好课程各分科门类主次优位的划分与安排，摆正各层次的位置和职能，反映出课程边界与结构之间的关系。一是按照课程文本与目标远近联系的程度，根据"知识价值"的基本掌握、应当掌握、持久掌握的序位要求，排列课程位置，以体现知识的体系性。二是在课程范畴方面，既要考虑学科的知识属性的选择，又要考虑学科层次系统性的设置，使两者协同达成知识系统体系一体化是其应完成的任务。当然还有的研究观点认为，课程范畴的排列反映着价值的取向，存有意识导向的作用，是国家教育意识的具体化标识。

从结构的功能上看，课程结构的目的，一是平衡课程的多样性与学习的综合性，寻求课程在教学运行中的有效勾连，通过不同形态类型课程之间的相结合，达成不同课程经验的兼容并包，科学好各分科课程在系统中的合目的性与适用性的问题。二是通过调节课程设置之间的关系与比例的关系，统合各种课程资源贯通融合，避免知识的割裂，支持课程在教学结构和内容更具有系统性和有效性，使抽象的体育课程内容更贴近教学情境，实现"整体大于部分之和"的目的。

为此认为，所谓课程范畴，即课程由起点到终点的组织系统体系框架的具体化表述。笔者称其为课程的深度以垂直关系标识，其功能为课程结构的秩序性与预期性的逻辑进路提供着指引。所谓课程结构，即课程形态稳定性的具体化表述。笔者称其为课程的宽度，以水平关系标识，其功能是促使不同知识的融合，达成"1+1>2"。系于此，两者虽有自己的研究对象，在各自的不同领域发挥着作用，但在主体的运作上不可分割，相互作用、交叉渗透，共同着力着课程的平衡、构成与实施。

也就是说，通过两者的相互联系、相互统一的作用，可让学习者认清各门课程的本质，用以产生优质课程的结构与形态，优化它们在实践的运用。如分科类课程与综合类课程要相结合，取长补短，相互兼顾，扩展知识的宽度，完整学生的知识结构。如在课程的类型方面，要解决处理好科学课程和人文课程的相结合、必修课程与选修课程的相结合、主干课程与辅修课程的相结合。满足不同学生对不同层次的学习需求。实现课程的动态平衡，消弭课程之间知识分配的偏衡。在课程内容方面，学识课程与技能课程相结合，促进学生既有动脑、又有动手，使知识习得与思维训练的和谐发展。如在课程功能方面，既要传授知识、也要发展能力和培养品德。

鉴于此，正如泰勒所言，关于教育经验（课程）的组织，应当遵循的准则是连续性（continuity）、顺序性（sequence）和整合性（integration）。连续性是指课程的要素要有系统性。顺序性是指把每一个后继经验建立在前面经验的基础之上，同时又对有关内容进行更深入地、更广泛地的探讨。整合性是指课程知识的深度与宽度的沟通联结。[①] 质言之，两种的研究，可使我们科学课程选择和组织，着力处理好先教什么、后教什么与如何合题知识的经验。促使各种课程有序运行并产生合力，有效实现课程目标。正如学者魏宏森、曾国屏所说："系统是组织秩序表现的形式，结构是组织联系的表现形式。"[②]

由上而知，通过体育课程范畴和结构的"垂直组织"与"水平组织"，可发现体育课程功能和属性等最有效的组织方式，确定体育课程不同学科的位置、类别、形态的归属与性格。可有效完成体育课程的设计与编制、选择与分配的关涉，实现"怎样最大化有效组织学习经验"的丰富归纳。

通过处理好体育课程与外部的社会系统和条件之间的联系，体育课程内部诸要素之间的联系，体育课程运作各因素的联系这三个方面的联系，构成了体育课程完整研究的对象。透显出对于"体育课程与外部社会系统和条件之间的联系"的研究，可以产生体育交叉学科课程；对于"体育课程与内部诸要素之间的联系"的研究，可以产生体育基础学科课程；对于"体育课程与实践运作之间的联系"的研究，可以产生体育中心学科课程，由此便构成了一个完整系统的体育课程论的科学体系。

正是基于此，课程范畴与结构的研究就一直是教育家关注的重点。正如古德莱德在《课程探究：课程实践的研究》一书中指出，课程作为一个研究领域，应当关注三类课程现象的问题。一是实质性的问题，涉及

---

① 钟启泉：《课程论》，北京，教育科学出版社，2007，第 11 页。

② 魏宏森、曾国屏：《系统论——系统科学哲学》，北京，清华大学出版社，1995，第 288 页。

目标、学科内容和教材等课程的基本范畴，研究的重心是这些现象的性质和价值。他把这些看作课程研究的"共同要素"。因为这些要素具有稳定性，不会因不同的国家和教育对象的改变而有所改变。二是政治—社会的问题，指的是课程的目标和手段呈现的政治和社会的过程。三是技术—专业的问题，即课程的选择、分配、设计、评价等课程编制的范畴。①

回顾历史，从课程的研究看，一般常用的研究方法有：实证分析的方法、人文理解的方法、社会批判的方法。这些研究方法的取向，到今天仍在继续使用，具有很强的生命力。据于此，本书采用"人文方法"与"实证方法"两个维度的结合。从"人文方法"的角度对课程进行分析，借助目的—价值论的模型，分析体育课程客观的本质和功能，挖掘出对体育课程全面性、完整性的认识，体现出体育课程从"是"至"善"的成就。从"实证方法"的角度对体育课程进行分析，把范畴和结构作为研究的标准，则体现了把体育课程论视为一个具有目的、方法、技术、组织等相结合的教育活动整体的应用学科。这样的研究运用既强调研究对象，又强调研究方法，体现了把体育课程论建设为一门既有理论又有实践的独立学科的愿望(见图4-1)。

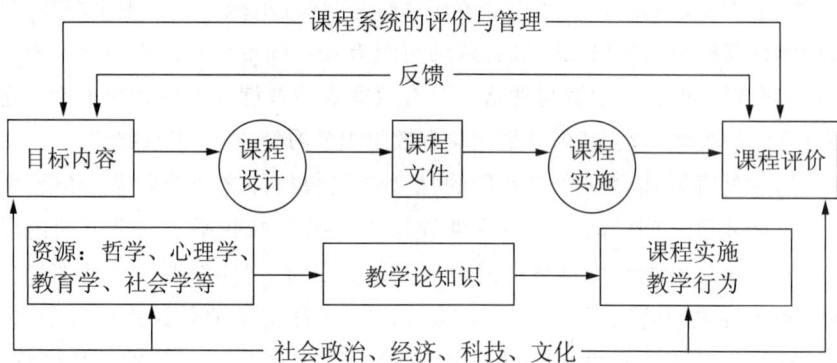

图 4-1 课程论研究对象结构示意图

索按这一研究命题"解释性的理解"，实现知识领域专门化的逻辑方式。以课程科学的性质和价值内容划分门类，界定体育课程领域活动的范围。通过中心辐射的环绕拓展的发散来穷其意蕴，辨清其纷繁复杂的学科归向和本质活动的归纳，获得对课程的整体、全面的理解和认识。为此认为，可把体育课程领域一般划为：基础学科、中心学科和外延学

① 黄显华等：《寻找课程论和教科书设计的理论基础》，北京，人民教育出版社，2002，第1~3页。

科三个维度(见图 4-2)便于理解。在基础学科方面(通识课程),课程结构有学校体育学、体育概论等;在中心学科方面(专业课程),课程结构有体育专业理论课程、体育专业技能课程等;在外延学科方面(交叉课程),课程结构有体育社会学、体育文化学、体育管理学等。为此,研究认为体育课程由三个层次的领域维度和一系列子学科有机构成:体育课程基础学科群,如体育课程概论、体育课程史、体育课程原理等;体育课程中心学科群,如体育专业理论性课程和专业技术性课程;体育课程外延学科群,如体育管理学、体育美学、体育社会学等。

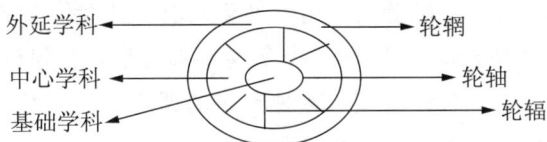

图 4-2 体育课程范畴轮形结构

二、体育课程的选择与组织

上述以知识的价值性为基轴讨论了体育课程的范畴"什么知识最有价值""需要什么样的知识""怎样使知识最优化",阐述了体育课程结构"知识应怎样组合才好""有效的知识应怎样做才好"的选择与组成。下面就以科学性和工具性讨论体育课程选择与组织,分配与设置之范式的探讨。逻辑地看,任何系统都包含着若十个子系统。由于体育课程的研究,既是一种"实然"的研究,更是一种"应然"的研究。显然,为了进一步获得课程以兼易别地区分,凸显知识的对象特性,贯通课程的形式和形态,在体育课程范畴与结构科的两个努力方向:理论认识和实践实施的双重任务。

因而,需对其进行以下解析。借以说明体育课程在科学层面的"应是什么",在工具层面的"应该怎么做"。按照这一模式——解决问题构建出体育课程的选择与组织的矩阵维度和行列设置。所谓的矩阵维度,就是按知识所属物的本质的接近性进行类聚归纳,把知识集结聚在一起,求得知识的分类。即俗语常说的,"物以类聚,人以群分"。所谓的行列设置,就是按知识所属物的功能性划界反之就分开,求得知识的不同的应用方式,即俗语常说的,"门当户对、志同道合"。也就是说,通过课程范畴的阐明画出范围的界线,找出哪些知识最重要,必须掌握的知识是哪些、一般掌握的知识是哪些。通过课程的结构的阐明,找出通过哪些知识能最有效地合成这个能力,优化地组合这些知识、运用哪些知识能最有效地巩固这个能力。

从体育课程的选择与组织和实施来看，课程结构是课程类型、课程内容、具体科目等要素经过课程目标的有机整合所格化的形态；其目的是确定体育课程范畴的每一部分的组成部分、合理设置课程内容；实现对某一部分体育课程科目内容的有效选择和设计，数值及比重关系的标识。正如汉语大词典的释义："结构"，就是构成整体的各个组织部分的比例及其结合的方式。

从广义课程结构的类型讲，体育课程结构的分类不仅有知识之间的整合，还有知识与生活经验的整合，知识与社区生活、知识与现实社会的整合。其取向解决如何根据目标，设置哪些课程，如何设置这些课程，并把那些各种内容、各种类型、各种形态的课程的相互结合，如何达到整体优化的效应，实现科学课程计划的制订。如从课程结构形态看，体育课程可分为学科课程与活动课程；从课程内容的组织方式看，体育课程可分为分科课程和综合课程；从课程计划中对课程实施要求的角度看，体育课程又可以分为必修课程和选修课课程；从课程设计开发与管理主体的角度看，体育课程又可以分为国家课程、地方课程、校本课程三种类型。

如上所释举其概要，有以下各方面的注意事项需要思考：

其一，从课程内容上看，广义体育课程结构要解决好各育的课程门类、课时比例分量及其相互关系。处理好工具学科和知识学科的关系、自然学科与社会学科的关系等。

其二，从课程形态上看，广义体育课程结构要解决好分科课程与综合课程，学科课程与活动课程等相互关系和谐的问题。

其三，从课程类型上看，广义体育课程结构要解决好必修课程与选修课程的比例和相互关系的问题，完美学习者知识结构的构成。

其四，从课程整合上看，广义体育课程结构要解决好显性课程与隐性课程的知识功能的培养关系问题。

概言之，广义体育课程结构要解决好的是课程教育资源的配置与利用的有效性。即在系统层面的各门学科相互联系、相互配合的结果，保证"整体大于部分之和"，实现体育课程知识技能传授、能力培养、品德陶冶的三大目标。而从狭义上讲，体育课程结构是要解决好学习层面的教育质量问题。解决每门课程（学科）的内容组成与耦合，内容如何兼顾、儿童和社会的需要，及教学大纲（课程标准）和教材内部各个要素、成分的组合及各单元之间的计划编订等。如针对中国课程结构类型的不足以及在课程设置上长期以学科课程为绝对的状况，新课程改革强调在课程类型上均衡"分科课程与综合课程"的比例，对于仍以学科课程面目出现的课程，要求在课程标准的制订、教材的编写以及课程的实施中注意与相关学科的沟通与联系，打破学科间的壁垒，最大限度地体现知识的整体面貌。

总之，体育课程结构包括两个层面的质量：一是系统层面的广义体育课程结构的质量，其重点是优质教育的思考，关注的是课程教育的现代化；二是学习层面的狭义体育课程结构，其偏重于个体知识与能力的养成。着力如何把体育课程科学的知识结构内化为学生的认知结构，使课程内容由知识存储的形式转释为可传输的形式，使学生得以最大限度地接受。前者从整体性出发、后者从具体性出发，前者是后者的基础，后者是前者的保证。

目前中国体育课程结构存有以下组织形态与类型的可供选择，现分析如下供参考：

体育学科课程——主要使学生从笼统共性的基础认识，走向对学科体育文化系统性认识的深化。

体育活动课程——主要价值在于使学生获得关于体育的直接经验与体验。

体育分科课程——主要使学生获得逻辑严密、条理清晰的体育分项知识。

体育综合课程——主要整合相关的学科知识，使学生获得体育整体性的认识，学会综合分析的方法。

体育必修课程——培养和发展学生的体育基础学力，形成1～2项终身体育运动技能和方法、习惯。

体育选修课程——满足学生的体育兴趣和爱好，培养学生体育个性的专长。

体育国家课程——它是为未来公民的体育素质而开发的课程，体现国家体育教育意志和目的。

体育地方课程——它是以利用地方体育教育资源与区域特点而开发的课程，体现地方体育教育特色和目的。

体育校本课程——它是根据当地经济、社会、文化以及学校自身条件开设的课程，展现学校体育教育的特色和目的。

从上述内容可见体育课程类型所具有的特定价值，以及每组课程类型所具有的功能与实践应用表明，它们在课程结构中都拥有不可或缺的地位。正如现代教育的认为，为了实现全面发展人的目标，学校课程结构应是由各种课程类型共同构成的有机体。针对以往传统课程结构类型单一的状况，体育新课程改革强调课程类型的多样化。即设置了与学科课程相对应的综合课程、与必修课程相对应的选修课程，同时为与国家课程相对应的地方课程、校本课程的开发提供了较大空间。这一多样化，解决了中国体育课程领域与维度结构存在的课程类型单一、不同类型课程比重失调的问题，有助于学生个性的和谐全面发展。

需要指出的是，课程结构是在四种规律之维的综合作用下发生、发展、演化的。为解决体育课程结构和谐适配的问题，必须遵循其客观性、有序性、转换性、可度量性的规律。实践证明，只有科学把握、正确处理四者之间相互的关系，才能使体育课程结构构建成一个内容丰富、形式多样的和谐系统。正如皮亚杰指出："没有'转换'就没有结构。结构是通过因素之间的相互转换而构成一个丰富的整体系统。"[1]

客观性规律是指，体育课程结构既有某些客观物质结构的反映，又有自身客体演化的反映。如课程结构既受制于自身学科反映要求的制约，又受制于社会发展变化要求的制约。

有序性规律是指，体育课程结构的构成既具有一定动态的发展顺序，又有相对静止要素的排列组合的层次与序列。如既要注意大中小不同课程的纵向衔接，又要横向把握健身要素、审美要素、智育要素等的排列组合。

转换性规律是指，体育课程结构的各部分之间不是一成不变，存在合乎规律的不断变化。如不同学段的要求不同，课程结构的组合与形式也就不同。因而，就存在着课程类型的转换、教学内容的转换、活动项目的转换、教材组织形式的转换等。

可度量性规律是指，体育课程内部的各要素、各成分之间的联系和结构可用数量关系标识说明。如学科课程与活动课程、选修课程与必修课程等之间的比例关系。

例如，根据现阶段发展需要，在总体上体育学科课程比重要多于活动课程，国家课程要多于校本课程和地方课程。另一方面不同的教育阶段对体育课程类型有不同的要求。例如，小学阶段体育选修课程的比例较小，而随着年级的升高，体育选修课程的比例会呈增多的趋势。与此相反，在体育综合课程的比重上小学阶段比例较大，而到了高中阶段则

---

① 郭晓明：《课程结构论》，长沙，湖南师范大学出版社，2002，第95～96页。

以分科课程为主,综合课程的比重会相对减少。实践证明,这一设置课可较好地实现了体育课程与学生身心发展、社会发展的同步。诚如著名教育家叶圣陶先生所说:"教育的最后目标就是使各部分分立的课程所发生的影响纠结在一块儿,使种种课程境界达到综合。"①由此可见,叶老提出了学校课程的完整性和整体性的问题,也即结构的问题,值得我们重视。为此,体育课程结构是课程的命脉,其内部的矛盾运动是课程发展的动力。

综上所述,显然所谓的体育课程范畴与结构,是在一定的社会条件下、人们为促进知识的学习发展、而理性构成的经验。它是课程客体的相互作用、相互制约的结果在外部的综合反映。如体育课程范畴的形成受制于社会发展的制约、体育课程结构的形成受制于学科演化的制约、体育课程分类的形成受制于教育特性的制约。可见,课程是人类的生活的对象化,寄寓着人的需求与渴望。换言之,对学校体育教育来说,社会需要什么知识,课程就选择什么知识,只有这样才能充分发挥出体育课程对社会的意义。正如学者董翠香在《体育新课程改革十年回顾》一文中的论道,人不仅能在知识中复现自己,还能在知识中创造出新的自身。为此,体育课程是一种孕育和规定人生品质的文化力量。

三、体育课程的类型与功用

从文化的传播性看,体育课程具有进化、播化和涵化三个基本属性结构,是将教育目标理念转化为课程实践活动的"阶梯"。从体育课程的类型看,课程的类型决定着课程的方向和水平,影响着课程的选择与设置。从体育课程的功用看,课程的功用决定着课程的数值和比例、影响着课程的选择与设置。这一引申反思出,中国传统体育课程结构存在以下一些问题需要注意:一是体育课程结构以竞技体育为唯一,缺乏体育保健、体育文化等内容;二是整个课程之间缺乏贯通与联系,不够协调难以产生整合,相互促进、相互发展;三是把体育课作为唯一的形式,忽略课外体育、社区体育、终身体育的链接。

鉴于此,从有效的体育课程结构的类型看,它应包括身体教育、健康教育、竞技教育、休闲娱乐教育、文化教育和审美教育等知识结构方面的整体和谐。从有效体育课程结构的选择与设计看,既有体育学科课

---

① 课程研究所:《课程改革整体论》,北京,人民教育出版社,2004,第45页。

程性的内容设计，也要有体育活动课程性的内容设计，既有体育竞技性课程内容的达成，也有体育文化性课程内容的涵化。从有效体育课程结构的教育性看，既要有寓体育知识为宗旨的学科功能培养，也要有提高学生身体素质与运动能力的发展培养。既有体育科学生活方式的实践培养，也要有体育文化传播的人文精神养成。从体育课程结构的要素看，它包括体育基本知识、技能和运动能力的认知要素，健身、健康的基本知识和生活、卫生良好习惯的健身要素，体育文化的道德、精神等伦理要素，欣赏、传递、应用体育各种运动美的审美要素。

鉴于此，体育课程的实践证明，只有把这些各种的体育学习有效地联系在一起，才能产生累积的效应，发动整体的力量，实现体育课程"德艺双修、文武并进"的担当与政章。制"人"于无穷，践行风范技艺、援勉德性，淘汰野蛮、虚骄蒙昧，济强自立、扶倾爱人的守城与挺拔，这也是当今素质教育所提倡的任务。

基于上，为确保体育课程教育传递的完整性、和谐性和全面性，需要对选择的课程内容按类型加以有效地组织，形成结构以有效地实现课程目标。就中国目前课程的组织结构的类型而言，有以下几种分类对象，下面逐一对其进行解析与释义，供把握运用。①②

1. 体育学科课程

体育学科课程是一种立足于以学科为中心编定的课程，即分别从相应不同的运动项目中选取知识，再把这些项目设置为一门门的课，然后根据教育教学的需要进行课程编排。也就是说，学科课程是各分科课程的集合与标识，是按照知识的归属定位分门别类区别划分出具有不同性质的分科课程（如篮球、田径、体操等、健美操、武术等），再把各种不同学科的知识按照教与学的需要加以组织为课程，这种课程是学校体育最常用的一种课程类型。

如田径学科课程的知识与技能可以分科为：各种跑、跳跃、投掷等系列。体操学科课程的知识可以分科为：队列队形、徒手体操、技巧运动与器械体操等知识与技能系列。可见，学科课程属于一种以主题形式为"结构物"的载体。这种学科课程可使学习者系统对某一运动项目的认识走向整体性的文化的理解，形成结构完整的知识结构。显然，这种课程的形态符合《体育课程标准》的目标所提出的，培养学生养成1～2项终

---

① 钟启泉、汪霞、王文静：《课程与教学概论》，上海，华东师范大学出版社，2005，第121页。

② 钟启泉：《综合课程论》，上海，华东师范大学出版社，2005，第18页。

身运动的技能和习惯。

2. 体育活动课程

体育活动课程又叫"运动实践课程"，在课程类型上与学科课程相对应。立足一切学习都来自经验，即它是以增强学生实践运动的主体性活动所获得的经验为目的组织的课程。通过这种课程的活动可把学生知识和动作技能衔接连贯，强化形成运动能力和运动习惯的养成。因此，这类课程内容的选择取决于学生学习的需要与兴趣，差异较大，上课时间有较大的弹性。其安排一般以身体活动和运动训练等形式进行。如根据学生的兴趣与爱好自主的选择与决定所要学习的运动项目，并分别根据学生的运动程度实施低级班、中级班和高级班的组织教学方可取得好的效果。

由上述特征可以看出，体育活动课程的优势特点表现为：它以学生的需要、动机、兴趣为基础，重视学生的直接经验，突出了学生的主体地位。它以选项学习为支撑，可充分发挥学生学习的积极性，使之快乐地参与体育活动，能够促使学生在体育知识与技能的交互作用中，获得知识与技能、精神与道德、社会和文化的全面整体的发展。显然，这种课程的形态深化了"三自主"的教育实践，突出了体育课程的核心性质——身体练习。"体育不是你思考的东西，而是你练习的东西"，学生精彩观念的诞生是在技能练习之路上产生的。

3. 体育分科课程

体育分科课程是学科课程的具体化体现，基本结构是某一分项的科学知识的基本概念、基本原理所构成的。是把某一分项（如篮球、田径、体操等）按照学习的规律加以序列化、顺序化设计编排成课程，以符合课堂教学的需要。分科课程是一种单一性的运动项目知识（如篮球、田径、体操等），它强调不同学科门类之间的相对独立性，其目的是突出学科课程的某一教育功能，为学习者学习的效果积累形成该方面最大的作用。通过这种不同种类的分科课程，可保证学科课程的不同组成部分的功能都能获得实现。显然，学科的课程组织模式，有助于突出学科的逻辑性和连续性，能使学生获得高水平专业性的系统运动能力。显然，这种课程实现"普及与提高"相结合的目标任务，不仅有利于形成学生终身体育运动的能力，也有利于高效率地培养体育高水平人才，既促进国家竞技体育的发展，也为社会体育的持续开展培养了人才。

4. 体育综合课程

体育综合课程是基于一定教育价值观的要求，围绕一定的主题，构建起的一种双科目或多科目的课程组织模式，就是把数门相邻学科的教学内容予以合并而形成的综合性课程。它驻足于不同科目课程之间内在的联系性，强调不同科目课程的相互整合。补充学科课程单一的不足开阔学生的知识和视野，实现学生整体的体育文化认识为目的。如把体育活动课程知识与健康教育知识相结合。这一综合结构的特点，改变传统体育课程结构单一强调学科本位知识技能，忽视了体育与人的健康生活结合的弊病，加强了体育课程内容与学生生活以及现代社会发展的联系。关注学生体育与生活经验的完整性，把相关学科的知识联结起来，兼顾"单一"学习的不足。有利于学生形成对体育的整体性认知，与会锻炼、能运动的能力。促进学生掌握体育知识技能实现终身体育目标。显然，这种课程实现了"既是运动、又是教育，既是锻炼、又是娱乐，既能参与、又能欣赏"的文化任务。

5. 体育必修课程

必修课程是指学校中学生主要修习的课程。体育必修课程通常包括大学体育的公共课，以及体育专业的基础课和专项课。相对选修课程而言，必修课程是指同年级或同学科所有学生都必须共同研习的课程。这一课程形态，对确保所有的学生都能达到国家所规定的最低体育教育水准的课程具有重要的价值意义，是一种不可缺少的教育实践形式。

6. 体育选修课程

从教育的角度看，教育是把双刃剑，好的教育课程它可以塑造学生的个性，不好的教育课程也可以扼杀学生的个性。故此，课程内容的设置直接关系到个性的培养，个体兴趣爱好的差异的施教。因而，如何提供有差异的课程内容安排，从学生的爱好与未来发展出发，培养学生的独特才能。促进学生个性化的最大发展区的发展，就成为学校义不容辞的责任。基于此目的，选修课应运而生成为一种独立的课程形态。为什么要设置选修课，因为，它是培养自由的个性生长的土壤，即只有自由的个性才能生长出创新的成果。

7. 体育国家课程

体育国家课程是国家教育行政部门规定的统一课程，它体现国家意志，其目的是保证学习者的基本学力，是专门为未来公民接受体育基础教育之后所要达到的共同素质而开发的课程。历史证明，这一主体性的课程对维系着一个国家、民族的公民品质与质量有着不可替代的重要作用。

8. 体育地方课程

体育地方课程是在国家规定的各个教育阶段的课程计划内，由省一级的教育行政部门或其授权的教育部门依据当地的政治、经济、文化等历史方面的特点与发展需要而开发的课程，通过地方课程保存地域文化特色，传承民族文化。为什么要设置这一课程，因为，文化具有历史的继承性。没有这个来源，新一代人就会忘却自身从何而来，就会失去民族的记忆、中国人的认同。也如清代思想家、文学家及改良主义的先驱者龚自珍振聋发聩地警示："欲要亡其国，必先灭其史，欲灭其族，必先灭其文化"。

9. 体育校本课程

体育校本课程是以学校教师为主体，在具体实施国家课程和地方课程的前提下，通过对本校学生需求进行科学的评估，充分利用当地社区和学校的体育课程资源，根据学校的办学思想而开发的多样的、可供学生选择的课程。其目的是通过校本课程展示不同学校的办学宗旨与特色。它既为不同民族的技艺存档，也为不同民族的精神存档。诚如美国人类学之父弗兰兹·博厄斯在《文化和种族》一书中的认为，一个国家的认同是由文化决定的，而不是由生物性决定的。[1]

需要注意的是，体育国家课程是一个国家基础课程计划框架的主体部分，涵盖的课程门类和所占的课时比例与地方课程、校本课程相比是最多的，基本保持在 60% 的比例，在决定一个国家体育基础教育质量方面起着举足轻重的作用。但是由于受自身特点的限制，体育国家课程难以反映不同的特点和学生的具体需求，而体育地方课程与学校课程则具有这方面的优势。为此，体育地方课程可以充分利用当地体育教育资源，体现体育教育的地域与历史性的特点，增强课程的地方适应性。体育校本课程则可以充分尊重、满足学校师生的独特性和差异性，使学生在国家课程和地方课程中难以满足的那部分发展，需要在学校课程中得到更好的满足。显然，三级课程的关系不仅实现了不同课程间的优势互补，也反映了国家对教育本质更深层的认识。

综上而述，一个良好的课程体系（见图 4-3），既要在课程内涵方面，做到人文的、自然的与科学的并重；又要在课程价值方面，做到人的发展、经济的发展和社会的发展并重；还要在课程的空间方面，做到核心课程与一般课程、国家课程与地方课程、校本课程多元结合、协同发展。正如学者吕达所说："在设计课程结构时，应当以经济和社会发展的实际

---

① ［美］弗兰兹·博厄斯：《文化和种族》，北京，生活·读书·新知三联书店，2001，第123 页。

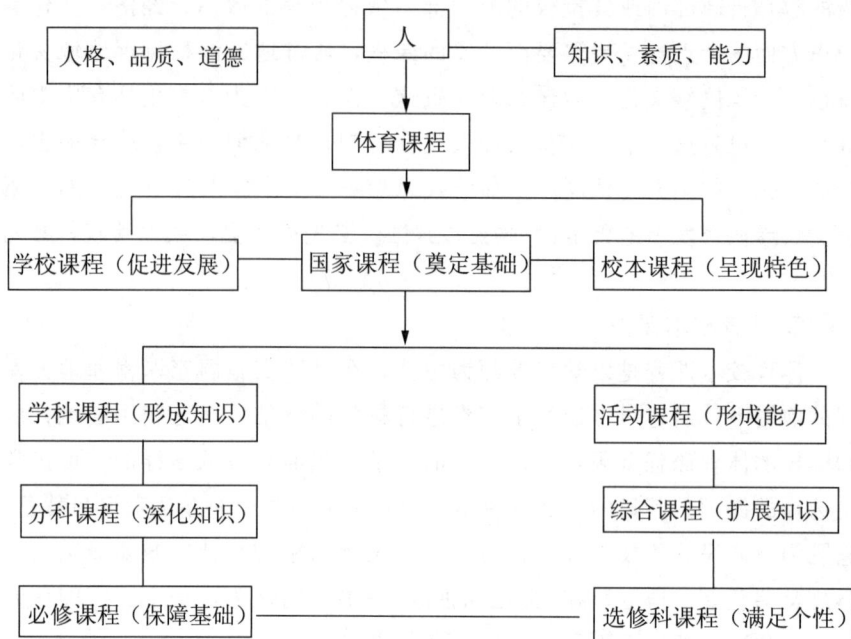

图 4-3　"构建体育课程体系，培育时代体育新人"结构图

需要与可能（包括当前的和未来的）为出发点，以受教育者的全面发展为落脚点，对人类知识总合（包括当代科学的最新成果）加以精选，组成结构优化的课程。"①对此教育部在 2001 年 6 月颁发的《基础教育课程改革纲要》中指出，"教师应尊重学生的人格，关注个体差异，满足不同学生的学习需要，创设能引导学生主动参与的教育环境，激发学生的学习积极性，培学生掌握和运用知识的态度和能力，使每个学生都能得到充分的发展。"

第二节　体育课程的设置与实施

体育课程设置与实施是课程设计付诸教学实践的过程。其实质是把设计好了的体育课程结构，再具体化为符合教学活动的特性，才能之发生效用付诸实行。如课程要体现由简到繁、由易到难，学习层级的设计要符合学习者的身心的认知状态。换言之，按这种模式才能实现预期的教育结果，一般将"课程目标、课程内容与学习活动方式"三者之间选定的表现形式转变为课程实施。正如学者吕达、潘仲茗等所说，课程设置

———————————

①　李定仁、徐继存：《课程论研究二十年》，北京，人民教育出版社，2004，第 57 页。

的目的就是满足教学的需要。从根本上讲，只有对其兼顾了，才能做到"鼎立"。并进一步指出："课程结构是一种系统，它除了包括构成的'部分'（即因素）之外，还包括联系部分与部分之间的种种'关系'。"①研究课程很容易只顾想要达到的目标。而忽视甚至忘掉了目标的出发点是教学实践。为此，以下对其进行厘清与考察，进一步明晰其含义，为正确把握体育新课程的设置与实施提供支撑。

一、体育学科课程与活动课程的设置与实施

（一）体育学科课程的设置与实施

所谓"体育学科课程"，是以普遍的、系统公认的、体育运动知识和技能为载体，通过价值性、工具性和人文性三者的相互交叉养化；传递体育"三基"，发展学生个体的运动能力，提高体育文化修养的课程形态。该课程形态按照体育教育目标的要求，经过选择、分配、从不同的知识领域或技能领域选择一定的"内容"。根据知识的逻辑体系，将所选出的知识组织为学科课程。恰如学者张华等在《课程与教学》一书中认为，学科课程是最古老、使用范围最广泛的课程类型。② 它具有精练、简约和理论化、抽象化、系统化、有效化的特点，可以把人类最基本、最需要的部分，有计划、有步骤、有系统地传给后人，是课程的基础，犹如大树的主干。

因而，体育学科课程具有如下三方面的优点：有助于系统传承体育人类文化遗产；有助于给予学习者整体形成体育文化知识与技能；有助于有效组织与选择课程内容和科学编制分科课程，厘清学科的纵向与横向的发展关系。

同时，学科课程也存在如下的局限性：由于学科课程是以学科知识的体系为核心组织起来的，容易造成各科知识体系间相互分离的状况；学科课程的教学目标易局限于学生对知识体系的掌握，把技能掌握作为教学的逻辑起点。这种教学方式的划分法较少考虑学习者的学习动机和学习层次，主要评价学习者学习的结果。其各种学习类型的表现没有考虑适合学生学习与否的设计，缺少按照学生学习动机、情感、态度的主动性分类的级差式的上下层次性特点施教。

体育教育的实践表明，体育文化知识与技能的养成是多种因素综合

---

① 课程研究所：《课程改革整体论》，北京，人民教育出版社，2004，第45页。
② 张华、钟启泉：《课程与教学论》，上海，上海教育出版社，2003，第238页。

作用协同实施的结果。任何一种单一的序都不具有普遍的意义。千篇一律的演绎面孔，容易使学科课程的学习变得单调、枯燥。不仅易使学习者丧失学习兴趣，还易降低学科科学性的存在。因而，课程应着力体现出多样性、多层性、多变性——差异中的统一的多方面的特征，才能培养出现代"巨人"的特征。

基于此上述特点，体育学科课程不仅要考虑课程内容之间横向的最佳组合，以及它们之间的比重、各占多少课时等知识自身发展的规律。还要根据学习者学习的最佳认知能力的发展阶段，科学地考虑课程内容教学的纵向顺序的衔接怎样才是符合科学的。根据课程设计的比例关系、空间关系、时间关系的这一辩证规律。由而认为，小学、初中的体育学科课程设计应以螺旋式排列为宜。这种设计可解决体育文化知识增长的无限性与教材内容的相对有限性的矛盾，把知识的逻辑顺序和学习者认知的最近发展区有机统一，为学习者提供最好的知识体现。当然，由于学力阶段的不同，相反高中与大学应以直线式排列为主。

对此，布鲁纳的螺旋式编排教学内容主张比较契合初学阶段的需求。[①] 他认为，这一编排可把最基本的概念与原理作为主体与学习者的认知特点、生理规律相互契合，以保证学生掌握基本结构使下一步教学顺利进行。提出教学内容编排可分别从动作的、表象的、符号的三种不同智力发展水平加以编排和组织。要求教学内容设计应体现出直观程度逐渐降低，抽象程度不断提高，内容不断加深的"螺旋"式递进上升的特点。这一编排方式体现了课程在教学内容、教学组织和教学负荷由低到高的三个递进，比较简洁体现了初学体育运动教学的特点，也符合体育运动技能形成规律、人的生理活动机能变化规律和人的心理活动机能变化规律。

（二）体育活动课程的设置与实施

"活动课程"是 20 世纪新教育思想的具体化体现，其显著特点是以形成学生体育能力为重心和出发点，以发挥学生的兴趣和需要为基础来选择和组织课程的。其本质上是打破学科教学的不足，使课程切入学生的经验和生活。基于此，"活动课程"应运而生。"活动课程"亦称"经验课程"，是围绕着学生的需要和兴趣、以活动为组织方式的课程形态，也即以学生的主体性活动的经验为中心组织的课程。其优点是活动课程以开发与培育主体内在的、内发的价值为目标，旨在培养具有丰富个性的主

---

① 　盛群力等：《教学设计》，北京，高等教育出版社，2005，第 79 页。

体。活动课程的基本着眼点是学生兴趣和动机，以"学中做"和"做中学"为课程与教学组织的中心。活动课程的主导价值在于使学生获得关于现实世界的直接经验和真切体验，有利于终身体育的习惯与养成。

因而，"体育活动课程"，是以学习者的体育兴趣、需要和能力等为课程设计的出发点，以增大学习者体育主体性活动经验的能力为宗旨组织起来的课程。其价值的基轴，是通过体育活动课程的展开，不仅培养学习者对体育运动的爱好和良好的锻炼习惯，为终身体育奠定基础。又可以最大化地满足学习者个性学习的需求，以解决教材内容的理论性与实践性、统一性与个性的进化的矛盾。与常规体育课程教学相比，由于它给学生创造了一个自由的、活泼的学习环境，使学习者能根据自己的意愿、兴趣、爱好去学习，更有利于深化与养成学生终身体育能力的形成。

基于上，体育活动课程的设计，应在以下方面下功夫。

一是活动组织的性质的目的性是什么，解决什么问题，达成什么目标。

二是活动的实践性的安排。场地、时间、器材等能否符合学习者的学习要求，达成有效学习的展开。

三是活动的种类的设计，是否具有多样性、多层性等，是否符合不同学习者的能力、条件，达成有效学习的展开。

四是活动的行动和效果的设计，如何为参与的学生提供成绩考察和奖励。因为这些措施的重要特点是，它能够感染、引发、激励学习者的情感，并产生良好的行动效果，保障活动持续的深入开展。

总之，体育学科课程与活动课程的是学校体育中的两种基本课程形态。从两者关系来看，活动课程并不一定是对学科课程的彻底否定，学科课程中也可以渗透着活动课程活动，组织起来的活动课程同样也可以是对学科课程的一种整合式超越；学科课程也可以弥补活动课程下，学生学习经验的过于个人化和缺乏系统性方面的不足。两者之间是一种相互补充、而非彼此取代的关系，具有差异中统一、相互贯通生化的共性特征。恰如车之两轮，同等重要、缺一不可。

二、体育分科课程与综合课程的设置与实施

(一) 体育分科课程的设置与实施

分科课程与科目课程是同义的。分科课程是根据各级各类学校培养目标和学科发展水平，从各门科学中组织选择出适合学生认知特征、心

理生理特征的知识组成的各种不同的教学科目。由而，所谓"体育分科课程"是指，以各种体育运动项目为对象构建起来的课程形态，是一种单学科的课程组织模式。它强调不同体育运动项目之间相对的独立性，关注该门学科(项目)的逻辑体系的完整性。由于体育分科课程的特点，是在相对的时间内集中完成所要掌握的某项体育知识和技能，因而，课程目标立足于对该门学科体育知识与技能的专业性和结构性的效应发生于实施。促使学习者加深体验这项运动项目的价值，是培养学习者养成2~3项终身体育运动技能的有效途径。其组织架构，有利于对该门学科(项目)教学的逻辑性和连续性的保持；有利于课程实施组织教学与评价；有利于在普及的基础上培养高水平的运动员队伍。

其缺点与不足在于，分科课程由于分得过细，不利于学生整体获得体育知识技能与文化的理解。同时单纯以分科课程知识为评价尺度的目标狭窄了体育文化范畴的取向。因而，对学生整体文化观的形成不够，缺乏对学生"为什么学体育"的思想支撑，这是教学时必须应注意的问题。恰如学者裴娣娜指出："在教学论的视野内，'人'失去了应有的丰富多样的关系，变成抽象的'类'，变成达到某种目的的手段，也即失去应有的主体性、能动性。"[1]

针对体育分科课程形态与学生学力阶段的特点，笔者认为高中与大学采用加涅的直线编排教学内容的主张较好。[2] 加涅认为从学习层级论观点出发，这一编排形式，把全部教学内容按学习层级上下等级排列，把教学内容划分为一系列习得能力的目标。然后按照这些目标之间的关系，实施从简单的辨别技能学习到复杂的问题解决技能的学习。这一编排方式为确保学习者某一体育技能能力的达成，提供了系统理解的思路。保证了其每一子学习在一定的框架内所要达到的程度，可使技能掌握更快地形成，保证教学形态的设计符合分科课程的结果预测。为此，适合于尽快促进运动技能的形成与掌握是分科课程的特点。

(二) 体育综合课程的设置与实施

实践证明，综合课程是对分科课程单一的补充。学生对体育文化的形成与理解，不是建立在单一分科的基础上的，而是对体育文化知识整体理解的结果。因而，在课程编制上，综合课程突出追求体育文化知识的整体性。在教学活动方式上，综合课程在继续保持分科课程的计划性

① 裴娣娜：《现代教学论》(第2卷)，北京，人民教育出版社，2005，第150页。
② ［美］R. M.加涅：《学习的条件和教学论》，皮连生等译，上海，华东师范大学出版社，2007，第235页。

和目的性，加强了注重学生知识运用方面的开放性、综合解决问题的能力的培养。

由而，所谓"体育综合课程"是指，把两门以上学科的内容融合在一起，形成的一门综合性学科课程。促进学习者多种体育知识与技能的综合能力的养成，深化学习者体育文化性的修养。丰富了课程内容，坚实了体育知识基础，开阔了视野。达成既是锻炼又是娱乐，既是运动又是教育，既能参与又能观赏的社会文化特征。优点是它体现了课程的科学逻辑（知识本身内在的逻辑）和个性和社会的逻辑（个性学习喜爱的心理性和运动社会化的普遍性）的统一，既可有益于提高学习效果，又可更深入系统地认识体育文化的整体。缺点与不足是，其课程设置的宽度与深度难以体现"学习的自由度与社会需要度的统一"，难以满足不同学生发展的需求。符合不同学习者的能力与条件，满足于学习者个性的需要，保证因材施教的原则。

鉴于中国长期以来过于注重分科课程，忽略了综合课程的现实，本次课程改革提出了强化综合课程的设置特点。课程形态的设计定向应围绕以下方面进行。一是课程内容要体现出对学习者运动经验的理解，围绕运动技能直觉的操作和技艺性的体验进行构建。二是课程内容要为体育人文意义的理解，提供"解释性"的跟进，引发学习者个体文化意识的觉醒，为终身体育奠定基础。三是课程设计的原则要体现出"纵向下"学生与"横向上"社会的结合，尽力为不同层次学习者能融入未来社会的体育运动奠定基础。

总体而言，体育分科课程注重知识的逻辑结构，而体育综合课程强调知识的丰富性；体育分科课程注重知识的相对独立性，而体育综合课程强调知识的普遍联系性；体育分科课程注重发展学生的单一运动技能与知识，而体育综合课程强调学生的对体育文化深入的理解。在两者的关系方面，体育分科课程在掌握知识的系统性、逻辑性和专业性方面，是体育综合课程无法替代的；体育综合科课程在反映知识间的内在联系方面，也是体育分科课程无法取代的。它们具有互补性。需要注意的是，由于知识和经验是个体发展必须的条件，必须予以关注。因而，体育课程设计要客观反映出知识增长与社会的和谐关系才是科学的。这是中国今后体育课程改革应注意的问题。

基于上，在设计时应考虑一下注意事项。一是教材的编写问题。以往中国体育课程设置以分科为主，教材编写往往由某一专业领域内的专家来完成。而体育综合课程的教材需要"专家"和社会体育专家共同来编写，往往易做成各科知识大拼盘，需要注意。二是体育综合课程并不是全然不顾学科的逻辑，否定学科科学体系。要立足分化中实现统整，统整中实现分化才是可为的。三是教师的知识与教学技能的问题。实施综合课程对教师的要求较高，要求教师必须对相关各学科的知识融会贯通，并能够在教学中将知识作为一个整体呈现给学生。这对于没有经过课程论培养出来的教师来说确实有一定的难度，需要加强教师这一方面的知识。

三、体育必修课程与选修课程的设置与实施

（一）体育必修课程的设置与实施

所谓的"体育必修课程"，是国家、地方或学校的教育机构规定学生必须学习的体育课程种类。在中国教育领域，体育必修课程主要是指所有学生都必须修习的体育公共课程。目的是为保证所有学生的基本体育学力而开发的课程。笔者认为回答这一问题的答案是，课程如何为所有的学生提供合理的、均衡的学习机会；课程如何引导所有的学生接触和进入体育主要的、基本的知识或经验领域；课程如何保证学生终身体育习惯与技能的形成。因而，对其的设计与组织要注意以下方面。

第一，从求知需要的满足中求乐。布鲁纳明确认为："学习的最好刺激乃是对所学材料的兴趣。"[1]因此，增强教学内容的趣味性，满足学生求知的需要，以产生快乐情绪，是必修课体育教学模式首先要重视的。

第二，从成功需要的满足中求乐。苏霍姆林斯基曾这样告诫教师："请记住：成功的欢乐是一种巨大的情绪力量，它可以促进儿童时时学习的愿望。请你记住无论如何都不要使这种内在的力量消失。缺少这种力量，教育上的任何措施都是无济于事的。"[2]因而，教师在这方面所采取措施的关键在于，为学生尽可能创设获得成功体验的机会，改变传统教学方法，把学习与创设成功相联系。

第三，从建树需要的满足中求乐。所谓建树需要，就是学生把所学习的体育知识和技灵活运用到实际环境中去。因而，教师积极开展各种各样的活动，为学生尽可能参与的创造必要的外部刺激和条件，引导学生开展积极投身运动获得运动的满足。因而，教师要注重学生的情感体验，积极挖掘教学内容的快乐性、方法和手段的艺术性，寓教于乐是必

---

[1]　［美］布鲁纳：《教育过程》，北京，教育科学出版社，1980，第114页。

[2]　［苏］苏霍姆林斯基：《给教师的建议》，北京，教育科学出版社，1984，第40页。

修课体育教学模式不可忽视的一途径。诚如赞可夫指出："要以知识本身吸引学生学习。"①

第四，从活动的形式中求乐。体育游戏由于其内容丰富，形式灵活，又赋有一定的情节性、竞赛性和趣味性等特点，长期以来，它不仅是中国学校体育教学的重要内容，同时也是体育教学的一种形式、方法和手段。有学者指出，"体育游戏对于当前的体育教学改革至关重要"，"有了它，一个枯燥的练习可以变得津津有味，一个沉闷的教学可以生机盎然"。因而，教师要在体育必修课教学中科学运用体育游戏，通过活动性游戏来提高学生的兴奋性，使学生在良性心理状态下学习技术，使学生中枢神经系统不断得到新的信息刺激，产生适宜的兴奋性，诱发学生的兴趣和学习的主动性、积极性，促进学生积极自愿地参加体育游戏活动，掌握自己所喜爱的运动项目的技术技能。

（二）体育选修课程的设置与实施

所谓的"体育选修课程"，是根据学习者个人的爱好、需求的特点，发展学习者的潜能，进行自由地选择学习的课程种类，是为适应学生学习的个性差异而开发的课程。因而，对其的设计要依据不同学生的特点与发展方向科学安排。正如杜威指出："一个进步的社会应把差异视为珍宝。"②

一是向多水平性方向发展，根据不同学生的水平发展，分别制定出不同学习的标准，缩短教学内容与学习者需求距离。

二是向多层次性方向发展，拓宽教学空间，实施分层教学，满足不同学生对知识内容和结构的要求。

三是向多样性的转变，根据学生的需求和爱好加大运动技能学习选择的多样性，多元拓展教学内容运动外延，服务于学生发展性的要求和情感的体验。

四是向个性化学习的转变，尽可能创设条件组织学生富有个性的学习，在课堂组织上允许用自己的方式学习学习，允许学生在一定范围内选择学习内容，途径和方法。

从两者关系来说，体育必须课程与选修课程的关系，不是主次的关系、主从的关系。从意义上讲，必修课程是打好学生的体育基础，具有共同性的特点。选修课程是丰富学生的体育兴趣与爱好，满足学生个性

---

① ［苏］赞可夫：《教学与发展》，北京，文化教育出版社，1980，第106页。
② ［美］杜威：《民本主义教育》，王承绪译，北京，人民教育出版社，1988，第321页。

学习的需求。较好地处理了知识传授与个性学习的关系，能力培养与知识传授的关系，体现了现代教育"整体性"的理念。由而课程设置方面，要根据不同阶段、不同时期的动态平衡要求，突出不同的侧重点。不是面面俱到，平分秋色。在课程设计方面，要体现出知识在不同学习期（中小大各类学校）的特点，即知识发展的进化与分化的演进对课程设置的特点，反映出知识增长与人的发展的统一性与差异性的客观关系。

综上所述，过去多年来，我们较多地关注知识递进的难度与社会需要的增长的发展，忽视了学习内容与学习者发展区潜能的设计，以及学习内容与学习者最佳年龄阶段的契合，导致课程知识结构的不全面。针对此，目前中国在此方面进行了改革，呈现出以下特征。

第一，纯学科课程体系正在被解构，在着力于探索以学科课程为主，活动课程为辅的体系建设。在以学科课程为主的框架内，积极增大活动课程的比重。

第二，增大活动课程比重的采用两种方法。一是开设好各种活动课程。二是把活动课程渗透于学科教学中。

第三，在以分科课程设置为主的框架内，积极增大综合课的比重。综合课可采用学科课程的形式，也可采用活动课程的形式，或两种形式的结合。

第四，在以必修课为主的框架内，积极增大选修课比重。

这些改革体现了当代课程现代化的发展趋势，这无疑是正确的。改革面临的困境在于，体育课程与文化课程的学习特点与教育的方式不同，因而，尚需有必要对此进行新的认识，并且展开重新的评价。对此，有以下新的发展内容可供我们参考。

一是伴随着对体育课程论的本质和价值、课程设计和编制、课程门类和结构划分等研究任务的认识。今天的体育课程论领域与维度已具雏形，作为课程论内一门独立的分支学科得到了重视；已逐渐走向既有基本原理、又有多层次方面技术方法体系的独立学科，初步展现了其在体育课程的指导力。

二是知识发展的进化与分化的演进对课程设置产生了深刻的影响，即经历了从笼统综合化向纵向分科化、整体综合化的演进过程。这一过程作用着课程设置的发展，为了避免谬误的出现，有必要对此关注和考虑。

小　结

教育改革实践证明，教师要做好课程设计必须要有先进理论的指导。

来自科学和教育学、心理学等的研究成果也表明，课程设计与编制不是一个孤立的、抽象的、远离情境的程序活动。不同课程内容的学习过程，涉及学习者不同活动水平的发生及特定结构和功能原理的展开。因而，从理论上对影响和制约课程的过程和条件进行分析和透视，寻绎体育课程的目标具体性和行为准确性等诸因素的经验效果。以期为广大体育教师增进体育新课程教学实践提供理论支撑。

【思考与启示】

一是体育课程范畴、结构、类型的含义是什么？它们三者之间存在什么关系？

二是如何正确理解与识记不同课程结构与课程的预生关系？

三是举例说明体育课程之间整合的原理与方法。

【作业与讨论】

1. 简述范畴和结构在体育课程中的意义与作用。

2. 识记体育课程的范畴。

3. 识记体育课程的结构。

4. 简述体育课程结构的注意事项。

5. 识记体育课程结构的 9 种形态的作用。

6. 简述为什么要研究体育课程结构与四种规律的之间关系。

7. 简述 9 种体育课程类型与功用的指向。

8. 识记我国当前课程改革的特征。

第五章　体育课程目标

【本章摘要】

　　课程目标是课程的精神与品格，是课程预设的蓝图与预期的结果，是课程研究的核心问题之一。本章将分别讨论体育课程目标的指向性、引导性和预测性三个基本问题。并对每种目标释义与评析，揭示课程目标的含义、功能，与教学目标之间的关系。明晰体育课程目标体系的构建，选用、组织与编写的步骤，并对防止偏离的原则和要求进行论述，促使教师在实践中科学地利用"目标"这个概念，从而提高体育课程目标的运用绩效。

【本章内容结构】

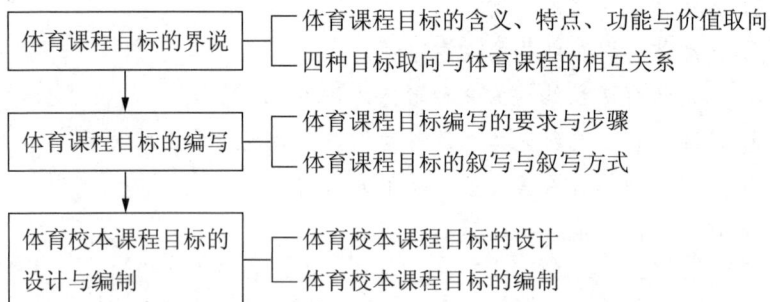

```
┌─────────────────┐   ┌─ 体育课程目标的含义、特点、功能与价值取向
│ 体育课程目标的界说 │───┤
└────────┬────────┘   └─ 四种目标取向与体育课程的相互关系
         │
         ↓
┌─────────────────┐   ┌─ 体育课程目标编写的要求与步骤
│ 体育课程目标的编写 │───┤
└────────┬────────┘   └─ 体育课程目标的叙写与叙写方式
         │
         ↓
┌─────────────────┐   ┌─ 体育校本课程目标的设计
│ 体育校本课程目标的 │───┤
│ 设计与编制        │   └─ 体育校本课程目标的编制
└─────────────────┘
```

【本章理解】

1. 识记体育课程目标含义、特征、功能与应用形式。
2. 理解体育课程相互的影响与启示。
3. 掌握体育课程目标构建的情境、任务与组织步骤。
4. 举例说明与分析不同体育课程目标的相关组织与选用原理。

【关键词】

　　体育课程目标、类型、特征；功能属性与载体形式；相互关系；联系与区别

　　从历史出发，回顾有关体育课程目标的变迁可以发现，人们对体育课程目标的研究进行了很多地探索，也提出了很多具有见地的主张（见表5-1），显示出目标是课程的性格与立场，是预期学生知识习得后的行

为与表现的蓝图。从某种意义上说，课程的目标制约与决定着学生未来的发展。为了更好地有效选择与保证好体育课程的质量，掌握其发展规律，才能避免流于形式不清或陷于经验主义的泥淖。必须对其进行研究，才能保持体育课程目标的不断进取和更新的活力。

表 5-1　各国体育目标示例

---

1. 共有目标

1.1 促进学生健康素质的成长和体力增强。

1.2 养成学生运用体育基本运动技能、技术和知识的经验。

1.3 为学生提供休闲、娱乐余暇的方法、手段和知识。

1.4 使学生懂得健康生活的知识，形成良好的生活习惯。

1.5 奠定学生终身体育运动的能力。

2. 其他各种目标

2.1 使学生养成多样体育理解与身体运动的价值同时，把运动与个人生活和人格、培养公民道德的责任等相结合为主要目标的国家，有美国、英国、意大利、德国、丹麦、日本等。

2.2 把休闲、娱乐、幸福生活为主要指向的国家，有西班牙、挪威、瑞典、荷兰、新西兰、南非等国家。

2.3 以预防疾病，促进身体健康，增进劳动能力提高的国家，有泰国、以色列、埃及。

2.4 以追求体育促进国家友谊发展的为主，提升社会文明的国家，有中国、俄罗斯、韩国。

第一节　体育课程目标的界说

理论发生学指出，体育课程目标既是体育课程价值路向的出发点，也是一个其实践结果的终结点。因而，其不仅为"什么样的知识最有价值"提供判断，也为教学方法的选择、教学组织的构建提供依据。由于体育是一个具有既是运动、又是教育，既能健身、又能娱乐的等多方面功能与价值性的载体。因而，体育课程目标是引发路向的起点与汇集知识内容的标点、也体现过程培养的特点，是评价教育结果性的终点。这些命题的交织，体现了体育课程目标在教育思想和教育实践上具有的多元化的内涵性与阶段性、层次性的特征。正如艾伦·C. 豪恩斯坦认为："目标是总的表述，为指向某种未来的结果或行为的具体行动提供框架和方向。目标是指引向理想的或者鼓舞作用的美好远景的起点。"[1]

因而，教育改革证明，20 世纪 50—60 年代以来，美国等许多国家花费巨资设计的课程目标并没有得到很好地实施，由此引发人们对课程

---

[1] ［美］艾伦·C. 豪恩斯坦等：《课程·基础·原理》，科森等译，南京，江苏教育出版社，2002，第 286 页。

目标的深入研究和系统反思(见表5-2)。同样,中国众多学者也对这一领域展开了不同探究。但对文献资料的梳理发现,有关体育课程目标的研究还没有形成普遍出场的共识,为中国体育课程目标的设计和实施的指导,提供坚实的理论基础。基于此,本章致力于把现有研究的多种思路和见解予以解析与界说,着力探寻出其普遍的规律性,促使教师在实践中科学地把握"目标"这个概念,为体育课程注入新的观念和内容,从而提高体育课程目标构建的绩效。

表 5-2　不同体育目标的基本特点

美国学校体育课程目标特点	提高基础学力,与自然、社会和谐相处,发展终身体育学习的能力和义务感
日本学校体育课程目标特点	构建终身体育学习的基础,达成个性体育能力的发展
英国学校体育课程目标特点	注重培养终身体育学习社会中公民的基础能力,并将其具体化为六项技能,最终指向四种共同的价值观形成
中国学校体育课程目标特点	课程要促进学生身心健康发展,培养良好的道德品质,养成终身体育学习的愿望和能力

一、课程目标的含义、特点、功能与价值取向

理论表明,体育课程目标凝结着教育目的的内容与行为,为教学实践提供了具体的方向和指引。在知识性方面存有,知识的价值是什么?什么知识最有价值?那个方面的知识最有价值?在指向方面,具有整体性、连续性、层次性和积累性的特点;在选择方面,有公平性与民主性的原则、共性和个性统一的原则、适切性与超越性结合的原则;在行动过程中呈现预期性、生成性、可操作、测量性的动态行为;在结果标准方面,有导向功能、激励功能、评价功能、聚合功能等为课程实施提供依据;在价值取向方面,有着普遍性、行为性、生成性和表现性四种取向形式。因而,体育课程目标是整个教育课程的精神,在学科和国家两个层面上,紧密依据着时代和社会对教育的要求而不断更新制定,为体育课程的持续发展提供着丰富的引领。

(一) 课程目标的含义

实践证明,目标是教育活动最根本的特性,是教育目的和培养目标的具体化。为此,所有的教育目的都必须通过课程目标的内化才能得以实现。因而,如何把体育教育目的转化为课程目标,进而用来指导教学实践就成为课程理论必须研究的问题。这一命题认为,课程目标的存在

使得教学设计的各种特性得以彰显，没有目标的教学内容是"混乱"的教学。因此，体育课程目标和内容是教学的核心，它是体育课程与教学实施的方向、标准和依据。所谓的体育课程目标，是指着力课程的内容在设计与开发、选择与设置、教学运用的流程中，描绘出课程本身可给学习者实现那些功能与要求。[①] 即阐明学习者在一定阶段的学习过程后知识、技能、思想等素养方面所应达到的程度。正如布卢姆等西方学者认为，目标就是预期的结果。或是指学习者行为引起的变化方式。[②]

1. 课程目标的特点

(1)整体性。整体性是指各类目标彼此之间相互关联、相互兼容、并非彼此孤立。

(2)连续性。连续性是指高年级的课程目标总是低年级课程目标的继续发展和深化。

(3)层次性。层次性是指技能和情感的目标的实现，需要在知识的基础上培养和形成。

(4)积累性。积累性是指下位目标是上位目标的具体化表现。即没有低级目标的积累，就难以达到高级目标的实现。

为此，这一特点要求，水平一、水平二、水平三、水平四、水平五、水平六，各阶段的目标，要体现出最终目标的要求，各个阶段课程的选择与设置要上下衔接，课程的学习要符合认知的特点，要由易到难、由简到繁的层级性，释力课程的知识积累要达成能力性，即形成终身体育的能力和习惯。

2. 课程目标的功能

美国学者麦克唐纳(J. B. Macdonald)认为[③]：教育目标的功能随着目标水平的不同(宏观、中观、微观)而各异，分别呈现着不同的功能。他认为教育目标要具有五种功能：一是能明确教育进展的方向；二是提供选择理想的学习经验；三是界定教育计划的范围；四是提示教育计划的要点；五是可作为教育结果的评价。正如中国学者认为："课程目标包含师生教育、教学和学习动机、课程行为、课程手段和课程结果等要素。所以，课程目标必然具有激发和维持动机的功能，规定、组织和协调师生行为的导向功能，以及检验、评估实际结果的标准功能。"[④]

---

① 钟启泉、汪霞、王文静：《课程与教学论》，上海，华东师范大学出版社，2008，第56页。
② 单丁：《课程流派的研究》，济南，山东教育出版社，1998，第276页。
③ 钟启泉：《现代课程论》，上海，上海教育出版社，2003，第299页。
④ 靳玉乐：《现代课程论》，重庆，西南师范大学出版社，1995，第157页。

梳理国内外学者的见解，将其归纳整理，有以下方面的功能表现：

一是导向功能。为课程内容与教学方法的选择提供依据，判断"什么知识最有价值""什么方法最有价值"。

二是选择功能。为课程内容与教学组织的操作提供标准，课程组织成为怎样的类型，把教学组织成为怎样的形式。

三是计划功能。为课程内容与教学的编制提供实施计划，界定课程与教学的可操作范围和进程，提示依据、规定和要求。

四是评价功能。为课程内容与教学实施的活动效果提供尺度与标准，检验该活动实现课程目标的实际程度。

3. 课程目标的价值取向

研究揭示，目标的制定受人的制约和影响，人是理性的存在，不是价值无涉，其承载着一定社会的文化。由而，体育课程目标的制定必然会存在一种主观倾向，表现出一定的价值取向。是以知识取向作为制定课程目标的基础、以社会取向作为课程目标的制定基础、还是以学生取向作为课程目标的制定基础，是制定课程目标必须关注的思考。研究发现，每一种价值取向都存在着一定的局限性。因而，如何本着"扬弃"的思想，消弭其彼此二元对立的关系，将三者科学有机地整合，发挥体育课程目标最优的功能至关重要。

基于此，《基础教育课程改革纲要》赋予学校体育的目标任务，有以下方面的要求：

(1)确立(学校体育)体现素质教育精神的培养目标；

(2)形成(学校体育)体现整体性和可选择性的课程结构；

(3)推进(学校体育)以基础性和发展性为特征的课程体系；

(4)倡导(学校体育)贯穿选择性和人本性课程实施的教学过程；

(5)建立(学校体育)具有尊重个性和鼓励向上功能的课程评价体系；

(6)落实(学校体育)三级课程管理的政策；

(7)完善(学校体育)课程资源的教材开发与管理的制度；

(8)保障(学校体育)课程改革的支持系统具有不断发展更新的机制。

(二) 体育课程目标的本质与价值表现

唯物辩证法认为，本质是决定事物体系发展的主要特征和趋向的一些深刻联系、关系和内在规律的总和。这一命题检验出，体育课程的本质虽然是唯一的，但是它本身包含着一系列必然性、规律性的综合。即存有对"课程选择的基本假设、回答问题的方法和对象、评价问题的研究范式"等一整套解决问题的规准，一般有"理论研究、应用研究和技术研究"三个方面组成。

就于此认为，2017 年版新课程标准的核心素养目标（运动能力、健康行为、体育品格）出了体育课程目标本质的"所为"与价值的"所做"。由而，那么所谓的体育课程目标的本质，就是通过"以身体活动"的本质，划清体育课程的知识范围，表明体育课程活动的目的，说清体育课程可以从哪些方面要做什么的规定。按照《（2005 年版）体育与健康课程标准》对其的界说是，"体育课程是以身体练习为主要手段，以学习体育与健康知识为主要内容，以增进学生健康、培养学生终身体育能力和学科核心素养（运动能力、健康行为、体育品德）为主要目标。"通过五条主线的"运动参与、运动技能、身体健康、心理健康、社会适应"等学习领域的组成，实现体育课程的最终目标。即对体育课程的"运动认知，生活认知、情意认知、社会认知"的现象描述，可赋予体育课程目标本质相对科学与合理的判断。这也是大家常说的，体育课程是一个"知、情、意、行"的统一过程，缺少了哪一个方面都是偏颇的。

质言之，就是通过体育课程本质的引领，推动课程目标的建立、为课程内容与教学方式确立应用的规准，实现学校体育为人的全面发展目的与最大发展区的统一。确保每个个体在个性潜能上都能获得充分发展，而非像传统的体育课程目标只把实现技能的"三基"作为唯一的目的。显然，这些认识可为体育课程目标的属性与本质的内涵织合与构建，确证价值规准与理论依据。由而，道出体育课程目标首先是对教学内容的规定，指出课程所要造就的人的质量规格之设计，其次才是对课程应该怎样教好的具体规定。可见，如果目标性、对象性错了，那么内容性、方式性也就跑题了。换言之，也就是只有依据学生的全面发展需求，确定课程目标体系和课程内容才是正确的。

显然，通过目标的这些不同的价值表现，可实现以下目的：使体育课程的知识呈现分类化（三维目标），变成层次化的学习内容（五个领域），精选出了最符合体育教学目标和学生终身体育发展需要的课程内容。即通过科学的分类与编排、配伍与物化，使课程在教学结构和内容更具有系统性和有效性，使抽象的体育课程内容更贴近教学情境。也就是说，不仅说明了体育课程目标客观的为什么存在，也揭示了其对学生、学科、社会主体发展产生什么作用。集中体现了人们对体育课程目标的多元教育价值的理解。这也是价值哲学的观点认为，本质是唯一的（如形成终身体育的运动能力和习惯是学校体育的最终目标），而其本质的价值表现确是多元的（如既是运动、又是教育，既是锻炼、又是娱乐，既能参与、又能欣赏。既能合作、又能分享)。

概言之，本质规定制约着课程目标研究的方法论取向，是课程目标研究的逻辑起点。也就是"体育不是你思考的东西，而是你练习的东西"。体育学习主要是通过一系列身体技能练习的经历，去理解知识、体验学习的成功与曲折，感受技能建构过程获得的喜悦，实现意识的培养、意志的锤炼、品质的塑造。遵循着"知识的理解是在练习过程中逐渐习得的"认知规律，学生心理的变化与生成归根结底依附于学生自身的技能行为上。学生精彩观念的诞生是在技能练习之路上产生的，其最后的落脚点是练习的实践性——课程的本质，即体育课是一门以身体活动为主要手段，以体育知识技能为媒介，来锻炼人的行为养成(终身体育运动的能力与习惯)，促进人的身心全面发展的课程。

所以，对课程目标的研究可为学校体育课程的构建提供定向，减少了盲目性，避免造成知识学习无主次的混乱。由而对此展开分析，有助于增大对体育课程从理论走向实践的认识与理解、把握与运用。正如世界著名教育家亨森(K. T. Henson)说过，"我们每写一条课程标准，不仅要考虑它的学科依据，还得明确它的目的指向——我们的公民是否需要这样的素质呢，同时还要关注儿童的接受可能、兴趣爱好、生活基础以及社会的发展趋势。"[1]

1. 体育课程目标具有运动认知特征

该特征认为，不论是掌握身体健康的认知过程，还是掌握心理健康与社会适应的认知过程，都离不开运动认知。体育课程的价值再造在很大程度上是以围绕运动认知——即进行活动的身体练习，并通过这些活动练习实现体育课程的其他目标的。

2. 体育课程目标具有生活认知特征

该特征认为，体育课程目标不仅是为学生将来从事某一专业或职业直接提供认知基础的，它的目标更是在于唤醒生命的力量在生活中的表现。即为学生能获得终身健康的运动能力与习惯，保持幸福地生活，充分享受体育的运动乐趣，丰富情感，提高生活质量，增强人在社会的生存能力，促进人生命对象的社会和自然的能动性和受动性的统一。

3. 体育课程目标具有情意认知特征

该特征认为，体育课程目标具有通过课程的体验来锤炼人的主观世

---

① 李定仁、徐继存：《课程论研究二十年》，北京，人民教育出版社，2006，第126页。

界的功能。让人的主观世界是通过体育活动的感染，实现情感意志冲突中不断升华的。通过这些成功与失败、幸福与痛苦、兴奋与沮丧等情感体验的依次展开，促进人的情意特性在每一过程中获得的产生、发展和完善。因而，体育课程不仅仅有认知活动，还包括运动性认知的过程中的情感、情绪、态度、价值等体验的内容。事实表明，这些活动过程对于人格的发展、个性的形成具有重要的影响，尤其在对人的意志力的培养方面，具有其他课程目标无法取代的作用。

4. 体育课程目标具有社会认知特征

该特征认为，体育课程目标不仅有体育知识技能、身体健康、心理和情绪健康等领域的理论与方法方面的内容，还涉及着伦理道德、社会合作、人际处理等社会活动健康、精神健康等活动方面的内容，按照中国儒家文化的说法，具有鲜明的"内圣"和"外王"的社会性的内涵。按照联合国教科文组织在教育报告中的提法，具有"学会做事、学会合作、学会生活、学会生存"的价值功能。

显然，上述表明，体育课程目标是一种以身体活动的本质为中介、功能多样兼容的结构，具有多样化、多层次性的特点。也就是说，人的体育活动不仅能生产出自身的健康，促进人的全面发展，而且还能生产出他同这些人的关系。

正如《现代汉语词典》对"本质"的概念界定释义，事物本身所固有的，决定事物性质、全貌和发展的根本属性。因此，研究体育课程目标必须充分认识这些命题的特点，对其关注做到各种方法的综合运用与有机协调统一，充分实施体育课程目标这些特有的属性（见表5-3）。诚如学者廖哲勋所说："课程是一个由一定的育人目标、基本文化成果及学习活动方式组成的，用以指导学校育人的规划和引导学生认识世界、了解自己、提高自己的媒体。"[1]

表 5-3　传统体育课程目标与现代体育课程目标的比较

传统体育课程目标（单一化）	现代体育课程目标（多样化）
注重学科的系统性、结构性	注重知识的发展性和综合性
注重知识的专门性和独立性	注重知识的联系性和应用性
注重教学的统一性和结果性	注重学习的理解性和过程性
为知识而教服务	为人的全面发展而服务

由表 5-3 可见，历史表明，中国体育课程目标经历了从单一化的功

---

① 李定仁、徐继存：《课程论研究二十年》，北京，人民教育出版社，2006，第128页。

能探索，走向多样化功能确立的理性回归。这一演变打通了基础目标和发展目标的相结合，弥补了体育课程目标的价值漏洞，实现了体育课程多元文化价值目标的共享。催进了传统单一取向只注重知识掌握的目标观，迈向促进人全面发展均衡的目标观。改变了课程目标不平衡、缺乏弹性、脱离学生生活实际、现代精神欠缺、整合性较差的问题。

需要注意的是，一是不能把目标的多样化影响体育的主体实施——学会"三基"，即不能改变体育课程本质的"基础性、实践性、健身性、综合性"的关联与通约。二是不能把目标多样化变成零碎、缺乏整合的拼盘，不能以牺牲教学质量，为了目标而目标，即要根据每一堂课的学习内容来科学地突出设置某一目标为主，其他目标为辅，不是每一堂课都要把每一个目标面面俱到的为主出来的。实践证明，教学内容的不同目标的主辅就会不同，目标只是预期教学结果表明学习行为的预期计划。正如威廉·F. 派纳认为，课程目标的多样化，就是为了"忠实地反映人性的丰富多样性"①。也如联合国教科文组织将教育基本界定为：把一个人在体力、智力、情感、伦理个方面的因素综合起来，使他成为一个完善的人。②

综上所述，体育课程目标是学校体育教育的品格，是扶正知识传递的准绳，践行着把知识从外化走向内化行为关系的明清。是判断体育课程的结构、内容、实施、评价等的生成依据，厘清体育课程与科学、道德、知识三者之间的甄别与分配的设置归属。对上关涉到人才的培养，对下牵扯到教育发展的导向。世界教育实践表明，如果课程目标混沌，就会带来发展的认识不清，不能从更广阔的角度挖掘体育课程既是锻炼、又是娱乐，既是运动，又是教育等的多元功能性质。给体育教育带来不全面的后果，只能培养出学科的"勇士"，难以实现培养全面发展的人的目标。

（三）体育课程目标的层次与分类

历史发展表明，虽然自体育课程产生，中国就有了对体育课程目标的认识和处理。不过受苏联教育理念的影响，中国并没有把体育课程目标单列出来，长期以来均是在教育的大宏观层面笼统提出的，而不是在课程层面进行微观化的阐明。也就是，一直是从概况和综合的层面，以"教育目标"的大概念来认识和处理体育"课程目标"的微观问题。因而，

① ［美］威廉·F. 派纳：《理解课程》，张华译，北京，教育科学出版社，2003，第415页。

② 江山野：《国际教育大百科全书》，北京，教育科学出版社，1991，第35页。

也就难以针对性地反映出体育课程目标的实践需要。体育课程目标的提出是新课程教育改革实践的产物，已成为中国体育课程与教学开发的依据和指南。为了深入理解、把握和落实对其的运用，就需要学习和弄清现代课程目标的基本原理。为此，以下对其做一简要介绍和分析，以提高体育课程目标的理解力。

1. 体育课程目标的层次

根据现代教育目标分类理论，学生的任何预期的学习结果，客观上都要通过不同层次的要求，而实现从较低的层次目标要求，逐步达到较高层次的目标要求。为此，课程目标的递进可由低到高地分类为不同领域和不同层次。因而，存在着各目标的范畴里，许多含义相互交织、相互渗透，既存有上位目标与下位目标的相关、又存有相互区别的联系。因而一般把课程目标可分为广义课程目标和狭义课程目标两个不同层面进行认识和区分。

在中国广义课程目标层次包括宏观的教育方针（教育宗旨）、教育目的、教育目标（见图 5-1），它体现的一是普遍的、总体的、终极的教育价值，即涉及教育认识的价值观。中观泛指不同性质的学校教育目标（理科或文科）、不同阶段的学校教育目标（大中小学）相互构成的关系。在中国狭义课程目标层次泛指：微观的某一学科课程培养方案目标、课程大纲或标准、课程目标或教学目的、学期教学目标、单元教学目标、课时教学目标（见图 5-2），它具体运用在某一学科课程的开发与教学设计的版块，为学科的课程定位与内容构想提供理解，以避免某一学科的课程与教学的模糊。

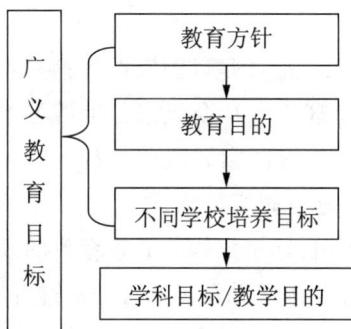

图 5-1　广义课程目标结构示意图　　图 5-2　狭义课程目标结构示意图

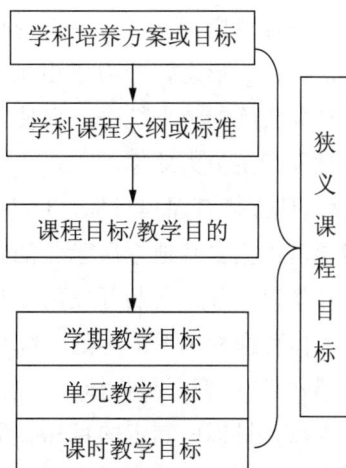

　　总之,上述广义目标与狭义目标的分类,一是揭示出按照教育在育人的要求可分类为,宏观、中观与微观,反映出事物的构成成分及其排列组合的不同,其质的变化也会不同。二是按照课程与教学的要素、各成分之间的联系,它们之间呈现着既有联系、又相互区别,各有其的研究对象与任务。三是为什么要对其进行呢? 因为,只有选择好了目标的对象,确立好标准,才有可能取得好的效果。也就是人们常说的,只有认识和把握好目标的特性,按特性办事,才能收到好的效果,反之,不按目标特性办事就会受到惩罚。

　　2. 体育课程的目标分类

　　自近代中国学校制度建立以来,课程开发由国家教育权力机构组织专家决策、编制课程。而课程的实施者是教师,课程的接受者是学生,课程的评价者是社会,却缺乏了教师、学生与社会的声音,这显然是不足的。基于此,针对这一不足,难以适应国情、区域与社会的不同差别需要。中国体育课程目标的分类开始采用的是自上而下与自下而上相结合的设计模式,实施从"中央—基层、基层—中央"相结合的目标构建取向,即国家、地方、学校三级课程管理体制。这一政策确保了一个国家所实施的课程能够达到统一的质量标准,因而具有一定的权威性和正统性。从课程制订的主体思想来看,可分为以下三个层次。

　　(1)国家体育课程目标。国家体育课程目标是国家教育价值观的具体化,它是课程编制和设计的依据和指南。是把抽象的国家教育意向到具体化的体育学科的教育目的。要求体育学科对教育目标作认真的分析,然后再根据教育目标的要求设计课程,这就保证了中小学体育课程不脱离国家教育意愿,能具有一定的科学性和合理性,保障国家在体育教育的要求。这一形态,着力了由国家教育目标—地方教育特色—学科课程目标规划实施的上下统一,促使三个阶段形成合力,以保证课程在教育教学过程产生最大效率。

　　(2)地方体育课程目标。地方体育课程目标,是以国家课程纲要精神为指导,依据自身地方所隐含的特情文化理念、社会风俗、生活习惯以及体育教育实际,研制开发的一种课程。是对国家课程的一种补充,完善国家体育课程纲要的不足,继承与发扬地方教育特色。

　　(3)学校体育课程目标。学校体育课程目标是依据总的教育目的及不同学校教育目标而制定的目标。是指学校在体育课程实施与开发过程中,相应学校体育课程本身要实现的具体条件与要求而编写的。一般由体育课程的目标、体育课程领域的目标、体育课程的水平目标、体育课时目标组成。

　　显然，按照这一取向，可把体育课程目标分类为事实、技能和态度三方面的学习。即在体育课程领域分类设置出"品德、智力、知识、技能、体质"五个部分。如在课时目标中把其简称"三维目标"区分为：认知、技能、情感和应用4个方面：认知方面包括基本概念、原理和规律，理解和思维能力；技能方面包括行为、习惯、运动及交际能力；情感方面包括思想、观点和信念，如价值观和审美观等；应用类即通过前3个方面来解决学习者社会体育和个人生活体育的各种能力。

　　(4)体育与健康课程培养目标的结构与分析。中国新体育课程目标根据素质教育和21世纪的要求，采用了分级、分层次的范式构成，来确定课程目标的结构，更加清晰了学校体育教育的属性与特点。它以态度和技能、实用技术、知识的新组合的构成代替了传统知识、实用技术、态度技能的层次组合。

　　新体育课程目标的构成及其相互关系，按以下三个层次排列：

　　知识与技能——基础目标；

　　能力(过程)与方法——核心目标；

　　情感、态度与价值观——优先目标。

　　其关系是，知识与技能目标既是后两项目标的基础，也要为后两项目标服务。即体育学习者成效的发生是建立在知识与技能目标基础上的。它与传统的德育、智育、体育、美育和劳动技术五个方面目标具有相互对应、渗透和涵盖的关系(见图5-3)。正如美国教育哲学家、课程论专家费尼克斯指出："一切的课程内容应当从学术(学问)中引申出来。或者换言之，唯有学术(学问)中所包含的知识才是课程的适当内容。"[1]

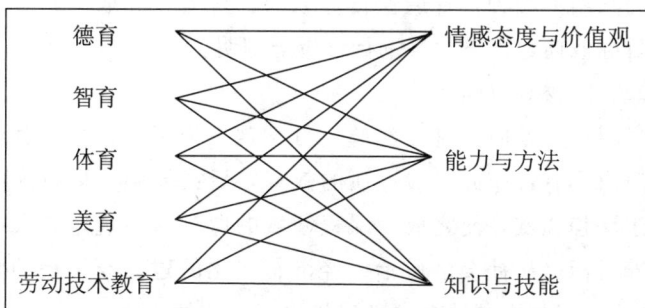

图5-3　五育目标与三级目标的关系

① 钟启泉：《课程论》，北京，教育科学出版社，2007，第355页。

二、四种目标取向与体育课程的相互关系

由上而知，目标是课程的基础，是体育课程体系的重要组成部分，是界定体育课程的特征，确立体育课程框架的依据。国内外研究的普遍认同，课程方案与课程实施之间存在着课程理想与课程现实、预期的结果与实现结果的过程之间的一系列关系。这些关系极其复杂、多元，难以预料和控制。由此要想建立新的课程方案，就必须深入研究课程目标的实施。尽可能解释出这些复杂性产生的过程和原因。对此有学者指出，课程目标的研究有助于发现课程计划在行动时产生何种改变，了解教育改革为何失败。[①]

为此，以下围绕课程目标的不同本质进行研究，梳理其不同取向的差异，丰富我们对体育课程目标的认识和理解，以应对新课程目标的建设与发展。期望由此，关联演绎出更多的新理论与行动。具体的讲，就是从已然、应然到实然，告诉人们该干什么，不该干什么，应该干什么。消解体育新课程目标在运用实施中产生的问题，为教师有效地运用目标指导课程实践提供依据。

(一)四种目标的特性与取向

据上而知，目标性是教育活动最根本的特性，它是课程与教学实施的方向、标准和依据。由于人们对学习者发展的要求、社会需求的重点以及知识的性质和价值法则，这三者之间的关系存在着理解的差异。因而，对课程目标的取向会有所不同。为达成对体育课程目标的理解与认识。基于美国课程论专家舒伯特(W. H. Schubert)等国外学者与国内学者钟启泉、范蔚等的研究见解，依据课程发展的基本特征，可将体育课程的目标取向归结为四种：普遍性目标取向、行为目标取向、生成目标取向和表现目标取向，以下对其进行解析与阐明。[②]

1."普遍性目标"取向

"普遍性目标"取向是基于经验、哲学观、伦理观、社会意识形态需要，而推演出具有普遍或一般性质的教育宗旨或原则。再将这些宗旨或原则运用于课程领域，使之成为课程领域的课程目标选定方式。如中国大学的培养目标，从社会的政治、经济、文化的建设与发展的角度，提出了"本专业培养与中国社会主义现代化相适应的，德、智、体、美、劳

---

① 李臣之：《课程实施：意义与本质》，载《课程·教材·教法》2001 年第 9 期。

② Schubert, W. H.: *Curriculum: Perspective, Paradigm, and Possibility*, New York, Macmillan, pp. 190-195.

全面发展，以造就社会主义四有新人为最终目标。"由于这种目标的特点是把大教育宗旨或原则与课程目标等同起来，因而具有普遍性、模糊性、规范性等特点。所以它提供的不是具体的要求与标准，而是宏观的一般性宗旨和原则的解释，因而，其属于广义的时相、一般运用于所有的教育实践，着力指向国家层面的目标表述。

教育的历史表明，普遍性教育目标是一种古老的课程目标取向，既可溯源到古希腊时期的教育，也可追溯到中国先秦的教育，如中国古代的经典文献《大学》里规定的教育宗旨：如"大学之道，在明明德。"由于这种目标没有给出具体的目标，所以可以对其进行创造性地理解，运用于各种不同学校的教育实践情境的需要。由于后续的教育目标都是在它的基础上建构的，所以，在当今的课程与教学领域仍占有主导性的地位。其存在的缺陷的是，以宏观为依据，缺乏微观具体地科学实施性。因而，在学科课程目标的逻辑性上的叙述上不完整、不清晰，会造成模糊性的不同理解，因而是不足的。

2."行为目标"取向

行为目标（behavioral objectives）首先由课程开发科学化的早期倡导者博比特在课程与教学领域确立，经由查特斯、泰勒、布卢姆等著名的课程论专家不断发展，其内容越来越丰富也越来越完善，从而成为课程目标的一个重要取向，在当今的课程与教学领域仍占有极其重要的地位。

该理论认为，学习的产生是外控的，学习的保持是强化的结果；学习的结果是可观察和可测量的外显行为。它以具体的、特定的、分类的、外显的、可操作性的行为方式陈述的课程目标，把课程与教学过程结束后学生所发生的行为变化作为指向结果。它指明整个课程活动结束后学生身上所发生的行为变化，阐明学生应该做什么，需达到什么程度。由于行为目标的基本特点是精确性、具体性和可操作性。因而，既有利于明确安排教学过程，也有利于准确地对课程和教学进行有效的评价和控制教学结果。因而，其属于狭义的时相、一般运用于具体的教育实践，着力指向某一学科或领域层面的目标表述。

其存在的不足是，由于行为目标把复杂的人类学习行为设想为知识反应的连锁，过分强调对知识和技能的掌握，而忽视了人的许多心理素质的构建和实际获得过程的经验获得，如"价值、情感、态度、审美"等是很难用外显的具体指标测量的，因而，这种观点容易把目标的培养指向与学习结果造成脱节分离，不容易在过程中达成目标完整性的实施。即大家常说的，行为主义教学目标，使学校体育的教育目标和实践走上了科学性的设计和思路,形成一种新的方法观。但其要结果不要过程,把体育学习当作一种单纯的运动手段,当作单纯的体育知识积累,只重视一部分人类的能力并且围绕它来组织课程教学,并把它视为完整人生的标准加以过分强调。就会缺失人的情感历程、具体思维、实际活动和道德行为,那么体育的人文、人化功能就没有了。再者课程与教学是一个动态过程,未实施就预定好行为目标,容易忽视过程的体验性,以最后的结果一定终身,限制了发展的主动性和能动性。换言之,行为目标的长处在于它的具体和可操作性,短处也明显,它容易忽略那些难以测评、难以转化为行为的内容,不利于把学习作为一个整体。此种理论的代表,有泰勒编制原理、博比编制课程、布卢姆教育目标分类。

3."表现性目标"取向

"表现性目标"是指如何在每一个具体的教育情境中给力学生产生个性表现,为学生的发展提供种种"机遇",促进学生最大发展区的实现。这一目标把教育情境看作一个不断发现学生"精彩"表现的过程,认为学生在一定教育情境的陶冶中会产生不同的感受与体验、认同与领会,体现"学会做事、学会合作、学会做人、学会生存"的现代教育的本质。它能有效地解决"我想学习、学习什么、怎样学习"等有关问题,可把教师的"教"、与学生的"学"结合起来,寓有学习愿望的满足、成功和寓悦等积极的情感体验,可使学生通过"精彩"表现的成功收获,对未来的学习充满信心。这一目标认为,真正能影响人把知识变成行为的,只能来自学生的自身。因而,表现目标是一连串再学习与再表现的过程,即多样化的教育情境,就会给学生带来多样化的表现。要求教师,针对学生个体差异的多层次性、多结构性、多变化性等特点,应及时捕捉每一教育情境中所包含的生成性因素,为学生创生精彩表现的机会。

显然,该目标提出的原因是彰显"以生为本"的教育理念,改变传统目标只注重学习结果,不关注学习过程的不足,其指向是个性化学习的表述。

其优点,表现性目标注重学生过程中的各种表现的获得,而不重视学习结果。它同生成目标一样存在着许多共识的交织与相通,而不是事先规定的结果,旨在关注学生的最大发展区,强调个性化。挑战固定的"教学程序",强调多元化的、个性化的"教学模式"。关注学习者在具体的教育情景的各种相互作用中所产生的个性化表现,促进了教师从静止的教学模式转向流动的教学实践。这一目标的理论汲取了建构主义——发现了学生的"主动精神",多元智力——发现了学生的"多种聪明",人本主义——发现了学生的"学习价值"等多种理论的理想和信念，该目标的典型代表是艾斯纳的行为表现目标理论。

4."生成性目标"的取向

"生成性目标"事先不固定注重过程，目标不是预设规定好的，而是教师根据学生在教学过程的实际发生的情况而提出的。即着力于在"教育的情境过程中，自然地随着活动的展开"，让学生不断学习知识、体验知识、发现知识、领会知识，通过不断地提出问题，不断地解决问题，内化提高学生的学习力和能力素质。该目标取向渊源于杜威教育目的论：教育的目的不应实现预定的，"教育即生活、教育即经验的"的观点，也存在着社会学理论的观点，其典型的代表是斯坦豪恩斯的"过程目标论"。显然，"生成目标"目标的指向与"表现目标"旨趣相同，两者之间的区别是"表现目标"取向学生在学习过程中态度与进步的施力，而"生成目标"是学习知识、应用知识的基础上，着力学生最大发展区的达成与实现。

该目标认为，学习不仅是个体获得知识和发展能力的认识过程，同时也是人与人之间的交往过程。学习认识活动与交往有着密切的关系，是提高学习机制的重要手段。正如建构主义学习奠基者苏联著名心理学家维果茨基的指出：学习是人所特有的高级心理结构与机能，这种机能不是从内部自发产生的，而只能产生于社会的协同活动和人与人的交往之中。揭示了"知识学习"和"过程交往"的重要作用。

这一目标的缺陷是，这种取向强调个人的成长，理论上很吸引人。但完全排除了目标的事先研究的和设定，会丢失科学性。其次，该目标对教师、教学条件、教学环境要求较高，难以符合中国当前班级大、授课人数多的具体情况，如果一堂课教师要实现与所有学生达成对话，就会影响知识任务的完成，因而有很大的局限性的。但是，这些认识启示我们，目标的建立不能仅从认知过程去理解，还要从心理学和社会学等多元角度去建构，理解学习的过程是形成学习习惯和良好品格的基础，是推动学习进步和达到理想学校目标的保证。正如学者周志俊指出："良好的学风一旦形成将对学习产生深刻、持久的效应。"

存在的问题与思考，由于"表现目标"与"生成目标"其理论的建构尚不成熟，还处于不断完善的阶段。因而，对课程的实施具有一定的模糊性，难以提供完整的理论表述及操作的程序与方法，不能在实践中起到对课程与教学的有效指导作用。特别是，在中国当前班级大、授课人数多的情况下，很难为每个学生提供具体的教育情境，以使其得到充分的发展，并保证每个学生都达到课程目标与教学计划要求的表现。因而，对其的运用难以保证教学的效率性。

从中国古代教育家孔子提出的,"学思结合、学行一致"的哲理来看,这些目标分别都指出了课堂的学习交往是学生"文,行,忠,信"的相互分享、相互获得的活动方式与途径,可弘扬个性学习力的发生。也如社会学习理论的研究认为,个体知识的习得,是在特定的社会情境中,通过人与人之间的相互作用而实现的。也就是说,有效学习的目标,应以学习中人的情感需要以及人与人相互作用的关系出发,主张教学要重视这些因素在学习中发展的主要作用。显然,不同目标有不同的优点,有的着重从学习过程的社会性视角研究有效目标的生成内容和条件、理解与应用;有的是着力学生学习性品质的形成;有的是关注通过教育过程中学生与学生的互动、教师与学生的互动、学生与教育情景互动等的获得,体现了现代教育的本质"知识在对话中生成,在交流中重组,在共享中倍增"。可见,学习四种目标可把教学建立在更加广阔的交流背景之上,这对于我们进一步正确认识教学的本质,提高学生学习的参与度,增进教学效果,具有重要的意义。正如日本著名学者佐藤学教授在《教学论》中所指出的,"课堂教学的实践可以理解为由三个范畴构成的复杂的活动。第一范畴,构成教与学的知识之中心的活动范畴。第二范畴,构成介于教与学的活动的人际关系的活动。第三范畴,是在该活动的主体——教师与学生的自身关系中构成的"。

(二)四种目标取向在体育课程目标的功用与利弊

其一,体育"普遍性目标"的取向。受普遍性目标特点的普遍性与规范性的制约,此种目标观关注知识的性质与认识的关系。驻足于国家的发展就是个人的发展,要求课程设置要体现出国家的政治意志和民族利益。认为体育教育的目的在于使人成为对国家有用的人。追求课程认识的严格价值标准和知识逻辑关系的确定性和绝对性,要符合"三个面向"。对目标知识的价值评判指向"什么知识对国家最有用",着力作用于学生的素养要以国家需要为指向,以实现国家的要求为终极结果。显然,这一目标对保证一个国家的发展不中断具有重要的意义。

基于上述的研究,可以发现体育教育的普遍性目标陈述,一般立足于大教育的切口,其表现在三个方面:目标设计强调统一性,课程目标以国家为主体进行设计,课程目标结构一统天下、同一要求,其目的以保障国家在体育教育的质量;目标价值强调国家性,即规定培养什么样人才,着力目标意识形态的引领,明确学习者在社会的责任与担当,其目的为国家的建设与发展培养出合格的公民;在目标的内容上,注重课程面向社会、面向世界、面向未来，保证人才的培养能满足国家的需要。

受这一目标命题的影响，中国 1956 年中小学体育教学大纲的目标陈述如下（见表 5-4）。

表 5-4　中国 1956 年中小学体育教学大纲的普遍性目标示例

目的	促进儿童少年成为全面发展的新人，为将来参加社会主义建设和保卫祖国做好准备。培养学生成为全面发展的社会主义社会的建设者和保卫者
任务	锻炼身体、增进健康、促进生长发育、教授知识、技能，培养体育锻炼与卫生习惯，进行爱国主义、集体主义等思想、品德培育等

按照一流的大学必须有一流的人才培养质量，一流的大学必须有一流的培养目标。对此，复旦大学在总结 10 年改革经验的基础上，将"懂得自己、懂得社会、懂得中国、懂得世界"设置为核心素养，并从四种能力以及相应心智的养成方面，提出了 21 世纪育人目标的表述，可给予体育教育它山之石可功玉（见表 5-5）。

表 5-5　复旦大学新世纪育人的普遍性目标表述的示例

（1）培养对人类文明丰富性和多样性理解的能力，直面人类世界所面临的挑战。
（2）培养现代性社会基础性框架认识的能力，充分体会个体尊严、社会价值与全球化时代之间错综复杂的关系。
（3）培养对中国文化与智慧有独到生命体认的能力，从宝贵的传统中汲取人生的滋养。
（4）培养对科学方法论和批判性思维把握的能力，认同思想独立和学术自由的大学精神

其二，体育"行为目标"的取向。以对行为的控制为核心，以效率为最大化的追求。采用自然科学地"主客二分"的认知模式，明确教育职责。以精确地行为分类来实现课程的"有效操作"，以管理论为之说，着力于"控制"为本位，通过对目标地进行分解，使之尽可能具体、精确，从而具有最大程度的可操作性，监督体育知识与学习行为的变化及其结果。其要求课程设置要体现出知识的逻辑性和学习的效益性，认为知识的目标应体现在教育者的行为之中。用泰勒的话来说，由于它的指向能对教学进行有效的控制，它为教师的教学、尤其是评价提供了可把握的客观标准，因而，有助于教师选择学习经验并指导教学。可见，这种目标取向在本质上的"技术理性"或"工具理性"的教育价值观，应该受到尊重的，其优点大过其缺点，具有不可磨灭的重要作用。

基于上述的研究，可以发现体育行为目标着力于学科课程的陈述，一般表现在三个方面：具体目标，即用行为动词描述学生通过教学形成的可观察、可测量的具体行为，如"能做出具体动作""列出所犯错误""解答动作要领"等，旨在说明"做什么"；产生条件，即规定学生行为产生的

条件，如"能根据对方战术""做出相应防守""跑出正确路线"等，旨在说明"在什么条件下做"；行为标准，即提出符合行为要求的行为标准，如"一分钟行进间上篮""投进 10 个球为 90 分"，旨在说明任务的完成"有多好"达到什么程度。

　　理论表明，"普遍性目标"与"行为目标"，这两种课程目标观，经过众多学者的修改与完善，发展至今已成为课程编制的两种主要目标模式。受这一教育思想观念的支配，"普遍性目标"和"行为目标"的两者取向，都把课程的体现当作工具概念去理解。立足课程的"实然性"而非"应然性"，都关心社会需要什么，遗忘人的发展需要。其设计模式指向课程的计划性，局限在通过知识的选择和组织的传递社会层面的需求。两者都以追求量性化的特征为课程内容的结构，创建了课程认知—技术取向的目标模式。这一目标认知的思想规准了体育课程教学的样式——教师为教而教，学生为教而学。使之成为半个世纪体育教育难以磨灭的挥之不去的方式。

　　但是，不能以其缺点否定其贡献。其优点重视知识对人才培养的作用，优质知识学习的逻辑、效率和范围，准确地演绎了知识经验预期获得的结构和序列。明确了课程"应为国家或民族的发展做什么"，可为体育课程目标知识的传递和逻辑地构建提供真理应是值得肯定的。再者知识就是力量，把其视为目标的中心是没有错误的，错误在于其对象的投射不能独大，不能围绕增大自己而排斥其他。导致学校体育培养只是把人变成了工具、变成了勇士，没有对象出使人成为"四有新人"。

　　正如马克思曾说："每一个原理都有其出现的世纪"。① 一个时代的理论总是受到它时代精神的影响，体育课程发展也是一个具有鲜明时代特征和现实针对性的理论概念。其形成也是伴随着历史履迹与社会文明演化的阶梯上升而日益丰实的。因此，不能以传统体育课程的缺陷，而否定其存在的贡献。需要注意的是，传统体育课程目标并不完全是谬误、只是它在张扬科学知识一面的时候，遮蔽了人的主体性、能动性。曾如赫伯特·特马尔库塞在《理性和革命》一书中所说，"发达工业文明的内在矛盾正在于此：其不合理成分中存在于合理性中。"②

　　总之，"普遍性目标"取向和"行为目标"取向都推行一种输入——产出的"管理"的价值观；其主题行为是反映表现出社会或学科至上的形式，

① 《马克思恩格斯选集》(第 1 卷)，北京，人民出版社，1995，第 476 页。
② [美]赫伯特·马尔库塞：《理性和革命》，程志民等译，上海，上海人民出版社，2007，第 138 页。

旨在使学习者成为国家要求的人或学科要求的人，显然是需要完善的。

其三，体育"表现性目标"的取向。立足于现代教育的本质，课程体现教学的动态性和开放性，注重体育学习者的经验体验的过程和质量；课程目标重视并追求显性与隐性结合的、即时性、个性和可预知的目标，强调知识的经验基础，要求课程为学生提供实践表现证明的知识。受这一目标命题的影响，中国上海××中学体育教学大纲表现目标的陈述如下(见表5-6)。

其四，体育"生成性目标"的取向。关注课程重视的生成体验，强调课程的隐性、过程性、对个性自我实现的证实；要求通过个体的主观理解和直觉思悟解释课程。反对按照理性逻辑演绎知识，训练学生获取真理。关注课程目标的预设体现对文本的尊重，生成课程体现对学生的尊重。受这一取向的影响，中国1932—1936年中学体育教学大纲的生成性目标的陈述如下(见表5-7)。

表5-6 中国上海××中学体育教学大纲表现性目标的示例

××中学体育课程教育目标	领域
1. 以培养正确的学习能力和丰富的求新性品质为目标。 2. 以培养爱自己、爱他人、懂礼仪、富有高尚素养的品质为目标。 3. 以培养具有坚强的意志和健康身体的品质和能力为目标。 4. 养育学生达成"学会做事、学会合作、学会生活、学会生存"的能力与习惯。	1. 品质的形成能在各种课外体育的活动中表现出来。 2. 品质的形成能在课堂体育的学习与交往中表现出来。 3. 品质的形成能在社区体育的活动中表现出来。 4. 品质的形成能在各种体育的竞赛中表现出来。 5. 品质的形成最终能在学生未来的工作、生活中表现出来。

表5-7 中国1932—1936年中学体育教学大纲的生成性目标示例

时间	目标
1929年初级中学体育课程标准	①锻炼健全的体格。②养成服从，耐劳，自治，勇敢，团结，互助，守纪律诸德性。③发展内脏器官，使具有充分的功用。④增进肢体感官的灵敏反应。⑤养成生活上必需的运动技能。⑥养成健身的娱乐习惯。⑦养成优美正确的姿势。
1936年初级中学体育课程标准	①锻炼体格，使之身心发育健全，养成生活上所需要的运动技能。②注重团体运动以培养服从，耐劳，自治，忠勇，合作，守纪律以及其他公民道德。③增进肢体反应之灵敏，养成正确之姿势及运动为娱乐之习惯。

质言之，针对"普遍性目标"和"行为目标"脱离人的漏洞，20世纪80年代后，世界课程论出现一个新的发展趋势，这就是冲破对课程理论静

态的逻辑分析。把课程的方法论研究同人的发展历史联系起来，在认真回答现代社会提出的"人是什么"的问题中得到发展。一些学者如艾伦·C. 豪恩斯坦、丹尼尔·劳顿、小威廉姆·E. 多尔等学者，从建构主义、人本主义、后现代主义等思想的角度提出，课程目标既要反映知识不断分化、融合的趋势，满足社会发展对课程的不同需求；更应反映课程是解放、而不是束缚，要为人的个性化发展做出突出贡献。正如，俄国学者科瓦力廖夫所言："人的个性化是现代化文明发展的大趋势。"这些理念为课程目标走向的多样化的建设提供了理论基础，丰富了课程目标的个性化的形态，提高了课程目标的适应性，促进了课程目标多元发展的文化价值。正如马克思所说："一切划时代的体系的真正内容都是由于产生这些体系的那个时期的需要而形成起来的。"①

由而，把"四种体育目标"的取向综合起来体现出新时代课程的需求，开发课程的"应然的人文性"与"实然的社会性"的相结合。使课程重点从教材转移到个体的生成与表现，把学科"知识"的酵母与社会领域的发展、情感领域的养育整合，实现"学会做事、学会合作、学会生活、学会做人"的最终教育目标。着力学习者与具体情境的交互作用，尊重与发挥学习者、教育者在课程与教学中的主动性，体现现代以人为本的教育理念，反映出个性化的教育是未来发展的趋势。受这一命题的影响与制约，集"四种体育目标"优点之力，中国 2001 年全日制义务教育、普通高级中学体育与健康课程标准的目标陈述如下。

·课程目标

①增强体能，掌握和应用基本的体育与健康知识和运动技能。

②培养运动的兴趣和爱好，形成坚持锻炼的习惯。

③具有良好的心理品质，表现出人际交往的能力与合作精神。

④提高对个人健康和群体健康的责任感，形成健康的生活方式。

⑤发扬集体主义精神，形成积极进取、乐观开朗的生活态度。

·学习领域目标

①运动参与目标：

具有积极参与体育活动的态度和行为；

用科学的方法参与体育活动。

②运动技能目标：

获得运动基础知识；

---

① 《马克思恩格斯选集》(第 3 卷)，北京，人民出版社，1980，第 544 页。

学习和应用运动技能；

安全进行体育活动；

获得野外活动的基本技能。

③身体健康目标：

形成正确的身体姿势；

发展体能；

具有关注身体和健康的意识；

懂得营养、环境和不良行为对身体健康的影响。

④心理健康目标：

了解体育活动对心理健康的作用，认识身心发展的关系；

正确了解体育活动与自尊、自信的关系；

学会通过体育活动等方法调控情绪；

形成克服困难的坚强意志品质。

⑤社会适应目标：

建立和谐的人际关系，具有良好的合作精神和体育道德；

学会获取现代社会中体育与健的知识的方法。

(三)体育课程目标的之见

透视上述四种体育课程目标所呈现的诸种课程目标观，不难发现，这些观点对明晰体育课程目标本质，释义体育课程目标具有的属性都产生着积极的促进作用，能在某种程度上对体育课程的问题做出一定合理的解释与回答。但这些观点都是从不同侧面反映各自课程本质或属性的，都存有一定的片面性，致使各课程目标没有统一的客观性与普遍性。致使在实际应用中陷入"盲人摸象"的感觉无从选择，难以针对具体条件得以充分的运用。

故此，经过上述的梳理和探讨，可以得出这样的结论：要使体育课程目标有的放矢，符合事物对象的具体条件，需要对其合理整合构建才是科学的。为此，根据中国的国情、特色和未来的发展方向来看，以及从课堂教学需要的角度来看，既需要"普遍性目标"和"行为目标"取向的预设课程，也需要"生成性目标"和"表现性目标"取向的生成课程。应以一种"综合目标"的课程体系构建才符合中国体育课程目标的要求，方可既达成体育课程的本质与功能对人的实现，又可满足社会不断变化对体育教育发展的要求。

为什么？因为，从社会发展的本质来看，个人的价值是直接的，社会的价值是间接的。课程的全部价值只有在同时满足个体发展的需要与社会发展的需要才是可为的。离开个体的发展或社会的发展课程就没有基础。皮之不在，毛之焉存讲的就是这个道理。过去我们课程目标最大的失误就是没有把其相互和谐，整合成目标的所需，因而，是不足的。教育的历史证明，单一地强调哪一个体价值或偏颇于任一取向，势必重蹈个人本位、学科本位或社会本位的覆辙，是不可取的。

从新时代人才的需求来看，体育课程目标的应以个人的全面发展与社会的发展为基本目的，在突出个性化教育为基本的理论基础，以多样综合的课程结构的设置整合平衡个"学生、学科与社会"三者的关系，这就是体育课程目标的基本理论与实践框架。对其正确的判断立场应是，一是看其目标的设置能否有利于人的发展；二是看其目标的设置能否有利于社会的发展；三是看其最终能否实现课程育人的目的。

当前我们对这些方面的研究都不很充分。由而，将四者的目标观统一体现在体育课程目标的设计中，使体育课程与新时代的需求保持一致性就成为课程论的追求。也就是说，既要回答好体育课程目标的对象是什么，也要实践好体育课程的应是什么。统摄编制体育课程目标，解决好"社会需求""知识体系""学生发展"三者之间的关系，使体育课程目标展现整体效应，将是一个必须不断讨论的基本问题。

通过分析可以看出，上述四种课程与教学目标各有特点。正如课程概念理论一样，每种理论的潜在价值取向不同，追求不一，且教育活动又是多元的，任何一种单一的方式方法都不能全方位地解决所有多元性问题。因而，没有一种课程目标理论一定完全好于另一种课程目标理论。所以，从课程目标取向的实质看，普遍性目标处于宏观的经验描述水平，以"社会为本"，体现了体育教育为国家、为社会服务的取向。而行为目标以科学性为量化标准，体现了体育课程的科学性是一个重要的进步，但人文的养育也需要进一步的完善。生成性目标与表现性目标则是向着现代教育发展方向"以人为本"的迈进，强调学习者与情景的交互作用，目标与手段的连接，过程与结果的解放性，但其忽视知识的重要性也是不足的。所以每一目标的都存有可为性，也存在着一些弊端，我们要综合使用，互为补充，扬长避短，才可发挥效能。

通过学者们前后相继的研究，我们逐渐认识到运用目标"认知、技能、情意"的分类，可使课程目标更符合体育运动的性质，有利于科学地达成课程目标的系统性、连贯性、层次性、多维性、可行性的标准。使研究的视角从目标的划分和构成转向目标体系整体优化的理解，摆脱了用单一视角检视体育课程目标领域和价值问题的局限，实现了从体育目标的理想化设计走向实践可操作性的转变。消弭了对课程目标以大概全的不足。

第二节 体育课程目标的编写

课程目标是国家教育目的在体育课程中的具体化标识，它连接着教育目的、培养目标等上位概念，是一种较为具体、含有内容与行为的操作概念。它规定者体育课程的性质、方向、内容框架，决定着体育课程内容的选择和组织，为体育课程教学实施和质量评价提供依据。对体育课程的教学实施起着导向和激励、监督和指导的作用。显然，目标是想要达到的境地与标准。它是为体育教与学及活动所要达成的预期学习结果，提供编制依据和参考。即是指课程目标将要达成的是"什么"的实然叙述，而不是教学目标应然的"如何做"的叙述。因为它没有把具体班级学生的实际状况以及学生的个体状况考虑进去。所以，在编写课程目标时，要把握课程与教学是"方案"与"活动"、"计划"与"执行"的关系。把不同专家和学者有关目标的表述综合起来，有以下编写特征：行为的准则性、目的的针对性、实施的程序性、载体的规定性和内容的法定性。

一、体育课程目标编写的要求与步骤

体育课程目标的编写是一个程序化的步骤，是一个不断教育调试的过程。由以下四个不同的过程构成：目标的确定、目标的编写、原则与步骤四个部分。实践证明，能否运用系统的思想，有机整合四个方面至关重要。

(一)体育课程目标编写的要求

随着新课程的持续展开，人们发现课程目标是解释知识如何产生、分配、维持和变化的依据，已成为课程设计解放模式的主要特点之一。由而，如何掌握课程目标的效用，演绎出更多的学习内容，能够多大程度达到和提高与知识内容、过程能力和良好行为相关的学业标准，就成为广大教师日益的关注重点。

从方法论上看，体育课程目标编写要求有以下方面的表现：目标是一个逐级递进、具体化的有机组成的系统，是课程目标与上位的教育目的、培养目标及下位的教学男人等的有机组成。在进行目标设计时，一是必须考虑其纵向和横向之间的联系与平衡方能取得良好的效果；二是

能否科学把握课程目标设计的原则，正确区分不同目标间的差异和纠偏，才能处理整合好目标的设计。

1. 系统化要求

系统化要求有两方面组成。从纵向看，在进行课程目标设计时要综合考虑并分析教师、学习者、课程内容与媒介环境等方面的要素特点。如归纳出课程的目标取向和教学任务的主题，寻求课程、教学设计的重点。从横向上看，要处理好课程与教学目标、学习任务和知识技能等要素之间的递进与平衡。如陈述学习者应"理解"的内容和过程；用"范例"紧随其后说明应达到的行为表现。或用"指标"来陈述学习者应掌握的内容和过程，用"评定"标准出学习者应达成的行为。

2. 具体化要求

所谓的课程目标设计的具体化要求，即要求目标设计时处理好一般目标与具体目标之间的关系，把具体目标分解成详细操作的子目标。如首先是母目标的界定和编写，其次是依据母目标来推演编写子目标，逐级释义达成可供具体实施的分级指标和行为。体育课程的"三维目标"是由"知识与技能、过程与方法、情感态度与价值观"三个领域组成；学校体育的目标由"运动参与、运动技能、身体健康、心理健康、社会适应"五个领域组成；学校体育不同水平段学习目标的设计是由"水平一到水平六"组成。

3. 层次性要求

层次化要求的任务不是标识出整个课程与教学目标的层次化。而是指在一个具体化的课程与教学目标设计和表述时，要能具体量化出该行为或操作所包含的下一级层次行为和操作，如布鲁姆的教育分类、加涅的学习结果分类。

体育课程目标编写要求示意图，如图 5-4 所示。

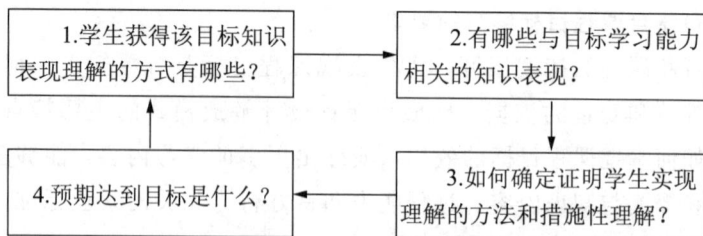

图 5-4　体育课程目标编写要求示意图

(二)体育课程目标编写的原则

1. 体现社会要求与学生个体需要的统一

从本体论来看，教育与社会生产劳动相结合，培养全面发展的新人一直是我们的指导思想。为此，课程目标的编写要明确社会的要求、分析教育对象的发展特征、释义教育学的要求。我们认为，为了防止跌入陷阱，在哲学分析上需弄清以下几个问题：

——现存的社会形态需要什么课程目标？

——它有什么方式推进学习者个别化的发展？

——有哪些价值观念和准则决定这种发展和获得这种发展？

2. 体现学校的性质与学习任务的统一

任何学校都必须标榜出自己的教育目的和培养目标，体现出学习者的性质与学习任务的统一。由于知识来源和价值观取向的多元，给这一设计之间带来冲突、难以把握。因而，如何科学把握课程目标设计的知识来源，采用怎样的价值取向，就成为课程目标编写的关注和探讨关键。为此，需弄清以下几个问题：

——现存的社会形态教育哲学的知识观念是什么？

——如何传递人类社会优秀文化成果教育学生？

——有哪些价值观念和知识准则决定这种发展和获得这种发展？

3. 体现学生原有发展水平与新的发展水平的统一

教学先于发展、创造发展。是 20 世纪课程未完成的历史任务，它是 21 世纪教育的不懈追求。它既要处理好"以学生发展"为基础的要求，又要处理好课程内容、学习环境、教育策略的选择。如何成功做到这一点，防止跌入陷阱，在哲学分析上需弄清以下几个问题：

——是围绕学生的兴趣来组织课程实现最大发展区，还是围绕课程结构来组织课程实现最大发展区？

——如何在面向全体的发展区同时，关注好个体的最大发展区实现？

——有哪些价值观念和知识准则决定这种发展和获得这种能力？

(三)体育课程目标的评价

根据社会、文化和发展的不同需求，课程价值多元趋势的取向，使得课程目标的制定日趋复杂。为此，要求在评价体育课程目标需考虑一下几个方面。

1. 范围

课程目标范围不能过于狭窄，要能涵盖所有的学习结果。既要确定专业技能的掌握，也要关注过程与方法、情感、态度和价值观的发展。

2. 有效性

课程目标要能反映出社会发展、学科进步、人的身心发展规律的需要，具有广泛的受众性。

3. 可行性

课程目标应能符合学习者知识基础、接受能力，学校教育环境、条件和资源，符合社会现实。

4. 相容性

课程目标应能与上位和下位各目标相互一致，互相兼容、整体和谐。

5. 明确性

课程目标应具体、明确，能让不同的人获得相同的理解。

6. 通俗性

课程目标词语编辑要适切、陈述语言通俗易懂，易于理解接受。

(四)体育课程目标编写的步骤

由上而知，体育课程目标的编写，需要处理与把握好课程目标因素之间相互制约的关联关系，有效整合知识与情感、知识与方法、知识与社会责任的和谐统一。既要重视各个学科课程目标的完整性，又要处理好各门课程相互统一的完整性。扬长避短，处理好不同课程目标相互补充的问题，就成为课程目标编写的关注重点。

1. 目标表述

梶田睿一是日本著名的教育学者。他认为各国社会文化背景不同，教育传统不同，不能都按照搬布卢姆等人提出的英美式教育目标分类理论。他在借鉴布卢姆的理论基础上，提出了具有东方色彩的教育目标分类理论，他的指导思想和研究成果对开展体育"三维"教学目标的设计很有启发。他认为学校教学目标的表述至少要包含三种类型的教育目标：达成目标、提高目标和体验目标。[①] 这三类目标都应分别包含认知、情感和动作技能领域的一系列目标，并有具体明确的基本要求才是可为的（见表 5-8）。

表 5-8　梶田睿一的三种教育目标类型

目标类型		达成目标	提高目标	体验目标
领域	认知领域	知识、理解等	逻辑思维能力、知识的运用与贡献性等	发现等
	情意领域	兴趣、爱好等	态度、价值观等	感触、感动等
	动作技能领域	技能、技术等	熟练等	技术成就等

所谓达成目标，是指通过一系列指导，期待在学习者身上发生明显变化，要求学生掌握或形成规定的、可观察、可测量的、具体的知识和

---

① 　钟启泉：《现代课程论》，上海，上海教育出版社，2003，第 359~360 页。

能力。例如，掌握特定的具体知识、理解某种命题的内涵、形成特殊的技能、对于特定对象发生兴趣等。

所谓提高目标，是指学生在一定过程的学习后所获得的变化，例如，逻辑思维能力、鉴赏力、社会性、价值观等。即期待学生在某一方面有所提高和深化，反映出"学习知识、运用知识、贡献知识"的变化。

所谓体验目标，是根据学生在一些教育情境中的某种行为变化，判断某一方面的知识能否对学习者产生某种特定内容的体验或达成的程度。以此评价与反馈知识的构成是否合理、科学。如通过一些互帮互学的合作情境，判断学生是否具有合作的能力。通过一些事情的收集、布置等，判断学生是否具有做事的能力。

2. 目标分解

所谓的目标分解，就是将课程任务按照学习结果进行分类，通过有效的教学设计程序帮助学习者达成课程学习的目标。换言之，即如何把课程知识转化为教学的内容成为适合于学习者的学习，所采用的具体框架（可测量的目标与行为）。如知识表现的形式：认知领域目标涉及求知的过程与技能、智能的培养。态度表现形式：情感领域目标涉及培养的情感、价值观和信念。过程表现的形式：行为领域目标对认知、情感等过程的体验与方法的经验整合。

3. 教学任务确定

由于课程目标是一个不断具体化的过程，下位目标是为上位目标服务的。因而，教师要依据教学的需要对上位目标自上而下地逐一进行分解，选择、分配与组织成相关的下位教学规准和实施模式。使用相关行为作为表现形式，整合形成应对课堂教学的科学逻辑环节和过程，设计编写出一个具体运用的教案。如依据"三维目标"确定学习者相关学习的行为，选择相应的材料，安排学习活动及教学指导（指导形式、分组形式、学习形式、负荷形式）。

4. 教学任务分析

因为课程不是通过将一般的教育目的分解为具体的目标而达成的，而是通过任务分析的教育过程不断调试来实现的。因而，还需要通过对教学目标、学习内容、学习任务的范围等纵向及横向的关系进行详细剖析的过程。目的在于揭示学习内容的广度和深度，以及各知识点之间的本质联系。学习内容的广度揭示了学生必须达到的知识和能力范围，深度决定了学生必须达到的知识深浅程度和能力的质量水平。从而揭示课程与教学之间的联系，如有从属的知识关系、并列的知识关系之分。即

"学什么"有关各知识点之间教学安排的顺序。即教学任务要体现出"三个递进"，知识的层级要体现出由低到高的递进，教学的组织要体现出由低到高的递进，认知的负荷要体现出由低到高的递进。

教学任务设计流程图，如图 5-5 所示。

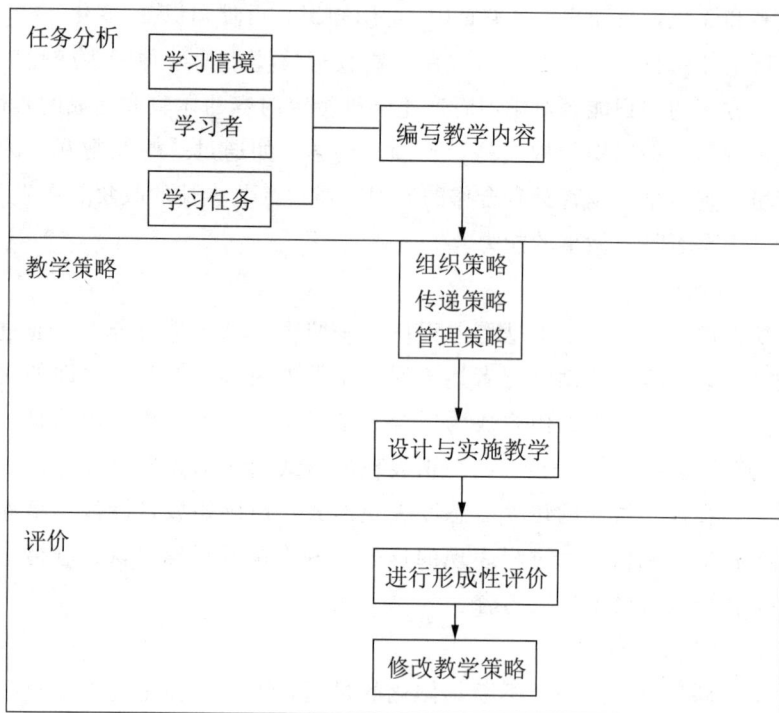

图 5-5　教学任务设计流程图

5. 教学起点确定

起点确定是依据学习者的生理、心理特点、已有知识和能力水平，对学习者的知识、技能和经验现状和期望所要达到的预期目标状态进行分析。分析的内容为：如首先找出教学中将要学习的知识点；其次鉴别知识点的类别；最后分析学习任务，解决"怎么学"的问题。其次的步骤为：班级情况分析；学生年龄、心理自然情况分析；学生学习基础分析；学生差异分析。解决"怎么教"的问题。

综上所述，体育课程目标编制步骤可分为四个阶段：一是围绕学生、社会、学科的不同要求系统阐释目标；二是根据课程教育目的的指向的可能性，确定目标的组成；三是根据体育课程教育的程度与要求确定课程目标的主次；四是根据课程目标的优先顺序，编制体育课程教学任务计划。

二、体育课程目标的叙写与叙写方式

(一)体育课程目标的叙写

——完整性，课程目标体系包括所有准备学习的成果。

——一致性，课程目标体系中，每个目标的叙述要与其他目标的叙述一致。

——明确性，课程目标要明确指出学习者要达到的学习成果。

——准确性，陈述要准确无误，不能引起歧义与含糊。

——适切性，课程目标陈述要与学校教育条件、社会环境相适应。

——有效性，陈述的内容要能够反映课程目标所代表的价值。

——可行性，课程目标要能符合学习者和教育资源的实际。

——通俗性，课程目标的叙写要易于理解、通俗易懂。

体育课程目标的行为动词举例见表 5-9。

表 5-9　体育课程目标的行为动词叙写举例

	不同层次的要求	行为动词	举例
知识性目标行为	了解层次 再认与回忆；识别、辨认事实或证据；举出例子	阅读、了解、知道、描述、认识	描述有规律的体育锻炼，对健康的益处
	理解层次 把握内在联系，与已有知识建立联系；进行解释、推断、区分、扩展；提供证据；收集、整理信息等	调查、收集、获取、讨论、比较、分析、理解、懂事	分析体育活动成功与失败的原因
	应用层次 在新的情景中使用概念、原则；进行总结、推广；建立不同情景下的合理联系	应用、利用、测试、安排、实施、提出、制订、写出、总结	应用简单的方法测试自己的体能
技能性目标行为	掌握层次 独立完成动作；进行调整与改进	取得、展示、完成、达到、学会、掌握、改善、增进、发展、提高、增强	较好地掌握球类项目中某一或某些项目的技术或战术
	运用层次 与已有的动作技能建立联系、灵活应用等	组织、担任、进行、组合、选编、运用	自觉运用所掌握的运动技能参加课外体育活动
情意性目标行为	经历层次 从事相关活动，建立感性认识	参加、参与	利用余暇时间带动同伴经常参与体育锻炼

续表

	不同层次的要求	行为动词	举例
情意性目标行为	反应层次 在经历的基础上表达感受、态度和价值判断；做出相应的反应等	注意、关心、关注、明确、培养；获得、做出、评价、选择、劝说、分担、处理、帮助、服务、促进；克服、遵守、抑制、服从、避免、调控、控制	帮助同伴选择调控情绪的适宜方法
	领悟层次 具有稳定的态度、一致的行为和个性化的价值观念等	表现、做到、形成、具有、成为、对待、履行、坚持；尊重	尊重他人参与学校和社区的体育与健康活动的权利和义务

注：参见《普通高中体育与健康课程解读》，武汉，湖北教育出版社，2004，第277页。

(二)体育课程目标叙写的方式

正如泰勒指出"由于一个清晰的目标含有两个维度——行为方面和内容方面。因此，为了能够精确而又清晰地表述目标，采用一种二维图表的形式常常是有效的。"①即将特定的学程阶段的具体学科期望学习者达到的目标分解为"目标的行为方面"和"目标的内容方面"，然后分别将两个方面进一步分解成为若干层次或部分，并依"目标的行为方面"和"目标的内容方面"为纵横两个维度形成二维图表，在"行为"和"内容"的行与列交叉处做上标记。这样图表的标记就能清晰地指明这个学段的学程要培养的结果是什么。

第三节　体育校本课程目标的设计与编制

系统论指出，结构是事物内部各要素、各成分合乎规律的组织形式。依据目标理论得出，一个叙写良好的目标一般包括三个要素标准。一是取向。即有关课程价值取向，主要指课程目标对实践对象发生的作用。厘清目标所指主体层面是什么。如社会、教育者和受教育者的三者组成关系等。二是标准。即说明通过哪些方面的实施，达成所要希望达成的学习行为或能力是什么。如认知方面、动作技能方面或情感方面等。三是程度。评价该目标是否实现的标准。即所习得的行为或能力应在何种条件下表现出来。如"知识技能"如何表现出来、"过程与方法"如何表现出来、"情感态度与价值观"如何表现出来。

---

① ［美］拉尔夫·泰勒：《课程》，施良方译，北京，人民教育出版社，1994，第37页。

这三个方面的分类要突出结构简洁，功能分化、相互依存的特点，以加强教师对课程目标制定的理解，避免复杂与混乱，是体育课程目标建构与开发的基础与依据。曾如德国人文学家恩斯特·卡西尔所言，"如果没有去把握它的核心实质和本真形式的意愿或能力，充其量不过是仅仅从表面借取一些个别因素，那么这些因素不可能转化成真正的生成能力或动力。"①

基于此，为了增强目标的编写能力，建议先学习一些具有代表性的理论，以增强能力。如马杰行为目标理论模式、布卢姆的教育目标分类模式、艾伦·C.豪恩斯坦过程目标理论、艾斯纳表现目标理论等的运用，以为有效实施体育校本课程目标的设计提供参考借鉴，找到较为系统完整的理论依据(见图5-6)。

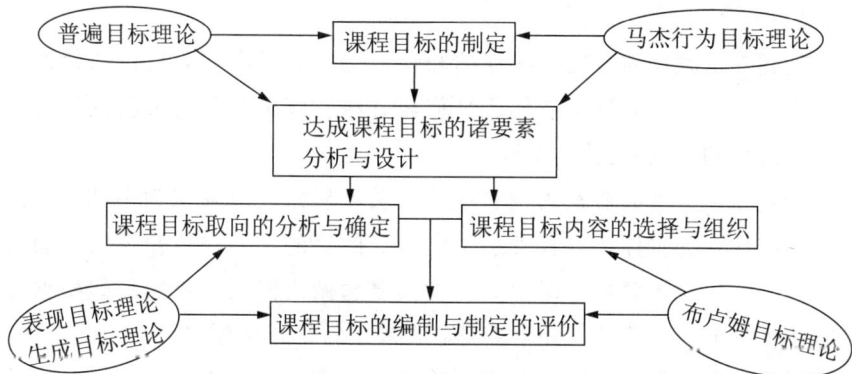

图 5-6 体育校本课程目标理论模式

一、体育校本课程目标的设计

针对课程目标设计，目前有许多不同类型的理论模式，影响课程目标(指向)的变量因素也是多方面的，课程目标设计也就不可能找到一个成熟的、包罗万象的模式作为唯一理论依据，对课程目标的理解也不能完全照搬套用。任何一种目标作用的发挥，只能收到局部的效果，而不能取得整体效果。要想取得最优化的整体效果，应力求使目标按照实践条件之间内在联系的规律性合理地加以情境适配。反之，难以取得实质性的成效。为此，笔者运用"分簇"法，主张通过多种观点的设计达成对体校本课程目标的理解。正如学者黄先华所说，"校本课程开发是一种观

---

① ［德］恩斯特·卡西尔：《人文科学的逻辑》，沉晖等译，北京，中国人民大学出版社，1991，第170页。

念、一种理念、甚至是一套教育的哲学"①。

其次，体育课程目标的最上位概念是指整个体育教育追求的最终结果。它一般是由国家的课程标准或课程指导纲要明确规定，显然难以为广大教师编写体育校本课程目标提供具体的实施指导。基于此，以下围绕体育校本课程目标的设计与开发作一架构，以期为广大教师在体育校本课程目标设计与编写，提供一种理解的方案。

为此，以下对这一命题的编制与制定、组织与运用进行释义与阐明，为体育校本课程的科学实施找到较为系统完整的理论依据。基于目标理论，"体育校本课程目标的编制"要求设计者必须首先回答好三个问题，即对体育校本课程在"知识、受教育者和社会"三个方面实施变量的权衡理解。以下对这"三大设计问题"分别进行简略的分析和阐述，以供参考。

问题一，设计体育校本课程的知识、受教育者和社会目标的价值观是什么。即给出在知识与技能、过程与方法、情感态度与价值观等方面所拥有的目的及意向。

问题二，这三大要素的位置主体的关系确定。以知识为主体、还是以学生或社会为主体，三者关系主体需要的目的，即评估知识所要表现的取向，给出对体育校本课程的功能和概念做出简明的界定。如根据体育校本课程的目的、特点和学生身心发展的特征，构建出五个学习领域、三个层次的课程目标体系。三个层次的递进关系是：课程目标——领域目标——水平目标。

问题三，设计出体育校本课程的性质、标准、内容等框架。即确定出知识的样本，制定出体育校本知识、运动技能与文化教育之间的比例和范围、教学要求和评价标准。

根据上述三方面的思考，建立以下校本课程目标设计流程示意图（见图5-7）。

问题一的回答，揭示主体教育目的之间的联系，从属的关系的之分，即课程的终极目标是什么。确定哪种目标取向居于课程目标的核心。它是课程目标设计首要考虑的因素，在方向上对教学活动设计起着至关重要的指导作用，可为教学评价提供标准和依据。如果对这个问题的回答模棱两可，可能导致整个课程逻辑方向无序。因为，目标是一种教育理

①　黄显华：《强迫普及学校教育：制度与课程》，香港，香港中文大学出版社，1997，第228页。

1.目标定位：体现学校特色，提高学生素质

↓

2.条件分析：教师能力，学生实际，场地器材，社会环境

↓

3.课程开发：选择课类，确定内容，探讨方式

↓

4.实施过程：培训教师，编写教材，制定方案，操作实施

↓

5.目标评估：道德素养，兴趣培养，技能发挥，操作成功

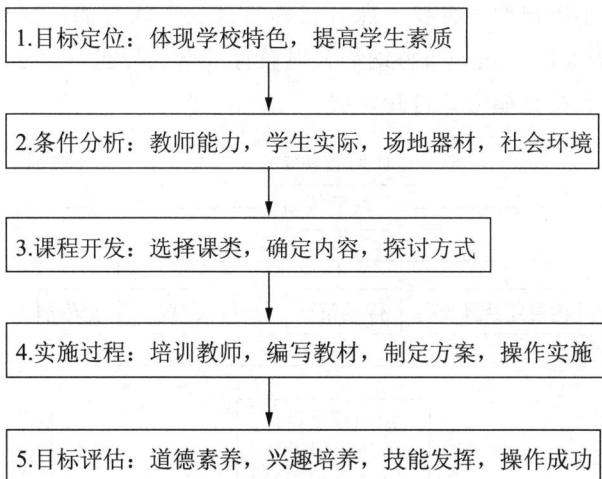

图 5-7　校本课程目标设计流程示意图

性的认识活动，它可以是传统教育理念的反映，也可是现代教育理念的反映。正如学者刘放桐所言，"范式变了，科学家眼里的整个世界也就改变了"①。

问题二的回答，确定学生主体经过哪些方面的学习过程经历的中介，将无形的知识整合转变为应用知识等能力培养的。即课程的主导目标是什么，通过哪些方面的学习过程后使学习者获取相应的方法？如运动参与领域目标、运动技能领域目标、身体健康领域目标、心理健康领域目标、社会适应领域目标等。

问题三的回答，最有价值的课程内容是什么，体育校本课程传授什么知识，应收获的最高知识的水平体现，即课程的基础目标是什么？如根据学生身心发展的阶段性，划分学习水平标准，制定水平学习目标，建议校本课程一个年级为一个水平标准。回答好这三个问题，确定体育校本课程的培养目标与方案的框架后，就可以进入下一步体育校本课程目标的编制。

二、体育校本课程目标的编制

首先，分簇的是依据马杰行为目标理论设计的三个基本要素。一是"我要去哪里"，即目标取向的确定；二是"我如何去那里"，即选择组织体育校本课程目标内容和行为；三是"我怎么判断已到达了那里"，即目标的评价。建立课程目标框架，然后通过逐层的具体化，分簇相应的目

———————————

① 刘放桐等：《现代西方哲学》(下册)，北京，人民出版社，1990，第 822 页。

标分类，以牢牢把握体育校本课程目标与接受者教育的层次相适应不脱离方向（见图 5-8）。正如布鲁纳等人对教育进行三种能力划分：学科和跨学科的知识、社会能力、自我发展。[①]

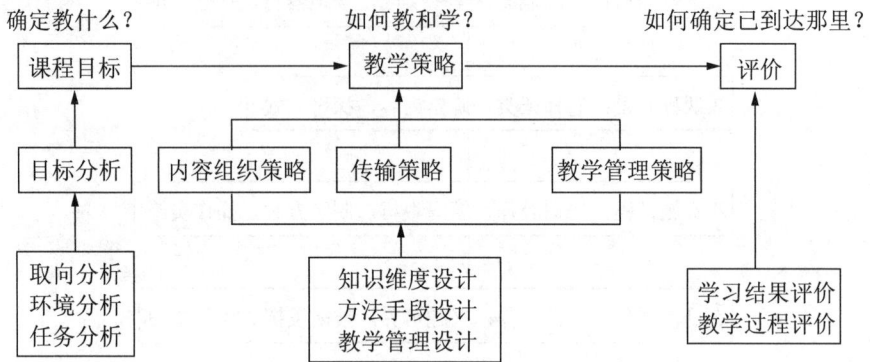

图 5-8　马杰的行为目标理论与方法

其次，运用布卢姆（B. S. BLoom）的教育目标分类论的"三维分析法"，把课程目标分为三个领域，即认知领域、技能领域和情感领域。对体育校本课程目标进行划分清晰了目标隐含的三大情境（见表 5-10）。然后参照学习结果的类型，分别对不同目标分类体系，逐类设计与选择体育校本课程目标的知识点。从低级到高级标出各个学习目标所对应的学习结果。一般来说，学习目标的层次划分是以学习内容的分析的结果为基础的，学习分析的越细致，学习目标层次的确定就愈加符合实际。

表 5-10　布卢姆的教育目标分类论将知识划分为三个领域不同维度

认知领域（六级）						技能领域（七级）							情感领域（五级）				
知道	领会	应用	分析	综合	评价	领悟	定向	模仿	操作	自动化	修正	创新	接受	反应	态度	组织	性格化

布卢姆等的认知领域教学目标由六个层次组成从低到高指明了学习达到的程度，不仅强调知识的记忆性，重视学生的智能培养，更重要的是反映了知识维度层次分类的累积性（见表 5-11）。即高一级教学目标是在低一级目标实现的基础上完成的。其目标分类较为系统全面地阐明了各种学习结果，可为体育校本课程目标的认知领域教学评价提供了参照体系标准。

[①]　江山野：《课程·简明国际教育百科全书》，北京，教育科学出版社，1991，第 154 页。

表 5-11　布卢姆等按智力特征的复杂程度，将认知领域目标

由低级到高级分为六个维度层次

1. 知道：对学习过知识的记忆，是认知领域最低的水平层次。
2. 领会：指把握知识的能力。即能对原有知识进行转换、解释、推断。
3. 应用：指能根据具体的情景针对性地运用所学的知识。
4. 分析：能识别知识组成要素与结构关系。如能鉴别出教学内容中的知识点，区分知识内容中的组合关系。
5. 综合：指能将所学的各种知识重新组合运用。
6. 评价：指能根据需要对知识材料和方法做出合理性的价值判断

　　布卢姆等的技能领域教学目标由七个层次组成从低到高明确了每个阶段学习的结果，分类了技能活动的范围与行为的特征（见表 5-12）。从上下对应的学习阶段上，提供了学生个体获得外在技能的过程要经历的七级具体目标的多种表征。不仅可观察、可测量，还指出一个完善的学习结果应是促进学生能力的形成与创新的培养。反映了技能过程层次累积性的重要。即高一级教学目标是在低一级目标实现的基础上完成的。其目标分类为我们分析、评估和修正体育校本课程目标的内容和行为提供了参照体系标准。

表 5-12　布卢姆等按动作技能获得的过程，将技能领域目标

由低级到高级分为 6 个层次

1. 领悟：指能运用感官获得信息以指导动作，是技能领域最低的水平层次。
2. 定向：指能建立学习准备。如心理准备、生理准备、认知准备。
3. 模仿：指技能学习的早期阶段，即泛化。
4. 操作：指能独立完成所学的技能动作，即分化。
5. 自动化：指能轻松、准确、迅速完成动作。
6. 修正：指能对技能动作的运用进行不断的反馈修正与提高。
7. 创新：能根据具体情境创造出新的动作模式与之适合

　　布卢姆等的情感领域教学目标由五个层次组成从低到高明确了每个阶段学习内隐的情感行为主体、行为的内容、行为的条件、行为的标准，指明了学生学习的内隐行为与外显学习结果的对应关系（见表 5-13）。使我们认识到只有保持和发挥情感内化的功能，体育学习才可能形成。没有学习的成功与欢乐的导入，没有快乐的体育课堂建构。学生不会热爱体育形成终身体育习惯，实践证明，被动的学习收获的只能是被动的结果。其目标分类可为我们分析、评估和修正体育校本课程的目标行为，建立良好的内容方案提供了参照体系标准。

表 5-13　布卢姆等依据心理价值内化的过程，将情感领域目标由低级到高级分为五个层次

1. 接受：指学生能接受教学信息刺激产生有意注意，是情感领域最低的水平层次。即有意注意产生学习才产生。

2. 反应：指学生对教学方式的反应。即教学内容对学生产生兴趣学生才会主动学习，不感兴趣就不会学习。

3. 态度：指把兴趣强化成态度才能保证学习结果的获得。

4. 组织：指学生能把学习态度转化成学习信念，才能不怕学习困难、把苦练化为乐学。

5. 性格化：指学生把价值观念内化形成了爱学习的行为习惯与性格

按照上述理论的分述，进行要点概况后，对其展开从不同层面的诠释和理解，区分哪些是知识与能力是该体育校本课程目标的设计的方向和期望的水准，可以实施、实现该体育校本课程的预期结果。从目标的目的性上把握校本课程构建，从科学性上安排课程内容设置，从层次性上组织课程课时实施，从操作性上，选择教学方法，从数据性上，评价课程与教学实施结果。基于此，提出以下目标在不同层次确定后所用的具体化、可以测量的术语表述、取向结果等的编写案例供参考。

最后，建立体育校本课程目标评价体系。运用表现目标理论和生成目标理论的理念，对体育校本课程的目标评价、学生学习标准的评价、教师教学方法与方式的评价、学习成绩考核方式方法的评价等。如体育校本课程的目标与目的、性质和功能是否一致？体育校本课程的目标与教学内容是否一致？体育校本课程的目标与教学方法是否一致？体育校本课程的目标与教学方式是否一致？体育校本课程的目标与预期结果是否一致？正如美国学者西登托普先生在《运动教育模式》的提出"体育的诸目标归结为一点，即使学习者成为主动的运动实践者"[1]。

梳理起来，可对其进行界定和归纳：

一是体育校本课程目标的评价。课程目标五个领域是否是相互联系，构成了一个学习整体。坚持了健康第一的指导思想，将增进学生健康贯穿于课程实施的全过程；能激发运动兴趣，培养了终身体育的意识；以学生发展为中心，同时重视了教师的主体地位；体现了个体学习差异与不同需求，发展学生社会适应能力。

二是体育校本课程内容的评价。如课程内容是否达成教学有效化，学生是否学到了应该学习的知识；课程内容的编制是否符合与学生学习

---

[1]　张振华：《体育教学策略与设计》，北京，北京师范大学出版社，2012，第 44 页。

成本相关的成益效果；课程内容与教学目标是否匹配、难易程度如何、能否学习者心理认知性、生理活动性相符合等。

三是体育校本课程教学的评价。如教学方式、方法等是否与课程目标取向一致；教学设计是否有利于学生产生交互学习、能否考虑到不同学习的风格和偏好、学习者是否能获得对学习内容高度接受，有效促进他们对问题的理解。是否符合"为学习而设计""为理解时刻而教""学习自由度"的教学原则。

四是体育校本课程成绩的评价。如学习成绩的评价是否多元。能否体现既有相关过程结构的评价，也有相关结果的评价；既有基础知识技能的评价，也有成长发展区的评价；既有体能与知识技能的评价，也有学习态度行为、情意表现欲合作精神的评价。既有学习者自我评价，也有生生互动评价、师生互动评价等。

小　结

综上所述，一是体育课程目标是对课程满足主体需要程度的一种"主观"判断，是对课程内容的实施建立一种预期标准。一般而言，教学总是依据一定的标准展开的，这个标准就是课程目标。通过课程目标的编制与制定，不仅可为教师提供判断自己的教学活动与目标之间的距离，还可以使学习者找到自己相应的学习层次和水平领域。二是它是伴随着教育的产生而产生的，并且随着教育的发展而发展的一种理论。因而人们认为，课程目标具有：导向功能、诊断功能、激励功能、教学功能、管理功能等。所以，要想发挥有效教学的作用，就不能从单一视角构建课程目标、实施课程目标。由此可见，我们不能轻易忽视课程目标的"多元性""主体性"和"整体性"之间关系的综合理解与运用。三是体育课程目标的设计要合理，要体现学生的主体地位，要明确本课学习的重点，不是平均分配。达成课程目标的描述要具有可操作性、可评价性。即体育课程目标是体育教学效果的综合体现，它是检验和评价学生现实学习效果各要素的集合。对此，学者毛振明鲜明地提出，"体育课程是在学校指导，为了使学生能在身体认知、运动认知、运动技能、情感和社会方面的和谐发展的有计划、有组织的活动"[①]。

【思考与启示】

一是四种体育课程目标的含义是什么？它们之间存在什么关系？

---

① 毛振明：《学校体育学》，北京，高等教育出版社，2001，第54页。

二是如何正确理解与识记社会、学科、学生与课程目标的预生关系。

三是举例说明体育课程目标与学生知识、能力与素质三者关系的理解。

四是举例说明体育校本课程目标编制的流程与方法。

【作业与讨论】

1. 简述课程目标的概念含义。

2. 简述为什么要研究体育课程的目标。

3. 简述传统与现代体育课程目标的区别。

4. 识记体育课程"三维目标"的结构及其相互之间的关系。

5. 识记体育课程普遍目标的特性与不足。

6. 识记体育课程行为目标的特性与不足。

7. 识记体育课程表现性目标的特性与不足。

8. 识记体育课程生成性目标的特性与不足。

9. 识记一个良好的体育课程目标标准。

10. 简述体育课程目标编写的步骤与评价的要求。

11. 简述校本体育课程目标编写的步骤。

12. 简述布卢姆目标分类的提出意义。

第六章　体育课程的设计

【本章摘要】

体育课程设计是把人类的知识和经验转化成为有助于学习性课程的"桥梁"，是把课程目标、课程内容与学习活动方式三者之间构建为适应学习者学习的课程结构。它包含理论研究、技术研究和应用研究。基于此，本章从影响体育课程设计的制约因素、目标预测、价值研究、知识选择、课程模式、课程结构、课程评价、课程实施的研究等入手。解析体育课程设计与编制的定义、目的和任务，内容的选择和编排，各部分的组织形式与时数分配等。给力教师把握体育课程设计规律，科学规范体育课程科学编制，消弭不良负性干扰，推动课程设计与编制在学校体育的应用。

【本章内容结构】

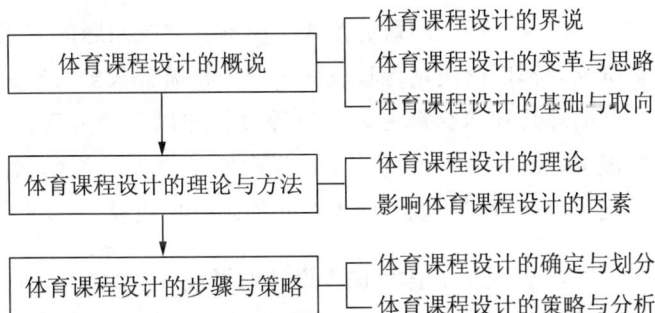

```
┌─────────────────────┐    ┌─── 体育课程设计的界说
│  体育课程设计的概说  │────┼─── 体育课程设计的变革与思路
└─────────────────────┘    └─── 体育课程设计的基础与取向
          │
          ▼
┌─────────────────────┐    ┌─── 体育课程设计的理论
│ 体育课程设计的理论与方法 │──┴─── 影响体育课程设计的因素
└─────────────────────┘
          │
          ▼
┌─────────────────────┐    ┌─── 体育课程设计的确定与划分
│ 体育课程设计的步骤与策略 │──┴─── 体育课程设计的策略与分析
└─────────────────────┘
```

【本章理解】

1. 识记体育课程设计含义、功能、取向与编制范式。

2. 理解体育课程设计之间相互要素的制约与影响。

3. 掌握体育课程设计与编制的构建情境、任务与组织步骤。

4. 举例说明与分析体育课程设计的相关组织步骤与方法。

【关键词】

体育课程设计的界说、变革、取向；理论设计与编制范式

课程设计与编制是将课程的基本理念与知识，转化为课程教学实践活动的"桥梁"，它包含理论研究、应用研究和技术研究。即所谓的体育

课程设计与编制，是把选定的学科知识转化为学生学习可接受的方式，转化为易于教师教学可使用的方式。由于历史原因，受苏联课程属于教学理论的影响，中国一直用教学代替课程设计，致使在课程设计与课程编制方面一直处于空白地带。显然，这一缺失造成了课程设计工作的盲目与混乱，成为影响与制约中国教育、教学质量的一个重要原因。鉴于此，有必要对其梳理与研究。由于课程设计观点繁多，对此不进行详尽地阐述，而是根据专家学者的共同观点，得出一个精确的结果，帮助我们认识体育课程设计的工作，为体育课程设计的具体实施提供参考。因而，有学者论道，设计的价值可让文本更精彩，可让一个文本讲出不同的故事。

第一节　体育课程设计的概说

教育研究指出，课程是人类认识的一种理论化完成式。为此，课程是实现社会传承的重要机制、是国家教育目的的具体化表述、是学校办学的依据等众多问题的竞相表述。之后，课程设计就成为一个频繁运用的范式词语，一个谱系文本、一个法意形态。其中包含着基本假设、回答问题的方法和对象、问题的研究范式等一整套解决问题的方式和理论。由而，很多研究者都广泛使用课程设计一词，积攒着众多的成例和阐解，经常根据自己的理解和研究需要，对课程设计加以新的解读。导致课程设计概念的理解，既存在共性的认识，又存在着众说纷纭的状态。基于此，本节对此予以解析与评说，增大对此的认识与理解。

一、体育课程设计的界说

如上所述，由于课程设计既存有目标宏观的概括、又存有微观编制规律的因果机制分配。因而，其研究并未形成一个统一的概念界定，且所涉及的范围也较广。各种课程设计（有的称为编制）的定义众说纷纭，莫衷一是。国外学者认为，课程设计可以分为两类：一类着重于课程设计的技术取向，认为课程设计是对课程技术、程序等的计划构想和选择的慎思过程。另一类立足于理性取向，认为课程设计是拟定教育教学的目的任务，确定课程学习方案，为教育部门提供决策服务。两者认识的不同决定了这种结论不可避免地存在着不足的片面性。[①]

---

① 李定仁、徐继存：《课程论研究二十年》，北京，人民教育出版社，2004，第53页。

系于此，国内有论者从宏观角度，把课程设计从广义理解为：课程设计是对人生活动的分析，对教育目标的分析，对儿童身心发育状况的研究，对教学科目的安排和各科教学时数的分配，对教材、教具的选择和评价等的编制（陈侠，1983）。课程设计是一切教育者从事的一切活动，这包含他对造成课程目标所需的因素、技术和程序，进行构思、计划、选择的慎思过程（黄政杰，1991）。有论者从微观角度，把课程设计从狭义理解为：课程设计，也称课程编订，是指一种过程，包括研究课程目标、课程内容、课程组织，以及课程评价等环节（陈扬光，1996）。课程设计是要在课程目标、课程内容、学习活动方式三者之间构建一种科学合理的结构（范蔚，1996）。[①]

在对国内外课程设计与编制的观点梳理的基础上，明晰对课程设计和编制的两个概念的内涵与外延。依据《现代汉语大辞典》对"设计"的界定：是在正式做某项工作之前，根据一定的目的和要求，预先制定方法、图样等的论断。参考影响广泛的《简明国际教育百科全书》对课程设计的界定：课程设计是指拟定一门课程的组织形式和组织结构。……它决定于两种不同层次的课程编制的决策；基于此笔者认为，体育课程设计涉及从基本理念的确定、到课程具体方法程序选择的整个过程，是将具体的某一体育运动项目设置成一门课程内容的设计；而课程编制则指向将课程设置如何编制成为教学内容，即教材的可教性过程。

也就是说，体育课程的编制要实现两个方面的任务，一是指如何把课程转换成为适于学习者学习的教材——即学生如何学会知识；二是怎样把课程实施转换成适合于教学实施的序列——即怎样使教学发挥效率。沿着上述认识的逻辑，广义层次的课程设计主要建构课程组织形式的确定，狭义层次的课程设计主要关注课程要素的结构组织。据此，笔者认为课程编制是课程设计过程中的一部分。

为此，界定体育课程设计的定义：是把所选择的知识转换成为具有科学性、人文性、工具性和可行性的知识范式，即课程。这个过程，包括确定体育课程目标、选择和组织体育课程内容、实施体育课程计划与评价课程等阶段。将体育课程编制定义为为体育课程转换成为适合于教与学实施所采用的一种组织形式。体育课程编制主要涉及体育课程的教学目标（按照每堂课的教学内容选择"三维目标"），以及课程在教学内容的选择和教学实施的组织。由而，体育课程设计包括体育课程编制，体

---

① 李定仁、徐继存：《课程论研究二十年》，北京，人民教育出版社，2004，第54页。

育课程编制是将课程转换为教学内容与教学实施的最后阶段和策略。

那么它们的区别是什么呢？简单地说，体育课程设计回答的是：这是什么？为什么的问题？对其研究的目的，是把散乱的知识变成具有科学性、人文性、工具性和可行性的知识范式，即课程。体育课程编制回答的是：这有什么用？怎样做才有效的问题？对其研究的目的，是使体育课程摆脱与教学"经验"的脱节，把其形态转换成为可教、可学的范式。

需要指出的是，体育课程的编制是体育教学设计的上位概念，其所做的工作是根据知识的需要性，分配知识，确定学时，把分门别类的课程总和起来，体现"1＋1＞2"。它不包含体育教学的设计，即传统俗称的"备课"（又叫"五备"）——备教学目标、备教学内容、备学情、备教学方法、备教学组织，要求体现"三个递进"，即教学内容要体现由低到高的递进，教学方法要体现由低到高的递进，教学组织要体现由低到高的递进。

文献梳理发现，20世纪80年代国外课程理论设计的建构被中国学者纳入研究视野，引发钟启泉等一批众多学者展开了对其的探索，不断掀起一波波深入的研究，拉开了中国学者开始以自己的语言描述课程设计与编制的帷幕，也为体育课程的设计与编制奠定了理论基础。概观理论界，当前课程设计与编制已成为众多学科研究的重要内容，然而，在体育学科成果少、探讨者寡，这不符合中国体育课程建设与发展的需要。为此，探讨什么是体育课程设计、功能是什么、有哪些基本取向、如何制定？力求着力探寻其普遍的规律性，提出我见之重构的必然。其目的是，引导教师在实践中科学地利用"体育课程设计"这个理论，消解体育新课程在运用实施中产生的问题，使教师有效地运用于课程实践，从而提高体育课程设计的绩效。

二、体育课程设计的变革与思路

课程是一种教育理想、一项预期的蓝图，就是以现实为起点，在理想、蓝图与现实之间搭建一座桥梁。由而，考察课程的设计首先需要追溯课程的思想之源。文献表明，中国传统体育课程设计的思路（体育教学大纲），沿用行为主义与认知心理学支撑下的课程理论。强调教材学习的目标和任务要遵循"准备、练习、效果"三大定律，要引起学生学习的动机和兴趣，要以行为反馈和评定来强化学习。立足课程内容由简到繁的累积的链接，将复杂的课程内容分解成细小的单元，按心理和生理的规律进行逻辑排列，小步子教学达成目标。如以运动项目为主编制学科教学内容。如规定各个不同年级、各个科目的教学内容与时数的比例、考核与评价标准等。虽然便于教师操作，但给教师教学留有的自由空间太少，因而，致使教师成为知识的搬运工，教学成为填鸭式的脚注。

针对传统课程设计的问题，体育新课程（课程标准），从知识与技能、过程与方法、情感态度价值观三个维度阐述各门课程的目标，强调课程对学生终身学习与发展的价值，注重学生经验、学科知识和社会发展三方面内容的整合，遵循学生身心发展的规律，突出课程为学生发展服务的理念。以目标统领教学内容，从五个领域进行分类拓宽了学习目标。

即只规定具体学习的内容框架，对具体的教学内容和时数比例不做规定，加强了不同区域课程的可选择性、可教性、可学性，真正体现了以生为本、为学习而设计、为学习而教。既给了教师具体的规准，又给教师留下了余地和空间，从而有利于教师按照自己学校的环境和条件，从实际出发达成《体育课程标准》的要求。正如苏霍姆林斯基在《把整个心灵献给孩子》一书中曾说，真正的教育发生在课堂，跟孩子们一起思考问题，跟他们一起共同生活，你就会发现教育到底应该做些什么。

需要注意的是，虽然传统与现代的课程理念，两者在学科性质上是一样的。在体育课程实施方面，都围绕教与学两个方面，探讨教学规范的运用，寻求有效的教、学、教材、教师与学生的互动。立足于学习效率情境的建立，倡导信息技术在教学过程中的普遍应用，保障优质教学的实现。但在功能开发和目的的编制的取向方面却大相径庭。传统体育课程设计是以教为主，只以完成教学任务为目的，遗忘了学习怎样学好的存在。体育新课程设计则是以学为主，以学习者知识的意义建构为目的。两者之间是传统与现代教育理念的区分。正如有学者所说，不是怕你不会，就是怕你跑错方向。

从历史的发展来看，中国当前正在进行课程改革目标之一"少课时、轻负担、高质量"，反映了课程一种进步的思潮，体现了针对国际课程变化的潮流，当前中国正在不断完善课程设计的操作，研究吸收课程设计理论的最新研究和最新发展，用新观点和新方法论指导课程内容体系的更新。其体现为"课程面向学生生活""课程面向社会发展""课程面向科技进步"，并以此"三个面向"围绕来设计课程。立足于实现达成《国际21世纪教育委员会向联合国教科文组织报告》所提倡的，以终身教育为指向的现代教育应该围绕四种基本学习加以安排。这四种学习将是每个人一生中的知识支柱：学会认知，即获取理解的手段；学会做事，以便能够对自己所处的环境产生影响；学会共同生活，以便与他人一道参加人的所有活动，并在这些活动中进行合作；最后是学会生存，这是前三种学习成果的主要表现形式。这四个方面的学习就构成现代课程内容设计的围绕与精髓。

由而，这四种获取知识的途径就成为课程设计的指导思想。并针对此，在联合国教科文组织的要求下，著名教育家 S. 拉塞克、C. 维努迪在研究各国课程内容变化的基础上，提出课程设计的八个方向的指标（见表 6-1），可为认识与建设体育课程提供理论支撑。

表 6-1　课程设计的八个方向的指标

1. 对科学技术进步的开放态度。
2. 同文化、艺术、人民要求的一致性。
3. 对现代世界问题和对地区或国家需要的开放态度。
4. 基于内容与学习者知识和身体的需要及能力的一致性。
5. 课程设计和学习过程组织中的平衡。
6. 内容的一致性。
7. 赋予教育内容和学习以一种面向未来的和民主的色彩。
8. 新课程内容现代化的主要方向

分析认为，上述课程相关的探讨，为我们提供了体育课程设计的要素以及设计的背景，有利于我们开阔视野、更新观念。可将体育课程设计的目标与内容的选择和组织的形式，提供一种更高位置的价值指向，应当引起体育理论工作者和广大的教师的充分认识和运用。为了进一步的理解与认识，现把新时期国内外多元课程观的主要趋势和特征，梳理出供体育课程设计参考借鉴（见表 6-2～表 6-9）。[①]

表 6-2　国外体育课程设计要素的组成范例

1. 认知要素、健身要素、道德要素、审美要素。
2. 体育基本知识、游戏、田径、体操、球类、民俗体育、冰雪运动。
3. 认知领域、技能领域、情感领域、身体发展领域。
4. 运动参与、运动技能、身体健康、心理健康、社会适应

表 6-3　国外体育课程内容的组成范例

1. 发展身体素质基本活动能力的组成。	5. 体操运动的组成。
2. 发展运动能力的组成。	6. 舞蹈运动的组成。
3. 集体项目的运动组成。	7. 郊外运动的组成。
4. 单人的运动项目的组成。	8. 冰雪、水上运动的组成

---

① 国外多元课程观趋势和特征，部分编辑于王皋华《体育课程设计》，北京，高等教育出版社，2003。

表 6-4　国内体育课程设计要素的组成范例

1. 认知领域：运动要素、生活要素、情意要素、社会要素、健身要素、道德要素、审美要素。
2. 技能领域：体育基本知识、游戏、田径、体操、球类、民俗体育、冰雪运动。
3. 情感领域：运动参与、运动技能、身体健康、心理健康、社会适应。
4. 教育发展领域：身体教育、健康教育、休闲教育、竞技教育和审美教育

表 6-5　国内体育课程内容的组成范例

系列 1 球类运动。　　　　　　系列 5 民族民间体育类。
系列 2 体操类运动。　　　　　系列 6 新兴运动类。
系列 3 田径运动。　　　　　　系列 7 健康教育专题
系列 4 冰上运动。

表 6-6　世界体育课程改革的共同特点

1. 课程内涵的融合——人文的、社会的、生活的并重。
2. 课程目标的融合——人的发展、知识的发展、社会的发展并重。
3. 课程结构的融合——学科课程、生活课程、休闲课程的协同。
4. 课程文化的融合——本土文化课程、民族文化课程、世界文化课程的关联。
5. 课程权利的融合——国家课程、地方课程、校本课程的设置。
6. 课程知识的融合——知识的习得、身体的习得、人格的健全的构建。
7. 课程编制的融合——理论的、应用的、能力的结合。
8. 课程层次的融合——选择性、层次性、多样性的差异中的统一

表 6-7　现代体育课程发展指导思想的共同特征

1. 强调增进学生身心健康，发展学生社会适应能力。
2. 立足终身目标，重视学生终身体育能力和意识的养成。
3. 关注学生学习的个性，强调个体成长评价，淡化标准评价。
4. 重视课程设置的层次性、开放性，满足学生运动的需求。
5. 注重竞技运动文化传承和技能学习的统一。
6. 注重竞技运动技能和健康生活的学习统一

表 6-8　现代体育课程设计的 8 个特征

1. 从强调内容向强调过程转变，注重学生学习经历的体验。
2. 从科学课程编制向生活、社会课程编制融合。
3. 从唯运动技能目标到全面发展、走向共同融合。
4. 从强调接受知识向发现知识、运用知识、贡献知识转变。
5. 从教师为主导向学生为主体转变，把教推向学。
6. 由集体授课教学组织形式走向集体与个人学习自由形式相结合。
7. 课程结构由单一到复合，形成学科与活动等多种结构相结合。
8. 课程内容由孤立到综合，注意了学科间的横向联系

表 6-9 中国《基础教育课程改革纲要》，赋予学校体育课程改革的任务

1. 确立（学校体育）体现素质教育精神的培养目标。
2. 形成（学校体育）体现整体性和可选择性的课程结构。
3. 推进（学校体育）以基础性和发展性为特征的课程体系。
4. 倡导（学校体育）贯穿选择性和人本性课程实施的教学过程。
5. 建立（学校体育）具有尊重个性和鼓励向上功能的课程评价体系。
6. 落实（学校体育）三级课程管理的政策。
7. 完善（学校体育）课程资源的教材开发与管理的制度。
8. 保障（学校体育）课程改革的支持系统具有不断发展更新的机制

三、体育课程设计的基础与取向

由于课程设计的基础不仅反映着理论研究的水平，也是影响与制约教育、课程和教学质量的一个重要因素，更是决定教育实践改革是否成功的蓝图。基于此，20 世纪 80 年代后期中国相继引进了国外各种流派的设计理论，梳理发现具有广泛影响的理论有，泰勒的课程设计理论、布鲁纳的结构课程设计理念、杜威的课程三个中心（学科、学生、社会）的设计理念，查特斯（Charters）的七步课程编制模式、拉格（Large）的三个任务与阶段的课程编制模式、塔巴（Taba）的八步课程编制模式，与国内学者毛振明的"十字象限"课程设计模式等，这些理论为深化中国课程设计的研究奠定了基础。

总结上述学者们的研究立场，综合其课程设计的定义，从科学立场出发进行认识推论。笔者认为这些理念，较好地诠释与说明体育课程设计的"世界观与任务"。可从宏观和微观两个层面的维度予以认识与把握对体育课程设计取向的理解（见图 6-1）。

梳理上述学者的思想，根据课程设计的取向，下面从广义与狭义两个范畴予以解析以增大理解：

广义取向，体育课程设计的任务，就是把社会发展的客观要求、知识增长的客观趋势和学生的成长的客观需要转化为具有适当水准、适当内容和结构化的课程。即解决的是，具体课程设计的基本价值选择的理念问题，为体育教学提供规准、方案和蓝图。如国家的教育方针、政策、法规、制度和要求等，给予学校体育课程计划、课程标准和教科书等路向的反映。即课程设计从性质上，规定和制约着体育教学的内容、教学计划、组织和实施的方向。例如，运用这一价值判断体育课程的设计是否体现了学生未来的发展需要，以及在多大程度上满足了学生学习的需要。

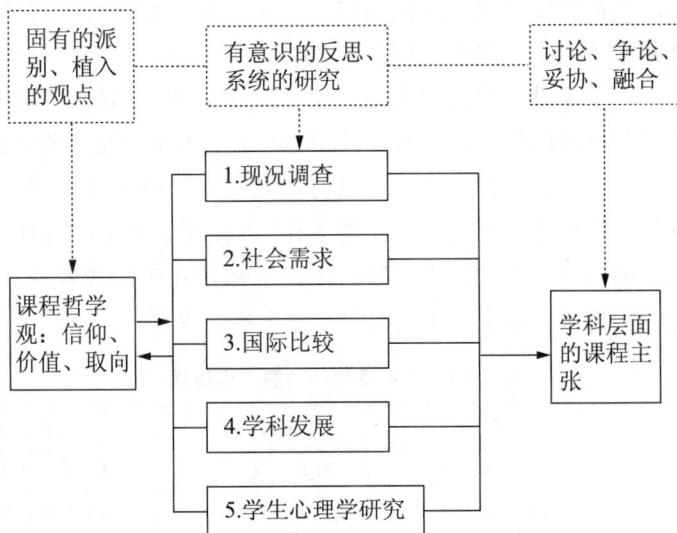

图 6-1 中国新课程研制的五项基础研究

狭义取向，体育课程设计的任务（体育编制是体育设计的一部分），就是为学习者可以获得学习经验的情境建立基本结构。着力于解决如何形成这种课程的文本、技术水平的安排和课程要求的实施等。确定学校体育课程主体的需要和教材特点。把国家教育的价值、目标和要求，转换为课程；再通过课程编制转化为体育课程具体的方案（分配知识、分门别类、确定学时、课程标准）和活动实施。即课程是否具有科学性、人文性、工具性和可行性，是否有利于学生的健康发展（身体健康、心理健康、社会适应能力）、是否有利于学生掌握体育知识技能、是否有利于学生了解体育文化。

从以上学者们的现代课程设计的观点来看，中国原有对课程设计的理解要么是宏观的、要么是微观的，没有实现两者的兼有。没有在相对统一的内涵与外延上，给出对各阶段的科学实施、分类与细化出各自的任务。因而，在实践运用中产生许多理论歧义与运用分歧。如把课程设计与课程编制、课程开发等概念混同使用，尚未形成比较固定的理论为实践所用。缺乏微观层次的操作性步骤，难以指导课程实践。因而，对它的探讨不仅本身具有深刻的实质性意义，而且还涉对着学校体育发展的认识论思考。为此需要对其进行辨析，架起一座有力的桥梁促进体育课程设计和教学的联盟，帮助广大体育教师一概全貌，加深理论应用于实践的效果。

基于此，从课程设计的考量来看存有三个层次面结构：宏观层面的课程结构，是指学校课程的类型结构，具体指向学校课程设置的不同课程类型及其相互关系；中观层面的课程结构，是指学校课程所设置的具体科目以及其在课时上的比例关系；微观层面的课程结构，即学科课程结构，是指学科内的教材组织结构(见表6-10)。本节立足于狭义的观点，针对体育课程结构和课程内容设计进行微观层面，提出重构之我见，完备体育课程设计理论的建设。诚如笔者在《体育教学策略与设计》一书所说，一项正确的理论产生出来以后，关键工作还在于付诸实践，理论角色主体性的明确与否就成为在实践中有效实施的成败。

表 6-10　课程设计结构的三个层面

设计层面	宏观层面	中观层面	微观层面
设计任务	课程设计的基本理念	理念的具体化、物化	具体课程要素设计
设计成果	学校课程的类别结构	课程的科类结构	各科目内在的结构
影响因素	哲学观、社会观、教育观	传统习俗、习惯	师生的素养、课程资源
设计主体	主要为课程专家、学者	主要为课程专家、学者	主要为教师

续上而知，课程设计的理论涉及课程价值目标与具体教材设计取向的选择与组织的问题，制约着课程的设计的方案与策略。它是将预期的课程目标转化为课程实施过程的一个重要组成部分，它是形塑课程结构和构建教学内容的取向的准绳，是优化体育课程"整体大于部分之和"的基石。对促进教师由经验认识走向理论认识，提高驾驭课程的能力具有十分重要的作用，可帮助广大体育教师加深课程应用于实际的效果。显然，这一认识逻辑导出，只有恰当地选择课程设计的理论才能减少盲目性，增强科学性。曾如奥斯特霍夫所言，"没有很好的设计，我们不可能知道有效学习是否发生"[1]。对此中国学者江山野在其主编的《课程·简明国际教育百科全书》中提出，"是一组标准和准则，它为论证课程决策和学习提供理论基础"[2]。这些学者的论述表明，课程设计的理论是对现象进行界定、归纳和解释、假设的过程，是一些说明系列设计课程理由的相关论述(见图6-2)。

总之，体育课程设计的理论是一组关于学校体育课程结构各组成部分与关系的规准，并指导体育课程编制的使用和评价的过程。它实施解决体育课程的两个任务：一是选择和识别最有价值的知识是什么；二是

① [美]奥斯特霍夫：《开发和运用课题评估》，谭文明等译，北京，中国轻工业出版社，2006，扉页。

② 江山野：《课程·简明国际教育百科全》，北京，教育科学出版社，1991，第189页。

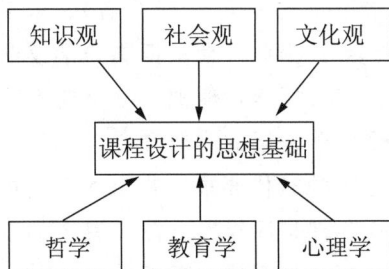

图6-2　制约课程设计的思想因素

形塑能够使知识得到有效教学实施的方式和结构。正如哈梅耶等学者所说："由于社会中的知识剧增和对学校教育的不满，重新提出了不断增加课程合理性的要求。它把课程必须教什么、应该教什么和可教什么等问题融合在一起。"①

第二节　体育课程设计的理论与方法

一、体育课程设计的理论

由于历史上涉及课程设计的理论流派众多，观点芜杂。为此，从围绕体育课程目标、结构和课程内容设计的理论研究、应用研究和技术研究的论述来看，虽然存有目标模式、过程模式、实践折中模式、批判模式、文化分析模式等的不同论述；但与体育课程设计直接相关的、易懂便于操作、影响最大的理论模式，一是杜威的三个中心课程设计理论；二是泰勒的课程编制模式；三是塔巴的八步课程编制模式，四是中国学者毛振明课程"十字象限"的设计方法。对它们的采用比较符合中国体育课程任务的规律、特点和价值取向。以下将对其进行阐述，以促进理解和运用。正如美国学课程学者塔巴（1962）认为，"课程设计的中心问题是范围、顺序连续性和整体性。"②

（一）杜威的"三个中心"课程设计准则

美国学者杜威首开先河，在其《儿童和课程》的研究中，总结了制约课程发展的来源因素，圈定了课程建构的基轴。把制约与影响课程内容的因素归纳为三个主要方面：课程涉及着知识技能和能力的总和（知识）、

---

① 胡定荣：《课程改革的文化研究》，北京，教育科学出版社，2005，第64页。

② ［美］R. S. 蔡斯：《课程设计：有代表性的模式》，瞿葆奎：《课程与教材（上）》，北京，人民教育出版社，1988，第283页。

受教育者的身心发展水平及其规律(受教育者)、未来经济和社会发展提出的要求与可能性(社会)。为此,杜威把制约学校课程的因素归结为知识、儿童(学生)、社会三大要素,他把这三个要素看成是制约课程决策的理论来源,即课程受学生发展的需要和心理发展特征的制约,社会发展和进步对课程内容提出的时代要求,知识本身的进化、涵化和质化的学科发展要求。由于这些都是课程发展需要思考的重要问题,任何课程的改革都不能摆脱其的制约与影响。因而杜威的"三个中心理论"成为课程设计的具有代表性的规准。这一命题的提出,对当时和后世的影响极其深远。它指出在课程设计时不是随意进行的,它必须遵循知识、学习者、社会的各个层面的"标准"指明,明确课程内容选择存在着"轻重缓急"的取向(哪个知识多教与少学的问题),以及前期的课程设计对现在的影响与制约的经验和教训等。

需要指出的是,虽然历史上形成许多有关该理论的方法,但运用最多的、并广泛地作为课程设计依据主要使用的还是"杜威的三个中心课程设计理论"(见图 6-3)。这一精辟的理念对今天的课程编制工作仍然具有指导意义,泰勒的课程编制模式定位于事实、原理和法则的防起,推动了课程研究的角度与范围不断得到深化与扩大,使后来的课程专家的研究有了更加明晰的走向。明确了"课程内容来源于现代学科知识、课程内容来源于当代社会生活的需求、课程内容来源于学习者的需求"。由于这一理论的简约性强,便于理解,因而值得学习掌握。正如江山野等认为,由于社会中知识剧增和对学校教育的不满,重新提出了不断增加课程合理性的要求。因而,课程理论就是寻找"必须"教什么、"应该"教什么、"可以"教什么等问题的研究与结合。[①] 显然,上述观点包含与涵盖着体育课程设计的要素,可作为体育课程设计的依据和基本理论予以运用。

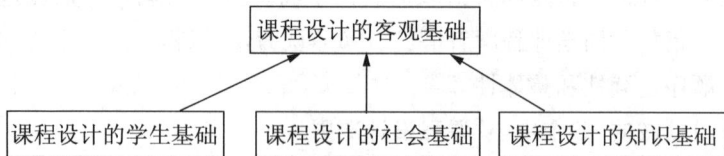

图 6-3 杜威的"三个中心课程设计准则"

(二)泰勒的课程设计的编制模式

继杜威"三个中心课程设计准则"后,进一步完善了"课程设计"这个概念的是美国课程设计之父拉尔夫·泰勒。他把八年教育实验的经验,

---

① 江山野:《课程·简明国际教育百科全书》,北京,教育科学出版社,1991,第 213 页。

总结为课程设计的四个主要方面：确定教育目标、选择课程内容、组织课程内容和课程评价。这一原理进一步明晰了课程设计的研究规准（要做哪些工作）（见图 6-4）。①

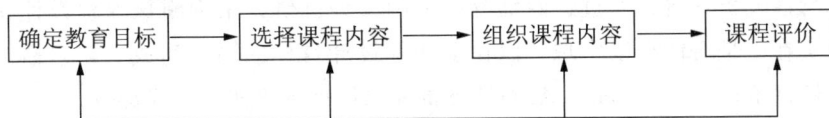

图 6-4 泰勒原理：课程设计编制的模式

泰勒认为，课程与教学的基本原理是围绕着 4 个中心问题运转的。如果我们要从事课程设计与编制活动，就必须回答这些问题（见图 6-5）：

1. 学校应该寻求达到什么样的教育目标？（确定目标）

这是第一步，分析社会发展过程对教育的新要求，并在此基础上分析现行课程在弥补学科和学习者的要求方面操作的不足，从而确定课程改革的必要性，以及课程改革的价值取向。教育改革证明，对于任何课程改革来说，这一步都是不可缺少的。

2. 提供哪些经验才能实现这些目标？（选择经验）

这是第二步，是教育目标的设计，它是把第一步教育价值观的具体化作为课程设计的依据和指南。把抽象的教育意向转换到具体的教育目的，对教育的目标进行认真的分析，然后再根据教育目标的要求设计课程，这就保证了所实施的课程具有一定的可信性、科学性和合理性（见表 6-11）。

表 6-11 学校教育目标结构示意图的

学校体育目标──▶体育课程目标──▶体育学期目标──▶单元教学目标──▶课时教学目标

3. 怎样才能有效地组织这些教育经验？（组织经验）

这是第三步，是对课程编制计划的具体确定。包括对课程设计的基本理念思想的陈述、课程目标和为实现课程目标的课程体系的选择，以及把课程转化为教学实施需要的科学有序地步骤和不同类型的组织方法。但首要的核心是确定课程编制的计划。只有通过这个计划，才能确定课程设计的内容、范围、性质以及需要优先满足的顺序和分配的程度。

4. 我们怎样才能确定这些目标得到实现？（评价结果）

这是第四步，是课程评价、反馈与修订。课程评价也是课程设计与

---

① ［美］拉尔夫·泰勒：《课程与教学的基本原理》，施良方译，北京，人民教育出版社，1994，第 15 页。

完善过程的一个必不可少的重要环节。它通过评价这个可行性的分析，确定课程设计与编制是否可行。其大致可以分为两个部分：一部分是对课程设计社会可行性进行分析评价；另一部分是对课程设计的技术进行可行性分析评价；通过这两部分有关因素分析研究来判断该课程设计在现实在中是否能得以实现，以保证课程设计目标的顺利达成。它包括定位性评价、形成性评价、诊断性评价和总结性评价四个组成部分。

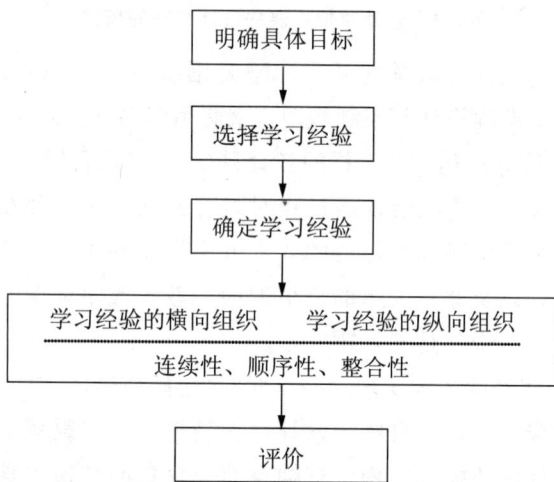

图 6-5　泰勒课程设计的内容和过程

　　由上而知，泰勒的课程设计的编制基本概念和原理为人们探索课程的客观世界，为课程进一步贴近实践提供了新的视角和解决问题的路径，对人们认识和改造课程具有方法论上的指导作用。在泰勒看来，学校教育是一种目标导向的活动，只要教育、课程与教学的目标程序是科学的，学校教育、课程与教学的目标就一定能达成。泰勒认为按照这一原理的实施答案是肯定的，教育工作者只要能准确回答这些问题，把它们付诸实施，一切都是程序化、规范化的，其结果是可以预见的。泰勒在课程设计原理研究指出，可引领目标一步一步细化，它在方向上对教学活动设计起着至关重要的指导作用。也可为课程评价提供标准和依据，可实现教学过程中走向预期达到的学习结果和标准。这一思想引发西方教育心理学家就课程设计的作用的思考，并对其进行了多年的实证性研究。由于这一模式操作性强，便于实施，因而值得体育课程设计参考和借鉴。

（三）塔巴的八步课程设计的编制模式①

　　泰勒的继承人塔巴试图通过对教育目标、课程组织分类、评价手

---

　　①　江山野：《课程·简明国际教育百科全》，北京，教育科学出版社，1991，第221页。

段的具体化的修正和补充，改变泰勒课程编制缺失人存在的不足。他通过对泰勒目标模式的四个基本步骤属性的分析，找出其共同的特征和各自的分类属性，在此基础上进一步把它们划分成以下八个步骤（见图 6-6）。

（1）诊断需要（需求分析）

（2）形成具体的目标（确定需求）

（3）选择内容（划分范畴）

（4）组织内容（加工处理）

（5）选择学习经验（技术可行分析）

（6）组织学习经验（方法可行分析）

（7）评价（反馈体系）

（8）检查平衡性和顺序性（改进完善）

图 6-6　塔巴课程编制模式

塔巴的八步课程编制模式的标准，（1—4）领域不仅指出了学科编制的变动考虑，还明确了它的目的指向——学习者需要什么的考虑。同时还在（5—6）领域关注了学习者接受的可能、兴趣与爱好，把学习者的生活、个人知识和经验整合，体现了课程为人的现代教育理念。在（7—8）领域不仅要求要对课程编制进行可行性分析评价，还要对课程实施的后果进行预测，以保证课程编制的顺利完成。塔巴的八步课程编制模式不仅正确地分配了各目标的权重分配，还考虑了目标的有效性、层次性与连续性，进一步改进与完善了泰勒的课程编制模式（见图 6-7）。由于这一模式的操作性比较完整，划分清晰便于实施，因而值得体育课程设计参考和借鉴。

（四）毛振明"十字象限"课程设计的编制模式

中国学者毛振明根据数学"十字象限"的方法，分析和归纳体育课程教材内容的特点。按照喜欢学和不喜欢学，多排和少排观点，提出了"多吃多餐型、少吃多餐型、一次吃饱型、一次品尝型"的四种大小不同形态的和不同排列方式的课程编制模式（见图 6-7）。这一课程编制模式针对不同课程的功用特点，依据其体育教育性、社会性、运动性价值的效益予以分门别类出有效的、具体的、明确的排列组合。施以其对促进学习者发展贡献的性质为标，针砭取舍、补偏救弊、顺其所易、矫其所难，较好地实现了体育课程对"各性"编制的辩证需要。增强了学生学习的积极性，有效了体育课程教学设计性的特点。体现了既形象、又简明扼要、协同均衡、整体统一、兼收并蓄的特点，可以讲既是对西方课程设计的

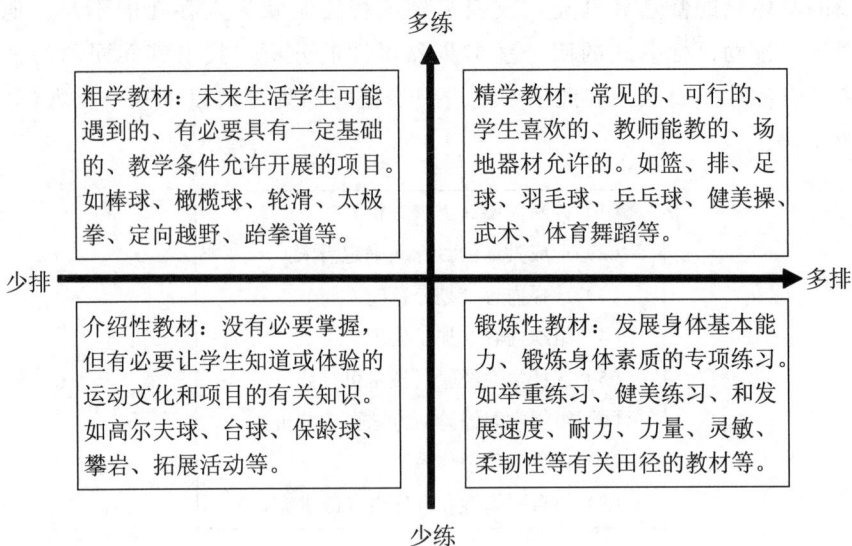

图 6-7 毛振明"十字象限"课程编制模式

一种大胆超越，又体现了中国特色的新视野。这一方法论要求我们，课程要根据学习者的天赋、兴趣、爱好和接受能力，科学设置才是可为的。实践证明，毛氏这一理论很受广大教师欢迎，现简介如下。

1. 充实螺旋式（多吃多餐型）

在很多年级出现的，用大单元进行教学的那一类教材；这种教材不能很多，是所谓重中之重、精中之精的教材。

2. 单薄螺旋式（少吃多餐型）

在很多年级都出现，用小单元或穿插在其他教学内容的单元中作为副教材或辅助内容出现的那一类内容；这种教材可以有一定的比例，是那些或锻炼身体效果好，或娱乐性强，或需要复习的教材。

3. 充实直线式（一次吃饱型）

只在某个年级出现，用大单元进行教学的那一类教材；这种教材也可以有一定的比例，是那些值得好好教但用不着一直教的教材。

4. 单薄直线式（一次品尝型）

只在某个年级出现，用小单元进行教学的那一类教材；这种教材也可能不太多，是那些介绍性、体验性教材以及知识教材。

综上所述，上述四种课程设计的编制理念，从知识的可行性、学习者可行性、学科可行性和社会可行性的相关要素着力，为我们如何设计好一个课程方案提供了理论依据的支持。使我们对体育课程的本质规律有了一个清醒的认识，可帮助确认该课程设计在现实中是否可能和可行。

它明示我们课程不只是一个实施计划，也不仅是一个怎样选择与组织课程内容；它还蕴含着社会、学科和学生的教育认识，存在着科学反思的行动过程。这些精辟的思想保证了课程设计与编制走入、走近、走向成功的可能，值得我们尊重和掌握，是我们必须应知与应会。

通过综合、比较、研判上述课程开发的观点与理论，可以得出，上述四种课程设计的编制模式反映了课程设计基本组织程序的一般规律。对提升认识体育课程设计的现象与理论水平颇有帮助，现罗列如下观点供参考借鉴（见图 6-8）。

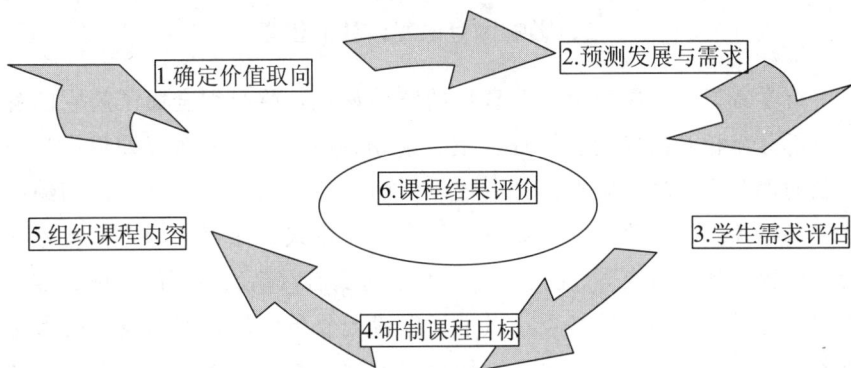

图 6-8　体育课程设计流程示意图

1. 确定开发价值取向

即是指课程是关于世界观的学问，内含着教育的本质和规律的理论，存在着教育性的价值与规定要符合人与社会的发展。阐明课程设计如何处理好社会需求、儿童发展与学科知识三者之间的辩证关系给予整体性的回答，要科学规划好课程的整体教育目的或目标。

2. 了解社会发展和需要预测

即是指课程设计，要根据社会发展的变化趋势和学习者对体育文化知识需求等进行研究，把握两者的方向，体现出"三个面向"合理进行设计。

3. 对学生需求评估

学生兴趣、需要以及发展性是课程设计的前提，同时也是课程设计的目的。因而，必须对其施以明确的阐明，为学生学习具体发展性的可向度提供清晰的方向。

4. 研制课程目标

课程目标是预期学生学习的结果，是标识学生通过学习达到的一定程度或结果。是表明学生学习后达成的总素质的框架和要素，即学生学完该门课后所要达到的基本规定。

5. 选择与组织课程内容

一是指课程内容的技术排列、次序和组织；二是知识的逻辑性与学生心理认知、身体认知的发展向量统一。

6. 课程实施评价

一般包括对学生学习结果评价，对课程可行性评价，对课程实施过程评价等，总结评估课程实施是否达到预期目的，存在什么问题，有哪些经验借鉴，决策能否推广与实施。

二、影响体育课程设计的因素

有学者指出，要获得一个事物的整体认识，就必须全面了解它的各组成部分与相互的作用。梳理杜威、泰勒、塔巴、毛振明等课程设计与编制的理念可发现，影响体育课程设计的主要因素有以下方面：制约因素、目标预测、价值研究、知识选择、课程模式、课程结构式、课程评价、课程实施的研究等（见图 6-9）。为了对其有深刻、全面的了解、准确掌握课程设计与编制的特点，以下予以梳理分析供体育课程设计时参考借鉴。正如有学者所说，课程设计是把各种要素组成为一个融会贯通的整体，是预设估计课程设计中会出现的偶然事件，并施以加以控制的具体方略规划。

——制约因素。对课程设计制约因素的分析虽然纷繁复杂，但可以具体辨认归纳的基本有三种：知识本位的价值取向、社会本位的价值取向、学科本位的价值取向。如何科学审视，正确处理好、权衡好三者的关系至关重要。

——目标预测。一是课程与未来社会发展的主导趋势；二是课程与人和社会的协调发展；三是课程与未来科学发展的主导趋势。三者未来的发展趋势影响与制约着课程目标的预测结果。正如泰勒在《课程与教学的基本原理》一书中所说，从研究"学习者本身"当中去寻找目标、从研究"当代校外社会生活"当中去寻找目标、从"学科专家的建议"当中去寻找目标。[①]

——价值研究。从 19 世纪中叶直到 20 世纪 80 年代，是造就"完全健全的人"，还是"满足社会的需要"，这两种课程价值取向一直处于矛盾和争执中。20 世纪 90 年代以来，信息社会的产生导致个性化的时代来

---

① ［美］泰勒：《课程与教学的基本原理》，北京，人民教育出版社，1989，第 128 页。

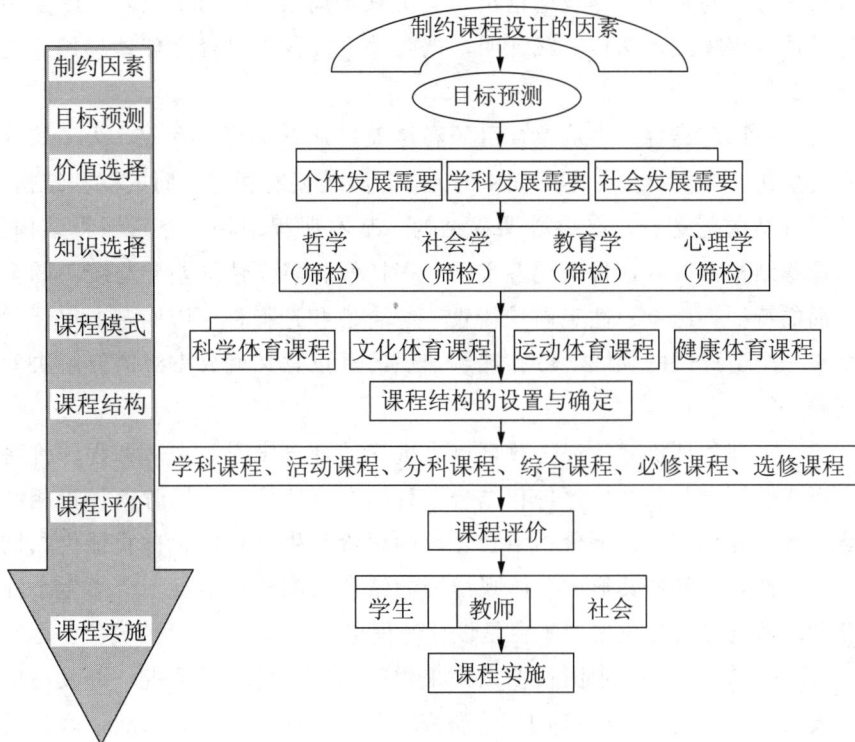

图 6-9　制约体育课程设计的因素

临。这两种历史价值观在知识经济中逐渐走向统合，越来越体现出两者互为条件、互相依存的新现象，成为 21 世纪世界课程改革发展的新趋势。因而，如何对其把握，使其成为发现问题和解决问题的生长力和发展点尤为重要。

——知识选择。全球化多元文化的进程与价值冲突影响着、制约着课程目标、内容和实施方式的知识选择。学者陈时见、朱利霞认为，当代课程设计在知识选择上面临一个难题，即一元化与多元化，文化普遍主义与相对主义的矛盾。建议在课程设计的知识选择上保持一元与多元文化的张力。①

——课程模式。20 世纪以来，课程开发的主要模式有两类，即目标模式和过程模式。因为其他模式大都没有超出这两种模式的基本命题。目标模式是 20 世纪初叶课程开发科学化运动的产物，因此被看成是经典模式、也称为传统模式。斯腾豪斯从一个课程设计者的角度对这一模式

① 陈时见、朱利霞：《一元与多元：论课程的两种文化选择》，《广西师范大学学报》2000 年第 2 期。

进行了分析与批判，客观地指出了其贡献与局限，提出了以发展学生主体性的过程模式。课程实践证明，把两种模式科学融合合理地选用才是有效的。

——课程结构式。从教育目的和培养目标着手可以发现，为了培养不同层次、不同类别、不同规格的人才，就需要有相应不同的课程结构。从课程结构范畴看，有核心课程结构、基本课程结构、外延课程结构。从课程结构方式看，将呈现多层性、多样性、多变性的差异与统一的多方面的特征，由单一性走向均衡性、综合性和选择性。因而，如何让学生在一个更广阔的领域学习和理解知识的真正意义就成为必需要解决的问题。

——课程评价。从现代教育概念重建的理念来看，未来课程评价将会形成性评价与总结性评价相结合、目标本位评价与目标游离评价相结合、效果评价与过程评价相结合、教师评价与生生评价、自我评价相结合。对此，如何使其形成整体观辩证的结合与实施，给每一个学生个性化的培养与创造提供发展平台是设计的焦点。

——课程实施。中国长期以来采用的"自上而下"的研究—开发—推广模式，将会受到"自下而上"的研究—开发—推广模式的挑战，因为两种模式都对课程实施具有特定的作用，如何对其整合运用就成为必需关注的重点。

图 6-9 把影响与制约体育课程设计的因素予以解析，示意如何选择适当的课程设计指向以形成一种科学的规划，进而有效地指导广大体育教师得以正确把握、实现从运用到会用的制定。目的是使在教师课程设计与指导时尽可能保持正确的方向。需要指出的是，课程设计不是按部就班地为教师提供一种固定的标本，而是提供一种理论性的框架，阐明设计的程序的原则与方式，帮助教师通过理解实现课程设计，如何试图实现"最好的课程"。

总之，本节的出发重点是，如果要帮助教师深刻地理解课程内容，那我们的设计应该怎样做。由于传统中的教师只关心书本的教学内容及组织教学活动，而不是考虑目标与课程内容及教学组织活动等以外的有关因素。如应按照哪些标准性质课程知识？怎样为每个科目选定最基本的、首要的内容和次要的内容？各层次和各类型课程的个性化有哪些可能和局限性？在课程内容中加强理论和实践之间的联系可以采取哪些途径和方法？怎样组织课程和教材的改革和修正而不至于损害教育过程的必要的延续性？怎样在知识日益扩大和信息增殖的情况下设计课程内容？

如果对这些问题不能做出正确的理论回答，是难以做好课程设计与编制的。

本节的目的在于：一是在于使体育课程的设计过程，成为促进教师对课程构成进行理解的过程，为实践第一线的教师科学理解，及把握课程教学的改进与质量提高提供具体指导。二是着力于体育课程设计中减少盲目性，增强科学性、主动性。三是借鉴国外有关课程设计的研究成果，结合中国体育课程实践，提出适合中国学校体育课程设计的理论与方法。

第三节　体育课程设计的步骤与策略

一、体育课程设计的确定与划分

课程设计理论指出，体育课程设计的有理性价值层面和技术层面的两个方面所组成（见表6-12、表6-13）。也就是学者吕达在其著作《独木桥？阳关道？——未来中小学课程面面观》一文中所阐述的：关于中小学课程改革的构想，即一个目标、两段设计、三级管理、四个结合等。一个目标即指知识、儿童和社会这三大要素对学校课程的制约作用是通过教育目标体现出来的；两段设计即指将初中课程纳入义务教育阶段，与普通高中阶段课程分别设计；三级管理指在课程上实行国家、地方和学校三级管理；四个结合即指作为课程整体结构。在课程内容上，使德智体美与劳动技术相得益彰，在课程范畴上，使显在课程与潜在课程相辅相成，在课程形态上，使分科课程与综合课程取长补短，在课程类型上，使必修课程与选修课程动态平衡。这一分析论证了体育课程设计的含有理性价值层面与技术层面两相兼顾的思考。

沿着这一认识，那么所谓的体育课程设计的技术层面，是指对课程设计后所确定的课程进行具体的设置和划分，选取与分配，并合理确定它们之间的关系，以使各课程之间达到（学生、学科和社会）平衡。通常涉及课程的分配、设置、位置、比例和安排的组织方式与程序等的确定与划分。课程设计实践证明，任何一种课程设计，如果各要素之间关系是一致相互协调的，课程动态就会产生一种合力；反之，各要素之间处理划分不当，关系没有明确的规定，则可能产生混乱，对学习的影响就会相应降低。

表 6-12　课程设计理性价值层面的基础和要求

知识基础	价值观念	学科要求
教育哲学基础	本体观、教育观	主体性、活动、全面发展、科学精神、人文精神、国民素质、人生观、世界观、价值观……
心理学基础	学生观、发展观、学习观	接受、探究、模仿、体验、自主性、智力和能力、个性、潜能开发、问题解决、认知、迁移、结构……
社会学基础	社会观、价值观	社会责任性、社会实践性、社会学习性、社会服务性、社会能力、社会生活……
知识学基础	知识观、科学观	"三基"(基本知识、基本技能、基本技术)、自然知识、工具知识、科学知识、人文知识……
教育学基础	课程观、教学观	综合或整合、基础学力、综合学力、终身发展……

表 6-13　课程设计技术层面的流程和要求

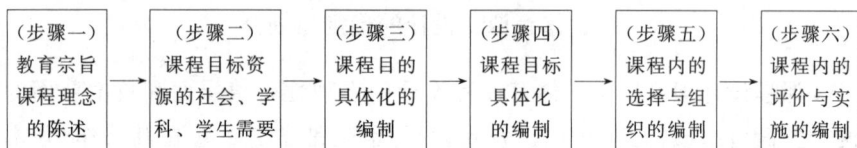

(步骤一) 教育宗旨 课程理念 的陈述	→	(步骤二) 课程目标资 源的社会、学 科、学生需要	→	(步骤三) 课程目的 具体化的 编制	→	(步骤四) 课程目标 具体化 的编制	→	(步骤五) 课程内的 选择与组 织的编制	→	(步骤六) 课程内的 评价与实 施的编制

——课程宗旨或理念是步骤一，是指通过课程教育宗旨或理念的建构，确立课程的行为准则性（路线或纲领）、目标的针对性（教育的目的性）、载体的规定性（课程的计划、标准等）、内容的法定性（课程实施的程序性、阶段性）、实施的管理性（国家、地方、学校的权益）等。

——课程资源的需要是步骤二，即课程与社会需求的联系、课程与学科需求的联系、课程与学习者需求的联系。目的保证知识实体范围不至于狭窄，既能与社会情境同步反映社会的发展，又能必备一个合格公民所需的知识与技能，还要符合学习者兴趣与经验。

——课程目的是步骤三，即将教育宗旨或理念具体化为课程的目的，一般以培养目标的形式加以陈述。

——课程目标是步骤四，是指将普遍化的课程目标具体化为一门门课程的专门目标描述。

——课程内容选择与组织是步骤五，即根据目的和目标，从人类全面知识经验中选择出需要学习的内容，并将其组织转化为学生的学习经验。

——课程评价与实施是步骤六，即对课程方案进行总结修正，结束规划阶段，进入推广实施。

——课程设置，一般依据学生、学科和社会的三个因素的来源作为对其的选择与分配的依据（见图 6-10），确定课程设置的范畴（知识性的、

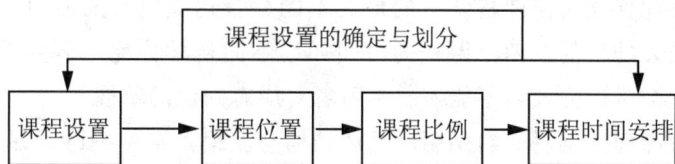

图 6-10　课程设置选择与分配的示意图

价值性的、工具性的），也就是给出，那些是"精学的、一般学的、简单学的、锻炼性的知识"。即如何达成各种内容、各种类型、各种形态的课程的相互结合、如何达成目标的效应化问题，整合知识的产生、选编、分配和组合的向量平衡。如对体育科学性课程、文化性课程、运动性课程、健康性课程等的选择与组合、递进与平衡。这是课程设计者的第一个必须平衡的选择，我们应当认识与把握。

　　——课程位置，即先上什么课、后上什么课。是指对选中的各门学科内容在课程安排的位置作一取舍。标明那些主干课程、那些副干课程，那些主学、那些是副学等，以便划分下一步不同课程在学习层次和水平领域的不同分配向量。这是课程设计者的第二个必须平衡的选择，我们应当认识与把握。

　　——课程比例，是指对选中的各门学科内容的学时在教学比例上的向量分配。既是一个独立考察的因素，也是与上述几个要素密切相关。课程是一个逐级递进、有序具体化的有机组成系统，在课程比例的安排上，关涉着如何科学处理不同课程的设置在学习层次和水平领域的不同分配量的至关因素。这些不但影响与制约课程的效果和质量，也反映着社会的态度。这是课程设计者的第三个必须平衡的选择，我们应当认识与把握。

　　——课程时间的安排，是指把课程具体化到×学年、×学期的什么时间安排上课。其不仅关涉着课程相互之间、上下之间能否达成教学在课程有效化目标问题，也度量着是否符合与学生学习成本相关的成益效果。因而，必须考虑其纵向教学和横向学习之间的联系与平衡方能取得良好的效果。这是课程设计者的第四个必须平衡的选择，我们应当认识与把握。

　　综上可见，上述四个方面既涉及着课设计及的取向，也关联着课程设计的分类，明白这一点对于完成课程设计是十分重要的。一是课程设计的选编如果不能确定，教师很难对体育课程内容做出系统的设置，就不能给出学习者形成任何有组织的知识体系和能力。二是课程的位置如果没有规定，课程的范围和顺序就会支离破碎，就可能使学习能力难以形成变得肤浅，影响学习内容的目的的统一性。三是课程的比例如果不能科学分配,就会使课程学习的最后不能整合达成应有的能力,影响课程设计初衷的目的。四是课程的时间如果不能科学分配,学生需要学习的内容就会难以完成,不能实现学习者对应有知识的掌握。

体育课程大纲(标准)编制的具体结构与流程,如表 6-14 所示。

表 6-14　体育课程大纲(标准)编制的具体结构与流程

(1)不同目标(如认知、技能、情感等)之间的确定与划分。
(2)不同课程设置之间的确定与划分。
(3)不同课程内容之间的比例确定和划分。
(4)不同学年段与课程内容层次的确定与划分。
(5)不同学年段与课程认知水平的确定与划分。
(6)不同学年段与课程教学方式的确定与划分。
(7)评价课程设计的方式。
(8)体育课程设计的文件编写

二、体育课程设计的策略与分析

(一)体育课程设计的具体化分析

研究发现,对课程设置、课程位置、课程比例和课程时间的安排等上述四个方面的有关问题,建议采用学者塔巴(H. Taba)的课程编制原理予以实施设计较好。

(1)对需要进行分析。

(2)形成具体的目标。

(3)选择课程内容。

(4)组织课程内容。

(5)选择学习经验。

(6)组织学习经验。

(7)建立评价标准进行评价。

(8)检查平衡性与顺序性,保证课程的确定与划分的编制过程更加具体和细致。

塔巴课程编制的八个设计,一是从取向上作一清晰的划分,给予了处理具体问题的描述。二是给予课程设计的多个概念找到了相互结合的具体位置,清楚地说明课程设计怎样做的步骤,与如何避免冲突的逻辑处理。三是可帮助我们处理具体的问题有了主动性,减少盲目性,科学操作好课程设计过程的因素。如在具体的课程中如何处理知识、技能与各种能力的关系;怎样安排理论知识与实践活动的分配;以那些内容为安排主线,这些问题的产生与采取什么样的课程设计有关。它比泰勒的课程设计模式有了进一步的精确，可为我们解决课程设计的设置哪些课程，如何设置课程，各种内容、各种类型、各种形态的课程的相互结合如何达到整体优化的效应问题，我们应当认识与把握。

（二）体育课程设计的具体化策略

1. 不同目标（如认知、技能、情感等）之间的确定与划分

中国以往对体育课程目标的制定单一，主要局限于体能和运动技能的评定，忽视了对学生学习态度、习惯养成、情感、合作等方面的设置。针对这一不足，体育课程目标的开发与设计应能够为教学内容的选择和组织提供取向参照，为找到科学合理的教学方法提供取向参照，为发现知识的内在联系，促使多种不同目标地融合提供取向参照。解决这个矛盾，需围绕体育课程的本质特点——体育课程是运动认知的课程、生活教育的课程、情意性体验的课程、社会合作的课程等理解的实现，去开发与设计、评估和规定、综合和归纳、编制实施。达成既是运动又是教育，既是锻炼又能娱乐，既能参与又能欣赏的方案实现。该方案的问题解决，建议参见布鲁姆的教育目标分类理论。下面依据该理论对三个领域目标进行举例说明。

（1）体育认知目标。根据体育课程的培养目标，体育认知目标以运动行为为主导，身体发展为目的，含有学习者智力活动与技能活动两个方面。根据布鲁姆的教育目标分类理论，体育认知目标层级为由低到高分为：知识、理解、应用、分析、综合与评价六个方面（见表 6-15）。

表 6-15　体育认知目标举例

知识	学习者能够说出排球的垫、传、发球等基本技术。 学习者能够编制健美活动操。 学习者能够欣赏体育舞蹈
理解	学习者能够理解释身体育的意义。健康工作五十年、幸福生活一辈子。 学习者能够表述乒乓球的知识与技能的理解。 学习者能够树立健康第一，禁止吸烟的行为
应用	学习者能够运用健康知识，制定健康处方。 学习者能够参照保健知识，指导生活。 学习者能够应用篮球规则评估比赛
分析	学习者能够分析投篮技术，改进技术。 学习者能够运动损伤的成因，积极预防。 学习者能够自我分析肥胖成因，建立正确饮食行为
综合	学习者能够运用生理学、解剖学等知识，指导自我身体健美。 学习者能够营养学、健康学等知识，管理自我的生活。 学习者能够综合运用如太极拳、羽毛球等不同运动方式进行锻炼

续表

评价	学习者能够评价他人身体状态，科学指导选择如太极拳、羽毛球等不同运动方式。 学习者能够正确评价与判断、科学测量分析肥胖的成因。 学习者能够评价和选择不同体育活动的健身价值，制订计划、科学实施健身锻炼

（2）体育技能目标。体育技能目标可分为知觉、模仿、变化、改进、选择、应变和创造（见表 6-16）。基于体育教育的特点，体育技能目标的描述需要用明确的、行为表现的动词进行陈述，给予使用者具体清晰的理解。

表 6-16　体育技能目标举例

知觉	能够感知水对身体姿势的运动影响。 能够感知乒乓球接球时的球速矢能传递。 能够感知跳远时身体四肢的位移
模仿	能够模仿排球的垫球。 能够模仿足球的颠球。 能够模仿武术的飞脚
变化	能够根据防守者的行为，选择是投篮，还是运球上篮。 能够根据外界的安全情况，做出自我保护。 能够根据外界风速的变化，选择出手角度
改进	能够通过不同器械的重量，改进铅球出手的速度。 能够运用乒乓球发球机，改进乒乓球技术。 能够借助陪练，提高舞蹈表演能力
选择	能够乒乓球防守者不利，正确选择不同发球方法。 能够根据羽毛球防守者的站位，正确选择不同发球方法。 能够选择不同的运动方式锻炼身体
应变	能够根据防守者的战术，及时应变自己的进攻方式。 能够根据健美操比赛规则的变化，重新组合自己的动作。 能够根据外界环境的气温变化，适宜改变自己的锻炼方式
创造	能够将所掌握的健美操战术技能，重新编排出新的套路组合。 能够运用运动知识、健康知识，重新编制出新的运动健康处方。 能够根据篮球学习者的不同要求和需要，重新编制出新的运动计划

（3）体育情感目标。体育情感目标涉及感受、兴趣、态度、动机、鉴赏、信念和价值观等隐性观察行为，很难予以描述，基于这些特点，对体育情感目标的描述需要选择与该学习行为相关的、能明确该表现形式活动结果的词语作为陈述，给予使用者具体清晰的理解（见表 6-17）。例如，能确定一种表明学习发生的具体行为感受。

表 6-17　体育情感目标举例

接受	学习者接受健美操学习的运动体验。 学习者接受体育游戏的欢乐喜悦。 学习者接受体育舞蹈节奏动感、音乐美感的快乐感受

续表

反应	学习者对武术学习错误动作的反应。
	学习者对于练习他者的合作反应。
	学习者对学习评价的正确与错误的反应
判断	学习者能对所学习的投篮动做出正误的判断。
	学习者能对他人和自我的体育运动行为，做出道德与不道德的判断。
	学习者能对不良运动锻炼的方式做出正确判断
组织	学习者能积极组织班级篮球体育活动。
	学习者能积极参加社区乒乓球组织活动。
	学习者能组织编制健康运动处方
态度	学习者具有热爱运动、锻炼身体的价值观。
	学习者具有正确欣赏足球比赛的态度。
	学习者具有顽强拼搏、胜不骄败不馁的体育精神

总之，体育三维目标的构建要有由低到高的逐级发展关系，不能违背循序渐进的学习原则，每一层次的目标目的要与学习者受教育的层次相适应。其次，目标行为的主体必须是学生而不是教师。要注意把把抽象的技能目标转化为具体目标的描述时，要用相对应的作业形式予以表述，不能模糊，如刺激、反应、标准。例如，篮球运球上篮，说出运球上篮的组成部分名称、基本步骤、注意事项，演示出运球上篮。

不同水平运动参与目标的比较，如表 6-18 所示。

表 6-18　不同水平运动参与目标的比较

水平四	水平五
合理安排运动时间，掌握测量运动负荷的常用方法	根据科学锻炼原理，制订并实施个人锻炼计划
1. 知道合理安排锻炼的时间的意义。	1. 知道科学锻炼的基本原理。
2. 合理安排锻炼时间。	2. 知道如何设置锻炼目标。
3. 运用脉搏测定等常用方法测量运动负荷	3. 根据自身情况，制订个人锻炼计划。
	4. 按计划坚持体育锻炼

2. 不同课程设置之间的确定与划分

杜威告诉我们，"学生、学科、社会"是课程设计的核心。而中国体育课程的设计，长期一直以来基本都是围绕学科和社会为中心，缺乏对学生学习的关注。因而，所谓的不同课程设置之间的确定与划分，从设计取向上看是指如何处理体育课程的选取与分配的结构问题(见图 6-11)。实质的背后不仅解决好对课程"教什么"的、学生"学什么"的能力培养问题，还要体现出"以谁为主导"的方向性问题。基于此认为，课程之间的确定与划分应围绕以下方面进行：以体育教育目的终身体育能力为取向，关注个性培养；始终抓住课程的本质"基础性、实践性、健身性、综合性"，课程的表现性"既是运动、又是教育，既是锻炼、又是娱乐，既能参与、又能分享"及时更新内容；课程要贴近休闲生活、社会娱乐，让学生享受运动乐趣；课程的设置既有共同性的、又有差异性的。解决不好这个矛盾，如果课程结构不合理必然使体育课程的"三维目标"不能完美实现，影响教育目的的培养。该问题的方案解决，建议参见中国学者毛振明的"十字象限"课程编制模式。

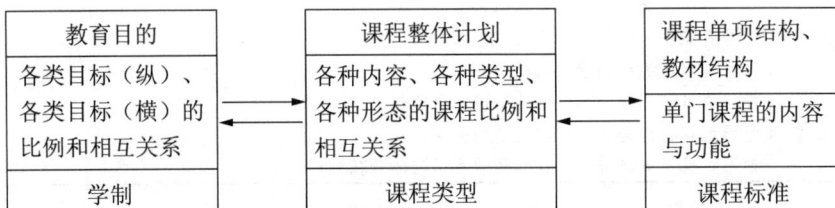

教育目的	课程整体计划	课程单项结构、教材结构
各类目标（纵）、各类目标（横）的比例和相互关系	各种内容、各种类型、各种形态的课程比例和相互关系	单门课程的内容与功能
学制	课程类型	课程标准

图 6-11   课程设计流程示意图

3. 不同课程内容之间的比例确定和划分

所谓的不同课程内容之间的比例确定和划分，取向是指构成课程整体的各个组成部分的比例及其结合方式、相互关系。实质背后是如何实现课程整体优化的问题。既要有利于提高全体学生的健康素质，又要有利于学生发展个性、学有专长、各得其所。就必须保证课程实现最好的效应，既整体大于部分之和。就是说，课程结构是一个系统，在设计时它除了处理好课程的构成之外，它还需要处理好各个课程之间相互的"联系"，才能获得成功(见表 6-19)。其公式：$E_{整体} = \sum E_{相互关系} + \sum E_{横向联系}$。

表 6-19   高一学年各项教学内容时数比重分配表

教学内容分类				年级 高一
基本内容		体育卫生保健知识		4
	实践内容	各项基本内容	游戏	4
			健美操	18
			田径★	4
			体操★	4
			球类★	26
			武术	18
			秧歌舞	18
			机动	2
			考核	2
		发展身体的素质练习		4
		合计		108
		选用部分★		34
高一年级总学时 108，第一学期 54，第二学期 54。学期：3 学时/周×18 周				

4. 不同学年段与课程内容教学层次的确定与划分

所谓的不同学年段与课程内容层次的确定与划分，取向是指为不同学段的课程内容的基础水准进行设置，即每一学段的基础知识和基本能力的一般基础标准、中间基础标准和最大发展区的标准是什么。如何为这某一学段恰如其分地选择取舍课程知识，既适时又适度的问题。编订认为要围绕三个方面组织释义。首先，确定一般基础学段的合格水平是什么、中间学段基础的共同水平是什么、最大发展区学段的水平是什么的分类比重，如体育课程标准的水平 1～水平 6 的学段划分。

其次，划分好学段后，构建各学段每一个框架组合的具体知识基准和学力标准的结构要素和基本成分，如水平学段 1 的认知领域、技能领域、情感领域的内容构成。最后，编订出各学段水平标准的哪些课程定基础、哪些课程拓宽、哪些课程拓深的结构编制与课程设置的教学内容实施说明与举例。

需要注意：一是各个学段的体育课程内容要适切课程目标对不同人才培养的目的；二是要使课程的质和量在学段阶梯的梯度分布上构成波浪式上升的递进，广度、深度和进度适切于学习者发展的知识水平和能力水平；三是课程内容的阶梯是逐一递进的多层级，其包容度能够包容群体学生发展的个别差异。能让不同发展水平差异的学生站到与自己相当的层级阶梯，逐级向上一阶梯层级攀登，达到自己能够达到的发展水平。

5. 不同学年段与课程认知水平的确定与划分

所谓的不同学年段与课程认知水平的确定与划分，取向是指根据学生认知水平确定与划分不同学段的课程，并选择相应的体育教学的组织设计。目的是植根于学习者的经验，保证每一学段课程的理解力与学习者认知水平相符合。一要形成"知识传递"的教学环境，激发学习者"潜能"实现最大发展区。二要基于学习者自身经验而展开"选项"教学、分层教学（初级班、中级班和高级班）等。

每一学段的课程教学组织方式，一般有以下教学组织要求供设计参考。

一是体育教学的组织设计向多水平性方向发展。根据不同学生的水平发展，分别制定出不同学习的标准，缩短教学内容与学习者需求距离。

二是体育教学的组织设计向多层次性方向发展。拓宽教学空间，实施分层教学，满足不同学生对知识内容和结构的要求。

三是体育教学的组织设计向多样性的转变。根据学生的需求和爱好加大运动技能学习选择的多样性，多元拓展教学内容运动外延，服务于学生发展性的要求和情感的体验。

四是体育教学的组织设计向个性化学习的转变。尽可能创设条件组织学生富有个性的学习，在课堂组织上允许用自己的方式学习学习，允许学生在一定范围内选择学习内容，途径和方法。

6. 不同学年段与课程学习方式的确定与划分

不同学年段与课程学习方式的确定与划分，其取向是提倡全人发展的概念，落实素质教育的实施。以合作与探究、领会与发现、讨论与自主、成果展示与交流分享等多种学习体验，复现知、情、意、行多维知识面孔。让学生享有"懂、会、乐"自悟快乐的学习与体验。引导学生从学习中获取个人的意义，促进个体学习的自我实现。改变传统学习方式，示范—模仿—练习—"授—受"的低级、单维的学习认知体验。传统体育教育过于把学习集中于大脑的识记过程，使学习者成为如镜子一般的动作映射器。这种着力于教学就是练习的填鸭式形式，使体育学习异化为一件很无趣的事情。忽视学习对成长过程的直接经历与体验，对个性的情感性与完整性。正如苏联教学论专家斯卡特金指出："我们建立来很合理的、很有逻辑性的教学过程，但它给积极情感的食粮很少，因而引起很多学生苦恼、恐惧和别的消极感，阻止他们全力以赴地去学习。"[1]

这告诫我们，应该在丰富多彩的体育学习活动中实现认知与情意的统一，力争使"学习与体验"成为课程教学内容的血肉，成为教学过程的灵魂。正如联合国教科文组织在《学会生存——教育世界的今天和明天》报告中指出："教育如果像过去一样，局限于按照某些预定的组织规划、需要和见解去训练……这是不可能的……教育正日益走向包括整个社会和个人终身方向的解放。"[2]

7. 体育课程设计的评价方式

体育课程设计的评价方式的取向，是对学习者认知方式与认知结果的预定和设想的评估。目的保障教育目的、培养目标的目的实现。降低或纠偏不良因素，保证体育课程设计的信度与效度。有以下四种类型方式，可为体育课程设计建立测量与评估的框架。

(1)建立测量评估框架

目的：确定如何解释和运用评估结果。

---

[1]　［苏］巴班斯基：《中学教学方法选择》，张定璋、高文译，北京，教育科学出版社，2001，扉页。

[2]　联合国教科文组织：《学会生存——教育世界的今天和明天》，北京，教育科学出版社，1996，第2页。

内容：确定被评估的对象和相应的可观测的表现。

效度：说明实际评估到的方面是不是我们想要的评估目的。

信度：判断实际观测到的与真实情境是否具有一致性，即在其他环境条件同样发生。

（2）四种评价方式

——预备性评价。在运用开始2～3周内，迅速对该体育课程设计方案进行评估。

——诊断性评价。用来确定妨碍课程方案正确实施的因素与瓶颈。

——形成性评价。是持续不断地在教学过程中进行，确定是否存在不良影响因素，是否需要调整。

——总结性评价。运用于对该课程设计方案结束的结果进行评估，确定等级、成绩或问题，以及有关哪些方面是否修正。

实施四种评价的方法，有问卷、观察、测量、访谈，常模参照比较、标准参照比较等（见图6-12）。

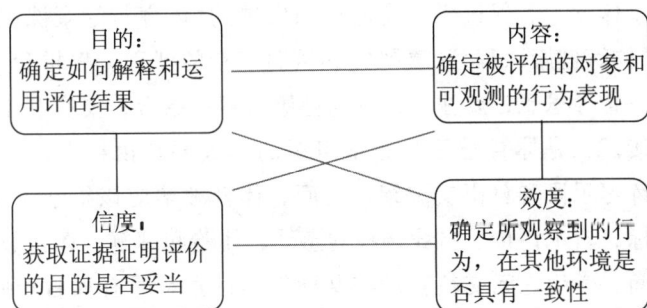

图 6-12　四种评价方式结构运用示意图

（3）课程评价目的

·对课程执行情况进行全面的分析和评估。

·寻绎课程理念、课程设计、课程目标、课程内容、课程组织等方面的问题与不足，为进一步完善和修正课程设计方案提供可靠依据。正如学者钟启泉所说，"课程评价为课程实施的可能性、有效性及其教育价值，做出'论据的收集与提供'。"①

8. 体育课程设计的文件编写

课程方案能否顺利实施，取决于一个好的课程指南给予教师执行的理解。以下对该方面的编写予以释义。

---

① 李定仁、徐继存：《课程论研究二十年》，北京，人民教育出版社，2004，第154页。

——阐明课程方案基本原理和宗旨。并举例说明。

——为课程方案各部分实施提供完整的准则和要求。并举例说明。

——确定每个形成性学习单元的内容与目标,制定规格明细表,详细分析表内所包含的各要素,以及各种要素的层级结构关系,明确各要素的重要程度。

——指出课程方案的各系统运行的计划、顺序、范围、领域。并举例说明。

——确定课程方案的各形态的组织技巧、方法、手段与策略。并举例说明。

上述表明,一是准确认识和把握课程设计的各要素的确定与划分是课程设计标准之一。犹如石墨和金刚石都是由碳元素组成,但因分子结构的排列组合不同,而产生的结果和效果就不同。正如教育部原副部长吕福源所说:"深入开展课程、教材、教学过程的改革,对学校体育来说,就是改革过去仅以竞技运动为中心的体育课程、教材、教学过程,建立面向全体学生、促进学生身心全面发展的'体育与健康课程'。要组织力量对'体育健康课程'认真研究和试验。新的课程、教材和过程要突出健康第一指导思想;要注重体育与健康教育相结合;要有利于大、中、小学相衔接。"二是体育学习与教学组织的形式要自由组合、自由交往、自由选择练习手段和自由支配练习时间、体育教学应该给学生自主学习的自定目标、自主评价、自我调控的感受、体验和理解。体育教学活动,是师生之间、学生之间交往互动与共同发展的过程。有如古希腊哲学家柏拉图的教育名言,"自由的人不能用强迫的或残酷的方法施教。"①

【思考与启示】

一是理解与掌握体育课程设计主要包括:课程目标设计、课程内容设计、课程结构设计。

二是理解与掌握每一种体育课程设计的原则与要求、组织与步骤、形式与结构。

三是运用所学知识,设计与编制体育校本。

四是解析中国传统体育课程设计局限,要道出体育新课程在课程设计方面出现的特点。

---

① [英]约翰·洛克:《教育漫话》,徐诚、杨汉麟译,石家庄,河北人民出版社,1998,第3页。

【作业与讨论】

1. 识记体育课程的编制与设计的含义与区别。

2. 简述体育课程编制要实现的任务。

3. 简述传统与现代体育课程的区别。

4. 简述体育课程设计的三个层面。

5. 简述体育课程设计的任务。

6. 识记体育课程设计有哪些理论，这些理论对课程有什么影响。

7. 简述体育课程设计的流程指向。

8. 简述影响体育课程设计因素有哪些。

第七章 体育课程的编制

【本章摘要】

课程的编制是将课程走向可教性的教材化、教学化的可量化、学习化的可操作的具体形式。目的是处理好课程可教性与可学性，在教学内容的组合形式与排列关系，将课程的实施产生"整体大于部分之和"的问题。因而，体育课程编制，既是按照教学经验和条件系统改造而形成有计划、有指导的教学预设，又是确定课程得以学习化进行的具体计划与策略，没有体育课程的编制就没有体育课程的教学实施。

为此，本章将从体育课程转换成教材的选择与组织、编排与设计、评价，教学实施的设计与策略等逐一评述与释义，解析课程编制的组成因素，指导如何把选定的体育课程设计编制成一系列的教学活动，将选定的知识改造成为"可学习的内容与形式"传递给学习者，实现预期的教育结果。

【本章内容结构】

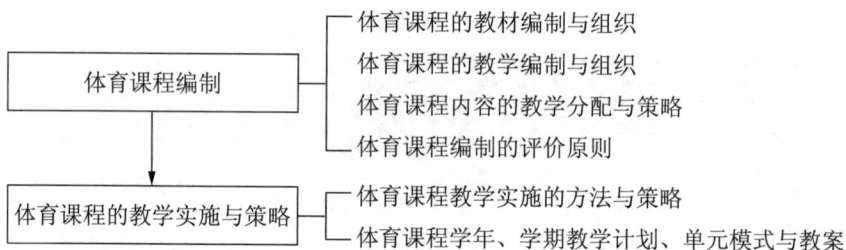

```
                         ┌─ 体育课程的教材编制与组织
                         ├─ 体育课程的教学编制与组织
 ┌──────────────┐         ├─ 体育课程内容的教学分配与策略
 │  体育课程编制  │─────────┤
 └──────────────┘         └─ 体育课程编制的评价原则
        │
        ▼
 ┌──────────────────┐      ┌─ 体育课程教学实施的方法与策略
 │ 体育课程的教学实施与策略 │──────┤
 └──────────────────┘      └─ 体育课程学年、学期教学计划、单元模式与教案
```

【本章理解】

1. 识记体育课程的编制的基本功能与表现应用形式。
2. 思考理解体育课程编制对体育课程教学组织的影响与启示。
3. 掌握体育课程编制教材化、教学化的组织构建与方法实施。
4. 举例说明与分析不同体育课程编制的相关组织与选用原理。

【关键词】

体育课程编制；教材化；可教化；可学化；选择与组织；编排与设计；策略与方法

　　研究表明，课程如果不能有效转化为可教性的教材，良好的学习是难以发生的。为此，课程编制是解决课程转换成教材化、可教化、可学化的策划与措施，实现课程的构成最有利于学习者"接受—适应—创造"的教学内容组织体系。从世界各国教育改革的经验来看，课程不进入教材化、可教化、可学化的编制层面，不论课程如何改革都难以取得实质性的成效。因而，讨论课程编制就是讨论课程教与学的运用。基于此，确定体育课程教学内容编制的选编方式和方法，提出体育课程教学内容设计的三大原则来消弭不足。完善体育课程教学内容编制理论性和教学方法性的统一，使体育课程教学内容编制在学习视域的完备。曾如布鲁纳明确认为："学习的最好刺激乃是对所学材料的和谐设计。"①也恰如巴班斯基的一个著名主张，"教学即必须把教的最优化与学的最优化融合在一起"②。

第一节　体育课程编制

　　体育课程的教材化、可教化、可学化的设置与预设，一直是体育课程编制的核心问题。在以往传统体育课程在教材化、可教化、可学化的有关设置的选择过程中，往往是直接将体育运动中的运动项目移植为课程的教学内容，或者简单地根据与体育课程目标对应的要求来选择教学内容。对"课程与教材化、教学化的内部诸要素之间的有效可学性的联系"考虑不足。现在这一观点已经受到挑战，教材编制是"以教为主"还是"以学为主"，是区分体育课程在教材化、教学化设置选择的重新思考。因为，体育课程编制既是区分现代教学理念与传统教学理念的分水岭，又是联结体育教材化、教学化的选择与分配、组织与构建的重要"纽带"。它不仅制约教师"教"的活动，也影响学生"学"的活动，是直接关系到体育教学目标和新课程能否实现的关键要素。过去的体育教学大纲中对教学内容的编制有明确的安排，现在只给出了目标引领学习领域的体育课程标准，如果不能根据课程编制对本校情况实施安排，教学任务就难以完成。可见，科学掌握体育课程对教学内容的选编使体育课程教材化，变成可教性的"学习的内容"尤为重要。正如皮连生认为："课程编制融入教师的经验和教师对学习者现有的知识水平、能力、经验及学习需求的

---

　　① ［美］布鲁纳：《教育过程》，北京，教育科学出版社，1980，第114页。

　　② ［苏］尤·克·巴班斯基：《论教学过程最优化》，吴文侃等译，北京，教育科学出版社，1982，第174页。

了解。"①

一、体育课程的教材编制与组织

上述得出，课程编制既是按照教学经验和条件系统改造而形成有计划、有指导的教学预设，又是确定课程得以学习化进行的具体计划与策略（见表 7-1）。对此，美国著名课程专家泰勒认为，学习经验的组织结构有三个层次。在最高层次上，结构要素可以由具体科目、广域课程、核心课程、未分化的结构（类似杜威的活动课程）任何一种组成；在中间层次上，各种可能的结构有按顺序组织的学程、以一学年或一学期为单位的学程；在最低的层次上，可能的结构由小到大有课、课题、单元。② 而对此，英国学者劳顿则认为，课程的设计与编制的可以分为五个步骤进行。第一步，针对文化的普遍性，从哲学的角度提出教育的目的、有价值的知识等问题。第二步，针对文化的多样性，从社会学的角度提出已经建立的或想要建立的社会对课程的要求。第三步，文化的选择。第四步，针对学习、教学及学习者的发展，从心理学的角度提出课程设计的问题。第五步，按照认知思维的逻辑，设计步骤与顺序、组织课程。③

表 7-1 课程编制对教师行为的主导

分析教材	分析学生	分析环境
1. 分析教材特点与价值。 2. 分析教材重难点。 3. 教材分类。 （划分学习范围对应学生特点和要求） 4. 教材是否适合于课堂教学，是选用、改造、还是拓展。 5. 弥补国家课程设置的不足，校本课程的开发	1. 分析不同学段学生的心理和生理特点，科学编制不同学段教材。 2. 分析学生的身体素质与运动技能水平，科学编制不同学段教材的水平度。 3. 分析学生选用教材的兴趣和不同需求。 4. 分析教材对学生未来的需要性，科学精选教材	1. 分析学校地理气候特点，科学分布教材。 2. 分析学校教学环境与场地器材条件与班级人数，科学安排教学任务。 3. 分析当地人文环境，科学选用教材。 4. 根据当地人文特色，科学编制校本教材

文献梳理发现，中国传统课程教材的设置与编制主要是围绕以下方面展开的：总体课程的设计，即总体目标的确定、总体课程内容的选择、总体课程组织方式的设计；科目的设计，即科目目标的确定、科目内容的选择、科目组织方式的设计；单元的设计，即单元目标的确定、单元

---

① 皮连生：《教学设计——心理学的理论与技术》，北京，高等教育出版社，2000，第 20 页。

② ［美］拉尔夫·泰勒：《课程与教学的基本原理》，施良方译，北京，人民教育出版社，1994，第 152 页。

③ Kelly A. V. , *The Curriclum*，P. C. P. Education Series，1988，p. 222-225.

具体教与学活动的设计；教材的写作与编辑，即课文、练习、版式的设计。对于上述研究成果，本文认为，应以《新课程指导纲要》为指导分析，吸吮中国传统课程编制的经验，参照现代知识在课程发展的要求，"知识的发展性和综合性、知识的联系性和应用性、学习的理解性和过程性，为学生全面发展的服务性"为出发依据，施以教学内容的选择与组织才是可为的。择其善者而用之，其不善者而舍之，应是我们的基本态度。

（一）体育课程教材化的分类方法

从课程对教材选编分类的方法看，中国对体育课程走向教材加工分类的研究上，存有两种方式。

其一，研究发现中国 20 世纪传统体育课程教材的划分方法有以下方面：

（1）以全面锻炼身体为出发点，按人体解剖部位分类。如把活动方式分为上下肢运动、躯运动、跳跃运动和全身运动等。

（2）以发展人的基本活动能力为主的分类。以走、跑、投掷、跳跃、攀登、爬越、悬垂支撑和平衡、角力等为教材内容。

（3）按运动项目分类，把运动项目以外的内容，当作辅助教材或教学手段。

（4）按发展身体素质的作用分类。把教材划分为速度、耐力、力量、灵敏、柔韧等安排。

（5）按发展人体机能的效果分类。把教材划分为有氧锻炼和无氧锻炼的课程内容安排。

（6）以养生、健身、防病、治病、康复等为教材分类。

其二，学者毛振明等认为可从以下方面进行划分课程内容：

——从运动和技能出发，按运动项目分类；

——从生活和运动娱乐出发，按休闲目的分类；

——从终身体育目标出发，按运动能力分类；

——从健康和体力出发，按锻炼性质分类。

对上述观点分析可见，一是可以发现对体育实践需要的目的与指向不同，对体育课程转换成教材化选择的标识就不同。如何将这些不同目的课程内容统筹协调、科学处理综合优化为教材、就成为课程编制的难题。二是由于体育课程内容来源不仅存有运动技能知识的多样性，也存有无数有关身体锻炼、保健卫生等科学的知识。这就使体育课程的教学内容的如何选择、怎样选择难以定性和定量。三是这些课程知识内容大多相互之间不存在着关联性、序列性的理论演绎和逻辑构建，更多的则是强调本知识的独立。说不清应谁先教谁后学，谁是基础、谁是核心。这就给课程成为教学化的选择与编制带来"朦胧不清"的困惑。

因而，为解决这些问题，课程编制的研究应做的着力点：一是使体育课程教材化，变成可教性"学习的内容"，使抽象的体育课程内容更贴近学习情境；二是精选出最符合体育教学目标和学生终身体育发展需要的课程内容；三是通过科学的编排、配伍与物化，使课程在教学实施更具有系统性和有效性，体现出"1＋1＞2"的结果。正如美国学者舒尔曼的认为，确定有效教学的基础，关键在于把学科知识与教育知识的融合，在于教师拥有将他所知晓的学科知识改造成教学意义上的能力。[1]

（二）体育课程教材化的选编要求

据上而知，由于体育学科既是一个具有多文化来源的特点，又是一个存有知晓性知识、操作性知识和道德性知识的综合体。因而，课程对教学内容的选择过程，应是一个理性的过程、科学的过程、价值判断的过程，必然要有一定的关涉标准与依据。需要明晰哪些知识需要"蜻蜓点水"，哪些知识需要螺旋排列、哪些知识需要直线排列？基于上认为，体育教学内容的选择要依照以下几个方面的规准实施才是可为的。

1. 符合体育课程目标的设计

体育教学内容的选择受到多种因素的影响，但在这些影响因素中，应当以课程目标为最主要的依据。这是因为体育课程目标是使体育课程编制为教学各个阶段的先导和方向。即有什么体育课程目标，便有什么体育教学内容。但在以往的体育教学内容选择时，内容的选择经常脱离目标。例如，课程目标尽管包括认知、技能和情意等目标，但在具体每一节课的体育教学内容的选择过程中，却仅仅注重认知和技能领域的有关内容。新课标中规定了新的课程目标和不同的学习领域和水平，我们应该在对此认真学习和领会的基础上，科学实施体育课程目标设计。对此学者叶澜认为："课程是实现人生理想的途径，社会目的的载体。集中体现着哲学方法、科学方法和艺术方法的综合运用。"[2]

2. 符合学生的需要及兴趣与身心发展水平

学生的需要是体育课程成为教学内容首选时应该考虑的另一个因素。正如建构主义指出，教学要植根于学习者的需要，关注学习者潜能的发展，这对于学习意义建构的生发非常重要。如果选择出来的教学内容不

---

[1]　Shulman L.："Those Who Understand：Knowledge Growth in Teaching"，*in Educational Researcher*，February，1986.

[2]　叶澜：《教育研究方法论初探》，上海，上海教育出版社，1999，第 325 页。

能被学生同化和吸收，就永远只是一种顺应的无效学习。教育实践证明，教学是一个主动的过程，这个过程取决于学习者自身主动的参与性。正如杜威曾说，当学习是被迫的而不是从学习者真正的兴趣出发时，这种学习相对来讲是无效的。据目前的许多调查结果表明，现在大多数的学生喜欢课外体育活动，却不喜欢上体育课，其中一个重要的原因就是对教学内容不感兴趣。因此在体育教学内容的选择过程中，就需要根据学生的特点确定教学内容的深度、广度和难度。体育学习不是标准化的统一，体育学习不存在差生，每个学生都有自己的学习领域，有自己的学习类型和认知风格。只要根据学生的喜爱去设计教学内容，相信有意义的学习就能发生，学生终身体育的行为就可能养成。

这就要求我们，从体育课程本质关系之间的教育目的性解析，它以知识"应是什么""应如何"的形态施之功用。一是以学习内容的多样化，划断课程命题知识属性与学科活动归向的问题。二是以教学方式的多层化，让不同学习者找到自己学习的"向度"，即体现"因材施教"的教育本质。例如，实施初级班、中级班、高级班，让学习者根据自己的学习能力进行自由选择。三是施以多元评价方式，激励、引导学习。改变传统你不愿学习，我强迫你学习。实施现代学习理念，你不想学习、我引导你学习，帮助你学习。

3. 符合社会发展的需要

学生个体的发展总是与社会的发展交织在一起。体育课程的指向是为学生的未来社会的发展打基础。因此，在选择体育教学内容时，就必须考虑现实社会与未来社会的需求。体育内容的选择不可忽视未来公民适应社会发展所必需的体育素质，因此，体育教学内容设计不仅要满足促进学生身体、心理的发展，还要考虑学习者未来社会适应能力等方面的需要。所以课程内容的选择要回归生活，而对于一些新型的大众体育项目则应及时补充到体育教学的内容中去，如广场舞、排舞等。如果学生从小学、中学到大学的体育课学习，最后走向社会，老大妈、老爷爷会跳的舞，学生都不会跳，那就说明课程出现大问题了。

需要注意的是，体育课程具有进化、播化和涵化的三个基本属性。为确保体育课程教育传递的完整性、和谐性和全面性，需要对选择的课程内容按类型加以有效地组织，形成结构以有效地实现课程目标。既要有寓体育知识为宗旨的学科功能培养，也要有提高学生身体素质与运动发展的能力培养。既有体育科学生活方式的实践培养，也有体育文化传播的人文精神养成。诚如著名教育家叶圣陶先生所说："教育的最后目标就是使各部分分立的课程所发生的影响纠结在一块儿，使种种课程境界达到综合。"①世界教育实践表明，如果课程目标性质混沌，就会带来发展的认识不清的后果。不能从更广阔的角度挖掘体育课程既是锻炼、又是娱乐，既是运动，又是教育等的多元功能性质。给体育教育带来不全面的后果，难以实现培养全面发展的人的目标。

4. 符合体育教学素材的特性

体育教学素材的第一个特性就是其内在的逻辑关系不强，这使我们在安排教学内容时无法完全按难易程度和学生的准备条件来排列素材的顺序，体育教学内容的划分通常只是以运动项目来进行，划分后的教材之间又都是平行和并列的关系。如篮球和排球、体操和武术，它们看似有某种联系，但又看不清是什么样的联系，更说不清这些教材应谁先谁后，谁是基础谁是核心课程。我们还无法从学科范畴本身找到其内在规定性和顺序性。

体育教学素材的第二个特性是"一项多能"和"多项一能"。"一项多能"是说一个运动项目可以达到许多体育目的，也就是经常说的"目标多指向性"，如有人可以用健美操锻炼身体，有人可以用健美操进行娱乐，有人可以用健美操来表演，其实很多时候做健美操把几个功能都同时实现了，一个人掌握了一项运动也可以为自己的多种目的服务。"多项一能"是指体育内容的相互替代性，如想与同伴一起娱乐，踢足球可以，打排球也可以，玩篮球也可以，棒球也没问题。一个人不必拘泥在某一个项目上，做什么都可以达到一种目的。这个特性使得体育教学内容中没有什么非学不可和无法替代的边界性，也就是说体育教学内容没有很强的规定性。

体育教学素材的第三个特性就是数量极大，内容很庞杂，而且很难归类。人类几千年来创造出的体育运动项目多得让人无法数清，而且它们多姿多彩，各个运动技能对身体素质的要求也多种多样。有些运动技能还相互干扰甚至是矛盾的(如田径用力和游泳的用力方式就是完全不同的方式，要求的身体素质也大相径庭)。因此，一个数学家可以基本掌握数学的全部原理和绝大部分内容，而无论是多么优秀的体育家却只能掌握体育运动中很少的一部分。这就是体育教师难以精通全部体育项目，也是只有体育师资培养才提出"一专多能"要求的缘故；因此根据本地社会文化、生活习惯，编出适合当地和教学条件的教材就尤为重要。

---

① 课程研究所：《课程改革整体论》，北京，人民教育出版社，2004，第45页。

体育教材的四个特性，要求我们注意体育与健康课程是以学习体育与健康知识、技能和方法为主要内容的。从纵向上看，是"课程与内部诸要素之间的有效联系性"的问题。在课程的有序性方面，要做到知识、技能与方法的前后衔接，形成后继经验与前面经验之间积累叠加，实现整合达成能力的养成。质言之，既要完成传授知识、技能，也要教会学习者学会学习的方法。从横向上看，是"怎样有效实现组织学习经验"。在课程的可教性的转换方面，是指由于各年级学段的要求不同，课程结构的组合与形式也就不同。要处理好课程结构的组合与形式的排列组合的关系。从整合性看，是使内容与功能产生"整体大于部分之和"的问题。从可教性看，是实现各种类型的课程内容符合学习者的认知力，以有效实现课程目标。正如有论者认为，体育课应该教懂、教会、教乐，让学生不但锻炼了身体，还要学会一些可以终身受益的运动技术。

体育课程教材可教性的选择标准，如表 7-2 所示。

表 7-2　体育课程教材可教性的选择标准

项目例	目标性	科学性	可行性	趣味性	社会性	选择结果
拳击	×					不选
前空翻	√	×				不选
保龄球	√	√	×			不选
铅球	√	√	√	×		不选
滑冰	√		√	√	×	不选
武术	√	√	√	√	√	选择
篮球	√	√	√	√	√	选择

（摘编于毛振明、于素梅、杜晓红：《初中体育教学策略》）

（三）体育课程教材化选编的原则

一是教育性。即在选择体育课程成为教学内容时，应注重选择作为一个公民必须具备的体育基本知识、运动技能和体育能力的相关教育内容。不仅使学生掌握体育与健康基本知识与技能，并能有效地增进健康，还要能形成良好的个性，通过提高体育文化素养，为养成一个合格的公民奠定基础。

二是实用性。体育课程的产生归根结底是由社会需要形成的。因此，体育课程成为教学内容必须反映社会发展的要求，适应社会发展的趋势。因此，在选编体育课程内容时一定要注意既要打好基础，又要选择大众喜欢的、社会上比较普及的，并有很好的健身娱乐效果的项目和练习为主要点。

三是趣味性。学生的体育兴趣决定着学生对体育活动的关注度，并在很大程度上决定着学生的体育学习行为的方向，成为决定体育学习的主导力量。体育课程内容要为学生所接受，就应充分考虑学生的兴趣、需求和能力的实际，使学生能够体验到成功体育的乐趣。才能改变了学生喜爱体育活动不喜爱体育课的现象。

四是科学性。体育课程内容的选编不仅要符合不同学段学生的身心发展特点，有效地促进学生的身心健康。还要充分考虑学生的个体差异，体现个性学习的自由度。尽量为每一个学生提供适合自己的学习体育运动方式。让每个孩子的运动潜能都能得到充分发展，享受体育运动的乐趣。

五是可行性。

——所选编的课程内容能否满足体育知识与技能的相关要求。

——所选编的课程内容能否满足健康生活与休闲娱乐的相关要求。

——所选编的课程内容能否与教学环境、教学时间等相统一的要求。

——所选编的课程内容能否与不同学习者学力相统一的要求。

二、体育课程的教学编制与组织

从教育发展的过程看，过去的课程的编制大多数以学科的知识体系为框架，按照各项知识的逻辑关系顺序来安排教材内容。由于体育学科中各项知识间的逻辑关系既不同于人类认识自然的历史发展逻辑，也不同于每个人自身的认知发展逻辑，往往给学习带来了许多困难。目前国外的体育课程多数不采用以学科知识体系为框架的做法，而是或从人与自然的关系，或从人与生活的关系，或从人的认知发展规律等出发组织教材内容。在课程史上，基本形成了这样几种相互对立的教学内容组织方式与编排方法，以下对其的论点逐一进行释义，供参考借鉴。

（一）体育课程教学编制的方式

1. 纵向组织与横向组织

纵向组织与横向组织都是课程史上最有影响的教学内容编制原则。所谓纵向组织，或称序列组织，就是按照某些准则以先后顺序直接排列课程内容。一般说来，其强调学习内容从已知到未知、从具体到抽象，注重知识认知的深度，形成某一方面较高的运动技能。所谓的横向组织原则，强调知识的整合，即要求打破学科的界限和传统的知识体系，综合课程内容，以便给予学生更全面地知识认识。两者的命题标识出，横向组织强调的是知识的广度而不是深度，关心的是体育知识素养的形成而不是形成某一方面较高的运动技能。

显然，两者各有利弊，应针对不同学段（小、中、大学）应有不同的指向要求，应科学地选择与利用。如小学学段的体育教育目标是发展与形成学生的基本体能的能力（走跑跳跃、攀登、悬垂、摆动、钻爬、追逐、躲闪、平衡、滚翻等）应以横向组织为原则，体育课程对教学内容的选编应以综合性知识为主，以增进学生健康、应体现出素质的全面发展为目标。初中学段，体育教育目标是既要继续发展学生的基本体能的能力，又要迈向达成学生运动技能的形成。因而，应以纵向与横向组织原则相结合，注重"课程与教学内部诸要素之间的有效联系性"的问题。在课程的有序性方面，通过知识、技能与方法的前后衔接，形成后继经验与前面经验之间积累叠加，达成运动能力的养成。在高中阶段，体育教育目标是形成学生两项终身运动能力的形成，应以纵向组织为选编原则，以形成学生专项的运动能力为指向。显然，对这些问题的能否理解，已成为当前体育课程编制最关注的和亟待解决的问题。

2. 逻辑顺序与心理顺序

教学内容究竟应该按照认知的逻辑顺序组织，还是按照心理逻辑顺序组织？所谓按认知逻辑顺序，就是指根据学科本身的系统和内在的联系来组织教学内容；所谓按心理逻辑顺序，就是指按照学生身心发展的特点来组织课程内容。目前，越来越多的人倾向于学科的逻辑顺序与学生的身心顺序的统一。因为，一方面，教学内容应该考虑到学科本身的体系，学科体系是客观事物的发展和内在联系的反映；另一方面，教学内容是为学生安排的，如果不符合学生的认知特点与生理特点，学生就难以接受，那么再科学的内容也是无效的。对此有些学者就提出了认知逻辑顺序与心理逻辑顺序相互统一的课程编排方式。认知逻辑顺序和心理逻辑顺序组织形式是体育教学内容常用的两种排列形式。

3. 直线式与螺旋式

直线式就是把教学内容组织成一条在逻辑上前后联系的直线，前后内容基本上不重复。螺旋式（或称圆周式）是指某一教学内容在各年级反复出现，但逐年提高要求的排列。这是体育教学内容最基本常用的两种排列形式。

直线式教材排列方法既可通常适用于以下性质的教材：比较简单的，可以在一个单元教学中学会的运动素材；比较复杂，但不需要深入学习和完全掌握的运动教材，即介绍性、体验性运动教材；理论知识教材。也可适用于深入的一条线学到头，以学会一种运动技能。如部分体育设施好的学校，学生人数少小班教学的（20～30人），也可直接采用直线式教材排列深入学会一种运动技能后，再学习另一种运动技能的方法。

螺旋式教材排列方法适用于比较复杂的，又是需要深入学习和较好掌握的，需要在几个单元中进行教学的运动教材：一是发展体能的各种田径项目，因涉及的素质多，需要螺旋式排列反复出现；二是一些娱乐性强，需要反复体验乐趣的运动教材，如"三大球两小球"等。笔者认为，不同学段有不同的编制要求，如初中的体育课程面临着既要发展体能、又要提高技能的两项任务，前期一年级应以直线式教材排列，后期二、三年级应以螺旋式教材排列为宜。

由上而知，对两种排列方式的应用，应依据不同学段教育目标的要求、不同学校的具体情况而定才是科学的。笔者认为，当前中国小学阶段的学习任务是发展体能，使身体获得全面的发展，为以后学习运动技能奠定基础，应以直线式教材排列方法为宜。初中阶段的学习任务是在发展体能的基础上、形成基本运动技能，使身体获得全面的发展，为以后形成运动专长奠定基础。实现这一目标，需要的是知识的"宽度与深度"的结合，其运动技能的传授要体现出教材的多样性和学习方式的多元性相结合。以学习内容多样化与学习方式的多元化，促进学生知识、技能和情感与价值观的整体发展。由而，初中完成这一任务的教学设计，是前期一年级应以直线式教材排列，后期二、三年级应以螺旋式教材排列为宜。

高中、大学阶段的学习任务是注重学生运动爱好和专长的形成，奠定学生终身体育运动的能力。体育教育的实践证明，在教育改革的今天，高中、大学的教育任务不仅是传授知识，更重要的是帮助学生掌握学习的方法，培养形成终身体育的意识和能力。需要的是知识的"深度"——运动技能传授的系统性和完整性。如果学生蜻蜓点水样样都学，就会样样都不精、样样都不会，难以形成运动爱好专长和终身体育运动的能力。因而，实现这一目标的教学设计是"精教"，应以直线式排列方法为主才是可为的。正如泰勒指出，关于教育经验（课程）的组织，应当遵循的准则是连续性（continuity）、顺序性（sequence）和整合性（integration）。连续性是指直线式地重复主要的课程要素。顺序性是指把每一个后继经验建立在前面经验的基础之上，同时又对有关内容作更深入地、更广泛地的探讨。整合性是指课程经验的横向关系。①

---

① 　钟启泉：《课程论》，北京，教育科学出版社，2007，第11页。

(二) 体育课程教学编制的方法

由于体育运动技术存有多种多样，必须要合理地分类才能把握运动技术的整体面貌。才能明白需要教什么、怎样学。对其梳理弃异求同归纳发现有以下三种，比较解析如下供参考借鉴。

1. 按照学科体系的逻辑编排教学内容

其特点以学科的知识逻辑体系为本位，围绕教学方面可以选择的因素和策略组织教材。立足教学内容的递进、教学组织的递进、教学负荷的递进，遵循由易到难、由浅入深的教育学原则，循序渐进地组织安排教学内容。该编排取向对形成竞技能力较好，如传统的体育课程大纲。但这一体系遗忘了人的发展才是体育的目的，也是不足的。

2. 按照学生身心发展的规律编排教学内容

其特点把学习内容与学习者经验和身心发展水平的有机联系作为编排的要素，围绕学生现有的知识水平、能力、经验及学习需求与发展区的理解安排教学内容。该编排取向以植根于学习者经验、兴趣为主线，体现了以生为本，如 2004 年《体育课程标准》。存在问题是以学生需要为唯一，忽视了国家教育的目的与需要又是偏颇的。

3. 把学科体系与学生身心发展规律相互融合编排的教学内容

其特点吸取与融合 1 和 2 的优势，消弭了局限，把学科体系与学生身心发展规律的相互融合编排教学内容。不仅考虑学生的学，还继承了传统体育课程注重运动技能形成的经验。如 2012 年《新订体育课程标准》。正如学者毛振明所说："体育课程的教学内容有别于体育运动的内容，它是以教育为目的，必须根据教育的需要进行改造、组织和加工。"[①]

(三) 体育课程教学编排的要求

1. 连续性

连续性是指课程在教学内容的组织编排上，要给学生提供适当学习的连续机会，使学生有机会反复地、连续地练习强化这些技能，从而掌握这些技能。以达成长期的累积的学习效果。如果完全只是在同一水平上一遍又一遍地重现一个重要的教学内容，便不可能使学生的技能、态度、知识相互叠加、不断地发展，造成学习无效。

2. 认知性

心理学指出，学习不是孤立的、存有相互影响的迁移发生，学习的

---

① 毛振明、于素梅、杜晓红：《初中体育教学策略》，北京，北京师范大学出版社，2012，第 43 页。

认知性受学习者原有认知结构的影响。是指原已经获得的知识、技能，甚至方法和态度对学习新知识、新技能的影响。即体育课程在教学内容组织编排的前一个内容对后一个学习内容存有正负迁移的影响。如果忽视这一编排准则，就会导致在学习中出现前一个学习的知识、技能难以移植到新的情境中，为新运动程序的形成提供可辨性、稳定性的支持。不能唤醒已建立的肌肉、神经等组织活动与新学习之间产生认知编码的联系。不能促使新知识与大脑原有图式迁移而同化、不断扩展和壮大，反而产生干扰。

3. 整合性

整合性是把课程中各种不同的体育教学内容之间建立积累的联系，使各种分离的知识，整合达到最大的学习累积效果"1＋1＞2"。换句话说，整合性是指把教学内容"横"的联系与"纵"的联系相互融合。一是使助力学生获得体育整体的文化，把自己的行为与所学习的内容统一起来。二是通过体育内容的知识、技能和态度的学习的整合，使学生养成终身体育锻炼的能力，形成良好的体育生活方式习惯和养成健康良好的行为规范。

总之，对上述体育教学内容选编的组织与方法进行分析与检讨可以发现，每种都存在着优势与局限，彼此之间存在着强烈的否定与对立，既具有各自不变的稳固性质，也具有多重性（有些知识既可直线排列也可螺旋排列）和同一事物的反映性（知识的可测性和操作性）。如直线式课程编排，是将某种体育分科课程内容在相对集中的时间内，按照知识逻辑顺序组织排列，前后内容连续不予重现重复。知识形式与学科结构，由简到繁、由易到难、通约呈现。其优点保证知识传递的连续性和逻辑性，有利于系统掌握该课程的知识与技能。其缺点，不能恰当贴合学习者的心理和生理的特点。螺旋式课程排列，是依据学习者生理和心理特点发展的顺序组合排列，在不同的学习阶段重复呈现特定的分科内容。课程内容与学习者心理、生理特点紧密结合、进而统一。其缺点容易造成课程内容设置重复。

可见，如何根据课程目标的需要，科学选择、建构整合，超越各自的功能所掩盖，从课程选编的整体"1＋1＞2"着眼才是正确的。为此，在课程设置和设计时，必须注意科学处理好知识与教学有效性两者之间的关系，认清课程内容的目的与教学手段的统一性。显然，以上各种教学内容的排列形式，基于不同的立场，各有一定的利弊，我们在组织课程教学内容时，要充分考虑这几对关系。正如学者黄济、王策三在《现代教育论》书中所说："课程编排设计既要反映社会科学发展的真实面貌，也要符合学生的身心特点，这是现代课程论的基本性格。"①

三、体育课程内容的教学分配与策略

所谓的"体育课程内容的教学分配"，即通过运用教学设计原理来最大化的优化课程实现学习的可教性。为学习者提供最理想的价值优、效果好、效率高和魅力大的学习进程，将课程内容转化为教与学需要的实践情境。教育实践证明，体育课程内容的编制影响与制约着教学主体的水平与结构。正如日本学者佐藤正夫认为，课程内容是"从各门科学的知识素材中选择、整理并组织为，实现一定的教学目标的必要素材"②。

由于中国教育师从于苏联，因而一直以教学论指导课程的设计。以教为主，以致课程转化学习化的可教性不高、指导实践乏力，视野狭窄、研究主体单一，影响了课程与教学的联盟。当前众多学者对此展开了研究，在选择、引进和吸收国外课程设计的理论基础上，对这一问题已有了较为深刻的认识。但文献梳理得知，在有关体育课程内容转化为教与学设计方面，成果阙如、乏有问津。为了改变这种不利于学校体育发展的不良现象，本着铺好一砖一瓦，发掘好一点一滴，做好学校体育课程与教学的基础理论愿望。

为此，按照美国课程论学者施瓦布著名的"多焦点概览"的三种课程设计审视理论：其一，将理论与实际问题进行比较的路向；其二，对各种理论观点进行裁剪、变形、重组，使其适应实际的问题情境以及问题解决的需要；其三，以理论为基础，创造适应实际情境的新的解决问题的方法。③ 基于此，本节对影响体育课程内容转为教与学设计理论与策略进行客观省察、理性分析与概括，并由此尝试展开对其的构建与应用。

(一) 确定预期体育课程内容的教与学目标取向

俗话讲有什么娘就有什么孩子。同样道理，学习内容的选择也必须依照目标，有什么样的课程目标就有什么样的学习内容。只有保证目标和内容相对，才能使预期目标和学习认知结果相符合趋于统整。

传统课程设计以教为主体的示意，如图 7-1 所示，现代课程设计以

---

① 黄济、王策三：《现代教育论》，北京，人民教育出版社，2005，第149页。
② ［日］佐藤正夫：《教学原理》，钟启泉译，北京，教育科学出版社，2002，第164页。
③ 李定仁、徐继存：《课程论研究二十年》，北京，人民教育出版社，2004，第78页。

学为主体的示意图，如图 7-2 所示。

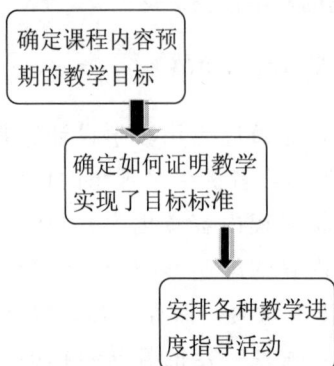

图 7-1 传统课程设计以教为主体的示意图

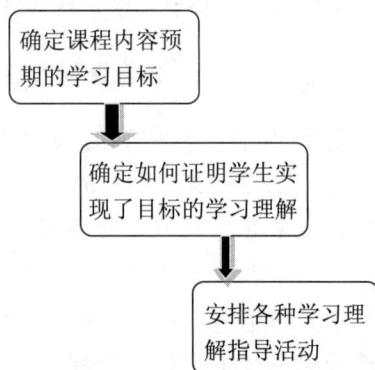

图 7-2 现代课程设计以学为主体的示意图

《1~9 年级体育课标学习目标》对各水平段球类教学内容的建议，如表 7-3 所示。

表 7-3 《1~9 年级体育课标学习目标》对各水平段球类教学内容的建议

水平段	教学内容建议	教学要求
水平一	能够在小篮球、小足、乒乓球等球类游戏中有所认识于积极参与	形成学生积极参与体育活动行为与意识
水平二	初步掌握小篮球、小足球、乒乓球等球类活动的基本技能与方法	初步掌握基本技能与方法
水平三	基本掌握小篮球、小足球、软式排球、羽毛球、乒乓球等球类活动的基本动作组合与方法	基本掌握技术动作的组合
水平四	初步运用篮球、排球、足球、羽毛球、乒乓球、毽球、珍珠球等技术技能参与活动	能初步运用基本技术技能活动

课程理论指出，体育课程的教学内容编制是一种目标导向下的系列活动。不论哪个年级、哪个课程层次、哪个具体教学环境的设计，都离不开确立目标、导向目标评估目标。为此，上述两种课程目标取向揭示出知识结构为谁的认知价值判断，指出出课程编制要顾及知识为"人"的意义。课程应以向学生传授知识、技能为主，还是以发展学生的能力为主，这是教师对课程编制的不同认识的反映，两者之间的选择是区分教师是传统课程观还是现代课程观的分水岭。不同的观点不但影响着对课程编制目标的选择，还影响着对教学内容和教学方法的选择。

在传统课程的教学内容编制中完成教的目标高于一切，按照教的标准和计算的方法，可以对各种学习过程和活动进行预测复制、把学习塑造为"是一种理性计算的教育结果"。使学对教保持着一种被动的状态，学习方式就是遵循教所设计、规定的道路行进，按照教所提供的"模子"塑形。显然在这一进程中课程内容的工具性价值掩蔽了对人文个性价值的尊重，人变成了客体而不是主体。时代的进步告诉我们，人的发展不仅需要知识，还需要许多其他的东西。如果仅仅围绕人的某一素质去发展，并把它视为完整人生的标准加以过分强调，是偏颇的。

故而，现代课程的教学内容编制理念上确立了个性化学习的崇高，使个性化学习成为学校体育课程内容设计围绕的"太阳"，即要求体育课程内容的选择与组织要为全体学生提供更加广泛、多样、灵活学习体育的机会和知识平台，努力保障全体学生终身体育的养成。

为此，新课程目标强调：

改变课程过于注重知识传授的倾向，强调形成积极主动的学习态度，使获得基础知识与基本技能的过程同时成为学会学习和形成正确价值观的过程；

改变课程结构过于强调学科本位、科目过多和缺乏整合的现状，整体设置九年一贯的课程门类和课时比例，设置综合课程，以适应不同地区和学生发展的需求，体现课程结构的均衡性、综合性和选择性；

改变课程内容繁、难、偏、旧和过于注重书本知识的现状，加强课程内容与学生生活以及现代社会科技发展的联系，关注学生的学习兴趣和经验，精选终身体育学习必备的基础知识和技能。

总之，把教推向学，体现体育课程为全体学生提供更加广泛、多样、灵活学习体育的机会和平台，努力保障全体学生终身体育的养成。而非像现在体育教学的诟病——生产流水线式地千篇一律的一个标准。寻求普遍性的教育规律转向寻求个人情境化的教育意义。反思 20 世纪以来的教育和课程历程为基础，以重建适合 21 世纪基于个人发展的课程为己任。正如学者毛振明在《体育教学改革新视野》一书指出：体育学习与培养仅仅满足于一般传授技艺与增进体能。体育文化"懂、会、乐"的意义和体育人化的崇高境界却被淡化和遗忘了。[①]

（二）体育课程内容教学编制的步骤

课程实践告诉我们，为了使课程内容与学习者的经验产生建立有机联系，需要对课程内容实施逻辑性和序列性的相关统整，使之教材学习情境化。对此，中国学者施良方提出："为了使学生的各种学习有效地联

---

① 毛振明：《体育教学改革新视野》，北京，北京体育大学出版社，2004，第 143 页。

系在一起，使学习产生积累的效应，需要对选择出的课程加以有效地组织。"①基于此，体育课程内容教材化的编制可分为以下四个步骤：

——体育教学内容的选择，使课程内容呈现易于理解的展示，适合学习者的经验。

——体育教学内容的编排，使课程内容组织与分类符合于认知的逻辑顺序，以及学习者的心理规律。

——体育教学内容的改造与加工，使课程内容符合于教育实施的实际情境。

——体育教学内容的媒介化，使课程内容符合于教学条件的情境。

体育课程编制内容教材化示意图，如图7-3所示。

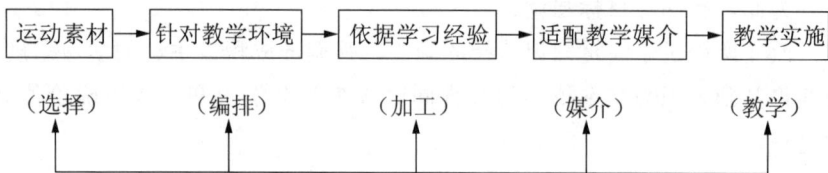

运动素材 → 针对教学环境 → 依据学习经验 → 适配教学媒介 → 教学实施

（选择）　　　（编排）　　　（加工）　　　（媒介）　　　（教学）

图 7-3　体育课程编制内容教材化示意图

上述操作表明，体育课程内容是围绕教学内容的组织和学习经验组织的两个维度加以安排的。体育课程内容选择的运动素材需要经过，教育目标的审视、学生学习经验基础的衡量、教学条件的媒介处理，方可以走进课堂教学实施。揭示出，成为体育课程教学内容的教材与原有运动素材已发生了教育学的变化，即使素材成为具有"科学性、人文性、工具性"的课程。换言之，它是根据某个阶段的教育目标，根据教育者的年龄和身心特点，依据学校现有的场地器材环境与条件情况，依据教学的课时计划的安排而展开的。

（三）确定预期体育课程内容的教学权重

体育课程内容编制的权重，是指向内容范围的深度、广度和难度之间的比例关系。如果把深度视为内容的累积，那么，增加广度就会降低即为累积范围的延深。而广度如果宽了，深度的知识累积就会失去。告诫我们组织不良，可能会引起学习经验之间相互冲突、相互抵消，产生副作用。解决这一问题的办法就是关注内容的应用性、实用性和迁移性，选择那些适应面广的、本质的、需要持久理解的知识。为此，对其正确选择的表现有三个方面。

———————————

① 施良方：《课程理论——课程的基础、原理与问题》，北京，教育科学出版社，1996，第114页。

一是所选择内容深度，其指向应是体育学科特定的事实、观点、原理和法则。即任何与该学科有联系的事实、论据、观念、概念都可以不断地纳入这个不断统一的结构之内，能给学习者带来一种普遍性的知识结构和框架的记忆。如学习羽毛球对掌握网球理解存有迁移的理解，同样篮球、排球、足球的相互之间也存在相互迁移规律。正如所说："教师的根本任务，就是用该门学科进步的和普遍的知识、观念来不断扩大和加深学习者的知识结构。"

二是所选择内容的广度，其指向是所选择的内容必须采取多元标准，要有不同学习层级包容的广度。在内容方面能将不同运动现象、观点呈现出来，提供给学习者更多理解的机会。在学习方式方面，能给学习者提供较大的选择，最大地满足学习者对体育课程内容学习的选择。能给学习者提供更多的个性选择，给予更大的个性化知识支配。曾如美国学者库姆斯在《对现代教育的挑战》一书中提出："现代教育满足人类的物质性需要，知识经济时代的教育则更多地满足人类的精神性、文化性和个性选择的需要。"①

三是所选择内容的难度，其指向是符合"最近发展区"的理念。内容的选择方面不仅要符合学习者的生理和心理发展的进程，还要考虑学习者在该运动成熟与发展，能反映出该运动对学习者生活的意义，符合社会需要变迁的发展趋势。对此巴班斯基认为："在全面考虑教学系统的特征及其内外条件的基础上，组织对教学过程的控制，以保证过程（在最优化的范围）发挥从一定的标准来看最有效的作用。"②

据上而述，有以下注意事项和要求：

（1）体育课程内容应符合学习者不同学段的身体健康素质与身体运动素质发展的需要（见图7-4）。如小学课程内容的选择应以学生的提高健康的素质为主，随着学段的递进应以发展运动的能力为主。

（2）简单理解的体育课程内容，即学习者应基本知道的有关体育的知识与概念（见图7-4）。

（3）应当掌握的体育课程内容，即学习者能进行体育运动锻炼与娱乐的基本动作技术和技能的构成。

（4）应当持久掌握的课体育程内容，即能固化学习者对运动理念、习惯养成的知识与技能。

---

① ［美］库姆斯：《对现代教育对挑战》，北京，教育科学出版社，2000，第105页。
② 顾明远、孟繁华：《国际教育新理念》，海口，海南出版社，2005，第254页。

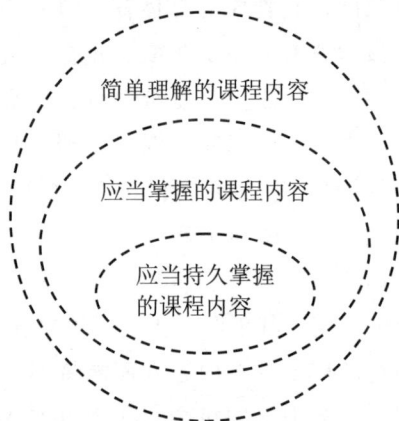

图 7-4　课程内容层次选择示意图

上述得出，(1)与(2)能体现学习者的结果，但不能反映(3)与(4)学习的最高体现——运动理解的真正建立。事实上相当的多的学生关注的是考试的分数，而不是对所学内容的理解。因而，做好该课程内容的组织与实施至关重要，要立足于建立学生对运动习惯的养成。否则会重蹈小学学体育，中学学体育，到了大学还是没有学会体育的泥淖。不同学段运动技术教学设计安排示意图，如表 7-4 所示。

表 7-4　不同学段运动技术教学设计安排示意图

学段水平	小学水平一	小学水平二	小学水平三	初中水平四	高中水平五	高中水平六
运动技术教学要求	提高基本活动的素质	形成基本活动能力	学习基本的运动技术	形成基本技术运用的能力	形成专项运动技能运用能力	形成高水平运动技能专项化

(四) 体育课程内容教学编制的策略

美国学者的肯普模式①独树一帜，很受课程理论推崇。该模式从课程内容目标归类、课程内容排序、教学策略实施等进行设计，具有很强的指导意义，现介绍如下。肯普认为，一个良好的课程设计规划要有九个要素(见图 7-5)：

(1)明确问题，说明设计方案的目标(确立目标、导向目标和评估目标)。

(2)在整个规划中要注意考察学习者特征。

(3)明确学科内容，围绕目标、目的的相关任务进行分析与构建。

(4)能清晰地向学习者交代教学目标与任务。

---

① 盛群力等：《教学设计》，北京，高等教育出版社，2008，第 21 页。

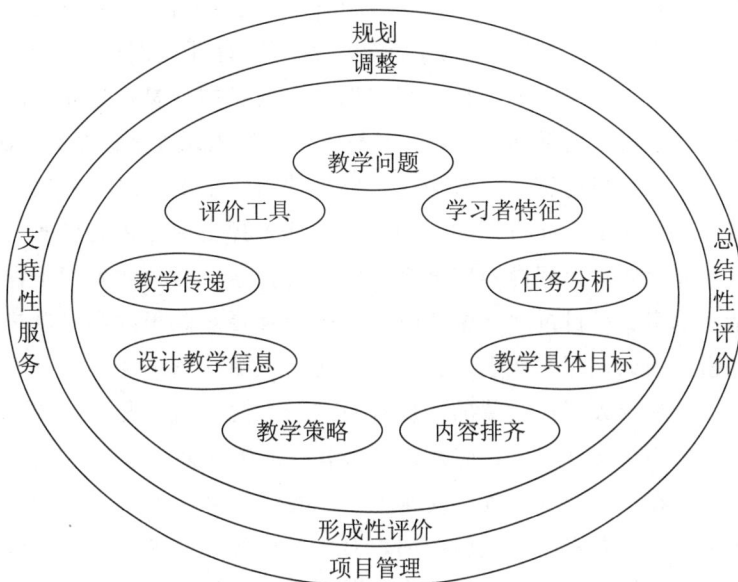

图 7-5　肯普课程设计规划的成分

(5)以体现学习的逻辑性,按序排列课程内容与教学进度。

(6)设计每个学习者都能掌握的教学策略。

(7)规划学习理解与学习自由度的教学计划与方法。

(8)开发评价工具用以评估目标。

(9)选择支持教学活动的资源。

肯普课程设计规划的九个要素,以学习理论、教学理论和教学技术的研究成果为依据,运用系统方法对参与体育课程的各个要素进行分析和策划,针对可能发生的问题提出解决问题的构想。力求为课程教学目标的实现,教学任务的完成以及教学过程的顺利实施提供前提和保障。该模式从学习者的生理、心理特点、已有知识和能力水平,对学习者的知识、技能和经验现状和期望所要达到的状态进行分析。从目标、学习内容、学习任务的范围等纵向及横向的关系进行详细剖析的过程。不仅揭示了课程内容的广度和深度,也释义各知识点之间的本质联系,可为体育课程内容设计提供有效的方法。因而,对其的理解与把握是必要的。

总之,需要指出的是,课程内容的选择与组织受一些因素的制约,既涉及理论问题也涉及实践问题,课程内容的选择往往很困难,存在以下问题需要认识。

其一,在课程内容教学的选择方式上的分歧。根本争论是在于是按照学科知识的逻辑性进行教学,还是按照学习者心理、生理顺序进行教学。为此，有人倾向于以"知识内容为中心"；有人倾向于以"学习者为中心"。事实上，今天看来，这两个问题从来都不是非此即彼的简单区分。改革实践证明，既要考虑课程内容知识教学的纵向连贯，也要平衡学习者需求及社会需求的横向连贯，才是科学融合组织课程是最好的方法。

其二，在课程内容教学的深度与广度的组织上的分歧。一般看来两者是彼此对立两个不同方面的问题。当批评者抨击课程内容偏难、偏深时，这就涉及要对课程内容广度进行的平衡探索；当批评者抨击课程内容繁杂、偏多、科目过缺乏整合时，这就涉及要对课程内容深度进行的平衡探索。为此，探索课程内容综合匹配的平衡一直是课程专家努力处理的问题。从今天课程改革的经验来看，两者之间可以是相互影响、相互制约，但不可相互对立，应是相互和谐、相互平衡才是正确的。

其三，在课程教学设置的安排上，是直线式教学安排还是螺旋式教学安排的分歧。课程改革经验证明，对于健康知识领域、田径领域等知识范畴较大、结构复杂、科目较多的课程安排采用螺旋式比较适宜；对于球类领域知识范畴结构完整性较强、逻辑性较大的课程安排采用直线式安排为宜。如果人数少、小班上课运用直线排列最适宜，课程编排既明了又便于教学。

总之，上述的争论既是为体育课程内容设计教学，还是为终身体育设计教学内容。虽然教材编写者努力向学习者的认知特点靠拢，但由于学习者需要的不同和差异的复杂性致使很难相同。因此，教学设计不能完全按照知识排列的顺序，按部就班地进行，必须依靠对教学对象的分析与教学内容的组织以及选择达到目标的合适教学方法和媒体科学组块，才能使学习者达到预期的教学目标。因而，学习者需要既是课堂教学设计的起点，又是课堂教学设计的归宿，切不可忽视。

（五）如何证明预期实现了课程内容的教学编制

步骤 4 这一模式按照观察、检查与测量的路向，对课程内容的教学设计选择进行了评价，将评价复杂的控制与预测，简化为易于教师实施的教学行为，既保留了评价结果的可信性和客观性，又证明了自己特定的可为理解和解释。梳理出，在评价的具体操作中，可以按照研究对象的具体需要灵活运用才是可为。

为此，评价取向要考虑以下因素（评价的方法见图 7-6）：

一是课程内容标准制订和执行的层面。结合目前的课程改革理念与方针，总结本课程门类的特点和要求，阐述课程的性质、课程基本理念与总体设计思路。

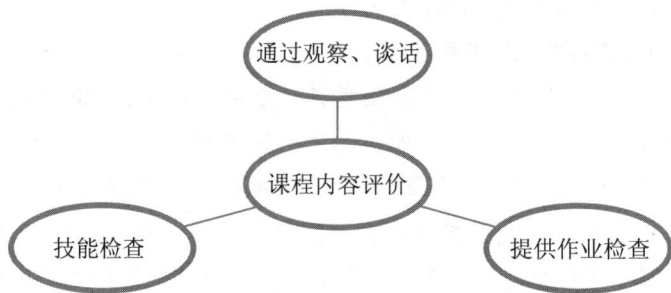

图 7-6 课程内容层次选择评价示意图

二是课程内容标准的特性或品质。划定本课程门类教学的内容范围、比例时数和框架的基础上，用明确的行为动词表述课程内容的学习目标和学习结果（学生所应达到的学习程度的基本要求）。

三是课程内容标准与外部需求与条件之间的配合程度。"明确实施建议"，为确保达到课程目标和内容标准的实现，而提出的课程实施建议，包括教与学的建议、评价建议、课程资源开发与利用、教材编写建议等。如教学活动案例、教学方法选择与使用等用法一览表出，方便运用。

（六）体育教学内容编制实施指导的要求

1. 体育教学内容编制实施指导要求

在完成前四个步骤的设计之后，进入第五步骤课程与学习的设计时，在这一阶段我们需要注意以下问题：

一是为了行之有效地实现预期的学习目标，学生需要什么样的知识（事实、概念、原理）及技能（能力）储备。

二是什么样的课程教学内容最适合实现这些目标，让学生行之有效地掌握这些知识技能。

三是为了行之有效地实现预期的学习目标，教师如何组织实现有效地教学指导。

四是所有的设计都具有明确的行为目标帮助学习者分析学习经验、产生激励性和有效性吗。

五是课程教学内容设计能反映出不同知识理解的梯度程序吗，即哪些内容是基本理解、哪些技能是基本掌握、哪些知识和技能是要持久理解掌握。

2. 体育课程教学内容编制方式的指导要求

根据体育课程内容认知理解性质，纲要式的认知掌握、一般式的认知掌握与精确式的认知掌握的要求。体育课程内容教学编制方式的指导要求，一般含有以下三种选择表达方式。

第一种是"纲要式"的教学编制。

所谓的"纲要式"设计，即苏联学者沙塔洛夫创造的"纲要信号"图示法。这种教学设计是仅仅泛泛地表达出一种轮廓与纲要性的内容。其课程内容设计的核心是借助"纲要信号"的图示法，提纲挈领地把所讲的内容概况为图示表达。由于图表形象、直观，既能帮助学习者记忆，又能使他们把握知识的整体及其内在的要点结构，有效地节约了教学的时间，同时还便于教师检查和分析学生的学习联系。

为此，沙塔洛夫建议，如在进行新课程内容教学编制方式，图表要求醒目，根据知识逻辑关系与突破点，通过分别标上红色、绿色等为加深理解与记忆，减轻学生学习的认知负荷。在此学习期间学生可以反复看见这张图表，不断加深印象，巩固理解。还可以让学生根据图表所列要点，相互提问、答疑，培养和发展学生语言表达能力的逻辑性和连贯性。

同如中国学者毛振明根据数学"十字象限"的方法，分析和归纳体育课程教材内容与学习者关系的特点。按照学习者实践评价的反映喜欢学和不喜欢学，提出了"多吃多餐型、少吃多餐型、一次吃饱型、一次品尝型"等，多排和少排的四种大小不同形态的和不同排列方式的课程编制模式。这一课程编制模式"纲要式"地体现了不同课程的功用特点，有效了课程教学的设计性，较好地满足了课程编制的辩证需要。

第二种是"定位式"的教学编制。

较之第一种方式的知识逻辑关系与要点的认知，这种课程内容的表达主要依据其体育教育性、运动性价值的排列予以分类别定位出：哪些课程内容是粗学的、介绍性的、哪些课程内容是精学的。如《体育课程标准》规定：田径和教育健康专题是必修系列。就较好地体现出"定位式"的教学编制可以简明地帮助广大体育教师更好地把握课程内容的教学安排。不涉及内在原理的复杂认知与检视，避免了传统课程编制以课程内部的要素来证明实现理解不足。鲜明地明确出给力教师哪些要重点教学掌握的知识，哪些是基本掌握的知识。

第三种是"清晰理解式"的教学编制。

这种方式要求对课程内容给予清楚而具体的程序，并给出每一步的理解的解答。一是让学生能清醒地知道怎样去做；二是让学生能在灵活的情境中有区分地运用知识技能。即能根据具体条件和情境把知识技能转换成一种有意识的自动化实施。如不仅让学生理解跳远可分为助跑、起跳、腾空、落地四个部分，还要让学生知道对每一部分进行正误的区分与如何完成的系列的深刻认知。如不仅要让学生理解掌握知识，还要让会运用知识锻炼的方法予以甄别与评价。

3. 体育校本课程编制方式的指导要求

概观徐玉珍等学者们的研究，[①] 校本课程开发的操作流程主要包括六大步骤：组织建立、情境分析、目标拟定、方案编制、解释与实施、评价与修订。从校本课程开发的主体看，可以分为教师个人、教师小组和教师全体以及与校外机构或个人合作四个层次的校本课程开发。从校本课程开发活动的具体方式看，可分为课程选择、课程改编、课程整合、课程补充、课程拓展和课程新编等活动。

四、体育课程编制的评价原则

（一）"为学习而设计"的评价原则

该原则规准教师在课程内容设计中要把教推向学，努力把更多乐学的因素带到学习活动中去。支持和促进学习。教学中不是设计教师如何教，而是着眼如何为学习者学会本课的教学内容生发更多的联合因素。着眼在集体学习的基础上，尽量挖掘为每一个学生提供适合自己学习的体育运动方式。衡量的标准不是看教师的教学内容有没有完成，而是看学生有没有学会，有没有实现汗水＋笑声的"懂、会、乐"。有没有鼓励个性学习，让每个孩子的运动潜能都能得到充分发展，从而达到养成他们终身体育的观念、能力与终身享受体育运动的乐趣。改变传统体育教学设计，以统一进度、统一模式、统一方法和统一要求的教学设计的不足。如可运用快乐教学模式、成功教学模式、领会教学模式等，通过挖掘教材内容的和教学组织的情趣美完成这一设计。调动学生的主动学习的积极性，提高学习的效率。使教师为掌握而教，学生为掌握而学，真正享受和体验到体育运动的乐趣和体育学习的意义。恰如巴班斯基曾经指出："教学方法的本质实际上取决于学生的学习认识活动学和教师相应的活动教的逻辑—程序方面和心理方面。教学方法决定于学的方式和教的方式行动上协调一致的效果。"[②]

（二）"为理解而教"的评价原则

该原则意指有效教学发生在为理解而教的时刻。教师在课程内容的

---

① 徐玉珍：《校本课程开发的理论与案例》，北京，人民教育出版社，2003，第 72 页。
② ［苏］尤·克·巴班斯基：《论教学过程最优化》，吴文侃等译，北京，教育科学出版社，1982，第 174 页。

教学设计中，要减少学习障碍和增加学习理解的机会。具体在两个方面着手：一是变化教学环境衔接学生的原有认知经验引起学习应答发生；二是变化教学策略与学生认知的层级变量适配。如根据学习者的认知能力"同化—平衡—顺应"等认知规律，从已有的教学条件出发，科学选择适应学习者理解能力的需要的教与学策略，消除学习者认知能力存在的障碍。如学习者原有的知识与经验不能"同化"新知识，为接受新知识与表象创造有利条件，教学的知识意义建构就会发生困难，则会引起"顺应"过程的发生，即对原有认知结构进行改造与重组，这样学习的时间就会延长，教学效果就会降低。这告诫我们，必须把教学结构改造成适合学习者该阶段能普遍接受和理解的形式，使其范围、深度、速度能同教学对象的实际水平相适应，良好的学习行为才可发生。例如，下次课学习"网球"，学生头脑中如果没有这一图式，不能建立"同化"效应，就会产生"顺应"干扰（认知负载量大，难以记忆，学习慢、错误多、不灵活、呆板的发生），引发认知的改造与重组而延误教学时间。教学前就需要教师进行"先行者组织策略"的学习安排，给学生头脑插入这部分知识提前形成图式感知。① 这样在教学时就会出现"学习的意义建构"。把教师主导的教学方式变成师生互动的领会学习方式，消弭因新授知识所需要的认知时间，提高了教学效果。

（三）"个性学习自由度"的评价原则

该原则意指教师在课程内容的教学设计中，要着眼于形成个性"知识传递"的教学环境，创设符合学习者需要的教学形式；给予学习者适合自己个性学习自由度的组织安排。展开多样化、多类别、多层次的"选学"教学、分层教学等个人理解的自主建构。让学习者根据自己的认知能力去自由选择学习内容、教学组织形式、教学负荷，改变传统体育教学流水线式地千篇一律的一个标准，避免有的学生吃不了、有的学生吃不饱。如学习"跳高"时可采用"风车转转"的教学设计，围绕跳高杆布置三块垫子，设置高中低三种不同的高度，让学生根据自己的水平自由选择练习的高度。用这种原则可激发各层次学生的学习积极性，他们在第一高度练习中能瞄准下一个高度，在完成第二个高度的练习后接着向下一个高度冲击。给学生创造体验成功的机会，消除有的学生吃不了、有的学生吃不饱的现象。诚如英国教育家亨特（Hunt，1981）断言："教学适应学

---

① 先行者组织策略，即学习新知识前，提供一个材料帮助学生的学习认知与原有图式发生联结。

生是教学过程的核心。"①

　　上述三大课程设计原则的理论假设，可明显给教师提供在不同教学阶段的行为规范，精确教学设计，有助于控制和排除影响有效教学不良刺激因素的发生。从三个方面论述了教师体育学习不是标准化的统一，体育学习不存在差生，每个学生都有自己的学习领域，有自己的学习类型和认知风格。只要根据学生的喜爱去教学，有意义的学习就能发生，体育教学的目标才有可能有效地完成。这提示我们，新授课教学内容的设计选择要以围绕练习的"密度"增大练习的趣味性为指导。复习课的内容选择要以围绕"合作"学习的方式，实施多层次的选择、多项组织的变化为指导。课外活动课内容的选择，要以围绕"理解与应用"多项选择为指导，以"改进与提高"的多种变式练习为组织方式，帮助学习者达到预期的学习目标。

　　总之，教育的发展历程证明，课程是一种动态的教育现象。自产生以来，它一直受社会发展的规律的影响与制约。当一个国家的经济、政治和文化发生了变革或呈现新的发展趋势的时候，学校课程也要随之发生相应的变革。当前，中国体育课程与社会发展的需要不相适应、学生的身心健康水平与社会的发展不相适应的问题已引起全社会的关注。同时新课程的三级课程管理体制的建立，也需要学校在"健康第一"的指导思想下，设计和开发符合本校实际情况和特点的体育课程。基于此，体育课程的设计如何才能既符合新目标和新要求，又使其具有科学性、逻辑性、合理性和可操作性？因此，研究和完善体育课程的编制的基本理论，掌握体育课程设计的基本程序和方法就成为当前体育课程论建设的重要的组成部分。为此，上述借鉴理论的审视，围绕目标的理解、结构设计的编制、内容标准与相应实施等展开对其的探讨，力求给老师提供理解性的课程设计理论与思想，助力提升体育新课程实施的能力，改进与完善学校体育课程与教学的发展。

第二节　体育课程的教学实施与策略

　　提高有效教学、为学习减负增效，一直是体育课程目标不懈的追求和努力探讨的一个问题。正如修建一幢大厦前需对其进行详尽的设计一样，体育教师在课前也要把课程目标与教学技能及课堂学习的设计适配

---

① 姚利民：《有效教学论：理论与策略》，长沙，湖南大学出版社，2005，第 121 页。

予以把握。将科学的理论和方法与教学经验有机地结合起来，创设体育课堂教学既有共性的合作学习、又有个性的因材施教，实现教学普遍性与特殊性的有机统一。正如叶澜老师所言："一个真实的课堂教学过程是一个师生及多种因素动态的相互作用的推进过程。"①

为此，本着铺好一砖一瓦，发掘好一点一滴，做好学校体育教学基础理论建设的愿望。下面以学习理论、教学理论和教学技术为研究视角，对新形势下课程目标在课堂教学所涉及的因素及其关系进行分析，以实现教学技能与课堂教学设计的"时效"与"有效"的情境适配，为广大教师"建构意义学习"的课堂教学设计提供策略。释义体育课程教学五种练习策略设计的教法、学法与教学活动规律的实施；揭示体育课堂教学不同练习构成的情境适配。力求为体育新课程教学目标的实现、教学任务的完成以及教学过程的顺利实施提供支撑。

体育课程设计与编制的流程示意图，如图 7-7 所示。

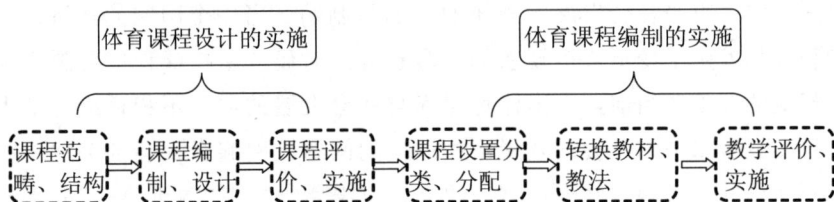

图 7-7　体育课程设计与编制的流程示意图

一、体育课程教学实施的方法与策略

依据体育课程与教学的多年研究总结得出，合理组织与适配体育课程与课堂设计，会使教学获得有效的效果。基于此，为有效实施体育课程的编制与教学设计的适配，需要遵循以下规律。

其一，是围绕认知发生的顺序性和逻辑性进行"同化、顺应与平衡"的构建，准确把握好学生学习的内容"教学适配"。如利用大脑科学的最新研究，大脑中有三个学习区域(识别网络、策略网络和情感网络)可激发学习愿望，形成学习能力；如信息加工理论告诉我们，学习受认知变量(短时记忆、中时记忆和长时记忆)的制约，对此掌握利用可提高体育学习活动的定向认知能量与认知功用。正如，维果斯基所言，"学习的一个基本特征，那

① 汪泓：《精心的预设，精彩的生成》，《教师之友》2005 年第 5 期。

就是创造了一个最近发展区，唤醒内部的多种发展过程。"①

其二，要立足于教为学的策略构建。在方法和手段选择上，体现出"为学习而设计""为理解时刻而教""学习自由度"的教学策略。要清醒地避免学生是原料输入—输出（产出）的传统工学模式。恰如赞可夫指出："不管你花费多少力气给学生解释掌握知识的意义，如果教学工作安排得不能激起学生对知识的渴求，那么这些解释仍将落空。"②

其三，是教学方法选择，既要体现出教学内容性、组织性和负荷性的三个螺旋上升递进，又要掌握好学习发展由量变到质变的有效性飞跃的记忆规律。如研究表明，学习程度越高，遗忘越少。过度学习达150%，保持效果最佳。如实验证明，有趣形象的材料比无意义的材料更能引起学习发生；多种类型、多种感官的协同记忆可取得最好的记忆效果。曾如苏霍姆林斯基所说："建立学习跟知识之间的和谐，是学校面临的最重要的实际和理论问题之一"。③

围绕上述原则，我们认为有效体育课程课堂教学设计，应围绕以下五种练习进行构建。

第一种练习——着眼于理解的练习。

由于体育是一种习得性、重练习、重形态、重经验，初始的学习易于枯燥。围绕这一特点，该阶段练习要立足为学习者提供"为学习而设计""为理解时刻而教"的教学策略。诱使学生在做的过程中领悟"收获"，通过建立起一种感性的经验收获加深对知识的理解。正如行为主义学习理论指出，如何为学生的学习提供积极的刺激（环境），以使学生能够在这一环境中做出正确的、教师期望的反应（行为）。为此，教师对刺激（环境）的调控，就成为教学的一个重要内容。即，避免或剔除消极泛化环境和建立积极的学习环境（包括物理环境、社会环境和心理环境）。④

该阶段的主要特征是生搬硬套、机械模仿的直观顿悟与试错发生，行为主义学习理论的桑代克三大定律（准备律、效果律和练习律）、认知主义学习理论的奥苏伯尔同化理论等是其指导的理论基础。该阶段教学的形式，是教师配合示范动作，先讲粗略的动作要领，然后在学习者建立感性后，再讲精细的动作要领。通过加大练习密度与次数牢固动作技能，每次练习

---

① Vygotsky L. S., *Mind in Society*, Cambridge, Harvard University Press, 1978, p. 40.

② ［苏］赞可夫：《和教师的谈话》，北京，教育科学出版社，1980，第48页。

③ 张振华、周志俊：《体育学习与培养》，《安徽师范大学学报》2007年第3期。

④ 刘家访：《上课的变革》，北京，教育科学出版社，2007，第9页。

之后，教师应及时分析、评价和强化(如赞赏)，反馈给学生，并了解其练习的结果，使其减少错误，尽快形成正确知识技能的可循环。

此方法的应用包含以下两个层面。

第一，给力知识的可理解性，如运用认知学习理论的"先行者组织策略"帮助学习者建立同化图式。执行"为学习而设计"，"为理解时刻而教"的教学策略与方法。减少学习障碍，助力学习者为下一步学习循环增添动机。

第二，吸收各种教学理论与方法，学习者对所授技能有充分的感受，才能产生清晰的学习循环。

为实施好上述两个层面，其具体的教学行为指针包括以下方面。

第一，教学内容、教学组织和教学负荷的流程步骤要与学生学习的心理认知性、生理活动性相符合，即让学生经由单一的模仿试错练习一步步转入有效能的归纳性学习。

第二，因材施教、关注"学习者自由度"，积极注意辅导学习困难的学生，不要让其因困难而丧失学习的信心。

第二种练习——归纳性练习。

该练习主要是让学生由单一模仿练习归纳到组合或综合练习的类化，即通过一系列由简入繁的动作技能类化，把低级感性认识上升为一种高级理性的图式(结构)形成学习策略。即着眼于使学生思维从表象的感受抽象为类化的图式，使其能将所学知识广泛地应用于复杂学习情境的可循环之中。恰如类化理论认为，类化(知识经验的概括化)是动作技能迁移的基础，对保持动作技能继续深化起决定性的作用。[①]

该阶段是技能的动作分化期，教学形式主要特征是由感悟、体验上形成能力。行为主义学习理论的"一个已形成的联结不予使用(缺少练习或应用)，这种联结的力量便会减弱(知识)的牢固"、认知主义学习理论的奥苏伯尔同化理论、建构主义学习理论的"情境""协作""会话"和"意义建构"等范式是其理论依据。为此要求教师应由集体共性学习辅导转向个性化学习辅导。促进学习者"有意义学习发生"，为学习发现更多的联合因素，并要考虑如何维持学生学习动机的循环。注意运用多种变式练习，导接学习者知识迁移和运用的连接，使枯燥的练习变得津津有味。正如，正如苏联教学论专家斯卡特金指出："我们建立来很合理的、很有逻辑性的教学过程，但它给积极情感的食粮很少，因而引起很多学生苦恼、恐

[①] 董奇、陶沙：《动作与心理发展》，北京，北京师范大学出版社，2004，第129页。

惧和别的消极感，阻止他们全力以赴地去学习。"①

此阶段包含两个层面的体现。

第一，将过去所习得知识与现在所教导的概念相连接。正如建构学习理论认为，学习的最重要条件是学习者原有的知识建构在新学习中的作用，它是有意义学习发生的基础。

第二，提供多种情境或变式，引导学生触类旁产生新学习应用的成功。如运用成功教学模式，通过低起点、小步子、快反馈；如运用快乐教学模式通过挖掘教材内容的情趣美，帮助学习者补充丰富经验发现学习的意义。

为实施好上述两个层面，其具体的教学行为指标包括以下方面。

第一，设计有意义性的练习及作业，指导与提升学生的学习成就感。

第二，每节课结束时，应给学生提供回顾所学知识的要点与支架式的作业，助力学生加深印象，统整学习概念与技能。（开始学生不习惯，教学实践证明，只要长期安排，就会收到显著成效。）

第三种练习——运用性练习。

这种练习就是升级各种类化性练习的迁移，使学生领会知识，有意识地运用知识，形成策略图式。记忆规律研究表明，学习程度越高，遗忘越少。过度学习达150％，保持效果最佳。②只有动作熟练掌握了才能运用自如。这就要求教师善于把握启发与多练的运用。最需要突出的是一个"悟"字，很多理解要让学生在"习"中自然地领会，不需要刻意地多解释、阐述。如运用领会式与启发式教学模式帮助学习者意义建构（或称认知图式）不断改组和完善。

该阶段是技能的动作组合期。教学形式主要特征，一是教学过程由单层次模仿逐步向多层次领会发展。二是由固定性练习逐渐到合作性练习、自由化练习、自主性练习展开。三是该阶段注意练习的次数和时间的有效安排，过少达不到巩固提高的目的，过多又会引起浪费、影响学习进度。练习的趣味性仍是教学设计的核心，让不同练习的刺激性与新颖性使学生遗忘学习过程的枯燥性，为促进体育认知和情感的培养等奠定基础。行为主义学习理论、建构主义学习理论、人本主义学习理论、多元智能理论等是其指导的理论基础。

该阶段包含两个层面的体现。

---

① ［苏］巴班斯基：《中学教学方法选择》，张定璋、高文译，北京，教育科学出版社，2001，扉页。

② 张振华：《体育教学策略与设计》，北京，北京师范大学出版社，2011，第85页。

第一，教学要活泼多样、有趣，引起并维持学生学习动机。

第二，给予学生成功的经验，维持学习动机。

为实施好上述两个层面，其具体的教学行为指标包括以下方面。

第一，依据教材需要，应用多元的教学方法，即经由单项练习到组合练习再到综合练习，再到情境应用（如比赛）。

第二，活动变量，即经由个体学习到合作学习再到师生共同参与的学习。怡情施教，亲其师、信其道，增强学习动机。

第三，动作难度与强度，呈现阶梯式的上升递进。不断挑起认知冲突，激励学生跳一跳就能摘到果子。

该阶段推荐的教学用法与要求有以下方面。

第一，"固定比率强化"，是指学习者达到了一个可以预知的、固定的反应此数后，即可以得到强化。如成功教学模式。

第二，"变化比率强化"，是指学习者再达到一个不可预知的反应此数后即可以得到一次强化。如领会教学模式。强化技能的主要方式有：语言强化、活动强化、符号强化、体态强化等。

第三，创设情境、协作、对话、意义学习的建构，展开师生、生生共同参与。

第四，体现为乐学而设计，为成功而教的时机。

第五，教学最优化必须以个性学习为指针。

第四种练习——迁移性练习。

即通过各种迥然不同应用情境的变式练习，使练习不仅要达到熟练化程度，而且做到"条件化"，即知道在什么条件下可以用这个策略。该练习的目的是策略运用、策略迁移与策略巩固，认知主义学习理论、建构主义学习理论等是其指导理论基础。恰如美国心理学家奥苏伯尔在他的有意义学习理论中指出，一切有意义的学习都必然涉及迁移。因此，在有意义的学习中认知结构总是一个起决定作用的变量。[①]

该阶段是技能的动作领会期。教学形式应运用的方法：领会教学法、合作教学法、游戏法、竞赛法、个人、小组成果展示法、伙伴交流法等。改变传统演绎式的教学只有单一（模仿—练习）的刺激——强化的不足。一般而言较关注学生对动作要领的理解，只要学生学习的结果，不能令学生体察到学后应用的连接，享受到知识获得的反馈体验。是一种低层次的认知，只能说是一个粗糙的原则。如果运用迁移性教学则把感性具有

---

① 施良方：《学生认知于优化教学》，北京，中国科学技术出版社，1991，第156页。

两大形式：自我直接感知与间外部接感知联系起来进行理解，更能强化学生的学习力，有助于帮助学习者加深对技能的理解。复现了知识的知、情、意、行的多维面孔，让学生享有"懂、会、乐"的收获与高峰体验。

该阶段包含两个层面的体现。

第一，联系旧知识，巩固新知识。

第二，巩固新知识，拓展新知识。

为实施好上述两个层面，其具体的教学行为指标包括以下方面。

第一，创设障碍性情境。即在学生原有知识技能储备和经验的基础上，设计新的条件，形成新的认知冲突，唤起学生对新知识的挑战和探索的渴望。

第二，创设发现性情境。即，通过呈现一定背景的材料，引出新的问题，产生新的知识与技能。

第三，围绕某一知识技能的应用。即通过一个应用情境的探究，产生新的理解，新的应用。

第五种练习——巩固性练习。

该时期是奠定学生体能和体育运动的技术基础的黄金期，应通过多种层次的、课内与课外相结合的活动完成这一任务的实施。该练习着眼于策略性知识的巩固，防止遗忘，是动作技能的统整期。恰如，苏霍姆林斯基所说："教给学生能借助已有知识去获取知识，这是最高的教学技巧之所在。"[①]

为此，最为有效的方法，就是围绕各种"活动"给学习者提供不断练习的机会，让他们去实践和运用这些技能，策略自然而然就得到发展。该阶段是个体技能动作风格形成的特色期。学习的重点是发展个人的潜力、兴趣和应用动作技能的能力。教学形式的主要特征是个性化练习与竞赛性练习等相结合，与课内课外大小体育活动的多种方式相结合，促进学生收获成功、成就、运动高峰体验。巩固完善、形成特色与强化行为。建构主义学习理论、人本主义学习理论、多元智能理论、后现代教育理论等是其指导的理论基础。

该阶段包含两个层面的体现。

第一，课内教学课外应用相连接。

第二，个人学习与集体活动相连接。

为实施好上述两个层面，其具体的教学行为指标包括以下方面。

第一，设计开展有意义性的单项比赛，游戏性与竞赛性相结合。

---

① 刘锦华：《教师如何备课》，天津，天津教育出版社，2008，第 65 页。

第二，设计开展组与组、班与班之间各种比赛，游戏性与竞赛性相结合。

第三，个人学习与集体活动展示相连接。如个人成果与小组成果展示活动的各种单项的投篮比赛、运球上篮比赛。

二、体育课程学年、学期教学计划、单元模式与教案

从体育课程教学计划的实施来看，一个完整年度体育课程教学计划由"学期教学计划""单元教学计划""课时计划"组成。在对其研究总结得出。广大体育教师渴望能对其提供有效的、书写规范的体育课程教学计划的模式、结构的范例，帮助他们在更高层面指导教学。据此，围绕这一要求展开从简单到复杂以下教学计划的设计与编制，从而达成共识、共享、共进，实现教学相长共同进步。

（一）学年教学计划的设计与制订

水平一学段 体育与健康课程学年教学内容实施计划，如表 7-5 所示。

表 7-5　水平一学段 体育与健康课程学年教学内容实施计划

类别	教学目标	教学内容	教学建议
基础常识	建立体育课、课堂常规的认识、形成参与体育活动的习惯与意识	1. 课堂常规。2. 体育学习方面的知识。3. 视力、坐立行等卫生保健知识。4. 有关体育文化的知识	按照学生的认知特点与心理生理发展规律，把知识性、趣味性、生活性相结合
队列队形	养成学生正确的身体姿态、严明的组织纪律性和团结友爱的集体主义精神，迅速、准确、协同一致的优良作风。识记队列队形的术语与方法	1. 立正、稍息等各种基本口令的知识。2. 原地各种转法的口令与知识。3. 基本合队、列队的口令与知识。4. 圆形、S形、8字形等基本队形的口令与知识	教学活动设计要有趣味性、活泼性，尽量避免长时期阳光下暴晒，不可成人化要求
徒手操	形成正确的身体姿态、促进身体全面发展、识记各种动作的方向与术语	1. 小学生广播操。2. 徒手活动操	讲解示范不仅要术语正确，还要儿语化、形象好帮助理解
走跑练习	发展走跑的基本活动能力，建立正确走跑的姿态	1. 各种动物的模仿走。2. 各种前、后、侧的走和跑。3. 各种游戏的跑	按照学生的认知特点与心理生理发展规律，把知识性、趣味性、游戏性、生活性相结合，进行教学设计，避免学习枯燥
跳跃练习	发展跳跃的基本活动能力，建立正确跳跃的姿态	1. 各种不同身体姿势的单双脚的远跳、高跳的练习。2. 各种游戏形式的跳跃活动	同上

续表

类别	教学目标	教学内容	教学建议
投掷练习	发展投掷的基本活动能力，建立正确投掷的姿态	1. 各种不同角度的掷准、掷远的练习。2. 各种游戏形式的投掷活动	同上
滚翻练习	发展柔韧、平衡、协调等的基本活动能力，提高身体平衡与时空感	各种不同角度、不同方向、不同身体姿势的滚翻的练习	同上
攀爬练习	发展上下肢等的基本活动能力，提高身体动作的协调性和稳定性	1. 模仿不同动物的爬行。2. 不同障碍的攀爬。3. 各种游戏的攀爬活动	同上
韵律练习	培养动作美感、节奏感、发展柔韧性、协调性、表现力，促进审美力与情感的发展	1. 各种踏跳的基本步法。2. 音乐伴奏的动作操。3. 模仿动物的基本舞蹈	同上

（二）学期教学计划的设计与制订

学校体育课程学期教学计划的设计与制订，不仅是实现体育课程教学的重要组成部分，也是衡量学校体育课程转化教学的科学化标志。学校体育课程学期教学计划是本学年体育课程工作计划的指导性文件，是指导、制订与分配下一级单元计划和课时计划的重要依据。它可使学校体育课程的教学工作有了明确的方向和目标，按组织、按计划、有步骤地进行教学。保证课程得以具体落实，避免上下层次关系颠倒、内容错乱，防止日程相互矛盾。

排球模块：中级班单元计划示例，如表 7-6 所示。

表 7-6　排球模块：中级班单元计划示例

课时	学习内容	目标	重点与难点	教学策略
1	排球游戏：球性、准备姿势及移动	认知排球，懂得排球运动的一些基本常识、准备姿势及移动	重点：移动时重心过渡；难点：学习兴趣的培养	1. 认知。2. 球性游戏。3. 准备姿势及移动
2	垫球	1.60％以上学生基本掌握双手垫球的方法。2. 学会排球一至两种游戏方法，知道排球具有健身、娱乐作用	重点：双手垫球的动作要领：一插、二夹、三抬、四送；难点：垫球手型和击球部位	1. 教师讲解、示范垫球动作要领：一插、二夹、三抬、四送。2. 讲解、示范垫球手型和击球部位。3. 垫固定球。4. 自垫球练习。5. 一抛一垫练习。6. 对垫球练习

续表

课时	学习内容	目标	重点与难点	教学策略
3	复习垫球 学习上手 传球	1. 巩固提高垫球技术动作。 2.60%以上学生掌握传球基本技术动作及与垫球组合练习的运用	重点：传球时手型，击球点。 难点：迎球时全身协调用力	1. 复习双手垫球。 2. 学习传球。 3. 自传练习。 4. 一抛一传。 5. 一垫一传练习
4	下手发球	1.70%以上学生初步掌握下手发球的方法。 2. 能结合已学动作进行组合练习，达到健身、娱乐作用	重点：动作方法和用力顺序。 难点：击球部位与身体重心移动	1. 自主尝试发球。 2. 两人一发一垫练习。 3. 发球过网练习。 4. 发球比远练习。 5. 趣味运球比赛
5	跳起扣球	1. 基本掌握跳起扣球动作，80%以上学生能在高1.8 m到1.9 m网前跳起扣球。 2. 有30%以上学生能通过与他人配合完成扣球。 3. 培养自信、进取精神和合作、交往能力	重点：扣球的手法和部位。 要领：抬臂、上抛、提肩抬肘、快速抽甩。 难点：动作连贯、协调	1. 讲解要领：抬臂、上抛、提肩、抬肘、快速抽甩。 2. 扣固定球（一持一扣）： A. 原地击球（球不离手）； B. 原地击球（球离手）。 3. 原地或助跑扣球（一托一扣）。 4. 一抛一扣。 5. 自抛自扣等
6	综合应用	1. 进一步提高各项基本技术。 2. 懂得运用各项技术处理球，进行简单的比赛。 3. 练习中学会自评、互评	重点：各项技术的运用。 难点：什么情况下用什么技术发球	1. 复习垫球、传球、下手发球。 2. 分组进行组合练习。 3. 小场地比赛
考试内容（略）				

　　田径模块：接力跑单元示例　授课教师：于可红、余立峰，如表7-7所示。

表 7-7　田径模块：接力跑单元示例　授课教师：于可红、余立峰

单元教学目标	1. 了解接力跑的技术要领，建立跑动中传接棒与接力区的概念，明确"1+1>2"的道理。 2. 掌握"上挑式""下压式"传接棒技术和基本练习手段。 3. 改进弯道跑技术，发展灵敏、柔韧等身体素质，提高快速奔跑能力。 4. 提高学习兴趣，形成积极参与的意识，培养学生相互合作意识
学习重点	了解接力跑的基本概念，掌握传接棒技术，发展快速奔跑能力，尝试合作式学习，建立团队奋斗目标，形成良好的团队精神

续表

课时	教学内容	教学目标	学法和教法（策略）	技术重点、难点	辅助内容
1	学习"上挑式"传接棒技术	1. 建立接力跑的概念，学习"上挑式"传接棒技术。 2. 建立学习小组，尝试合作学习	1. 教师讲解示范小步跑、高抬腿跑、后蹬跑、车轮跑和后踢腿跑等辅助性练习手段，学生学习技术。 2. 建立握持棒和传接棒的肌肉感觉练习。 3. 学生 4～5 人一组，进行原地"上挑式"传接棒练习。 4. 一路纵队慢跑中进行"上挑式"传接棒练习	上挑式：传棒人由下往上挑送接力棒，接棒人手虎口张开向下	跑的辅助性练习手段
2	学习"下压式"传接棒技术	1. 学习"下压式"传接棒技术。 2. 进行合作学习	1. 教师讲解示范弯道跑要领，学生学习技术。 2. 建立握持棒和传接棒的肌肉感觉练习。 3. 学生分成 4～5 人一组，进行原地"下压式"传接棒练习。 4. 在一路纵队慢跑中进行"下压式"传接棒练习	下压式：传棒人由上往下压送接力棒，接棒人手腕上翻虎口张开	学习与改进弯道跑技术
3	1. 改进传接棒技术。 2. 速度测试	1. 小组人员各棒次的先后顺序与传接棒的方式。 2. 建立跑动中传接棒的配合意识	1. 根据前二节课技术练习的体会，确定本小组人员各棒次的先后顺序与传接棒的方式。 2. 40～60 m 段落的传接棒练习。 3. 速度测试：100 m	建立引跑和跑动中传接棒的配合意识	掌握速度配合与方法
4	1. 熟练传接棒技术。 2. 了解规则	1. 提高传接棒技术的正确性与熟练性。 2. 增强同伴间配合的默契感	1. 不同段落距离与速度的传接棒练习。 2. 根据传接棒人员之间的速度特点，确定引跑距离。 3. 小组内相互交流，提高配合	建立接力区的概念与相关技术，体验接力的历程	小组比赛
5	1. 进一步改进传接棒技术。 2. 了解比赛组织方法，开展教学比赛	1. 改进传接棒技术，提高实战的应用能力。 2. 确定教学比赛小组的奋斗目标，增强必胜的信心	1. 不同段落距离与速度的传接棒练习。 2. 接力跑教学比赛。 3. 单元小结，各小组交流学习心得	形成比赛能力	完整比赛

学者周志俊认为，① 其评定的标准：

一是方向性。一份好的体育学期教学计划，在方向上要符合教育的指导思想和实际情况。

二是科学性。计划安排层次清楚、实事求是切实可行，上下学期阶段内容衔接契合，体现出课程的一种自然地递进与提升。

三是艺术性。计划既要完整周密，又要具有适当的灵活性、选择性和余地性。

四是可行性。计划措施和方法不应是空洞的条文和抽象的口号，而是切实可行的方法与步骤。能表现出原则性和灵活性的刚性和弹性的统一。

五是可检性。计划要"定人、定时、定量、定任务"，对应出做到何种程度、什么时候做，以及何时完成等的若干明确规定，以便执行中能对照实施结果一一进行检查。××学校 2004—2005 学年度第一学期体育教学计划，如表 7-8 所示。

(三)单元教学计划的设计与制订

单元教学计划也称单项教学计划。它是根据学期计划，将每项教材教学进度的具体化。其步骤和方法如下。

一是根据该教材的任务和要求、教材难易程度和时数，安排每次课的教学顺序和步骤，并提出各次课的教学任务和要求。

二是确定该教材以及各次课中的教学重点和难点，并根据学生的具体情况和教学条件，确定和选择进行方法。

三是按照《课程标准》的要求，制定考核方案和评分标准，并说明考核目的。

四是单元教学计划要根据学习者学习的不同程度，制订出初级、中级和高级的不同学习进度计划，满足学习者的学习需要的选择。

(四)课时教学计划的设计与制订(见表 7-9)

课时计划又称教案。内容包括：教学任务、教学内容、教学组织形式、教学方法、练习的时间、次数、场地和器材等。具体要求是：课的任务明确，教学要求具体，教材符合实际，教学重点突出，课的组织严密，方法多种多样，运动负荷适当，安全措施落实，场地器材布置合理，文字简练，图文清晰等。

---

① 周志俊等：《体育教学艺术概论》，合肥，安徽教育出版社，1997，第 254 页。

表 7-8　××学校 2004—2005 学年度第一学期体育教学计划

教师：张振华　2004 年 9 月 1 日

教学目标	1. 以健康第一理念做指导，使学生正确认识终身体育的目的和作用，明白体育对于个体全面发展的意义。 2. 使学生能够熟练掌握本学期所学（排球、乒乓球）的基本技术和知识，形成运动能力 3. 进行纪律教育使学生能认真执行课堂常规、遵守纪律，积极主动的上好每一堂课。 4. 全面发展学生的身体素质，培养学生的合作学习意识，以及自练、自评的能力。	授课班级	

编号	教材内容		课时	上课次数	九月 3周	九月 4周	十月 1周	十月 2周	十月 3周	十月 4周	十一月 1周	十一月 2周	十一月 3周	十一月 4周	十二月 1周	十二月 2周	十二月 3周	十二月 4周	一月 1周	一月 2周	一月 3周	一月 4周	二月 1周	二月 2周
1	体育卫生保健知识		2	1			①																	
2	课堂常规队列练习						△	△	△	△	△	△			△	△	△	△	△					
3	排球	基本技、战术	12	6	开学报道军训		国庆节	①	②	③	④	⑤	⑥									复习考试		
		基本知识	1	0.5										⑦										
4	乒乓球	基本技、战术	12	6												②	③	④	⑤	⑥	⑦			
		基本知识	1	0.5											①									
5	田经综合课		1	0.5							①													
6	冬季越野跑			0.5														①						
7	身体素质练习						①	②	③	④	⑤	⑥			⑦	⑧	⑨	⑩						
8	考核		2	1																		☆		

说明	本表"○"中数字代表该教材内容的课次。"△"代表该考核课次。"☆"代表在每次课的准备部分做的练习	本学期计划授课 14～15 周，教学内容有可能根据天气等客观因素稍做调整	教务处审批

表 7-9　课时教学计划的设计与制订

教学目的	1. 使同学们基本了解篮球运动的产生、发展、特点及对身体的锻炼价值。 2. 初步掌握篮球这项运动的基本技术（运、传接球及投篮）动作及最简单的战术配合。 3. 了解掌握篮球这项运动基本规则，并能够运用于指导比赛，提高欣赏高水平比赛的能力。 4. 全面培养学生对这项运动的兴趣及学习积极性，在此基础上提高运动水平。 5. 通过学习，大力进行思想品德的教育，建立和谐的人际关系，教育学生懂得关心帮助别人，培养良好的合作精神，使学生树立正确的体育观、人生观，全面培养与提高学生个方面的素质。

续表

		课时内容	重、难点	教学方法
课时计划	一	1. 学习原地及行进间的运球。 2. 学习原地及行进间的传接球。 3. 学习原地的单手肩上投篮	1. 行进间的传接球练习。 2. 原地的单手肩上投篮	讲解法、示范法、练习法、纠错法
	二	1. 各种移动步法的练习。 2. 复习行进间的传接球及单手肩上投篮。 3. 学习行进间运球(低、高手)上篮	1. 形成正确的投篮动作。 2. 掌握行进间运球上篮	讲解法、示范法、游戏法、练习法、纠错法
	三	1. 复习各种移动步法。 2. 巩固提高单手肩上投篮及运球上篮。 3. 学习原地的持球突破技术动作	1. 熟练掌握单手肩上投篮及运球上篮。 2. 正确理解持球突破	讲解法、示范法、游戏法、练习法、纠错法
	四	1. 复习原地的持球突破技术动作。 2. 复习行进间接球上篮。 3. 学习接球跳起投篮	1. 掌握行进间接球上篮。 2. 掌握接球跳起投篮	讲解法、示范法、游戏法、练习法、纠错法、比赛法
	五	1. 复习持球突破技术、行进间接球上篮及接球跳起投篮。 2. 学习掩护(突分)基础配合	1. 持球突破技术、行进间接球上篮及跳起投篮。 2. 正确理解基础配合含义	讲解法、示范法、游戏法、练习法、纠错法、比赛法
	六	1. 复习运、传、接、突、投等基本技术。 2. 复习掩护(突分)基础配合。 3. 学习传切(策应)基础配合	1. 掌握掩护、突分、传切、策应基础配合。 2. 练掌握基本技术	讲解法、示范法、游戏法、练习法、纠错法、比赛法
	七	1. 复习运、传、接、突、投等基本技术。 2. 教学比赛。 3. 电化教学,进行篮球规则的教学	1. 复习基本技术。 2. 进行篮球规则的教学	多媒体教学法、比赛法
考试内容	一	1. 运球上篮:10×4=40分,如图 A	示意图	
	二	2. 定点投篮:10×4=40分,如图 B		
	三	3. 理论考核:10×2=20分		

　　课程是踏着教学计划的科学节奏走向艺术境界的。体育教学设计对有效的教与学起着决定性的作用。教师应为不同的课程目标使用不同的练习策略。正如苏联心理学家加里培林所说:"它的基本观点,在于心理活动是外部物质活动向反映方面——向知觉、表象和概念方面转化的结果。这种转化过程是通过一系列的阶段来实现的,而在每一个阶段上都

产生新的反映和活动的再现以及它的系统改造。"①由于课程的实施过程是一个由教学技能和教学设计等诸要素组成的复杂系统，要使这个系统成为有机的系统，就必须保证各要素之间的有机联系。因为任何一种因素作用的发挥，只能收到局部的效果，而不能取得教学的整体效果。要想取得最优化的整体效果，应力求使课程按照教学的各要素按照它们之间内在联系的规律性合理地加以情境适配。

因而，教师如果能科学正确把握地上述五种方法之间的关系，并能根据实践需要加以调整或改进，学生学习一定会在知识、思想和就能发展方面取得积极的效果。这五种练习策略，虽不能百分百地保证我们实现有效课程的教学目标，但它们确实有可能帮助并让这些事情变得更加可能。总之，在确定好学习结果和相应的评价方式之后，教师应当提出明确的学习指导计划。它包括教学方法的选择、课程内容及具体的学习材料的选择与组织。教学行为最终的目的是实现理解的措施，为此我们所有的计划于活动都要指向它。曾如美国教育家布鲁纳指出："简单地说，教学结构就是学习事物之间怎样相互关联的。"②

这提示我们教学设计在确定学习目标、分析和组织学习内容、选择教学方法和媒体时，要注意对时间和空间上、组织安排顺序上的各种因素进行科学的"排列"和"组合"作整体的安排。比如需要确定哪些教学环节，各个教学环节占用多少时间，应用教学媒体和教学方法进行教学活动时；能否发生互动，是否有效、易行，是否适合学习、支持学习；体现科学性、整体性、协调性的理念。要求我们要遵循以下原则。

一是根据具体的教学目标、教学对象及教学内容恰当地选择教学环节，把握好每个环节的任务和同时合理地分配各个环节的教学时间。

二是选取教学环节后，要具体设计教学各环节组织，如采取何种手段引起学生注意，采取何种方法、运用何种媒体呈现有关内容等。例如，基本部分一般教学设计组织形式为 5 个练习左右，经过前 2～3 个练习后，学生学习的兴趣就会由兴奋逐渐转入抑制，为此，下一个练习的设计考虑应选择一个能重新唤起学习者第二次兴奋的适配性策略。

三是教学程序的"总装"要体现出知识的递进与组织的递进的和谐，使之从整体上形成最佳的组合，以保证整体的功能大于各部分之和。

---

① ［苏]加里培林:《关于智力活动形成的研究的发展》(苏联心理科学一卷)，北京，科学出版社，1962，第 442、472 页。
② 张振华:《体育教学策略与设计》，北京，北京师范大学出版社，2011，第 85 页。

小 结

综上所述，课程设计是指拟订一门课程的组织形式和组织结构。课程设计一般取决于两种不同层次的课程编制的决策：一是广义层次的决策，包括基本的价值选择；二是具体层次的决策，包括技术上的安排和课程要素的实施等。课程的形式或结构受技术层次的影响，而技术上的决策又是根据课程的诸要素做出的。在讨论课程设计时，课程要素通常指课程目标、教学内容、学习材料、学习活动、学习时间、学习环境、教学组织、教学测量和评价程序。进行课程设计时，由于不同课程设计者的价值取向不同，对诸课程要素的处理方式也不同，因而必然设计出多种不同的课程。

【学习与思考】

一是理解与掌握体育课程编制与教学实施不仅仅是对课程材料的组织与要素、范围与序列的向度平衡，并且也是按现代教育理念对学习内容与学习经验之间建立整合的有机联系。

二是理解与掌握体育课程编制在教学的选择与组织、编排与设计的原则与要求、步骤与方法、形式与结构。

三是依据所熟悉的某一学校，设计与编制一份体育校本课程。

四是解析中国传统体育课程编制与教学实施的局限，概括体育新课程在课程编制与教学实施出现的特点。

【作业与讨论】

1. 简述体育课程的编制的分类有哪些。

2. 简述体育课程选编的要求。

3. 简述体育课程选编原则的意义与作用。

4. 识记体育课程编制的方式有哪些，如何运用。

5. 识记体育课程编制的方法有哪些，如何运用。

6. 识记传统与现代体育课程编制区别。

7. 简述体育课程编制评价原则的指向与意义。

8. 识记影响体育课程设计因素有哪些。

9. 识记体育课程设计与编制的流程结构。

10. 识记体育课教学与实施的方法与策略。

11. 识记体育课学年、学期、单元、课时各种计划的编制与撰写。

第八章　体育课程的评价

【本章摘要】

体育课程评价是体育课程论研究的一个重要的领域。它不仅"支配"与"领导"着课程的质量、效率和管理，也影响与制约着课程取向的发展。本章将对体育课程评价的本质、功能、任务、范围、标准、过程、原则与方法逐一梳理与评述。从评价的"内在尺度"即主体需要的合目的性，与"外在尺度"即课程行为的规律性的统一评述与释义。提出体育课程评价模式要依据课程职责标准、课程结构标准、课程评价效能标准进行判断，按照资料收集、分析整理、价值判断等阶段完成评价反馈。并提纲挈领解析各种评价方法的功能与应用局限。为教师正确认识与运用课程评价提供支撑。

【本章内容结构】

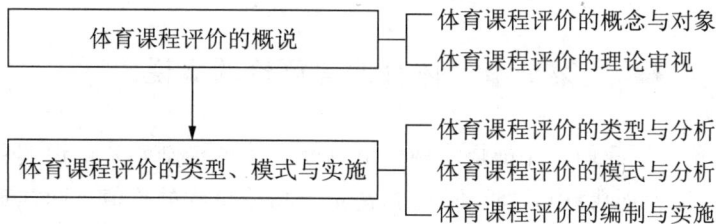

```
┌─────────────────────────┐      ┌── 体育课程评价的概念与对象
│   体育课程评价的概说      │──────┤
└─────────────────────────┘      └── 体育课程评价的理论审视
            │
            ↓
┌─────────────────────────┐      ┌── 体育课程评价的类型与分析
│ 体育课程评价的类型、模式与实施 │──┤── 体育课程评价的模式与分析
└─────────────────────────┘      └── 体育课程评价的编制与实施
```

【本章理解】

1. 理解各种评价理论的形成、演变与争鸣对体育课程的影响与启示。

2. 思考各种评价模式在体育课程评价的运用。

3. 识记各种评价标准与方法的科学运用。

4. 指出中国传统评价的问题与局限，说明与分析中国体育新课程评价的发展与变革取向。

【关键词】

体育课程评价；概念与分析；类型与分析；模式与分析；编制与实施

评价是人类认识事物的特征，揭示和把握事物的尺度，是一种有目的有意识的感性对象活动。鉴于此，体育课程评价是课程实现预定目的，指在人为控制的条件下，研究课程教育现象的一种重要方法，是获得知识、检验知识的一种理性的实践形式。它能摆脱与超越狭隘教学经验的局限，通过合理地控制和干预，获得较为丰富准确的第一手资料，是对课程实施的结果提供比较可靠和必要的客观评价依据。故此，体育课程评价在体育课程实践的发展中具有重要的作用。一是通过课程评价提供有意义的信息，促进现有体育课程获得鉴别与筛选、改造与变通、提炼与完善、综合和创造的评价实施；二是通过课程评价可以发现优点与不足，促进体育课程新进步的产生，推进知识存在形式主观的与其内容客观的相互融合，保证了体育课程的水平得以不断提高；三是课程评价的操作程序保证了体育课程的科学性，可为课程收集和综合有关现象和数据，进行有效的价值判断，是一种最有效的改进方法。基于课程评价的特殊作用，国内外教育家都十分重视课程评价的实验，亲身参与研究以验证完善自我的理论。目前，世界各国都把课程评价作为课程改革与发展的重要战略措施。因而，本章从方法论维度、问题解析维度、实践运用维度进行梳理研究和探索，为对其进行理解与运用提供一个较为全面的框架。

第一节　体育课程评价的概说

理论告诉我们，评价是一种价值判断主体的活动，是认识实践的中介。《汉语大词典》中，"评价"泛指衡量人物或事物的价值。同样英语中 evaluae 是指，衡量、判断人物或事物的价值的过程。评价是一种价值认识的判断活动，是对客体满足主体的需要程度的判断。课程评价是采用各种工具收集资料与信息，以判断课程价值的过程。缺少它的存在，课程的成功与否将是"模糊的"。美国学者格兰德（Grnolund，N. E.）认为："评价＝测量（量的记述）或非测量（质的记述）＋价值判断。"[1]对此另一位美国学者尼沃则提出，课程评价是课程改革、课程体系的重要环节。在理论与实践应用上涉及十个基本问题[2]：评价如何定义？评价的功能是什么？评价的对象是什么？对于每个对象应搜集什么样的资料？根据什么标准评价对象的价值或优缺点？评价应该使用什么方法？怎样进行评

---

[1]　傅道春：《新课程中课堂行为的变化》，北京，首都师范大学出版社，2008，第23页。

[2]　Nevo D.："The Conceptualization of Educational and Evaluation：an Enalytical Review of the Literature"，*Review of education research*，March，1983.

价的过程？谁做评价？评价为谁服务？用什么标准对评价进行再评价？

一、体育课程评价的概念与对象

体育课程评价是课程的重要组成部分，也是构成体育课程理论的基础与主要体现，是对体育课程的科学化方式与思想等施等加规准、具有强大的功能。可消除课程设置、设计与编制的偏差、误差，调整实施状态使被控对象按给定的方式变化，使之向符合预定目标的既定结果转化。可以说，它决定着课程设计的"领导权"和"支配权"，对课程的教育性质、目标、设计、内容乃至方法等都具有强烈的制约作用（见图8-1）。是保障体育新课程实施的重要手段和基本途径。下面就相关问题对其逐一进行梳理与释义。

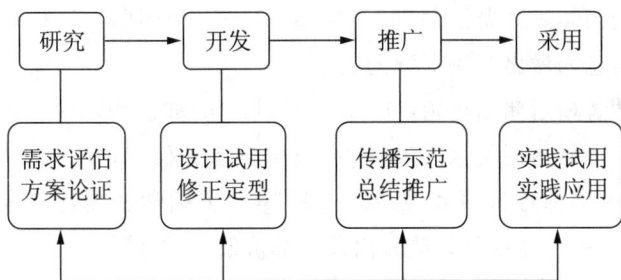

图 8-1　课程评价的作用和功能

（一）国内外课程评价的概念与论纲

什么是课程评价？简单说，是以一定的方法、途径对课程制定与实施结果等有关问题的价值或特点做出判断的过程。由于不同的课程评价反映着不同的教育本质观，反映着人们在一定时期对教育、对课程、学校和学生的不同观点和理解。由而课程评价的含义，也是随着社会文明进步，不断改革与发展，由单一的课程的技术评价不断走向多方面的课程评价，不断全面和丰富的过程。以下笔者将选择一些在中国课程理论和实践运用中具有广泛影响的代表性的国内外课程评价观点加以评析，通过比较指出其中某种程度上的合理性和可能的局限性，以便加深人们对课程评价的认识与借鉴、把握和运用。

对国外学者有关课程评价的界定方面做以概观，梳理归纳有以下几种观点比较有代表性。

一是初期的将课程评价等同于为教育测量或学习测验为基准的观点。

由于初期课程评价思想尚未产生分化，课程评价和人格测验、学习测验等教育测量混在一起，此时期桑代克、埃贝尔（B. Ebel）等人认为，课程评价就是实施教育考核的测量，基于学业测验分数的需求。

二是把课程评价视为是确定学习行为与目标结果之间的符合程度。

首先使课程评价这个概念走向科学性、规准性标准的是泰勒，他在20世纪40年代总结了"八年的课程与教学研究"的经验和成果后，发表了课程历史里程碑的重要著作《课程与教学的基本原理》，提出了课程评价的概念。泰勒认为，评价过程实质是一个确定课程与教学计划实际达到教育目标的程度的过程。认为评价是客观地描述教育结果与教育目标的一致性程度。对此，布卢姆等人曾以公式予以标识，即"目标＝行为＋评价技术＋测验问题"①。

三是把课程评价理解为是给课程决策提供收集信息、资料的过程，是对课程设计的实践测量。

继之美国学者克龙巴赫（Cronbach）又进一步阐明，课程评价就是搜集和应用信息来做出有关课程的决策。②

美国学者斯塔弗尔比姆（D. L. Stufflebeam）亦认为，课程评价就是描述、获得、提供运用信息的过程。③ 英国学者凯利（A. V. Kelly）认为，课程评价是"评估课程价值和效用的过程"④。美国学者桑德斯认为，课程评价"是研究一门课程的某些方面或全部价值的过程"⑤。

四是把课程评价据议为是不仅检视课程的效率和管理，也判断评估课程道德和社会学的价值。

使课程摆脱工具性描述、走入全面性阐释的，是英国学者巴里·麦克唐纳，他认为课程评价不仅仅是技术的定义，接受、获得和交流信息的过程，也是对一门课程的蕴含的教育决策做出指导。而美国学者波尔（Beyer）认为，课程评价一种广泛而持久的努力，是按照课程目标鉴定所使用的教学内容和教学过程是否达成目标预期的效果。⑥

显然，在对上述学者不同论点进行分析可以得出，当代课程评价的方法已形成多种多样丰富的形态，早期的教育考核测量与学业测验只是

---

① ［美］拉尔夫·泰勒：《课程的基本原理》，施良方译，北京，人民教育出版社，1994，第85页。

② 廖哲勋：《课程学》，武汉，华中师范大学出版社，1991，第272页。

③ 丁朝蓬：《新课程评价的理念与方法》，北京，人民教育出版社，2005，第2页。

④ A. V. Velly, *The Curriculum: Theory and Practice*, London, Paul Chapmam publishing ltd., 1989, p. 187.

⑤ 江山野：《简明国际教育百科全书：课程》，北京，教育科学出版社，1995，第168页。

⑥ 李定仁、徐继存：《课程论研究二十年》，北京，人民教育出版社，2004，第151、152页。

评价的一种方法；不等同于课程评价。从评价功能取向看，泰勒的评价观主要强调了课程评价的总结性功能；克龙巴赫、斯塔弗尔比姆等学者则侧重于课程评价的形成性功能；凯利与桑德斯等学者偏重于学习行为的范围与诊断；麦克唐纳和波尔等学者对应于课程评价的事实描述和价值判断两种属性，寻求两个方面可信赖的"论据"的表现。

概观学者这些不同论点的可得出，课程评价含有诊断、修正、比较、预计、确定教育需求和预期目标是否达成的五个方面的功能。可以作为一种手段，判断课程信息和课程教育的效用和结果。作为一种工具，可以为课程教育的目的选择提供决策指导，判断课程开发或设计的科学性与合理性。中国学者钟启泉将课程评价归纳为三个方面的功能：诊断功能——对现有课程方案做出判断；修正功能——为课程形成于发展提供指导；决策功能——为政府教育部门或专业人员提供决策依据。①

对国内学者有关课程评价的界定方面做以概览，梳理发现学者们的比较有代表性的论点可以具体归纳为三个方面：课程"微观"效用方面的事实描述；"宏观"方面的价值判断；课程"微观"和"宏观"方面的综合性论述。

一是课程"微观"属性效用方面的事实描述。学者钟启泉认为，课程评价是为课程实施的可能性、有效性及其教育性，做出"论据的收集与提供"。它包括两个方面：课程的计划与组织的判断和学生学习成绩（学习结果）的判断。② 学者刘义兵（1992）提出，课程评价是确保课程能够及时地更新、调整和完善，采用科学的评价手段，研究课程的某一方面或课程整体，从而为课程决策提供有用信息的过程。③

二是课程"宏观"属性效用方面的价值判断。学者陈侠认为，课程评价就是判断课程有没有实现教育目标具有的最高价值。④ 学者张天宝则进一步明确指出，育人是课程设计之本。⑤

三是课程"微观"和"宏观"两方面属性的综合论点。学者廖哲勋则认为，课程评价反映的对象是课程的价值，即作为客体的课程与主体需要的关系，事实描述是课程评价的前提，价值判断是课程评价的结论。⑥学者黄甫全也同意这一观点，他认为课程评价就是人们对课程状态进行

---

① 钟启泉：《现代课程编制的若干问题》，载《教育研究》1989 年第 5 期。
② 同上。
③ 刘义兵：《当代国外课程评价的基本模式》，载《外国教育研究》1992 年第 1 期。
④ 陈侠：《再谈课程原理》，《课程·教材·教法》1989 年第 4 期。
⑤ 张天宝：《主体性教育》，北京，教育科学出版社，2001，第 37 页。
⑥ 廖哲勋：《课程学》，武汉，华中师范大学出版社，1991，第 221 页。

的事实性与价值性相统一的判断过程，其明确的目的是为课程改进和改革提供"真与善"的依据，课程评价的取向是将文化价值、社会价值和学生价值的整合。[①]

从国内学者对课程评价概念的定义上看，可以发现中国学者的观点基本都是来源于国外学者的论述，在学术理性上并没有新的是非判断。虽然表述各有差异，但同国外学者相比分歧比较小，存有共同的内涵，即都把课程评价看作评价起什么作用，课程发生什么作用。有的强调课程的价值判断，有的着眼于过程，有的关注课程的目的和功能，有的侧重于课程的构成。这些既有"纵的方面"、也有"横的方面"的多彩理念明晰了课程评价的目的、方法、过程和构成，极大地促进了中国课程合规律性与合目的性的统一。恰如瑞典学者胡森所说："范式以一种范例的形式，决定了新一代科学家的科学研究方法和程序的取向。"[②]对其归纳认为，课程评价的基本概念存在着本体论、认识论、方法论三个层面的表现。可给我们提供观念范式、规则范式、操作范式的格式化区分，分别回答事物的"为什么的价值问题、怎样做的方法问题，以及做什么的实践问题"，可给出评价取向与被评价对象之间的关系问题、评价研究的方法和理论的问题。概于此，集上述学术之力，笔者认为，体育课程评价的概念应是：为分析与确定体育课程主体尺度（教育目的）、客体尺度（课程结构与规律）、结果尺度（学习者成绩）三者方面的统一，寻求"可信赖的信息与论据"的方法。即为认识课程发展有什么意义、对实现人的发展的社会化和个性化的统一，有什么方法进行诊断、比较、修正、调控和监督的价值判断。

据上而述，时至今日，尽管国内外很多学者对课程评价概念的范式、特征和运用范围存有不同的理解，但是这一多彩的争论确为我们重新认识、理解和诠释其发展的变化，开辟新的路径提供了多维的视角和观察思考的方法，是值得尊敬的。

（二）体育课程评价的概念与分析

资料显示，2001 年教育部在颁发的《基础课程教育改革纲要》文本中，首次使用了"课程评价"一词，提出了"改变课程评价过分强调甄别与选拔的功能，发挥评价促进学生发展、教师提高和改进教学实践功能"。

---

① 黄甫全：《课程理想与课程评价——世纪之交对课程评价指标体系构建的文化思考》，载《华南师范大学学报(社科版)》1996 年第 6 期。

② 中央教育科学研究所比较教育研究室：《简明国际教育百科全书：教学》，北京，教育科学出版社，1990，第 178 页。

这是中华人民共和国成立后，第一次在课程文件中提出什么是课程评价。那么，课程评价在体育课程中如何运用，它与我们以前使用的教学评价有什么区别？这一变革引发了广大体育学者的关注，孕育催生了对体育课程评价的研究，成为体育课程改革关注的热点。

这一提法有以下几个方面的含义，一是评价主体发生变化。揭示出传统课程只重视教师评价权，在教学过程的师生交往中，学生认知、情感、态度变化的表现，基本由教师评定，缺失学生评价的轻慢。针对这一缺陷，新课程提出对学生的评价，既可以由教师评价，也可以由学生相互评价和自我评价。二是评价对象发生变化。新课程中评价对象不再局限于学生作业和书面考试结果，教学过程中，学生参与态度、方式和表现，同样成为评价对象。三是评价的方式发生变化。新课程对学生学习评价不再局限于书面、口头和技能的测验、考试，学生学习过程也要进行档案袋式记录，作为对其成绩进行评价的基础。四是课程评价基本理念的变化。简单地说，这一理念可以概括为从传统课程注重"奖惩"的评价，转变为注重"发展"的评价，而且其"发展"的方式既包括"学生"，也明确将"教师发展"和"教育实践改进"纳入其中。这样，从性质上说，新课程不仅注重保持了原课程量化评价方式，突出了质性评价方式。显然也强化了教师也是评价发展者的担当。

同时，这一新的课程评价标准提示我们，体育课程评价不仅可以从知识的准确性、概括性、具体性、系统性等去认识和考察，还可以从知识、经验、情感等永恒性、变异性、意义性方面去判断体育课程的目标和结果。可见，对其进行研究，有利于揭示课程在科学性、人文性、工具性联系之间发生的异变和优劣，整合从目标—过程—结果之间的联系。避免价值的、知识的、社会的主观偏见对课程带来的偏离，扶正知识的本质、知识的价值、知识的分类、知识的生成与发展、知识的建构与界限、知识的传播途径、方式和过程等在课程构建与实施中的问题。指导我们体育课程评价可以从学习者的知、情、意、行四个方面去认识和考察。提示我们要建立有利于学习者进步与发展的多元学习评价体系，终结注重结果性评价忽视过程性评价的弊端。强化评价的激励、发展功能淡化甄别、选拔的功能。要求课程的构建要从学习者的体能、知识与技能、态度与参与、情意与合作等方面进行综合实施。提倡在教师评价的基础上，展开自我评价与生生评价相结合，形成性评价与结果性评价相结合等完备评价体系。改变传统课程评价过分强调甄别与选拔的功能，发挥评价促进学生发展、教师提高和改进教学实践功能。换言之，不仅可以给体育课程的设计与编制各科知识提供指导，而且给体育知识的增长和更新提供了具有普遍意义的分析工具。显然，课程评价以独特的价值已成为体育教师必须掌握与使用的"知识"。

基于上述的理解，依据众多学者的课程评价观点，笔者赞同课程评价不同于课程研究，所谓的"课程评定、测量和测验"只是课程评价的一部分。体育学者张学忠、杨旭东的课程评价概念的认为，"体育课程评价是根据特定时期的体育课程观、目标和要求，通过系统调查收集信息，对体育课程教育是否达到国家预期教育水准的评判，是促进体育课程教育工作的手段"。[①]笔者基本认同这一观点，并认为这一评价定义拓展了体育的学术资源，填补了国内学者在该方面的研究疏漏，为体育课程的实施，预测、阻断和防止错误的发生提供了启发。但同时也认为，其定义的外延范围过于宏观，实践操作方面表达不清晰、难以形成普遍性理解。

在汲取上述这些成果的基础上，笔者认为，体育课程的评价一般可以分为广义和狭义两个方面的含义。

狭义的体育课程评价是根据一定的课程价值观或课程目标，通过系统调查、收集信息、资料等，分析整理课程方案，对课程计划、课程标准、教材改进、学生学习结果等方面做出价值判断的活动过程，以期不断完善体育课程的设计与编制。

广义的体育课程评价蕴含着国家教育的理念、涉对着人才培养的标准，可为体育课程的决策与管理成效，对体育课程实施过程和结果等，是否适应于社会与个体的需要的价值或特点做出判断，从而为国家体育课程改革与建设提供信息保障。

综合广义和狭义的理解笔者认为，对其的研究既是学科发展的基础，也是学科水平的体现。其次，体育课程评价标准需要从多方面进行考虑，对其理解的不同，在实践中把握的标准也就不同。既要体现学生需要和社会需要，又要准确把握知识价值主体。这些既是评价课程本身科学性的认知结果，也是关联课程评价标准教育性，如何将此全面体现的问题。

实践表明，必须掌握体育课程评价的本质，才能使体育课程评价实践不至于陷入经验主义的泥淖。因而，要想建立科学合理的评价标准和评价指标体系，体育课程评价概念的建立与理解就成为关键。之所以对此进行讨论，一是避免简单地从外部条件的影响，来定义体育课程评价

---

①　张学忠等：《学校体育课程论》，北京，中国科学技术出版社，2013，第279页。

之间要素的关系；二是体育课程评价的概念统摄全局具有极端的重要性，对其理解与界定不足就会引起混乱。可见，建立一个基本、必然、稳固、普遍的体育课程评价概念的理解，可以保证我们正确上路，不迷失方向。

（三）体育课程评价的对象与目的

据上而知，评价对象是界定体育课程评价的特征，是确立课程设计、编制和设置等有机组成的主要依据。对体育课程评价对象的研究，不仅有助于确定保持评价的集中，不发生离散与游离；也有助于澄清与解决评价者与可能评价的对象相互之间的干扰，减少人为的主观推论。也就是说，避免因评价者对评价对象做出片面或简单化的主观理解，失去了评价中最为有意义、最根本的内容。

据而，评价对象的确定可帮助在课程实施以前收集诊断性资料，在课程实施过程中收集形成性资料，在学生完成学习后收集总结性资料（见图 8-2）。从而揭示出，对体育课程评价对象的确定直接关涉着对其他问题的理解，甚至是整个评价观的价值判断。鉴于上笔者认为，体育课程评价的目的主要体现在五个方面：对体育课程效果作诊断，评定达成目标的程度；验证体育课程水平的制定是否符合学生、社会和学科的需求；获得体育课程的教学评价，以便进行有针对性的改进与完善；向学校、社会、家长及学生本人提供关于学生体育课程学习情况的信息；为体育课程的教育和教学的进步与研究提供资料。

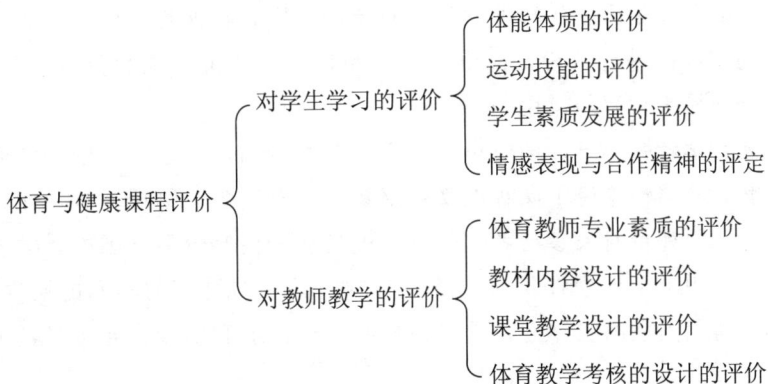

图 8-2　体育与健康课程评价

显然，上述研究使我们获得了以下有益的理解，划清了传统课程评价与现代课程评价的区别。例如，国外学者乔治·比彻底姆在《课程理论》一书中指出，课程评价的对象至少包括：教师使用课程的评价、设计的评价、学生成绩的评价、课程系统的评价四个方面。① 美国学者施瓦布的认为："课程评价有四个要素，即教师、学习者、教材及环境。"②如中国学者钟启泉、汪霞、王文静认为，传统课程评价主要是围绕学生的知识学习进行的。把学生作为课程评价的对象，借助学生提供课程学习的进步与发展来判断课程的功过得失，当然是合理地。存在的问题是，把学生及其知识学习作为唯一的评价对象是不足的。完整的课程评价至少包括课程开发过程的评价、教师组织实施的评价、学生才能发展的评价、课程决策与管理的评价等。③ 学者张廷凯则认为，课程评价的对象包括确定教育目标、选择学习经验、组织学习经验和评价教学效果。④对此，体育学者张学忠、杨旭东等则认为，课程评价的对象含有学校体育课程文本的建设、管理制度的建设，体育课程内容的设计、教学过程、教学成效与评价，师资队伍建设、经费投入、场地和场馆建设等。⑤

综合国内外各位专家和体育学者的上述观点，笔者认为国外学者施瓦布与乔治·比彻底姆的论点，涵盖了课程评价在理论方面的"应然功能"，从"纵向"方面给了一个共性分析，阐明了课程评价的对象，明晰了课程评价对象的组成部分，可作为认识我们课程评价对象的依据。这一观点的不足是没有考虑到共性是以多样性表现出来的，没有多样性的显示显然过于概况，虽然给了一个规定性但难以把握整体。

中国学者钟启泉、汪霞、王文静等从"横向"方面，在课程评价对象"实然"的角度指出了传统课程评价对象的利弊，将课程评价对象置于课程的动态过程进行论说，提出了一个完整课程评价对象的分析和判断，比较全面易于理解与运用。

体育学者张学忠、杨旭东等运用三分法分析，从宏观、中观和微观的范畴，分属性论说了课程的文本对象、管理对象、物质对象，比较具体做出课程评价对象参与者的分析，极具参考借鉴价值。国内外学者们的论说，明晰了课程评价对象既具有"纵向"和"横向"的不同的层次性，也具有对象关联的实体性，具有很强的理论价值和实践指导意义，可为

---

① ［美］乔治·比彻底姆：《课程理论》，黄明皖译，北京，人民教育出版社，1988，第256页。

② Marsh C., Willis G.: *Curriculum: Alternative Approaches, On Going Issues*, Prentice-Hall Inc., p. 258.

③ 钟启泉、汪霞、王文静：《课程与教学论》，上海，华东师范大学出版社，2008，第283页。

④ 张廷凯：《关于课程评价的几个问题》，载《课程·教材·教法》1996年第3期。

⑤ 张学忠、杨旭东：《学校体育课程论》，北京，中国科学技术出版社，2013，第279页。

认识体育课程评价对象的研究提供依据和参考。

分享上述论点,笔者认为,把体育课程评价的对象分为宏观、中观和微观的三个层面易于理解运用。宏观层面,涉及课程决策与管理成效的评价;中观层面次,含有关课程开发过程的评价和课程整体系统的评价;微观层面,包括课程目标、课程材料、课程组织、课程实施等方面的评价。三个层面的标准化可较为全面的包容课程评价各种对象。既可表现其多样的具体性,又有统一的共性完整的把握。

显然,上述国内外学者给出这样一种理解,课程评价只有规范的方法,没有硬性设定的框架与设置,对它的运用不能孤立地谈论哪一种方法有效与无效。其应用的思路,应以课程实践行为的需要为着力点,其流程与再造、其方法的选择与应用,应根据受课程众对象服务的需求而定,依据"资料的可分析"而设置。

(四)体育课程评价的范畴和内容

确定体育课程评价的领域和内容,是对课程评价具体操作实施进行"标准与范围"的量化。一是对信息和论据的分属主体进行分类与归纳;二是对信息和论据进行价值筛选与判断决策。只有这样做才能回答好——使用何种设计的尺度与编制的宽度。也就是说,首先分析每个领域所包含的内容,进而再对分属的内容建立评价指标体系。前者是描述课程内在的需要、意向和追求,后者是解析评价对象的基本属性和成分、施以权重与标准。正如2019年在上海举行的"课程教材改革与21世纪人才培养"国际研讨会的总结指出,建立合理地指标体系是教材评价的关键,教材评价指标要注意两点:一是要具有可测性;二是要应全面完整,不宜太多太烦琐,否则会影响权重的分配。对此有论者提出确定课程评价指标体系的四个原则:[①]

——科学性原则。评价指标体系应该科学地、客观地反映教育的规律、经得起实践的检验。评价范畴应明确划分,评价信息分项应准确表达并且充足。

——适宜性原则。评价指标体系的各个检测项目的标准之间应该没有冲突和矛盾,各个项目的标准应当是目前条件下能达到的,指标体系应合理地分配在其内容的各个项目之中。

——实用性原则。评价指标的各项内容应该是可观察记录下来的现象与行为表现,应尽力将评价指标仔细地划分为,可以用等级或是达到

---

① 钟启泉:《课程设计基础》,济南,山东教育出版社,1998,第153页。

等判断性语句描述的小项目。

——完备性原则。课程指标体系应该全面地、完备地反映教育的各个方面的影响，应代表社会各个方面、各个阶层人士的共识，课程开发过程各个阶段的评估应各有所侧重，但整个课程评价指标体系是完备的。

体育学者张学忠、杨旭东等根据体育课程评价范畴和内容的特点提出，从体育课程评价广义和狭义概念的来阐明评价的范畴和内容(见表 8-1 体育课成绩评价表、表 8-2 体育课程评价内容、表 8-3 体育课程评价指标体系量表)，① 可为我们提供有益的参考。

表 8-1　体育课成绩评价表

评价类别		权重	评价内容			学年总评
			第一学期		第二学期	
第一类	运动参与态度和行为	15%	自评		自评	
			小组评		小组评	
			教师评		教师评	
第二类	体能基础水平与提高幅度	10%	自评		自评	
			小组评		小组评	
			教师评		教师评	
第三类	身体形态机能	25%	身高		身高	
			体重		体重	
			胸围		胸围	
			脉搏		脉搏	
			肺活量		肺活量	
第四类	心理与社会适应	10%	自评		自评	
			小组评		小组评	
			教师评		教师评	
第五类	体育基础知识与技能	40%	自评		自评	
			小组评		小组评	
			教师评		教师评	
总评						

---

① 张学忠等：《学校体育课程论》，北京，中国科学技术出版社，2013，第 282 页。

表 8-2　体育课程评价内容

广义体育课程评价内容	狭义体育课程评价内容
1. 学校体育经费。 2. 场地器材配置。 3. 师资队伍建设。 4. 体育课程实施方案。 5. 管理规章制度。 6. 教材使用和开发。 7. 课题教学质量。 8. 学生学习成绩评定。 9. 学生学习能力形成于发展。 10. 课外体育活动。 11. 学生体质健康状况测试与评定	1. 体育课程实施方案。 2. 课堂教学规章制度。 3. 学生课堂学习质量。 4. 教师课堂教学质量。 5. 学生成绩评定办法。 6. 学生学习能力的形成与发展

表 8-3　体育课程评价指标体系(终结性评价量表的范例)

序号与指标	A 一级指标	B 权重系数	C 二级指标	D 权重系数分解值	E 三级指标	F 评分等级值 40，50，60，70，80，90，100	G DXY	H 一级指标中 G 之和	I H 各项之和
A	资源性投入	0.15	经费投入	0.04	学校经费与体育经费的比例				
			场地器材配置	0.06	体育场馆面积、体育器材配置是否达到国家规定标准				
			师资队伍建设	0.05	师资队伍建设是否达到国家要求的学历、职称、年龄和性别等				
B	文本课程	0.15	课程方案	0.06	课程方案、课程目标、课程结构、比例关系设置的科学性				
			课程管理	0.03	体育课程文本管理建设与完善的程度				
			教材建设	0.06	三级课程教材建设的科学性、进度性与可行性				
C	管理体制	0.15	管理体制	0.04	有没有建立校长负责制的管理体制				
			管理机制	0.06	工作量计算、奖罚机制的建立是否与其他学科一样				
			管理措施	0.05	有没有定期监督的制度、与具体措施				

续表

序号与指标	A 一级指标	B 权重系数	C 二级指标	D 权重系数分解值	E 三级指标	F 评分等级值 40，50，60，70，80，90，100	G DXY	H 一级指标中G之和	I H各项之和
D	课堂教学	0.25	教师教学	0.05	教师施教理念、能力、方法手段和教学组织的合理性				
				0.04	教材内容优化组合与创新能力				
				0.03	课堂教学氛围的营造、学生兴趣的培养				
			学生学习	0.04	学生对体育和健康"三基"的掌握和运用能力				
				0.03	学生学习有没有落实"三自主"与"发展区"的思想				
			成绩评定	0.03	学习形成、过程与发展、有没有实现定性、定量、自评、他评和师评的结合				
			教材使用	0.03	科学使用三级教材的比例性				
E	课余锻炼	0.07	早操	0.02	有没有正常开展早操、并与时俱进进行学改革与创新				
			课间操	0.02	有没有正常开展课间操、并与时俱进进行改革与创新				
			课外锻炼	0.03	有没有正常开展课外锻炼、并与时俱进进行改革与创新				
F	科研获奖	0.08	教学成果获奖	0.03	获得国家、省、地、县级的教学成果奖情况				
			论文著作	0.03	发表论文、论著类型和质量情况				
			其他获奖	0.02	各级各类体育比赛获奖情况				
G	课程资源开发	0.15	人力资源开发	0.02	校内外人力资源挖掘与应用情况				
			物力资源开发	0.02	校内外物力资源挖掘与应用情况				

续表

序号与指标	A	B	C	D	E	F	G	H	I
	一级指标	权重系数	二级指标	权重系数分解值	三级指标	评分等级值 40，50，60，70，80，90，100	D X Y	一级指标中 G 之和	H 各项之和
G	课程资源开发	0.15	财力资源开发	0.03	校内外财力资源挖掘与应用情况				
			环境资源开发	0.03	学校体育人文与物理环境的开发与运用				
			课程教材开发	0.03	三级课本的使用与开发利用情况				
			文化资源开发	0.02	校园体育文化的建设、开发和利用的情况				
说明	在评价过程中，对表内的三级指标，在 F 项目、评分等级值栏内评出具体的评定分值，然后把这一分值乘 D 项中的权重系数分值，两者的积填写在 G 中，再把一级指标中的每个 G 相加，填写在 H 栏内，再把每个 H 栏内数字相加的和，就是对某个学校的体育课程评价所得的总分								

沿着这一认识可逻辑发现，广义体育课程评价范畴：凡涉及体育课程教育有关组成的方面都属于评价范畴。狭义体育课程评价范畴：主要包括体育课程实施方案、管理规章制度、教材使用和开发、教师课堂教学质量、学生成绩评定办法、学生学习能力的形成与发展等。

总之，测量与测验是体育课程评价领域和内容研究的评价工具之一，可为体育课程评价研究带来共识性的框架与清晰的路标。理解其相互之间既相独立、又互相联系的普遍性。为研究者寻求最佳解决的方向和路径，提供了重新思索的方便。正如学者丁朝蓬认为："一个完整的评价指标体系应由评价指标、评价标准、量表和权重构成。"[①]

显然，以上学者的论述指出，评价指标是价值客体本质属性与特征的具体反映，是对评价各个维度的界定；评价标准是对价值客体的各个维度的定性或定量的要求，是价值客体属性的质的临界点，以及它们在质变过程中量的规定；量表则是衡量价值客体达到标准程度的一种尺度；指标权重是标明各个评价指标在指标体系中重要性的数值。

---

① 丁朝蓬：《教材结构分析与内容质量评价》，《教育理论与实践》2011 年第 8 期。

二、体育课程评价的理论审视

从中国体育课程的发展史来看，体育课程评价的步伐是随着教育改革开放的进程迈进的，是大课程论对学校体育课程理论渗透与迁移的结果。2001 年 9 月，《体育课程标准》的多元化教育理念、多维课程目标、多样课程内容、多级组织方式、多层次学习方式等构成在实践的实施，客观需求有一种理论能对体育课程制度建设、课程教育目的、课程结构优化、课程设计、资源开发等提供效果判断和价值判断的决策和指导。一是为各级教育决策部门和教育行政部门提供咨询服务，指导体育课程正确的改革提供监督机制和客观的依据。二是帮助教师、课程研制人员和学校体育领导人员，对学校体育课程目标的确定、课程内容的选择、组织和编排、课程效果和课程改革等方面的实施给予有力佐证。在这样一个改革背景和认识逻辑的关系下，立足于多元教育理念文化思维的路向，依据大课程论的参照范式。21 世纪初叶第八次基础教育课程实施，"课程改革实质而言，就是重新认识和确立各种课程类型以及具体科目在学校课程体系中的价值、地位、作用和相互关系"①，拉开了对学校体育新课程评价的研究与探讨的帷幕。

但从理论生发学来看，课程作为一种教育现象，其发展具有相对独立性，存有自身运行的规律。教育发展史表明，课程的变迁主要通过两种形式实现。一是文化渐变的积累，即历史文化传递的保存和增加。这一过程的表现相对稳定，受延续性的影响和制约，课程变革的形式主要是修补与完善。二是文化突变的积累，即通过外来文化植入的加速，引发质的飞跃，带来突变的发展。受这一进展过程的突变性的影响和推动，则要求课程进行大力变革、改头换面、除旧布新、输新摒旧。其过程表现形式是冲突与融合、碰撞与扬清，既有分娩的痛苦，也尝到新生带来的快乐。

显然，这一演变带来如何从历史的课程文化中体现先进文化的选择和运用的思考。受这两种历史进程的影响与制约，使课程评价理论与实践横亘着一条鸿沟，长期处在一种"纠缠"与"错位"的矛盾关系中。直到现在我们对体育课程的评价尚未达成有效地开展。

对广大体育教师来说，对这一理论的认识远远不及对体育教学评价的应用与理解。就学者们研究的视野来看，存在介绍国外的研究与立足

---

① 朱慕菊：《走近新课程》，北京，北京师范大学出版社，2002，第 17 页。

国内的研究不平衡，"洋为中用"分析国内的研究甚少。由此，引起的后果是在体育课程评价的具体实践中缺乏逻辑上可靠的理论和正确的方法论指导。如果我们不主动认知和克服这一短板，将无益甚至是损害体育课程评价对新体育课程的实施。这既是广大体育教师的思考，更是体育学者们的必须翻越的"珠穆拉玛峰"。

当前课程评价已成为多学科课程的理论，从体育学科来看，不仅是理论研究的成果水平，还是实践方面的方法应用都远远落后于其他学科。与其他学科热火朝天、百花齐放、百家争鸣、洋为中用、遍地开花的态势相比，概观学校体育学科的课程评价领域的研究状态是，这里的"黎明静悄悄"、冷冷清清、一鳞半爪、几无成果。据学者张学忠的研究，CNKI 的检索来看，针对课程评价方面的研究，1990—1999 年，10 年涉及体育课程评价范畴问题的研究报道仅有一例，还是基于关联命题，学者张德芳的《学校体育课程评价探索——简便易行的 FUZZY 公式综合评价方法的应用》。1999—2009 年，有关"体育课程评价"的文献资料有 28条，分属于期刊论文、学位论文与课题研究报告。[①]

从研究取向上看，穿新鞋走老路，基本上仍然是以体育教学评价的角度与语言来实施学习评价。从课程"微观"效用方面、"宏观"属性效用方面等的价值判断趋于空白，未有整体形成系统的课程评价理论与体系。目前，学校体育课程评价的研究与应用仍是一个薄弱的环节，仅有学者汪晓赞的《中小学体育课程学习评价》一书问世。笔者认为造成这一现象的原因在于，影响体育课程评价的因素，既有历史存在着客观成因，也有主观方面的观念制约。一是从学校体育的历史来看，中国学校体育脱胎于苏联的教育模式，受其影响缺少体育课程评价该方面的理论构成。二是从主观因素来看，受传统价值观的跌宕，人们缺乏求新、求进的动力。改革开放后又受功利价值观的影响，学者们不愿坐冷板凳，潜心研究的动力不足，没有像其他学科一样形成多元化的研究基础。

由而，导致当前学校体育课程评价的研究仍处于起步阶段，还远远落后于其他学科的成果与水平。当前其他学科的课程评价研究已摆脱模仿，走入改造和突破的阶段。正如李秉德所说，力求运用辩证唯物主义和历史唯物主义的观点，结合中国实际，反映国内外教育研究的新成果，来阐述本门学科的基本理论，使其成为一个完整的体系。[②] 概观体育课

---

① 张学忠、杨旭东：《学校体育课程论》，北京，中国科学技术出版社，2013，第 274 页。

② 李秉德：《教学论》，北京，人民教育出版社，1991，扉页。

程评价的研究还在探索和模仿阶段，还没有走进、走完各是其是、各非其非的争鸣与生长阶段。为此，今后，在大力借鉴国外课程评价理论的同时，需要结合实践对国外课程评价的理论的引进、消化和吸收，这是我们当前的一项重要任务。

中国体育课程评价存在评价内容单一、评价方法单一、评价工具陈旧的问题。资料梳理发现，中国体育课程评价内容单一，仅局限于对体能和技能的评定，忽视了学习者存在的个性差异、情感、态度、习惯与合作等方面的全人教育的评定。中国体育课程评价方法单一、评价工具陈旧。在评价采用的方法与手段上，主要以定量评价、结果评价为主；评价工具主要以《国家体育锻炼标准》单一判断学生的发展；在评价取向上以甄别和选拔为目的。忽视了评价的合作功能、激励功能、育人功能、发展功能等。

国外体育课程评价改革的经验值得我们借鉴。一是强调过程性评价。资料梳理发现，发达国家提倡多种考核方式、关心与鼓励学生细微进步；普遍采用"以生为本""以发展为本"的相对性激励评价，提倡教师注重从学生学习的全面发展的各个方面进行评定，反馈促进学生不断取得进步。

二是注重相对性评价。资料梳理发现，发达国家对技能与体能的评价结果以绝对性评价为主，辅以相对性评价，对学生情感、态度、过程表现等的进步与发展，施以实际情况的考评与激励促进。不是通过一个统一的标准进行相互之间的比较评价，而是提供建立合理的"预警制度"，让学生重视，使学生了解自己、提高自己；促进"成绩不合格"学生不断努力达成发展规定。

三是由单一内容的评价转向多元内容的评价转变。资料梳理发现，发达国家由单一内容的评价转向多元内容的评价转变。把知识理解、学习态度、运动习惯、健康理解放在首位，把技能表现和运动能力则放在第二位，体现出发达国家体育教育的目的是以学生学习态度的培养为基础，促进运动技能的提高。

第二节　体育课程评价的类型、模式与实施

资料梳理发现，传统课程评价的类型比较单一，局限于结果评价，缺失学生、过程、情感等多角度的评价。为解决这一问题，众多学者展开对国外课程评价理论成果的不同研究，结合中国实际重新梳理与归纳阐释，对其展开了多角度的研究，努力寻求课程评价的有效类型与模式。

学者们普遍认为，受课程评价类型和模式的存在和发展条件的影响和制约，课程评价的类型与主体构成的相互关联相游离，不同评价的主体模式具有不同评价的类型，对它的运用不能孤立地谈论哪一种方法有效与无效。为此，本节在总结陈侠、钟启泉、裴娣娜、廖哲勋、靳玉乐等学者的研究成果的基础上，提出对它的研究要遵循四个基本理解。一是尊重它的研究者；二是借用它的一套规则和典范；三是承接所有取得的历史成就；四是按照整体性原则、可测性原则、可接受性原则贯彻这一意向，可帮助我们对体育课程类型与模式的研究加速、加深，成为理论的主人。

一、体育课程评价的类型与分析

根据广大体育教师的实践性需要，本研究拟从狭义的课程评价入手，将体育课程评价的内容划分为教学评价和学习评价两个维度。然后，每一维度又根据其教育目的划分出具体的不同评定层面和使用要求，供参考运用。

(一) 体育课程评价类型的分析

实践证明，不同的评价角度、评价的主体，评价的类型，反映着评什么、为谁评、怎么评的目的。事关着学生的进步与发展。反映着课程评价类型的区分不是一个纯技术性的问题，不是对评价类型的客观描述，它存在着一个与课程目标关联的价值"功效"与方法"绩效"的包含，取向着我们教育宗旨实现的境域。潜藏着体育课程本身合理性的价值问题，表述着"体育课程与教学设计、方式、活动结果等有关的关联"，蕴含着体育课程实施过程中所产生效果的优劣。如在中国，多年来国家办教育的目的、学校各科教育的目的和目标的确定、课程的开发、评价类型的设置、编制等，都是以"升学"为目的统一进行。在这一过程中，既不考虑学习目标、学生发展的需要与兴趣，也不考虑其他相关的评价措施，整个评价取向是实现教学、考试的高效能复转。因而，对评价类型的确定自然落足在帮助学校完成学业考试设计的规准。其结果是学生可能误认为，取得"以具体信息记忆取得的良好成绩而受到奖励"是最大的目的。这一评价方式忽略了人的能力与人格的培养。

(二) 体育课程评价的类型

基于课程评价类型丰富的含义，中国学者从不同视角对其进行了"远近高低各不同"的有关研究。为了更好地理解，现对其进行历史的透视和理性的梳理，以加深理解。

学者陈侠认为，根据不同评价主体对象的关联(内部人员专家学者、教师、学生等不同组成、外部人员家长、社区等），课程评价的类型可分为内部评价与外部评价两种方式。[①]

学者廖哲勋认为，课程评价类型应按照课程评价的各种不同作用来划分，可分为形成性评价和总结性评价两类方式。[②]

学者施良方认为，根据课程评价的取向（科学取向、人文取向）的不同维度，课程评价类型可分为内部评价与结果评价、形成性评价和总结性评价。[③]

学者胡学增、沈免勉荣认为，就课程评价实施策略而言，可分为客观评价、主观评价和主客观评价三种类型。[④]

学者钟启泉认为，根据评价对象，可分为三个部分。学业成就的评价——看实施课程的结果在学习者身上带了哪些成果；综合性的评价——评价对象不仅包括课程计划，还要包括学生、教师、教材、环境等因素相互作用的结果"功能性集成"。教学的评价——评价对象为同教学直接相关的因素、同教学间接的因素、构成教学之基础的因素。[⑤]

学者钟启泉进一步认为，根据课程评价与目标的关系，可分为目标本位评价和目标游离评价两种方式。[⑥]

学者张廷凯对课程评价进行了多角度的划分，认为在课程评价的过程中，总结性评价和形成性评价、内部评价和外部评价、定性评价和定量评价等不同类型的综合运用，能够使课程评价发挥其最大效益。[⑦]

集合上述各位专家和学者的不同角度的论点，笔者得出以下不同的分类。

一是根据评价人员主体的身份，可分为内部评价和外部评价的两种类型。

二是根据课程的作用和性质，可分为形成性评价和总结性评价两种方式。

三是根据课程的价值和目标取向，可分为为内部评价与结果评价、

① 陈侠：《制约学校课程的各种因素》，载《课程·教材·教法》1985 年第 4 期。
② 廖哲勋：《课程学》，武汉，华中师范大学出版社，1991，第 185 页。
③ 施良方：《课程理论——课程的基础、原理与问题》，北京，教育科学出版社，1996，第 132 页。
④ 胡学增、沈勉荣：《关键在于建立新颖课程和人才评价科学体制》，载《中小学教育》1993 年第 4 期。
⑤ 钟启泉：《现代课程编制的若干》，载《教育研究》1989 年第 5 期。
⑥ 钟启泉：《课程设计的基础干》，济南，山东教育出版社，1998，第 89 页。
⑦ 张廷凯：《关于课程评价的几个问题：从评价看课程编制的科学化》，载《课程·教材·教法》1996 年第 3 期。

形成性评价和总结性评价的四种类型。

四是根据课程评价实施策略，可分为学业成就的评价、主观评价和主客观评价三种类型。

五是根据课程评价的诊断，可分为学业成就评价、综合性的评价和教学评价三个部分。

六是根据课程评价的模式类型，可分为目标本位评价和目标游离评价两种方式。

七是根据课程评价的宗旨、过程与结果，可分为总结性评价和形成性评价、内部评价和外部评价、定性评价和定量评价等不同类型的综合运用。

显然，概观上述学者的不同论点，可发现不同应用取向的思维，构成了研究课程评价类型范式存在和发展的外在条件，衍生出不同的课程评价类型的论点。这些因素即为创生课程评价类型的多元化提供了启示，也为课程评价进一步走向实践的打开辟了路径。使我们明白了范式论点的本身没有错，只有用对或用错的区别。正如美国学者艾尔·巴比在《社会研究方法》一书中所说："每个范式都提到了其他范式忽略的观点，同时也给其他范式提供了揭露自己的可能。"①

下面就择其要点，对不同课程评价类型予以讨论和解析。一是帮其确定如何解释和运用课程评价的不同类型，实施实践运用的科学选择。二是建立理解力，提供有助于实现课程评价类型的系列方法，与相应的判断标准，以对评价类型的选用给予监控，避免可能干扰评价类型运用的不良方式。

1. 形成性评价与总结性评价

（1）提出背景

由于泰勒评价模式局限于课程结果的总结，只着力于课程计划整体成效结束的判断，难于为课程计划的初期设计和实施的过程提供改进建议。这一评价的运用使人们认识到，当课程计划尚处于变化状态时就用评价区改善它，比评价课程计划实施的结果更有意义。针对此，国外学者斯克瑞文针对泰勒模式评价的不足，在其《评价方法论》②一书中率先提出了形成性评价与总结性评价，认为形成性评价是指在"在课程编制、教学和学习过程中进行的学习中的评定"，而总结性评价目的"是了解学习结果及学生学习的进展情况和存在问题的评价"。

① ［美］艾尔·巴比：《社会研究方法》，邱泽奇译，北京，华夏出版社，2000，第57页。
② ［美］斯克利文：《评价方法论》，北京，人民教育出版社，1988，第2页。

（2）具体内涵

形成性评价（又称过程性评价）的特征是注重过程变化性的测量，对识别计划过程的各个变量具有意义。它对测量工具的使用具有灵活性，既可以采用标准化的定量测量，也可以采用非标准化的定性测量。是使教师改进课程与教学或使学生了解自己的学习成果与改进学习状态的一种方法。这种评价采用人文科学方法论，是质化的方法，注重人文关怀。

总结性评价（又称结果性评价）的特征顾名思义是对课程整体计划实施结束后，进行效果判断。其使用是为未来新的课程计划编制提供参考，也可为不同课程与教学评价之间的比较提供依据。因而，这种评价方法的作用在于衡量结果是否达到目标设计的要求，并对其给予具体的鉴定。如通过期末考试检查学生整个学期的学业效果。

（3）解析评论

两种课程评价类型没有基本逻辑和方法论上的区别，两者的都可为了检验某个评价对象的价值存在而进行使用。只有根据评价运用的时机以及评价结果的用途，才能辨别出哪一项评价是形成性、哪一项评价是结果性。从评价目的上看，形成性评价作用于查明计划过程中的问题或失当之处，着重于分析、比较、诊断、改进，保证过程的比较优化。而总结性评价则偏重于课程活动的全过程，为课程整体计划实施的结果做出判断，区分出总倾向的量值施加于主体的优劣。正如布卢姆认为，形成性评价与总结性评价两者之间在方法和目的上是有区别的。虽然总结性评价也含有寻找问题及其原因的成分，但其目的指向最终结果；相反形成性评价则不宜用来评定结果。①

2. 预备性评价和诊断性评价

（1）提出背景

有学者认为在形成性评价与总结性评价主要着力于过程与结果的传输，完成逻辑与方法论上的量值判断。缺乏对于方案活动实施前的准备性监控，认为需要在其上加一个预备性的判断，增大控制条件的概率。由而提出预备性评价，并针对预备性的评价后续提出诊断预备性的再评价。这一提出增进了评价的全面性，更有效地监控了方案的前期、过程、后期等几种结果的变量发生。

（2）具体内涵

所谓的预备性评价，是指对方案开始的准备基础进行筛选，目的是

---

①　王景英：《教育评价理论与实践》，长春，东北师范大学出版社，2002，第121页。

为方案设计的成分构成提供一个正确的成分设置，即我们通常常说的"再好的技术、工具都有其使用的阈限"。哪怕是超出阈限一小步，真理就变成谬误。也可称为的"元评价"或"元认识"等。

所谓的诊断性评价，是对方案的计划设计与编制（如决策的科学性、技术、方法、工具等合理的安排、分布的可信性）进行监控，避免、防止或减少误差与水分。论证方案、排除障碍，对设计方案进行效度与信度的检验，保证正确方向。

（3）解析评论

由于方案的设置、设计与编制的各个阶段均为不可逆的过程，在方案实施后在去判断其科学程度必然为时过晚。尤其是大规模的方案实施，是难以蒙受损失的发生。因而，要保证主观符合客观的实际，有必要进行预备性评价和诊断性评价的构建与运用。正如恩格斯说过，错误常常事后才被认识到。[①] 体育课程预备性评价量表的范例，如表8-4所示。

表 8-4 体育课程预备性评价量表的范例

序号	内容	雅礼中学教师教学备课自我评价量表
1	情绪状态	课的准备是否形成学习兴趣，对学习产生动机与求知欲。课的过程是否能达成学习愉悦，增强学习愿望
2	注意状态	教学构建是否能引导学生始终关注学习的发生，教学过程是否能不断引发、维持学习注意力集中
3	参与状态	学生是否能全员参加学习，教师是否能参与学生学习
4	交往状态	课堂氛围是否产生生生互动、师生互动，交流与合作，分享与补充。养成学生欣赏他人、取长补短
5	思维状态	教学认知设置是否能把接受学习与意义建构学习融合有效运用，易化记忆，促进理解
6	知识状态	教学是否实现了学习目标，是否达成了课的知识能力要求，能给学生积极的学习体验，持续下一学习的欲望

"××体育课程教材评价指标"（形成性量表范例），如表8-5所示。

表 8-5 "××体育课程教材评价指标"（形成性量表范例）

方式	确立课程价值属性	获取资料信息	编辑分析资料信息	测量资料信息	回答资料信息
评价取向	证据、模式	形式、功能	变化性、一致性	进化性、均衡性	系统性、结果性

---

① 李铁映：《论社会科学》，载《新华文摘》2011年第21期。

续表

方法取向	解释	识别	组织	测量	判断
测试内容	常模参照、标准参照	测量、筛选、比较	样本比较、技术测验	信度、效度检验	常模参照、目标参照
目的	论证	定性	结构、属性、领域	适应环境、条件	判断是否符合课程价值属性

形成性评价与总结性评价、预备性评价和诊断性评价的比较，如表 8-6 所示。

表 8-6　形成性评价与总结性评价、预备性评价和诊断性评价的比较

种类	预备性评价	诊断性评价	形成性评价	总结性评价
作用	准备基础与目标一致性的程度	监控方案设计、改进方案组成	确定过程与程序效果	整体效果绩效判断
评价取向	评价准备基础	诊断、改进	改进过程、调整状态	总体推断、参数核查、比距(顺序)、等距(区间)分析
手段	测量、筛选、比较	信度、效度检验	日常观察、阶段检查	参数分析、统计处理
测试内容	样本比较、技术测验	常模参照、目标参照	输入、传出量值之间的关系	与目标的关联度 与结构的关联度 与方法的关联度
统计处理	定量评价、定性评价	定性评价	绝对评价	相对评价、绝对评价
实施时间	方案设计前	方案设计前	过程	结果

3. 相对性评价和绝对性评价

(1)提出背景

相对评价与绝对评价都是一种古老的测量方法。人们在教育领域运用绝对评价标准时发现，虽具有科学性的标准，但其评价范围过于狭窄，只关注个体与个体之间的结果差距功能。缺失了与结果相连的另外一些区度的判断实施。如在传统学习评价属于绝对性评价，只注重学习者学业的最终成绩结果，分数定终身，缺失对学习者进步过程的评价。这种单一性的评价方式，影响中下学习者的学习动机与态度，使得他们产生失败感，进而厌弃学习、造成破罐子破摔无法弥补的负面影响，给学习循环增添了危机。而实施相对评价可弥补这一不足，据此提出相对评价的补充。

(2)具体内涵

相对性评价，扎根于解释性理论，撇开认识对象的非好即坏的两端，

取其大量的中间形态的特点予以评价。考虑最高量变与最低量变值之间裂变的关系，缩小因对象之间差距的变化引起的不良结果。一般多取向于学生情感态度价值观方面发展的非智力因素的评定。如对评价方案先建立一个（区间）分数段的评价基准，然后把被评价对象按区间集合进行评定。如 75 分（包括 75 分）以下为及格、76 分（包括 76 分）至 85 分为良好、86 分（包括 86 分）以上为优秀。避免产生最低分值与对象之间的不良干扰产生。再如在对学生体育成绩的评定中，运用相对性评价，一般是先评价表扬优点，再评价判断缺点，最后提出发展性鼓励的希望。比直接定性其好或坏的特征更能促进学习者进步。

绝对性评价，与相对性评价相反，绝对评价按照一定的标准界限将认识对象分为非此即彼的两部分，泾渭分明，不考虑最高量变与最低量变值之间裂变的关系，只考虑上一级量值与下一级量值之间的递进关系。如对评价方案先建立一个（比距）量值与量值之间划分的评价基准，然后把被评价对象按从低由高集合进行评定，对研究对象施以明确量值的区分或鉴定。这种方法适合于如"高考"这种非要清晰的判断的评定；不适合有关对象本质的好坏，如学生情感态度价值观方面发展的非智力因素的评定、判断或描述。

（3）解析评论

相对性与绝对性的两种评价，一般主要应用于人文科学领域的描述与判断，存在理论的认识和实践运用的各自应用范围和侧重点等方法不同。仅以相对性评价为标准，就会混淆事实的存在，缺失感物本质的判断。而绝对性评价以数序为标准，具有客观性，在人文领域运用往往会扩大矛盾的对立，影响事物有利的继续发展。为此，在学校教育领域实施学习结果的绝对评价与学习表现的相对评价的相互结合、互为补充的评价。既可发挥评价的激励功能，让学习者看到自己进步，关注了个体的差异；又使学习者成绩好的感到自豪与满意。使他们都能可更好地把握学习进程，促进其学会体育，是促进学习者学习最为有效的评价方式。

4. 定量评价和定性评价

（1）提出背景

定量评价和定性评价也都是一种古老的评价，一般用于对象科学性的判断。两者相互依存、相互制约、是不可分割对偶关系的、辩证统一的共时活动。定量评价遵循演绎为主的逻辑，突出的是"工具理性"的客观性。主要以数学为标准化工具和程序采集数据等进行测量、计算与分析，用于检验对象，确定对象本质的等级或差异，在尺度上实现了类量的统一。定性评价则相反，彰显的是"价值理性"，它以意向性的描述，对对象进行整体性、理解性的评价，在尺度上实现了类质的统一。

(2)具体内涵

定量评价，是指对研究对象运用数学的方法进行"量的判断"，获取评价信息的方法。即以分值或量值的测量结果判断确定对象本质的等级或差异。如比较优劣、强调位置排序、关注个体在整体中的名次等，与绝对评价相反，不对研究对象施以好坏的鉴定。

定性评价这一概念目前学术界尚未得到明晰的统一。一般又称"质"的评价。泛指以感性的材料、或通过逻辑推理、抽象思辨等方法，进行论证或逻辑分析对象的本质，直接确定对象不同于他者的特征。以结论性、抽象性和概括性判断对象的价值。如在体育学习方面直接鉴定该同学的学业是能升学还是不能升学。

(3)解析评论

定量与定性的两种评价，主要应用于自然科学领域的描述与判断，存在理论的认识和实践运用的方法不同。定量评价的取向从客观科学角度，追求在各种情形下的可推论的程度，是"为了解释和预测现象，确定变量之间的关系，用系统的观点将相互关联的概念、定义和命题组织在一起的总和"[①]。定性评价的取向从本质角度，运用归纳逻辑对资料信息深度描述，对研究对象直接进行价值判断与定性。对两种方法的运用，我们需要做的是以此为支点将学与教密切结合起来。定量评价适合于学生认知方面发展的显性因素的评定，定性评价适合于学生情感态度价值观方面发展的非智力因素的评定。

以此为支点，既要发挥定量的科学评价的甄拔筛选功能，为社会培养尖端人才，也要发挥定性的评价激励功能，让不会学习的学习者、不喜欢学习的学习者走上学习之路，促进中国人才资源整体素质提升。研究其目的是为了更有效地教，促进和引导学生更好地学，培养学生终身学习的习惯和持续发展的能力，使学生全面健康地发展，满足中国不同行业培养不同人才的要求。

相对性评价与绝对性评价、定量评价和定性评价的比较，表 8-7所示。

---

① 陈向明：《教师如何作质的研究》，北京，教育科学出版社，2001，第 197 页。

表 8-7　相对性评价与绝对性评价、定量评价和定性评价的比较

种类	相对性评价	绝对性评价	定性评价	定量评价
作用	尊重差异、不评判差异、立足激励、反馈矫正	进行质的结果判断确定对与错、好与坏	不提供科学判断、定性对象本质的结果描述	科学判断现象本身、不进行本质的结果描述
评价取向	促进发展（主要应用于人文领域）	诊断差异（主要应用于人文领域）	明晰反映对象主观性（主要应用于自然科学领域）	明晰反映对象客观性、科学性（主要应用于自然科学领域）
手段	主观判断	客观判断、技术检验	信息归纳、非量化验证	数据验证、统计判断
测试内容	评语式、意向式	结果判断、甄别淘汰	问卷、调查、访谈、考察	变量分析、统计处理
统计处理	不绝对评价、抽象评定	统计分析	确定结果	统计分析
实施时间	后期	后期	后期	过程

5. 内部评价与外部评价

(1)提出背景

一是由于传统课程评价人员的主体来源于国家教育行政部门，针对专家学者们编制的课程评价难以体现实践性。二是有学者认为不同阶层的评价观点反映了其意识形态，这使课程评价的标准发生冲突。针对这一不足，有学者提出了内部评价与外部评价相结合。这种评价的标准，把设计、开发者的评价作为内部评价，把未参加设计开发者的评价作为外部评价。

(2)具体内涵

内部评价的任务是改进课程开发、设计的过程，评价的目的是弄清预先设定的目标是否得以实现。

外部评价是由外部人员通过测试课程的"产品"，对课程结果与背景进行评估，识别本方案目的"为谁"的取向。

(3)解析评论

上述两种方案各有利弊，内部评价的优点在于评价者了解课程设计的方案，有利于课程方案的进一步修订与完善。其不足是评价者可能局限于自己的思想难以产生新的思路，或掩盖评价的缺陷。使评价缺乏客观性。外部评价正好相反，他们虽然对设计是外行，但可能产生新的思想，开阔设计的思路，同时可以防止伪评价的产生，评价的客观性更令

人信服。基于此，两者相互结合效果最好。

从体育课程评价的角度，美国学者克龙巴赫认为，一般来说课程评价类型的确定有以下几项有关要求。

一是评估评价类型对任务实现的达成程度，确定选择的评价类型。

二是以课程目标关联的价值"功效"与方法"绩效"的比较，确定选择评价类型。

三是诊断各种评价类型对评价主体的优劣与成效，确定选择评价类型。

二、体育课程评价的模式与分析

进入 20 世纪以来，课程评价模式由于事关学习的掌握、关涉学生个性的发展，因而成为教育理论和实践的核心问题。国内外教育工作者对课程评价模式的研究产生极大的兴趣，形成了行为目标评价理论、发展评价理论、协商—交往评价理论和后现代教育多元文本评价理论等进程。围绕这些理论产生了各种不同的评价模式。根据斯塔夫比姆1981 年的统计，到 20 世纪 80 年代伊始已经出现 40 多种评价模式。这些评价模式与理论既为课程的改革与发展提供了动力，同时也为体育课程不断迈向新的进步奠定了基础，更是提高教师专业化水平不可缺少的重要组成部分。

基于此，以下选取在课程评价模式史上有影响的，而且在今天仍发挥着重要作用的四种评价模式予以梳理与解析，促进对其更好地理解与掌握。正如学者张华认为："评价模式内含一定的教育思想取向和结构，具有方法上的经验性、价值上的可行性、用途上的目的性。可为实践具体的运用提供一定的操作规则和方法、步骤。"①这一论述指出，课程评价模式是一套具体实施评价的方式，是人们进行具体课程评价时可以效仿的范例。

（一）行为目标评价模式

第一代教育评价理论是建立在泰勒行为目标模式基础上的（见图 8-3），后续的各种评价理论都是以其作为起点的。其基本思想是，确定课程与教学计划是否实际达到教育目标的预期的结果。以目标控制课程教育的全活动，根据学生的学习行为成就的最后结果来评价教育目标的成败得失，反馈修正偏离，修正下一课程教育活动计划。

---

① 张华：《课程与教学论》，上海，上海教育出版社，2003，第 403 页。

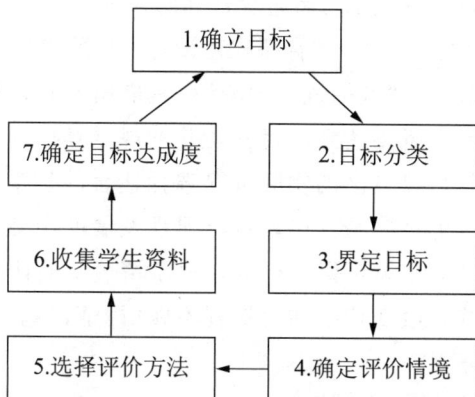

图 8-3　泰勒行为目标评价研发步骤和方法示意图

1. 行为目标评价模式的步骤

(1)确定课程方案的价值目的和具体目标。

(2)将目标分类并用具体行为化的语言予以清晰描述。

(3)制定目标实施最后达到的行为程度标准。

(4)设计评价测量的方法，呈现运用方法或手段的途径。

(5)收集资料，判断确定学生对目标达到反应的效果。

(6)分析结果与预期目标比较。

2. 优点

一是明晰了"我要去哪里"，即教学目标的制定，"我如何去那里"，达成目标的诸要素的行为与路向，到"我怎么判断已到达了那里"，即教学效果的评价三个具体阶段。

二是流程设计、简明扼要、上下链接、相互作用，按程序化，体现了认知学习的逻辑性。

3. 缺点

一是过分强调目标的行为作用，导致"教育是一种理性计算的结果"。把体育教学变成单板的技能传授与刻苦的标准训练，把体育学习变成了"只认技能不认人"的灌输和规训，失去了体育学习"懂、会、乐"的因果性和目的性的统一。

二是只重视结果的判断，不重视过程的反馈与完善。把外在目标的实现作为体育教育的重心，把考试结果作为衡量一切的尺度。遗忘了学习是为了发展，知识积累只是其中的一部分，不能作为全部。学习结果不仅包括知识，还包括价值观、态度、习惯与行为的内化的良好养成。

三是只考虑了学习结果的得失的评价、学习者学习反应的评价、学习组织管理的评价，缺失学习者过程迁移的评价。

4. 行为目标评价模式对体育课程建设与评价的影响与启示

《体育课程标准》中"目标统领内容"就是借用了其以目标为导向的原理，只提出课程教学所要达到的目标，并不规定具体的学习内容，保障了学校和教师根据可以自己的实际情况选择适合的教学内容。可见，该理论为体育新课程的推广与实施，符合课程发展的国情，为新课程提供了导引与规准。实现了体育课程标准对教学情境不同认知"发展区"适配构成的理解与转换。改变传统体育课程不顾"国情、地情、校情"千校万校"一个面孔"的不足。

(二) 发展性评价理论

第二代发展性评价模式，是在批判泰勒行为目标评价模式"只要结果不要过程"的不足上发展起来的。它以提升评价的整体性为目的，在评价设计上突出了计划全活动的完整性和科学性。其基本思想是：从根本上翻转了只重视结果性作用的存在，忽视过程性变量的思考，颠覆了课程旧有教育"授—受"的标准化、统一化的永恒绝对理解方式。要求教育评价不仅要描述结果教育情境的复杂特质，也要关注过程情境交互作用发生的重要性。

为此，下面介绍发展评价模式之一的 CSE 模式(CSEmode)，供参考借鉴(见图 8-4)。CSE 模式是美国洛杉矶加利福尼亚大学评价研究中心(Center for Study of Evaluation)的简称。自 20 世纪 60 年代后期以来，该中心一直在为研究、实验、实践和推广这种评价模式而努力，并取得较为令人信服的效果。CSE 评价模式包括四个阶段，每一个阶段都与一种特定的决策相联系，简单明了，任务清晰，操作方便。

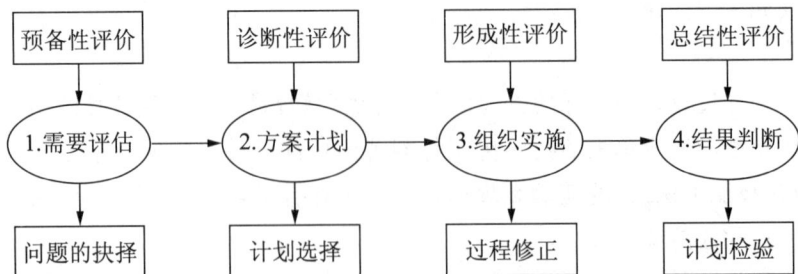

图 8-4 CSE 评价模式研发步骤示意图

1. CSE 评价模式的步骤

(1)预备性评估阶段。调查教育需要方案完成什么样的任务，以确定教育的需要和目标。找出预期达成的与干扰影响预期达成之间的偏差和纠缠。这一阶段又称"问题的抉择"。

（2）选择计划阶段。对各种可供选择的计划在达成目标的有效性和成功性方面做出评价，包括对课程内容与目标一致性的程度，以及资金、设备、人员配置等条件与环境的分析评定。这一阶段又称"计划选择"。

（3）形成性评价阶段。观察课程计划在教育过程中运行的不足，修正某些偏离目标之处，保证目标达成。这一阶段分为两个步骤：提供计划实施情况的信息与根据反馈信息修正计划。这一阶段又称"过程修正"。

（4）总结性评价阶段。对课程教育质量做出全面的评价和相应的判断。由于该阶段涉及课程计划是保留、还是修正或终止方面的决策至关重要。因而，相应需要的信度和效度的检验与统计判断，因而，要求评价者具有评价一定设计与控制的能力。这一阶段又称"计划批准或采纳"。

2. 优点

CSE 评价模式继承了泰勒行为目标评价模式的优点，简单明了，任务清晰，操作方便，增加了对计划过程的变量的监控与调整，研究了主体与客体之间的相互作用、相互影响，使课程评价贯穿于课程活动的全过程，得到了较好的统一，提高课程评价的科学性和完整性。因而，该模式在课程评价中运用得相当广泛，值得理解与把握。

3. 缺点

同发所有展性评价理论的模式一样，CSE 评价模式也是只有科学性的管理与控制，没有扩大范围考虑人的主体性的培养和发展，增加课程"消费者"，即学习者和其他人员的参与，而是为了评价而评价。

4. CSE 评价模式对体育课程建设与评价的影响与启示

一是要注意发挥课程评价的反馈和激励的功能，通过评价帮助学习者及时发现经验与不足，在分享成功的氛围中能得到更好地改进与提高。

二是从整体的角度有效建立了计划评价的监控机制，保证了课程计划方案的改进、完善与实施。

三是度量出现代教育理念科学性对课程指向的规定性，确定了课程和教学之间的有效度和可测度的科学准绳，为体育新课程的正确实施提供了支持。

（三）协商—交往评价理论

第三代"协商—交往"评价理论是在批判和继承已有评价理论的基础上提出的，体现了现代教育理念"既要客观性也要主观性"的理念。评价既是监控和改进的判断活动，也是评价者和被评价者相互交流的双向建构。其基本观点强调评价是评价者与被评价者价值理解的交换、协商和对话的互动建构。该理论充分挖掘了学习者在评价中的主体作用，克服以往评价理论只有科学性，没有学习者主体性的缺陷与不足。

基于此，下面介绍发展评价模式之一的应答模式(responsive mode)，供参考借鉴(见图 8-5)。该应答模式由斯太克提出，后由古巴、林肯等进一步发展而成。该模式认为，要使评价产生效果必不可少的一点是，评价者应该让评价对象和有关人员有机会表达自己的意见，对自己关心的问题发表看法。要充分地了解他们所关心的问题，缩短同评价对象的意见分歧。斯太克认为应答模式具备了教育评价的三个特点：一是更关心方案的活动而不是方案的内容；二是要对听取评价结果的人提出的要求做出应答；三是根据不同的价值观，报告方案的得失成败。正如古巴、林肯指出应答评价"就是以所有与方案有利害关系或切身利益的人，所关系的问题为中心的一种评价"①。

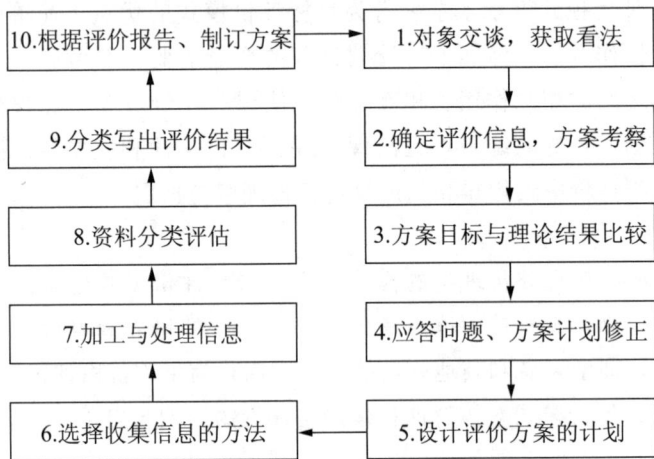

图 8-5　应答评价模式研发步骤与方法示意图

1. 应答评价模式的步骤

(1)评价者与一切跟评价对象有关的人员交谈，获取他们对评价对象的看法。

(2)根据获取的信息，确定评价范围，并对方案的实施做实地的考察。

(3)对方案希望达到的目标与实际上取得的成果进行比较。

(4)对评价应回答的问题进行理论在实践上的对应修正。

(5)评价者依此为基础设计评价方案。

(6)选择收集信息的方法和手段。

①　参见钟启泉：《现代课程论》，上海，上海教育出版社，1989，第 355 页。

(7)对收集的资料和信息进行加工和处理。

(8)将处理过的信息按需要回答的问题进行分类。

(9)把分类的评价结果写成报告。

(10)根据评价报告对方案做出全面的判断。

2. 优点

一是不再单纯从理论上的科学性出发，而是将被评价者，以及关心评价结果的对象的需要作为方案的出发点，体现了评价为人的主体性服务的思考。

二是在整个评价过程中渗透着多元的价值观取向，能较好地反映社会各方面的需求使计划方案更具有可为性。

三是把计划方案的预备性、过程性、结果性置于较广泛的背景中，让听取结果者和被评价者从整体上更了解教育的现象，解决了课程评价理论与实践两张皮的现象。

至今为止，应答模式受到广泛的欢迎和好评，一些学者甚至认为应答模式是迄今所有评价模式中最全面、最为有效的评价模式。

3. 缺点

一是由于不同人群会提出不同的评价标准，发表不同的见解，提出不同的要求。因而会常使评价结果相互矛盾、模棱两可，导致评价结果产生片面性，给评价实施的落实带来困难。

二是由于该模式比较重视主观者的愿望和要求，比较关注非定量方法的运用，容易影响与制约评价的科学性与客观性。

三是由于应答模式不是回答评价对象和资料收集范围等问题，而是应答相关利益者的需求和关切，因而没有泰勒、CSE 评价模式相对容易理解与操作。

4. 应答评价模式对体育课程建设与评价的影响与启示

一是体现"以学习者为中心"课程标准理念，弘扬了人的主体性和培养人的时代要求。

二是在方案设计中突出评价的目的是帮助学习者学会学习与发展，使评价过程成为双方互动、相互交流、相互理解、相互进步的过程。

三是能较为合理地依据现代教育理念确立目标，设置课程、编制教学。

（四）顾巴和林肯的"第四代教育评价理论"

20 世纪 80 年代后期，美国教育评价出现了新的动向，以古巴、林肯、艾斯纳等为代表提出了"第四代教育评价理论"。并于 1989 年出版了

《第四代评价》的专著。他们认为，传统教育评价理论有三大缺陷：坚持科学观、追求客观性，违背了课程知识的文化性质，使评价论为控制工具；传统评价受技术理性的支配，只考虑程序与规则的普适性，不考虑课程事实的直接体验，与对课程本质"洞悉"的"意义"。

基于此，提出了第四代"后现代教育评价理论"。该模式是建立在现象学、解释学、存在主义及符号互动论等多元文本基础上的。其思想观点认为，评价是一种"全面参与"和"价值多元重建"的"质性"研究。要用联系的观点注意把握评价者与被评价者之间的关系，分析评价系统各种因素及其相互的影响，使评价者与被评价者走向相互融合。改变两种主客二元彼此对立的思维模式。提出"评价就是形成共同认同的构建"。以下对这一理论进行分析，供参考借鉴。

1. 第四代评价模式的研发思想

(1)注重评价的全员性

要求课程与教学要梳理以"学生本位"为思想，将评价的天平指向学生发展的相互联系。摒弃传统"看优等生一朵花，看后进生豆腐渣"的不足观念，秉承"金无足赤，人无完人"的理念，要求客观公正地看待各种学生的优缺点，营造一个包容、宽松的学习环境，促进学习不断地发生。

(2)注重评价的及时性

美国心理学家罗西和亨利心理实验证明，每日及时反馈学习结果，较之每周、每月的反馈效率更高、进步更大。实验证明，缺乏反馈激励的学习者，则很少进步或不进步。这一实验引起美国教育界高度重视，引发将其广泛运用课程评价。

(3)注重评价的多元性

多元智力理论告诉，人的智力包括语言、数量、空间、音乐、运动、社交等八种能力。评价必须因人而异，对不同的学生应采取不同的评价尺度。多元智能理论的评价认为，由于受传统的以语言和逻辑—数理能力为核心的智力观念的影响，传统教育把学科分数和升学率作为评价教育质量的主要标准。学校教育教学活动错误地估计了学生的学习潜力，更多地倾向于训练和发展学生的语言和逻辑—数理能力，却忽视了学生其他多方面能力的训练和培养。根据加德纳的多元智力理论，我们应该摒弃以标准的智力测验和学生学科成绩考核为重点的评价观，树立多种多样的评价观，通过多种渠道、采取多种形式、在多种不同的实际生活和学习情景下进行，确实考查学生解决实际问题的能力和创造初步的精神产品和物质产品的能力。教师应该从多方面观察、评价和分析学生的优点和弱点，并把由此得来的资料作为服务于学生的出发点，以此为依据选择和设计适宜的教学内容和教学方法，使评价确实成为促进每一个学生智力充分发展的有效手段。

（4）注重评价的激励性

心理学家赫洛克、范德瑞通过长时间的研究发现，得到奖励或表扬的学生获得的进步与变化最明显，而且会引发长期的正面效应。对此美国教育部要求教师要在课堂上给予学生毫不吝啬的鼓励，让学生感受到关爱。要求教学中要学会宽容学生、欣赏学生，不断提出新方案，促进学生增强学习兴趣和信心。

（5）围绕以下假定展开评价研究

一是立足教学情境的研究方法，包括观察、访谈、调查、间接测量、实证比较等非量化评价的方法。多关注运用哪些不宜量化的内容来对教育现象进行评价。

二是注重定性的研究方法，而不是量化的方法。要求从主观归纳中获取理论，而不是由客观理论演绎假设，再由实验加以证实。

三是自然性地设计的评价方案，根据情境互为因果的、相互作用的因素使研究设计取向保持客观位置。而不提倡通过人为的方式操纵变量来形成所要检验的情境。

2. 优点

一是其评价模式是在自然背景下获取对评价方案计划的描述，容易真实把握研究对象的实体性质与实际情况，容易同评价对象的需求相适应。

二是摆脱了"优差"的二元判断，形成以人文视角解决问题的方法，可为其他评价模式的发展提供补充与借鉴。

三是立足于欣赏教育的理论，以表扬、赞赏为纽带，借助情感的内驱力促进学习者进步，显然，比用批评教育的方式更易让学习者接受。

3. 缺点

严格说，该探究评价模式缺乏严格固定的研究设计，它不是一种评价模式，而是一种研究方法。它以社会和文化需要的假设，来判断教育与课程的优劣。放弃客观、立于主观，虽存在相当多的不完善，但也不能否定其是一种符合教育评价的好方法。

4. 第四代评价模式对体育课程建设与评价的影响与启示

第四代评价模式提倡评价是精神性、文化性的个性选择，改变了以往体育评价依附于理性的不足。这一大胆的尝试为体育教育与课程评价提供了新意，由寻求普遍性的评价规律转向寻求个人情境化的、教育意义的评价。符合 21 世纪人类的进步由"靠外向度物质"的实践拉动，转向"内向度文化"的引导发展。正如未来学家阿尔温·托夫勒认为，工业社会的特点是标准化，而 21 世纪的特点是个性化、多样化、创造性、自主性。[①]

亲爱的同学：

为了给予你的成长，请你认真阅读表中的内容，根据自己的实际情况，在评定等级栏内填上 A、B、C、D。你如果做到了内容中的 3 项，请选择 A。如果做到 2 项，请选择 B。如果做到 1 项，请选择 C。如果没有做到 1 项，请选择 D。备注说明，以上调查只是为了给予同学们更好地成长，形成良好习惯，没有其他批评因素。

第四代评价模式示例：××中学学生学习状态的评价表，如表 8-8 所示。

表 8-8　第四代评价模式示例：××中学学生学习状态的评价表

评价对象	指标体系	权重	评定标准登记内容	评定等级
×××中学学生学习状态的自我评价	1. 作业方面		1. 按时按量完成。2. 书写工整、态度认真。3. 独立完成。4. 及时订正作业的错误	
	2. 刻苦钻研方面		1. 遇到学习困难不退缩，敢于战胜困难。2. 能与同学、老师一起克服困难。3. 能独立解决困难。4. 能发现问题、解决问题	
	3. 学习计划方面		1. 能制订每天学习计划。2. 能按计划认真完成。3. 能根据具体情况调整学习进度	
	4. 上课注意方面		1. 不交头接耳做小动作、认真听课。2. 能按紧跟教学安排积极思考，踊跃发言。3. 能根据自己的思路提出看法	
	5. 培养思维方面		1. 有对作业一题多解的习惯。2. 能对问题提出自己意见分析。3. 能积极参加各种科技活动	
	6. 作息方面		1. 能按时休息、按时起床，保障睡眠。2. 能合理安排学习与娱乐的时间。3. 能集中注意力完成作业时，不学小猫钓鱼	
	7. 预习和复习方面		1. 能备好第二天上课的用品。2. 能在课前进行预习，列出疑难点。3. 课后能对所学知识进行总结	

[①]　桑新民：《科教兴国的教育使命——实现人类学习方式的历史性变革》，《人民教育》1999 年第 1 期。

续表

评价对象	指标体系	权重	评定标准登记内容	评定等级
	8. 合作学习方面		1. 能乐于与同学合作学习。2. 能对有困难的同学给予帮助。3. 能与同学交流共同分享学习经验	
	9. 阅读书籍方面		1. 有广泛阅读的兴趣与爱好。2. 能阅读后，写出心得体会。3. 能与同学分享读书心得	
	10. 是否偏科		1. 不偏科。2. 不太偏科。3. 较大偏科。4. 偏科	
	11. 请你回答右面的问题		1. 你每天晚上学习到几点？当天的作业能当天完成吗？2. 除了完成布置的作业，你还进行另外的学习吗？3. 每天能积极参加学校的课外体育活动吗？	

三、体育课程评价的编制与实施

体育课程评价的编制与实施受经验认识与理论取向的影响与制约，存在着本体论、认识论和方法论的观点，这提示我们在研究开始之前要运用比较简洁、直观的方式将研究对象所包含的重要内容呈现出来，厘清评价设计思路。一方面可以将隐蔽的理论假设明朗化，另一方面可以进一步加深我们对计划的理解。从而提前发现和避免计划思考以及理论运用中存在的一些漏洞或矛盾。由而，以下围绕体育课程评价编制与实施的方法和技术进行梳理与解析，提供运用的参考与借鉴。说明了如何根据需要正确选择评价的编制与实施，好的评价编制与实施应遵循哪些规则，可以做什么，不可以做什么。

（一）体育课程评价编制的组织

概观有关该方面的研究，有以下学者的论点比较全面准确，可供我们参考借鉴。学者钟启泉按照系统工程方法的观点，提出课程评价的编制与实施可以分为：课程评价的计划、课程评价的设计、课程评价的实施和课程评价的总结四个阶段。并归纳分类八个步骤：确立课程评价的目标、依据评价问题描述所需材料、进行有关文献调查、进行评价设计、按照评价设计搜集有关资料、分析处理所搜集的资料、完成评价报告反馈、实施对于该方案的评价。① 前文注释了每一阶段主要工作的合规律性，后文详细解析了所运用的具体方法与技术，是否具有可行的目的性，较好地编整了体育课程评价编制的合规律性与合目的性的统一。

正如英国学者丹尼斯·劳顿认为，课程编制的具体步骤是：第一阶段首先讨论课程目标的哲学问题，即通过分析人类文化的共同特征——知识形式，确定教育目的及知识价值观的问题；第二阶段主要讨论社会学问题，即通过分析特点社会文化的变量，判断现存社会的性质及理想的社会蓝图，确定社会教育的职责；第三阶段着手对文化进行选择；第四阶段把心理学应用于课程的编制过程；第五阶段具体根据各年级时间安排和先后顺序，组织课程材料以及课程进度。②

上述学者论点揭示出，为了保证研究结果的"准确性"和"可靠性"。要注意对体育课程评价的编制与实施的课程评价的计划、课程评价的设计、课程评价的实施和课程评价的总结四个阶段中的各种因素，进行"外在尺度"与"内在尺度"的整体性思考。检验能否发生互动，是否有效、易行，是否适合学习、支持学习；体现科学性、整体性、协调性的理念。使之程序的"总装"体现出知识的递进与组织的递进的和谐，从整体上形成最佳的组合，以保证整体的功能大于各部分之和。

显然，上述学者的研究，帮助我们找到了体育课程评价编制的实施思路，及如何证实理论是否"正确"与"错误"的角度。了解和把握这些可以使我们研究的触角更加敏锐，更容易捕捉问题，建立起自己的灵感，丰富扎根建构理论。

（二）体育课程评价编制的方法

课程评价的方法是课程编制实施的一个重要步骤，是体现科学性与可行性的标准。概观有关该方面的研究，有以下学者的论点可供我们参考借鉴。

学者钟启泉提出，课程评价可分为科学方法和人文方法两种。③

学者廖哲勋认为课程编制与实施的方法可分为三个部分：资料收集法，有观察法、访谈法、问卷法、测验法、功能分析法等；分析评价法，有主体需要分析法、因素分析法、尺度评定法、价值比较法等；综合评

---

① 李定仁、徐继存：《课程论研究二十年》，北京，人民教育出版社，2004，第 166 页。

② Denis Lawton：*Theory and Practice of Curriculum Studies*，London，Routledge & Kegan Paul，1978，pp. 2-4.

③ 钟启泉：《学校课程改革：挑战与期待》，载《江苏教育研究》1989 年第 1 期。

判法，有简便综合评判法和模糊综合评判法。①

学者靳玉乐认为潜在课程评价的方法有观察法、追踪调查法、问卷法、访谈法和相关系数测定法等。②

学者杜佩平认为，综合课程可以绝对评价为主要评价方式，具体的评价方法和技术要根据评价的内容而定。主要有作业分析法、问卷法、考核法、逸事记录法、实验设计法、专题论文法、实际运用法和心理测量法等。③

学者李臣之认为，活动课程评价的方法，除了观察法、谈话法、调查问卷法以外，还应注意成果展示法、学生自评法、师生民主评议法以及社会评价法等形式。④

总之，上述学者的研究从不同角度给我们做了分析，提供了一个比较全面把握课程评价方法的选择，与不同类型运用的评价，给我们具体方法论的运用提供了指导与选用。提示我们，在方法的选择和使用方面不能使用一个尺度、一种方法去衡量。要根据不同层面的任务与不同评价主体之间的关系、语境需求等去确定。为此，笔者认为体育课程评价的编制与实施需要注意从以下四个方面围绕：一是理解前人的研究成果；二是对接我们自己与本研究的经验；三是采用头脑风暴法假设判断；四是为了保证评价效果，建议采用多种方法相结合为宜。

小　结

一是体育课程评价是指按一定的价值标准和教育目标，利用测量的和非测量的各种方法系统地收集资料信息，对影响引发课程发生变化的各种要素进行价值分析与价值判断。

二是上述各种课程评价观点、方法、类型、模式等各具特色，每一种范式都有其关注的问题，都有优点与局限，没有十全十美的评价选择。不同的问题常常需要不同的解题方法，因而采用动态多方法的思路构建是至关重要的。如有些观点理论不足，但便于操作；有些理论思想全面，但难以实施。有些关注课程过程的评价，有些强调结果的评价。理论与实践证明，对这些论点理解的越全面，发挥的可能就越理想，越能使评价结合具体实践，发挥评价对课程建设指导的作用。所以，如何根据需

---

① 廖哲勋：《课程学》，武汉，华中师范大学出版社，1991，第 242 页。
② 靳玉乐：《简析美国课程研究的五种范式》，载《课程·教材·教法》1996 年第 8 期。
③ 杜佩屏：《通高中综合课程的评价》，载《课程·教材·教法》1998 年第 7 期。
④ 李臣之：《活动课程评价初探》，载《课程·教材·教法》1997 年第 7 期。

要综合性、多样化地、有针对性地选择合适的评价就成为运用的原则指导。

三是这些不同的评价方法给体育课程带来不同的启示，要求我们既要重视运动技能的评价，又要关注情感态度的评价；不仅要关注"教"的评价，还要关注"学"的评价；不仅要考虑结果的评价，还要考虑学习者发展的评价才是全面的，理解和把握这一点无疑是十分重要的。

四是研究课程评价模式的历史进程，我们可以获得这样的基本结论：课程模式的价值取向由对"技术兴趣"的应用方式追求，转向"理论兴趣"的规则、程序的方法论建立，现在又走向"解放兴趣"的新追求。

五是在评价编制与实施的方法选择和使用方面不能使用一个尺度、一种方法去衡量。要根据不同层面的任务与不同评价主体之间的关系、语境需求等去确定，才是可为的。

【学习与思考】

一是识记与掌握各种评价理论、模式、类型与方法。

二是理解与掌握体育课程评价的原则与要求、步骤与方法、形式与结构。

三是就本章内容设计与编制一个体育课程的测验与评价，以评价自己学校的效果。

四是解析中国传统体育课评价的问题与局限，指出体育新课程评价与实施出现的新特点。

【作业与讨论】

1. 识记体育课程的评价的含义与分类。

2. 识记广义与狭义体育课程评价的内容、区别与不同之处。

3. 识记体育课程评价的对象有哪些方面。

4. 识记体育课程评价的原则、范畴与内容。

5. 讨论我国与国外体育课程评价的区别与不同。

6. 识记各种评价量表与功能。

7. 简述行为目标评价模式的优缺点。

8. 简述发展性评价模式的优缺点。

9. 简述协商式评价模式的优缺点。

10. 简述顾巴、林肯评价模式的优缺点。

第九章　体育课程资源的开发与运用

【本章摘要】

　　课程资源是课程的粮食，是课程生长的土地和动力之源。它不仅涉及课程自身教材结构的更新和建构问题，关涉着学与教方式的选择与构建，也承接着社会、学生和教师对课程的需求，并影响价值取向确立的认识和理解。显然，它是体育课程内容丰富、多彩的重要保证。基于此，本章对体育课程资源开发与设计、能力与培养、途径与方法进行解析与评述，为正确开发与选用体育课程资源提供指导与帮助。

【本章内容结构】

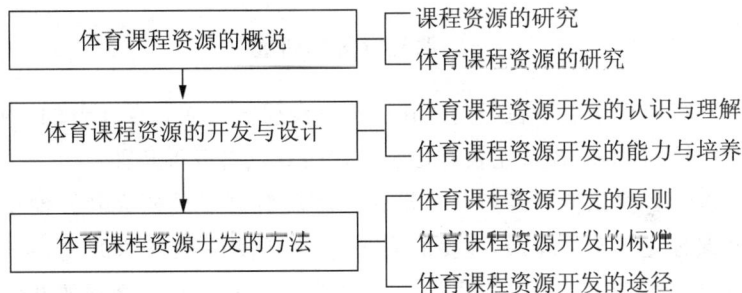

```
┌────────────────────┐      ┌─ 课程资源的研究
│  体育课程资源的概说  │──────┤
└────────────────────┘      └─ 体育课程资源的研究
          │
          ▼
┌────────────────────┐      ┌─ 体育课程资源开发的认识与理解
│ 体育课程资源的开发与设计 │──────┤
└────────────────────┘      └─ 体育课程资源开发的能力与培养
          │
          ▼
┌────────────────────┐      ┌─ 体育课程资源开发的原则
│  体育课程资源开发的方法 │──────┤─ 体育课程资源开发的标准
└────────────────────┘      └─ 体育课程资源开发的途径
```

【本章理解】

1. 识记体育课程资源含义、分类与选用范式。

2. 思考体育课程资源的认识与能力培养。

3. 掌握体育课程资源选用的情境与途径方法。

4. 举例说明与分析体育课程资源的开发与选用。

【关键词】

体育课程资源；开发与设计；能力与培养；途径与方法

　　从课程理论体系的建构上看，课程目标是课程的灵魂，而课程的建设核心却是课程资源。它存储着现代课程的多元化特征，是多种化技术路线、多元化媒介环境在课程领域开发的具体化体现。不仅影响课程自身教材结构的更新和建构问题，关涉着学与教方式的选择与构建，也承接着社会、学生和教师对课程的需求，并影响价值取向确立的认识和理解。揭示出没有课程资源的广泛支持，再美好的课程改革设想也很难取得实际教育的成果。因而，世界各国在进行课程改革时，都把课程资源的问题作为课程改革的重要组成部分。为了贯彻这一思想，中国《体育（与健康）课程标准》对体育课程资源的开发和利用提出了明确的目标和任务要求。对此朱慕菊明确指出："当务之急，一个重要的课题是强化课程资源意识，提高对课程资源的认识水平，因地制宜开展和利用各种课程资源，更好地实现课程改革目标。"①体育课程资源是体育课程理论研究重要内容之一。为了能紧紧围绕体育课程资源的建设，掌握课程开发的相关理论和方法，实施因地制宜的开发和落实，以下从体育课程资源的内涵、收集、选择、创生和整合等方面予以阐释，为增强合理开发与有效利用课程资源的驾驭能力，提供参考与借鉴。

第一节　体育课程资源的概说

一、课程资源的研究

从资料梳理来看，在国内外在课程资源研究方面，存在着的"内涵转变与思维转向"的路径，比较有影响的代表观点有以下几种。

美国学者博比特，是第一个探讨课程资源开发的研究者。他认为仅仅研究课程是不够的，更重要的是要了解开发课程资源的途径。他在1924年出版的《怎样编制课程》一书中认为，应通过对社会需要和人类生活活动的分析确定课程。他运用"活动分析法"详细阐述了课程开发的过程和方法。第一步，人类经验分析，从价值的负载认为，课程资源的起点是生活的活动，可分为语言、健康、公民、社交、心智活动、休闲、宗教、职业、劳动和家庭十个领域；第二步，职业分析，将已有的领域进一步分解为更具体的活动；第三步，导出目标，将人类经验分成若干类别与做出活动分析的基础上，提出教育的目标；第四步，选择目标，即从各项目标中选出可用作教育的目标；第五步，制订详细计划，设计实现目标所需要的活动经验和机会，这些详细活动构成课程。②

其后，查特斯与博比特一样也立足于运用科学方法来开发课程，他

　　① 朱慕菊：《走进新课程与课程实施者对话》，北京，北京师范大学出版社，2006，第210页。

　　② 钟启泉、汪霞、王文静：《课程与教学概论》，上海，华东师范大学出版社，2005，第88页。

主张通过"工作分析"来确定课程资源的开发。为此，他从社会学与知识学的双重角度提出课程开发的八个步骤：研究社会背景中的人类生活，决定主要的教育目标；将教育目标分析成各种理想和活动；继续分析成施教的单元；依据重要的程度，排列先后顺序；调整顺序，把那些对儿童有很大价值的理想和活动，提高到较重要的地位；选择内容，确定哪些理想和活动适合于校内学习，哪些适合于校外学习；研究、开发，寻找处理这些理想与活动的最佳做法；安排教学，依据学习者的心理特点和教材的组织，安排各种理想与活动的顺序，并以实施。① 显然，这些探讨，为课程的开发与编制确立了重要的地位，使课程具有了体系化的倾向，应值得肯定。

引起学界关注的是拉尔夫·泰勒的出色贡献，他对这一理论进一步汇总改进，将之完善为范式，使课程在走向"自立"领域迈出更加具体化的一步。他在《课程与教学基本原理》一书中提出，课程目标和计划的来源是："对学习者本身的研究、当代社会生活的研究、学科专家的建议"。这"三个中心"的论点被广为采用，成为课程资源开发的基本程序和方法的范式（见图 9-1）。② 继之，学者施瓦布以知识的预生性为中心，从目的—手段的关系认为，课程资源来源于"教师、学生、教材、环境"四个要素构成（见图 9-2），这四个要素间持续的相互作用便构成课程资源的基本内涵。从学术理性迈向实践理性，为进一步确认课程资源设计的具体化打下基础。③

沿着这一认识，派纳夫妇、塞勒进一步提出课程来源的基础是"社会、学习者和知识"，使课程资源的开发摆脱了机械的理性思考，走向了联系文化性作用的关联（见图 9-3）。④ 澳大利亚学者史密斯和洛瓦立又足于从教育的取向，将目标的选择转向课程开发的基础，针对课程和学习者的本质，进一步提出课程资源来源于"心理学、社会学和哲学"的论点（见图 9-4）。⑤ 英国学者理查兹继承了施瓦布的观点，认为课程资源存在

---

① 钟启泉、汪霞、王文静：《课程与教学概论》，上海，华东师范大学出版社，2005，第89页。

② 江山野：《简明国际教育百科全书：课程》，北京，教育科学出版社，1995，第112~115页。

③ 施良方：《课程理论——课程的基础、原理与问题》，北京，教育科学出版社，1996，第172页。

④ Daniel Tanner & Laurel N. Tanner. *Curriculum Development：theory into Practice*. New York，Macmillan Publishing Co . Inc. & London：Collier Macmillan Publishers，1980，pp. 142-185.

⑤ 范兆雄：《课程资源概论》，北京，中国社会科学出版社，2002，第4页。

于发生教育的地方，又进一步拓宽，指明了课程资源与"学科内容、学生、教师和环境，以及这些要素之间的相互关系"是什么(见图 9-5)。①

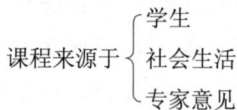

课程来源于 { 学生 / 社会生活 / 专家意见

图 9-1 泰勒观点

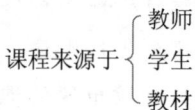

课程来源于 { 教师 / 学生 / 教材

图 9-2 施瓦布观点

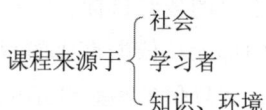

课程来源于 { 社会 / 学习者 / 知识、环境

图 9-3 派纳夫妇、塞勒观点

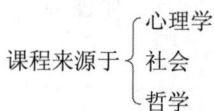

课程来源于 { 心理学 / 社会 / 哲学

图 9-4 史密斯、洛瓦观点

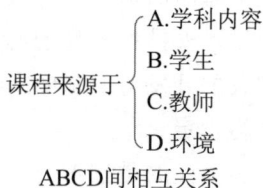

课程来源于 { A.学科内容 / B.学生 / C.教师 / D.环境

ABCD间相互关系

图 9-5 理查兹观点

中国台湾学者黄炳煌亦认同史密斯和洛瓦的论点，从组织维度的逻辑性进行范式划分，认为课程来源于心理学、社会学、哲学和学科的知识结构，因为它们之间有着密不可分的关系(见图 9-6)。② 继之，中国学者吴刚平从宏观与微观的纵向和横向的视角，将其界定为广义的课程资源指有利于实现课程目标的各种因素，狭义的课程资源仅指形成课程的直接来源(见图 9-7)。③

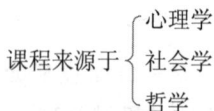

课程来源于 { 心理学 / 社会学 / 哲学

图 9-6 黄炳煌观点

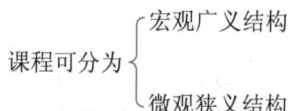

课程可分为 { 宏观广义结构 / 微观狭义结构

图 9-7 吴刚平观点

总之，从上述国内外学者的研究成果来看，课程资源的开发的观点有以下特点。

其一，博比特和查特斯迈向了寻找科学化课程开发的最初尝试，提出了课程开发的具体化内容和要求。其后泰勒对其进一步集合修改与完善，开发成为课程资源公认的经典模式，而且一直影响至今，是后期研究的基础。

其二，这些研究虽然各自的观点不同，但都阐明了课程资源必须具有教育与社会的双重价值本质，即一方面促进社会发展，保证人类文明

---

① 范兆雄:《课程资源概论》，北京，中国社会科学出版社，2002，第 5 页。
② 范兆雄:《课程资源分析》，载《西北师范大学学报(社会科学版)》2002 年第 3 期。
③ 吴刚平:《课程资源的理论构想》，《教育研究》2001 年第 9 期。

的传承；另一方面促进个人发展，帮助个人实现生活理想、生活追求。

其三，这些研究的范畴表明，课程资源具有广义与狭义的概念之分。广义课程资源概念是指所有取向实现课程目标的各种因素，狭义课程资源概念仅指形成课程资源的直接因素。

其四，这些研究内容看出，课程资源有多种分类。如按照课程资源空间和特点的维度时态，课程资源既有物质性因素，也有非物质性的因素。物质性因素是指课程实施的条件和水平，如人力、物力、场地、媒介、设备和环境等。它的特点是间接作用于课程的本身，不是学生学习和收获的对象。非物质性的因素是指直接作用于课程的"素材"，如知识、技能、经验、活动方式与方法、情感态度、价值观及培养目标等方面因素。它的丰富性与否决定了学生学习和收获的水平与程度。

总之，国内外学者这些研究成果，对我们开发与选用课程资源的启示有以下方面。

一是这些研究分别从微观与宏观、历史与现实、继承与超越等多维视角对课程资源进行了研究，既反映了学科发展的基本趋势，又体现了理论长青的诉求。可为我们正确认识与把握体育课程资源的开发与运用，考察体育课程资源的研究和发展提供解答，可为我们研究课程资源选择合理的研究路向及途径提供指引。提示我们要摒弃二元对立和非此即彼的偏颇，既不盲从、也不排斥，对其科学整合为我所用。为什么？因为，被认识的对象是客观存在的，关于它的知识却是认识的理性构建出来的。

二是这些研究表征出，首先，课程资源与课程存有密切的关系，没有课程资源就没有课程的存在。它不仅制约着课程实施的范围和水平，也影响着课程适切的程度与丰富的水平。其次，课程资源的分类存在多样性与复杂性的特点，除了应符合经济性、科学性、可行性等逻辑上的要求以外，还要有助于看清课程资源的实践有没有学习意义，不能形式大于内容；什么"资源"都能进入课程。曾如美国课程论专家泰勒所说："要最大限度地利用学校的资源；加强校外课程；目的帮助学生与学校以外的环境打交道。"①

三是这些研究揭示，课程资源包括人类一切既有成果，可以分为知识、经验和情感三大类。供给课程活动，满足课程活动所需要的一切，它包括构成课程目标、内容的来源和保障课程活动进行的教学设备和教

---

① ［美］拉尔夫·泰勒：《课程与教学的基本原理》，施良方译，北京，人民教育出版社，1994，第123页。

学材料。换言之，课程资源不是单纯指向课程活动本身，也指构成课程活动所需要的一切环境与条件。对此，《简明国际教育百科全书：课程》一书中提出了四种可资利用的课程资源：有目标资源、教学活动资源、组织教学活动资源、制定评估方案的资源。①

二、体育课程资源的研究

要正确、准确地获取体育课程资源，首要的问题是建立体育课程资源的具体含义是什么。概念的范式不同，其运用的取向就会不同。正如学者刘义兵、段俊霞在《教学研究范式论》一书所说，概念的范式对理论有整理与分类，区分功能和用途的派典。②

（一）体育课程资源的概念、特点与分类

体育课程内容资源的概念，是体育课程内容资源开发释义的基础，借鉴这些定义，可更好地明晰研究对象，走向真理深处。笔者梳理发现，体育课程的研究者对课程资源下了多种定义，如学者韦颂在吴刚平的论点基础上提出："广义的体育课程资源是指有利于实现体育课程目标的各种因素，狭义的体育课程资源仅指形成体育课程的直接因素来源"③。学者张玲认为：体育（与健康）课程资源是指："形成体育与健康课程的因素来源，以及在促进学生全面发展和健康成长过程中，可资利用的一切必要而直接的条件"④。学者张学忠认为，体育课程资源是指"直接构成体育课程的素材和课程实施的基本条件"⑤。学者季浏则对教育部 2001 年颁布的《新体育课程标准》中的六种体育课程资源的种类进行了区分与讨论（体育课程资源包括：人力资源、体育设施资源、课程内容资源、课外和校外体育资源、自然地理资源和体育信息资源）。⑥ 学者李林认为："体育课程内容资源是指构成体育课程内容要素的来源，如体育的知识、

①　江山野：《简明国际教育百科全书：课程》，北京，教育科学出版社，1991，第 110～112 页。

②　刘义兵、段俊霞：《教学研究范式论》，北京，人民教育出版社，2011，第 2 页。

③　韦颂：《体育课程资源建设理论的基础建构研究》，重庆，西南师范大学硕士学位论文，2003。

④　张玲：《体育与健康课程资源及其开发与利用研究》，福州，福建师范大学硕士学位论文，2003。

⑤　张学忠、杨旭东：《学校体育课程论》，北京，中国科学技术出版社，2013，第 192 页。

⑥　季浏：《全日制义务教育体育（与健康）课程标准（实验稿）解读》，武汉，湖北教育出版社，2002，第 163～182 页。

技能、价值观、情感、态度，各种身体练习以及学生的经验等要素的来源。"①对上述学者的研究梳理得出课程资源具有以下的特点。

——多样性。课程资源涉及学生学习与生活环境中一切有利于达成的条件中，它弥散于学校内外的方方面面，因而课程资源具有广泛多样的特点。

——潜在性。课程资源是一种"自然"因素，只有经过课程实施主体自觉能动地加以赋值和利用，才能转化为现实的课程成分和相关条件，发挥课程作用和教育价值。

——动态性。课程资源作为社会资源，需经主体的意义筛选，不仅涉及资源的客观性层面，而且还包含着主体的主观意向性层面，表现出多个方面的动态特性。

——多质性。同一资源对于不同课程具有不同的用途和价值。要求教师独具慧眼，善于挖掘课程资源的多种利用价值。

为此，对上述学者的研究总体予以归纳，可发现课程资源可以分为七类。

第一类，是按照课程资源功能性的特点进行划分描述，把课程资源划分为素材性资源和条件性资源两大类。

第二类，是按照资源的空间时态分布，把课程资源划分为校内课程资源和校外课程资源。

第三类，从课程资源存在的物质形态，把课程资源划分为物质与非物质的两种方式。

第四类，是从课程资源的本质属性划分，认为课程资源有广义和狭义之分，广义的课程资源是指有利于实现课程目标的各种因素，狭义的课程资源仅指形成课程的直接因素来源。

第五类，根据资源的物理特性和呈现方式，课程资源可分为文字资源、实物资源、活动资源和信息化资源。

第六类，根据资源的载体形态，可将课程资源分为以人为载体、以物为载体、以活动为载体三类。

第七类，根据资源的存在方式，课程资源可被分为显性课程资源和隐性课程资源。

上述七类课程资源的共性在于，体育课程资源包括人类一切既有成

---

① 李林：《体育课程内容资源开发的理论与实践究》，北京，北京体育大学博士学位论文，2004。

果，可以分为知识、经验和情感三大类。供给课程活动，满足课程活动所需要的一切，它包括构成课程目标、内容的来源和保障课程活动进行的教学设备和教学材料。基于此笔者认为，尽管上述对体育课程资源概念定义的研究涉及的范围很广、角度各有不同，对课程资源概念界定的维度以及表达的用语也有一定差别，但它们都包含了一些共同的含义。

其一，大多数课程的定义，是围绕着体育课程的内容来展开的，这反映了课程资源的实质离不开体育教育的本质特征。

其二，体育课程资源是一种具有多方面来源的客观现象，这反映了体育课程资源具有的多样性的特点；根据存在方式是一个系统，可以划分成多种分类服务于体育教育教学活动。

其三，体育课程资源运用与选择具有是相应学习的内容情境、活动情境的迁移与统一。

其四，体育课程资源是一个具有多元信息载体性能和多层活动方式组织的结构性能。

归纳集合上述学者观点，笔者认同学者张玲的体育课程资源的概念定义，即课程资源可以分为广义与狭义两种方式。同时，笔者认为研究体育课程资源，是试图给其下一个比较完整的定义，要完成这一命题，就在于抓住课程资源"所共享的本质特点"，给体育课程资源的选用和处理找到一种正确的方法、准确的方式框架，使我们避免无效，走出低效。

(二) 体育课程资源的研究

资料梳理分析显示，体育课程资源的研究虽然起步晚，但已经获得普遍性的认识。如在论文方面比较有代表性的研究成果有：毛振明《论体育教材的选编》、朱应明《民间传统体育项目应用于学校体育教学的尝试》、薛红《黑龙江省冬季体育课程资源开发探析》、赵吉峰，赵晚霞《新形势下体育课程资源的开发和利用》、张学忠等《学校体育课程资源若干理论问题的研究》等。在论著方面比较有代表性的研究成果有：学者杨平，周广强《谁来决定我们学校的课程——谈校本课程的开发》、董翠香《体育校本课程导论》，除此之外，还有韦颂、张玲等的硕士学位论文，李林、张惠红、田菁等的博士学位论文等。这些研究成果不仅讨论了体育教学内容改革的一些基本问题，而且还较全面地介绍了近年来在体育实践中涌现出的一些新兴运动项目，极大地开阔人们对体育课程内容认识的视野，给广大体育教师促进开发体育课程内容资源的探索，提供了参考与借鉴。

从已有研究的层面上看，纵向的针对课程资源开发的制度、意义重要性、方法、环境和开发途径领域的研究已有可观的研究成果；横向针对课程资源各种素材的开发、利用的内容、标准、范畴等研究也有较多的成果呈现。总的来看还存在的问题是：首先，绝大多数的研究只是论证或提供了价值的信息，形成成果达到应用水平高度的还不多；其次，没有注意到课程资源开发的多样性、复杂性、变通性、可行性与经济性等特点的区分与澄清，以致把体育课程资源等同于为体育课程，淡化了体育运动性、竞技性、文化性等特点；最后，忽视了课程资源不是机械地单一转化体育课程内容，它还产生课程目标、形成课程设计理念的资源，对课程活动具有自主性、能动性等结构域功能的相互关系（见图9-8）。正如学者张学忠认为，体育课程资源和体育课程有一定的联系，前者包含后者，但后者与前者不能等同，后者是前者的亚领域分支问题。这是我们认识这一范畴必须明确的基本问题。否则我们容易在认识和研究这类问题时产生概念不清，范畴不明的混乱现象。①

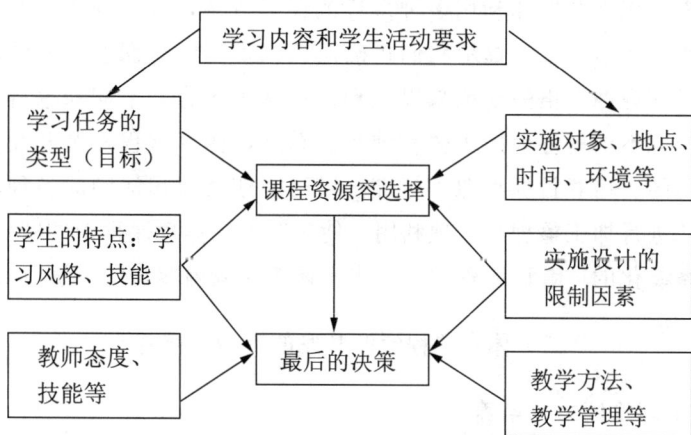

图 9-8　课程资源选择影响的因素

第二节　体育课程资源的开发与设计

一、体育课程资源开发的认识与理解

学者靳玉乐等在《教材将会给教师带来些什么——读新教材新功能》一书中，从理论价值、实践价值、人文价值三个方面探讨了开发课程资源的意义与价值，指出课程资源的开发可以拓展课程研究的范围与领域，

① 张学忠、杨旭东：《学校体育课程论》，北京，中国科学技术出版社，2002，第195页。

对课程学科本身的发展以及建立终身学习化社会体系、促进教师教学方式和学生学习方式的变革等方面都有着重要的现实意义。①

朱慕菊在《走进新课程与课程实施者对话》一书中提出，课程资源开发的意义表现在两个方面：一是可以促进课程功能和学习方式的转变，课程资源开发不仅可以让师生的经验进入教学过程，而且可以改变学生在教学中的地位；二是对新一轮国家基础教育课程改革有着重要影响，新课程改革各种目标的实现在很大程度上取决于课程资源的开发状况。②

学者周广强在《课程资源开发与整合》一书中指出，课程资源不等同于课程内容，课程内容也不等同于教材。课程资源是课程内容的来源，而教材是课程内容的载体。③

归纳分析上述学者观点，一是指出了课程资源开发对学科和课程发展的价值与影响，要求我们要充分认识各种课程资源富有的教育意义。二是要求我们要树立正确的课程资源认识观，从只重视教材的狭隘天地里走出来，积极开发和利用多种多样的课程资源，丰富课程内容、丰富学生的体育生活。三是提示我们正确认识课程资源与课程内容的联系与区别，必须遵循严格的规范来提炼和选择课程内容，不能随意将生活中的课程资源不加提炼地搬进体育课程。总之，体育课程资源开发是根据教育的目的、培养目标和课程标准，对可能涉及课程活动的各种可以利用的资源进行加工整理与合理利用，使其突出在体育课程中的特殊功能，以形成系统化的体育课程资源库、丰富体育课程内容与学生学习活动。

二、体育课程资源开发的能力与培养

（一）理论能力的培养

依据舒尔曼对"教师知识转化理论能力"的研究提出，教师知识转化为能力可分为三个阶段：④

第一，认知阶段。这是知识转化的第一阶段，教师需要对有关课程资源开发的知识进行归类与认知，对课程资源知识的结构和组织建立基本理解。

---

① 靳玉乐、宋乃庆、徐仲林：《教材将会给教师带来些什么——谈新教材新功能》，北京，北京大学出版社，2002，第95、103、107、102页。
② 朱慕菊：《走进新课程与课程实施者对话》，北京，北京师范大学出版社，2002，第213~214页。
③ 周广强：《课程资源开发与整合》，北京，人民教育出版社，2004，第25页。
④ Less S. Shulman："Knowledge and Teaching：Foundations of the New Reform"，*in Harvard Educationl Review*，February，1987.

第二，表征阶段。教师能对课程资源的知识给以表达和呈现，即教师应拥有一个理解的表征结构，这种结构可以在课程资源选用或规划时，施以隐喻、类似、图解、活动和举例等表征。

第三，应用阶段。教师可以根据课程资源的条件和特点与课程内容需求，确定其表征形式，对其进行选择、分配与组织。

舒尔曼的研究告诉我们，教师知识的运用不是以原始形式进行的，而是由概念化、表征化和场景化的不断改造与重组完成的。教师拥有的场景化表征越多，越能发挥自己知识的"矿产资源"，如何运用各种变式场景建立表征是该方面培养的取向。

（二）选用与规划能力的培养

所谓选用与规划能力的培养，是指教师正确运用课程资源理论知识对象或材料选用或规划所得到的结果。它是指选用或规划对象或材料这一过程时，进行的智力操作活动。包括认知、记忆、发散思维、聚合思维和评价构成。在培养该方面能力时，要注意从两个方面：计划与准备、资源判断与监控、课程和教学专业知识进行培养。

（三）收集与处理能力的培养

所谓收集与处理能力的培养，是指教师面对课程资源纷繁复杂的资料或信息，具有自主获取、主动收集和处理的能力。在培养该方面能力时，要注意从两个方面进行：一是学会运用调查、实地考察、文献检索、资料收集等不同的方法来获取课程资源；二是学会运用统计整理、分析筛选、实验证明等方法筛选与鉴别课程资源。这两个方面的经验是建构课程资源收集与处理的土壤。

（四）组织与整合能力的培养

由于课程资源的开发是一个牵扯多方面的协同活动，需要多方面互动配合方可完成。需要教师具有相应的交流、协调与组织沟通的方法、善于觉察、发现问题与解决问题的经验。在培养该方面能力时，要注意从三个方面进行：一是建立交往的经验；二是形成组织管理的经验；三是学会处理问题的经验。组织与整合能力的培养是三者之间的相互影响、相互促进，进而形成该方面特质的。如何实现三者之间的建构是培养的关注点。

（五）评价能力的培养

课程资源的评价能力是指，能利用一定的课程目标或参照标准，对体育课程内容需要选用的课程资源予以正确评估界定与价值判断。该方面的能力培养，包括课程资源的知识与技能；和评价的知识与技能。依据阿尔杜塞观点，知识本身并非孤立的、抽象的存在物，它们总是相互联系、相互影响、是一个浑然的一体。[1] 促进两者的结合是该方面培养的目的。

第三节 体育课程资源开发的方法

一、体育课程资源开发的原则

基于课程资源具有多样性、复杂性、来源广、层次性多、选择性强等特点使体育课程资源的选择和运用发生"交相模糊"。因而，选择和设计课程资源进入体育课程内容不仅需要概念思维的逻辑分析，更需要对课程资源科学取向的判断。在这个过程中以原则为视角，予以清晰的识别和评定，就成为课程资源价值判断的来源与方式（见表 9-1）。

表 9-1　体育课程资源开发的原则

作用	评定
1. 帮助教师组织与评估课程资源的适用性关系	资源条件与课程的适应性判断
2. 帮助教师测量与评估课程资源的效度性关系	次序组织与课程的合理性判断
3. 帮助教师测量与评估课程资源的信度性关系	形态功能与课程的作用性判断
4. 帮助教师编制与实施课程资源转化为课程内容的关系	资源与课程内容的使用性判断

资料梳理发现，课程资源开发原则的论述有以下方面主要观点。学者徐继存等提出了课程资源开发的开放性、经济性、针对性及个性原则。[2] 学者靳玉乐等提出了数量、质量并重原则、开发与利用相结合的原则、校内为主、校外为辅，校内外相结合的原则以及因地制宜就地取材的原则。[3] 学者文可义认为在地方课程资源开发中，要遵循本土化原则、因时制宜原则、特色性原则和低成本高效益原则等。[4]

综上而知，由于课程资源不是随意进行，需要以原则作一科学衡量和价值判断。为此，对学者上述研究各自的论点表述予以归纳，排除重复，整合出以下指导原则供参考借鉴。

一是课程资源的教育性原则，即选用的课程资源是否含有提炼转化

---

[1] 卢昌军：《试析阿尔杜塞和马克思对人本主义的批判》，载《武汉大学学报(人文社科版)》2007 年第 5 期。

[2] 徐继存、段兆兵、陈琼：《论课程资源及其开发与利用》，载《学科教育》2002 年第 2 期。

[3] 靳玉乐、宋乃庆、徐仲林：《新教材将会给教师带来些什么——谈新教材新功能》，北京，北京大学出版社，2002，第 95 页。

[4] 文可义：《地方课程资源的开发和利用》，载《广西教育学院学报》2003 年第 4 期。

对学生施以思想品德教育的作用。

二是课程资源的锻炼性原则，即选用的课程资源是否具有提炼转化锻炼身体、增强体质的作用。

三是课程资源的针对性原则，即选用的课程资源是否具有提炼转化增强、丰富体育运动技能学习的作用。

四是课程资源的趣味性原则，即选用的课程资源是否具有提炼转化趣味性的作用，使学生学习感到快乐的功能。

五是课程资源的安全性原则，即选用的课程资源是否具有安全性的作用，不会发生伤害。

六是课程资源的经济性原则，即选用的课程资源是否能体现学习内容有效的经济性、学习方式有效的经济性、学习结果有效经济性的统一。

二、体育课程资源开发的标准

由于课程资源只是体育课程内容可靠的基础来源，而不是直接确定的"模板"。其虽然包含客观真理性的存在，如果不经"加工"难以成为课程，它只是为体育课程内容提供可能选择的假设。由而如果没有很好的开发标准予以评定，我们很难把握课程资源有效选择是否发生。因而，可执行的课程资源开发标准是评定课程资源的"裁判"，可对课程资源的选用与实施进行预测决定。

基于上，根据体育课程的目标、功能和要求，从知识与科学的维度、认知与心理的维度、思想品德与文化内涵的维度、课程开发与选用的维度，提出以下体育课程资源开发标准，供参考借鉴。

(一)知识科学的维度的标准

——所选用的课程资源是否符合体育课程标准的要求。

——所选用的课程资源是否体现体育课程知识的基础性和应用性。

——所选用的课程资源是否符合体育课程发展的要求。

——所选用的课程资源是否能与体育知识与技能融通、联结与渗透。

——所选用的课程资源是否符合体育直观学习与运动练习的要求。

(二)认知心理的维度的标准

——所选用的课程资源是否符合学生的心理特点和规律。

——所选用的课程资源是否符合学习者的运动能力水平。

——所选用的课程资源是否能激起学习者学习的兴趣与求知欲。

——所选用的课程资源是否具有促进学习者体育知识和能力迁移的发生。

——所选用的课程资源是否能灵活多样的组织，从多方面促进学习者产生体育知识内化发生。

(三)思想文化的维度的标准

——所选用的课程资源是否能引导学习者树立热爱体育文化正确观念。

——所选用的课程资源是否能引发对学习者态度、情感、价值观的培养。

——所选用的课程资源是否能提供开放的如合作、探究等学习的空间。

——所选用的课程资源是否能符合社会体育生活经验的需要。

——所选用的课程资源是否能丰富学习者体育学习的经验与体验。

(四)开发选用的维度的标准

——所选用的课程资源与学校体育教育层次适应的可行性。

——所选用的课程资源与学校体育教学环境适应的可行性。

——所选用的课程资源与学校体育教学条件适应的可行性。

——所选用的课程资源与学校体育教材适应的可行性。

三、体育课程资源开发的途径

笔者认为研究体育课程资源开发的途径，是指为形成体育与健康课程的可资利用的一切资源，提供一种方法、范围与步骤。避免弯路、低效与无效的发生，实现工欲善其事，必先利其器的目的。

(一)育课程资源开发途径的研究

概观学者对课程资源开发途径的研究，有以下不同的论点。

学者吴刚平指出，教学是课程实施的主要途径，因此教学活动是课程资源的重要组成部分，教学活动的资源是微观层次的课程资源。对教学活动资源的开发就有以下途径：调查研究学生的兴趣类型、活动方式和手段；确定学生现有发展基础和差异；为学生提供反馈资料；安排学生从事课外实践活动；制定参考性的技能清单；总结和反思教学活动。[1] 学者王君认为课程资源的开发要从三个方面来进行：一是对教材的开发利用；二是在教学活动中开发和利用课程资源；三是利用信息技术来开发利用课程资源。[2] 学者孙继昌总结了开发初中历史课程资源的途径，

① 吴刚平：《课程资源的理论构想》，载《教育研究》2001 年第 9 期。
② 王君：《课程资源的开发和利用》，载《辽宁教育研究》2002 年第 2 期。

主要是：信息技术与网络技术、电影与电视、生活与社会经验、社会资源、历史遗址遗迹、人力资源、活动课程、研究性学习。[①] 学者季浏提出：对人力资源的开发除了体育教师以外，还应注意开发和利用班主任、有体育特长的教师、校医、有体育特长的学生以及社区其他人员等人力资源；对体育设施资源的开发可以采取发挥体育器材的多种功能、制作简易器材、改造场地器材、提高场地的利用价值、合理布局学校的场地器材等方法；对课外体育资源的开发，可以采用延长锻炼时间、开展大课间活动等方式；对校外体育资源的开发，可以利用家庭体育活动、社区体育活动、少年宫体育活动等多种形式；对自然地理资源的开发可以采用因地制宜、充分利用学校周围自然环境等方法；对体育信息资源的开发，可以利用各种媒体、网络等途径。[②] 上述学者的研究释义出，体育课程资源开发途径存在多样化的路径，要在遵循一定开发原则的基础上，对其正确选择、科学把握至关重要。正如，哥伦比亚大学名誉教授费尼克斯(P. H. Phenix)认为："一切课程内容均应从学问引申出来，惟有学问中包含的知识，才是课程所适宜的。……学问的知识具有型或结构。这些典型形式的理解对于教学来说是本质性的。"[③]也如中国学者郝德永所说："从形式上看，课程表现为一种知识体系……抛脱了知识，课程就成了无源之水、无本之木。"[④]

（二）体育课程资源开发的途径

概观上述学者的研究成果，笔者认为体育课程资源开发的载体和形式有"引进利用、直接选用、改造重组、需要创编"四种途径，在方法学上有"方法与技术的改造、环境与条件的改造、嫁接与重组、拓展与整合"等多种形式。通过这些的途径和形式，可使体育课程资源的建设不断前进，解决学生发展对体育课程内容不断增长的需要。正如学者曹卫民提出，开发体育课程内容资源的基本方法是对现有教材的沿用、改造和变化，对现有教材的延伸和拓展，对现有教材的联想和创造等具有方法学上的意义指出。[⑤]

1. 引进利用

引进利用是体育课程内容资源开发的一种途径，是指在已有的体育

① 孙继昌：《开发和利用初中历史课程资源的途径》，载《山东教育》2002 年第 8 期。

② 季浏：《全日制义务教育体育（与健康）课程标准（实验稿）解读》，武汉，湖北教育出版社，2002，第 182 页。

③ 钟启泉：《代课程论》，上海，上海教育出版社，2003，第 116 页。

④ 郝德永：《课程研制方法论》，北京，教育科学出版社，2000，第 75～76 页。

⑤ 曹卫民：《浅析小学体育课程内容资源的开发和利用》，载《中国学校体育》2003 年第 1 期。

课程资源中引入需要的内容，解决自我体育课程内容没有的需要。学者田菁认为，其原意表达了一个从无到有的过程——体育课程中原本不存在，通过引进，将学校系统之外的体育课程内容资源引入体育课程中，成为适于学生学习的体育课程内容。[①] 学者的研究指出，引进意味着对现存体育课程内容的填充、补足，这种"引进"具有引入与利用双重意义，正如下文案例：竹竿舞"走"进中学体育课程。

竹竿舞"走"进中学体育课程[②]

石家庄市第19中学体育教师针对本校运动场地较小(250米)、男女生分班上课的场地器材不足的情况，通过考察判断，发现竹竿舞锻炼价值的较大，具有丰富体育课程内容，锻炼体能的功能，萌生了将竹竿舞引进女生班体育课教学的想法。教师们为竹竿舞这一新课程内容的实施做好了器材面的准备，设计了跳的节奏与花样，并发挥了学生学习中的创造力，集思广益，创编了许多新花样。正如教研室郭主任所说："学生就是兴奋，因为她们没见过，对它有好奇心和兴趣，这样首先就能引发起活动的欲望。更主要的是，竹竿舞对提高学生的灵敏、协调性、节奏感等是一种非常好的锻炼手段。"考虑到竹竿舞本身的观赏性，后又作为表演项目在学校运动会的开幕式上展示，从一种体育课程内容扩大到学校范围的体育活动，并在学校的运动会上进行了精彩表演，得到师生领导的喝彩。这样一来，在石家庄市桥西区产生了影响，各兄弟单位主抓体育的领导、体育教师都前往参观、学习，竹竿舞成为区级运动会开幕式的重点表演项目，从学校走到了校外。

课程资源开发的途径，如表9-2所示。

表9-2 课程资源开发的途径

与现行运动项目等在应用形式上的整合	竞技项目向非竞技项目的拓展	从单一项目性质向多元项目性质拓展	从单一项目组合质向综合项目组合拓展
如球类项目与田径项目在技术上的整合、技巧上的整合、场地器材上的整合等	对竞技项目的结构规则上的变性、动作形式上的变形、技能的路线、幅度、难度、轨迹等重组	从单一项目性质向多元项目性质的健身性、休闲性、竞技性、教育性等综合性质拓展	从单一项目组合质向综合项目组合的动作结构、动作形式、动作技能等匹配组合

民族传统体育运动项目引进的资源形态与资源示例，如表9-3所示。

---

① 田菁：《体育课程内容资源开发研究》，上海，上海体育学院博士学位论文，2007。
② 田菁：《体育课程内容资源开发研究》，上海，上海体育学院博士学位论文，2007。

表 9-3 民族传统体育运动项目引进的资源形态与资源示例

资源形态	资源示例
武术	拳术、器械、对练、集体表演和攻防
导引术	五禽戏、八段锦、太极拳、气功
民俗体育游戏	秋千、磨秋、跳跳板、踢毽子、放风筝、打陀螺、滚铁环
民族体育游戏	满族：冰嬉、雪地走、珍珠球、赛威呼、马球
	回族：木球、打铆球、打梭儿、墙球
	壮族：抢花炮、打扁担、特朗、跳斑鸠、打手毽
	朝鲜族：跳板、顶罐走、摔跤
	藏族：赛牦牛、赛马、古朵
	傣族：跳竹竿、脚鼓对踢、傣拳
	维吾尔族：达瓦孜、切里西、打嘎儿
	彝族：皮风子、鸡毛球
	哈萨克族：姑娘追
	蒙古族：打布鲁
	侗族：哆毽
	羌族：推杆
	赫哲族：叉草球
	高山族：竿球
	瑶族：打长鼓
	土家族：摆手、毛古斯

注：资料摘编依倪依克的《论中华民族传统体育》(北京体育大学出版社，2005)

2. 直接选用

所谓直接选用就是根据自我教学需要，一是直接选用一些不需要准备、已有的动作、方法或器械满足体育课程需要，二是选用基本没有什么制约，不需要经过特殊的学习比较容易被掌握利用的动作、方法或器械满足体育课程需要。即利用已有活动中广泛存在的资源，通过直接选用的途径，使其成为体育课程内容的一种补充，解决与丰富体育课程内容(见下文唐山市 46 中学的《投掷课——绳趣》)。

投掷课——绳趣

教学年级：七年级。

教学目的：发展投掷能力。

课的准备教学组织如下：

——利用绳子做踩"龙尾"的游戏，激发学生学习的快乐，摆脱了传统准备活动慢跑的不足。

课的基本教学组织如下：

——利用飞碟分层穿越障碍，发展学生侧向投掷能力。既补充了传统投掷教学只发展肩上投掷能力的不足，又让学生感到新鲜有趣。

——利用学生玩乐的飞镖打靶，发展学生定向准确投掷能力。既补充了传统投掷教学只发展肩上投掷能力的不足，又让学生感到新鲜有趣。

——利用木棍击打塑料瓶，以保龄球动作方式发展学生低手投掷能力。既补充了传统投掷教学只发展肩上投掷能力的不足，又让学生感到新鲜有趣。

——最后利用绳子编织成绳锤，发展学生肩上正向投掷能力。既补充了传统投掷教学只发展肩上投掷能力的不足，又让学生感到新鲜有趣。

3. 改造重组

所谓改造重组是指，利用体育课程内容、体育器材与动作方法是相互依存、相互作用、相互影响的关系。某一因素的改变可产生新的关系或方式的特点，对其改造重组整合满足体育课程内容的教学需要（见下文安徽师范大学附属小学的"投掷课"）。

投掷课

教学年级：二年级。

教学目的：发展投掷能力。

课的准备教学组织如下：

——利用废纸叠纸飞机做"看谁飞得远"的游戏，激发学生学习的快乐，摆脱了传统准备活动不是慢跑就是跳。

课的基本教学组织如下：

——利用纸飞机做"飞向小伙伴"，发展学生定向投掷能力。既补充了传统投掷教学单一发展肩上投掷能力的不足，又让学生感到新鲜有趣。

——利用纸飞机让学生"自我寻找投掷"的方法，发展学生创新思维。既补充了传统投掷教学只发展肩上投掷能力的不足，又让学生感到新鲜有趣。

——利用垒球做正面、侧面上下左右抛投，发展低年级学生全面投掷的能力。既补充了传统投掷教学只发展肩上投掷能力的不足，又让学生感到新鲜有趣。

——最后利用垒球做正面、侧面投掷，发展学生肩上正向投掷能力。既补充了传统投掷教学只发展肩上投掷能力的不足，又让学生感到新鲜有趣。

4. 需要创编

所谓需要创编是指以体育课程内容需要为轴心外射到体育器材、场地和动作方法的途径创编。具体也表现为三种途径（见表9-4）。

第一种是由体育课程内容→体育器材→动作方法的创编途径，即欲学习一个新的体育课程内容，但基于运动项目本身对场地、器材设备的要求较高而学校本身的条件又难以满足的情况，可以用简易的常规体育器材或代用体育器材置换原有运动项目的正规器材，并简化场地设施的要求，进而达到初步掌握这一内容的动作方法的目的（见下文"'改头换面'的高尔夫球课"）。

表 9-4　创编体育课程内容的方法①

创编途径	创编种类
第一种由体育器材到动作方法和体育课程内容 第二种由体育课程内容到体育器材和动作方法 第三种由动作方法到体育课程内容和体育器材	体育器材→动作方法→体育课程内容 体育器材→体育课程内容→动作方法 体育课程内容→体育器材→动作方法 体育课程内容→动作方法→体育器材 动作方法→体育课程内容→体育器材 动作方法→体育器材→体育课程内容

"改头换面"的高尔夫球课②

上海财经大学体育部根据学生的需求，充分利用校外社会资源，在对有关公司咨询、论证的基础上，将高尔夫球引进体育课程。在引进的过程中，针对高尔夫球场地占地面积较大、上海土地资源少、学校的实际条件不能满足这一要求的问题，对高尔夫球进行了改造。具体做法是：将平时学校代表队训练用的室内 5 人制足球场改造成简易的高尔夫球场，在球场四周加上尼龙质料的软网，布设一些 2 米左右的人造草皮的打击垫，前面挂一些布制的打击靶，再配备一些必要的器械，经过一番改造，一个模拟的高尔夫球场地出现在校园内。学生通过学习简单的挥杆、击球动作，能够掌握高尔夫球的基本技术，使这一贵族式的运动项目经过改造的途径在大学校园生根。

第二种是由体育器材→动作方法→体育课程内容的创编途径。例如，2002 年北京全国体育观摩大赛安徽阜阳"投掷课"利用塑料饮料瓶（装填沙子）做跑点练习、做侧面和正面投掷练习，然后利用塑料饮料瓶做掷准、掷远、移动打靶（废旧轮胎），既解决了农村体育器械不足的问题，又完成体育课程的教学目标。

第三种由动作方法→体育课程内容（体育器材）→体育器材（体育课程内容）的途径（见表 9-5）。

---

① 田菁：《体育课程内容资源开发研究》，上海，上海体育学院博士学位论文，2007。
② 同上。

表 9-5　由动作方法→体育课程内容(体育器材)→体育器材(体育课程内容)的途径

教学目标	1. 借助合作跑的过程,理解加深接力跑的技术,体验掌握"上挑式""下压式"传接棒技术动作。 2. 提高快速跑的能力,发展身体协调反应快速等的身体素质。 3. 以游戏形式激发学生参与学练的主动性,改变教材练习的枯燥性。 4. 提高学生合作探究、互帮互学的能力,明确团结是人优秀的品质,及"1+1>2"的道理	
课序	达成目标	教学内容描述
1	通过游戏接力传话,助力同学领会团结合作的意义	游戏接力跑传话:老师向每队第一个同学传话,然后该同学跑回本队依次传递给最后一名同学。要求一是相互之间距离8~10米。二是耳语传话,不得大声说话。最后看那队不但最快,而且传话正确
2	通过多种游戏,改变教材枯燥性;促进学生合作探究互帮互学团队精神	1. 分组火车快跑,每组纵队后面同学双手搭扶在前面同学肩上,听哨音开始比赛。 2. 分组手拉手跑,平行站立相互拉手,听哨音开始比赛。 3. 分组抱腰跑,平行站立相互抱腰,听哨音开始比赛。 4. 分组挎肘跑,平行站立相互挎肘,听哨音开始比赛。 规则:松开队为输,距离20~25米,让同学们产生意犹未尽,又不疲劳。 教学提示:每种形式跑的比赛前,让同学们自我组织尝试,体会总结然后再比赛
3	借助不同游戏专项练习,保持学习热情	1. 分组8人,左斜线45度接力拉手跑比赛。每组同学前后斜线45度站立相互距离8~10米,听哨音开始比赛。第一个同学跑向第二个同学,然后用左手去拉第二个同学右手,然后跑向第三个同学,第二个同学用左手去拉第三个同学右手,然后第三个同学去拉第四个同学右手,其后第四个同学去拉第五个同学右手,前跑转弯越过标志物,依次进行,拉第五、六、七、八个同学右手,最后所有同学拉手一起冲过终点线,看那队最快。 2. 分组8人,右斜线45度接力拉手跑比赛。其他相同,拉手相反。 规则:松开的队为输。 教学提示:每种形式跑的比赛前,让同学们自我组织尝试,体会总结然后再比赛
4	学习"上挑式""下压式"传接棒技术动作	1. 分组慢走学习"上挑式""下压式"传接棒技术动作。 2. 分组慢跑学习"上挑式""下压式"传接棒技术动作。 3. 接力比赛体会2次。 教学提示:接力跑的比赛前,让同学们自我组织尝试,体会总结然后再比赛
5	大圆圈(向前欢快跑)一小圆圈(向后欢快倒退跑)一大圆圈"游戏与放松结束	师生同乐,老师站在圆圈中心,大圆圈(向前欢快跑)一小圆圈(向后欢快倒退跑)一大圆圈游戏与放松结束

小　结

上述围绕课程资源在体育课程内容的建设与发展等多项问题，逐一进行梳理与探讨。目的是深化课程资源的认识与理解，为广大教师对课程资源在实践中的选用提供支撑，加速体育课程资源建设的发展。正如泰勒指出："课程开发是一种循环往复不断发展的历程，随着社会政治、经济和新的教育研究成果的不断涌现，课程开发将永远处于一种变化的状态之中。"①

【学习与思考】

一是上述从课程资源的概念、认识、分类、开发等多角度进行了课程资源的研究，既反映了学科发展的基本趋势，又体现了理论长青的诉求。可为我们正确认识与把握体育课程资源的开发与运用，考察体育课程资源的研究和发展提供解答。可为我们研究课程资源选择合理的研究路向及途径提供指引。我们要摒弃二元对立和非此即彼的偏颇，既不盲从、也不排斥，对其科学整合为我所用。因为，被认识的对象是客观存在的，关于它的知识却是认识个体构建出来的。

二是课程资源与课程存有密切的关系，没有课程资源就没有课程的存在。它不仅制约着课程实施的范围和水平，也影响着课程适切的程度与丰富的水平。课程资源的分类存在多样性与复杂性的特点，除了应符合经济性、科学性、可行性等逻辑上的要求以外，还要有助于看清课程资源的实践有没有学习意义于方法的存在。不能形式大于内容，什么"资源"都能进入课程。曾如美国课程论专家泰勒所说："要最大限度地利用学校的资源；加强校外课程；目的帮助学生与学校以外的环境打交道。"

三是课程资源包括人类一切既有成果，可以分为知识、经验和情感三大类。供给课程活动，满足课程活动所需要的一切，它包括构成课程目标、内容的来源和保障课程活动进行的教学设备和教学材料。换言之就是说，课程资源不是单纯指向课程活动本身，而是取向构成课程活动所需要的一切。

---

① 转引自钟启泉、汪霞、王文静：《课程与教学概论》，上海，华东师范大学出版社，2005，第 90 页。

第十章　当代体育课程的发展与取向

【本章摘要】

　　课程发展的历程表明，对各种课程文化的考察，可以帮助我们从不同侧面和向度去认识与思考课程出现的演变性。因而，梳理国外体育课程的发展趋势与特点，了解其课程理念及其策略机制，有助于我们形成体育课程的新视阈，构筑体育教育的新理论，对推进中国体育课程与世界发展同步，促进中国学校体育新课程的建设与发展大有裨益。

【本章内容结构】

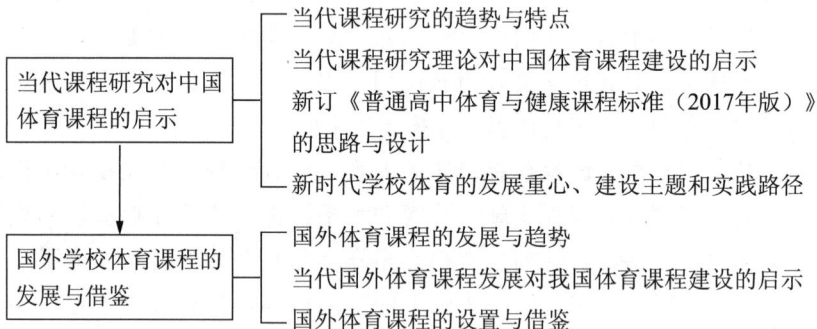

```
                          ┌─ 当代课程研究的趋势与特点
                          │  当代课程研究理论对中国体育课程建设的启示
当代课程研究对中国   ──────┤  新订《普通高中体育与健康课程标准（2017年版）》
体育课程的启示             │  的思路与设计
       │                  └─ 新时代学校体育的发展重心、建设主题和实践路径
       ↓
国外学校体育课程的   ──────┬─ 国外体育课程的发展与趋势
发展与借鉴                 │  当代国外体育课程发展对我国体育课程建设的启示
                          └─ 国外体育课程的设置与借鉴
```

【本章理解】

　　1. 识记不同国家学校体育课程的文化取向、分析其承载的课程诉求与行为的改造。

　　2. 理解不同国家体育课程的设置，及其对中国的借鉴意义。

　　3. 举例说明与分析当代体育课程研究的趋势与特点，及其对中国体育课程建设的启示。

【关键词】

　　当代体育课程；发展趋势；中国建设；影响启示

第一节　当代课程研究对中国体育课程的启示

　　自 1961 年美国课程论学者比彻姆（G. A. Beauchamp）《课程理论》（*Curriculm Theory*）一书问世，西方学者对此日益关注，课程研究范畴日渐扩大，其思想内容日趋丰富，不断以新的观点呈现问世，开启了"从主体认识自我的概念、原理、范式的描述——课程开发研究"的基础阶段，迈向"回归课程本身、排除经验成分、不依赖任何假设——课程理解研究"的专门化阶段。于是在 20 世纪下半叶，课程研究呈现出百家争鸣的多元态势，不同课程流派应运而生竞相发展，汇聚成一股强大的思想潮流，打破了以往由泰勒课程原理一统天下的局面。时至今日，随着社会学、文化学、经济学、哲学等陆续引入对体育课程的理解，同时，在建构主义、人本主义、后现代主义等多元文化思想的相互交融影响下，当代课程研究以开发性、多元性、流变性、生成性、包容性等为特征的知识观，解构了传统课程单一研究知识积累为特征的知识观。中国体育课程的价值使命"已由知识的积累观、知识的能力观、迈向知识的解放观"的三个阶段。自觉地总结这一历程的内涵与变革，借鉴课程发展的历史经验，反思中国体育课程的现状，为中国体育课程的实施提供理论指引，以避免陷入盲目性与经验主义泥淖。基于此，本章选择一些主要课程流派理论的立说，并对其特点和趋势作一归纳分析，为中国体育课程的建设与发展提供参考借鉴。

一、当代课程研究的趋势与特点

理论的解读告诉我们，要走向未来摆脱干扰，就要理性的论证自己。从课程文本的发展来看，受 19 世纪工业人革命发展的驱动，唯科学价值观不断膨胀，在整个社会文化氛围中弥漫着对知识力量的崇拜。人们开始相信知识掌握得越多对人类的造福就会越多。受这一观念的影响，"课程的任务是实现知识最大化的传授"成为 19 世纪课程追求的目的。由而，"知识是一种可按理性计算的结果"就成为学校课程教育的范式。层级性、识记性、有效性就成为衡量课程设计的标准与编制的原则，最大化地使知识呈现"可接纳性"就成为课程追求的信条，"授—受"就成为课程教学的特征。受这一影响的制约，课程研究的价值使命就是把知识预先设计为可接受的形式与可表述的方式，保证教学的结果直线指向课程目标。于是学习就变成了机械性、计划性的旅途，识记是确认课程目标实现的标签。这种"填鸭式"的课程形式，只考虑知识的最大化接受，不考虑人在课程实施中的地位，忽视了课程对学习者个性成长过程的直接经历与体验的情感性与完整性，使学习异化为一件很无趣的事情。正如苏联教学论专家斯卡特金指出："我们建立来很合理的、很有逻辑性的教学过程，但它给的积极情感食粮很少没有快乐，因而引起很多学生苦恼、恐惧和别的消极感,阻止他们全力以赴地去学习。"①

随着人类社会文明发展的脚步由工业革命的外向度实践,即物质生产、物质交往等形式的"改造外部世界的实践"。走向 21 世纪知识时代的内向度实践,即思想解放、思维创新的"改变主观世界的实践"。这一跨越时空的回响,使人类揖别了工业文明时代人依附于物的生存状况,冲破了人类每一次进步总是需要靠外向度物质的实践前进而拉动的担忧。"3C"(数字化、网络化、信息化)是决定时代进步的先锋和力量,表明人类的进步不仅在于物化,更在于思想智源的更新和创造。围绕这一思想的转变,多尔(Doll,W. E.)、斯拉特瑞(P. Slattery)、高夫(N. Gough)、克拉克(E. T. CLarK)等一批课程专家提出,工业社会的课程特点是标准化,而知识社会的课程特点是个性化、多样化、创造性、自主性。②

在这一"思想范式"推动下,20 世纪 70 年代以来,课程发生了由寻求课程普遍性的教育规律,转向寻求个人情境化的、多元课程教育意义的重要"范式"转换。反思 19 世纪以来课程就是知识积累单一文化锁定的历程,以重建适合 21 世纪基于个人发展的课程为己任。扬弃传统课程观以知识积累性为目的、以技术理性为原则,不考虑人在课程实施中的关系,不允许学生将个人的经验参与到课程学习。有违课程的核心是赋予个体自我实现的意义,在今天已难以适应社会发展和个人发展的需求。反思泰勒课程编制"确定教育目标、选择课程内容、组织课程内容、实施课程评价"是基于工业时代和客观主义的传统教学设计范型,存有不足。认识到课程并不只是一套要培养学生语言和数理逻辑智力的计划,它还是一个孕育着思想反思与创新精神养成的知识意义建构的过程。呼吁 21 世纪的课程要充分认识到学生不仅是知识的接受者,也是知识与文化的创造者。提出 21 世纪的课程既要有学科具体化的知识存在,也要有个人化、境域化的知识对应。强调课程知识要回归生活世界,认为离开了人的情感性、参与性与应用经验的生活性,课程只会给自然、社会、精神带来消亡的威胁。

这一视界的萌新,促使人类检讨发生这一"损害"的本源。翻转从外向性知识的存在走向内向性知识的思考,从根本上颠覆了人类旧有课程"授—受"的标准化、统一化的永恒绝对理解方式。要求课程提供更多的

---

① [苏]巴班斯基:《中学教学方法的选择》,张定璋、高文译,北京,教育科学出版社,2001,扉页。
② CLark E. T.:*Designing and Implementing an Integrated Curriculum:a Student-centered Approach*,Brandon,Holistic Education,1997,p. 38.

个性选择，给予更大的个性化知识支配。实现课程"真正的学习经验能使学习者发现他自己独特的品质，发现自己作为一个人的特征"的目标。曾如美国学者库姆斯在《对现代教育的挑战》一书中提出："现代教育满足人类的物质性需要，知识经济时代的教育则更多地满足人类的精神性、文化性和个性选择的需要。"①

总结这一课程发展历程的演变，可以总结出当代体育课程的新特点：既要注重课程与学科、课程与社会的协调发展、也要注重课程的多元性与学生需要性的协调发展、注重课程结构与知识逻辑、能力形成、道德养成的协调发展。体育课程有以下发展趋势：一是体育课程主体的多元化；二是体育课程范式的现代化；三是体育学习历程的个别化；四是体育课程科目的综合化；五是体育课程内容的生活化；六是体育课程取向的人本化。

二、当代课程研究理论对中国体育课程建设的启示

课程发展的历程表明，对各种课程文化的考察，可以帮助我们从不同侧面和向度去认识与思考课程出现的演变性。摸清各论说起源与发展的背景，把握课程背后出现的不同文化语境与特征。认识其积极变化和努力的方向，以拓展我们认识的深度与广度，推动体育课程研究，为中国体育课程的建设和发展提供参考。

（一）布鲁纳的"学科结构课程理论"对中国体育课程建设的启示

美国杰罗姆·西摩·布鲁纳（Jerome Seymour Brunner）的学科结构课程论，作为一种思潮在世界上产生影响伊始于 20 世纪 60 年代。在布鲁纳看来，在知识大爆炸时代，应寻求新的方法来向新一代传授那些正在快速发展的大量知识。他主张"任何学科都可以用智力上的某种适当方式，有效地教给处于任何发展时期的任何儿童"。这一课程新品格的立说，在世界引发一场新的课程改革运动。他认为，课程结构应围绕基本概念、基本原理和基本方法去构建才是科学的。这一理论的客观性和合理性为课程的持续发展提供了"法理"依据，使课程不再是一种"乌托邦式"的假说，由而受到世界的尊重和广泛的认同。

这一理论从学生的心理生理特点、知识的本质和获得知识的过程三个方面提出的原则，可为我们推动体育课程建设提供科学抓手，现解析如下。

---

① 转引自王治河：《后现代主义的建设性向度》，载《中国社会科学》1997 年第 1 期。

1. 迁移性原则

课程的最终目标是"促进对教材结构的进一步理解"，教学要努力让学生掌握学科的基本知识结构、原理和概念。课程编制的核心就是保证使学生能运用这一基本的理解形成普遍的迁移，来不断扩大和加深对后续学习理解的承接。

2. 结构性原则

课程要教给学生各门学科最基本的和最佳的知识结构。课程结构的交换律、分配律和结合律必须符合学生的学习性特点。因此，教材结构的组织要注意再现的形式要适应学生的年龄和认知基础。

3. 经济性原则

课程结构的组织要符合经济性原则，不要出现基本概念的"孤立"，应让教材简明扼要地有利于进一步的学习。能帮助儿童不间断地、比较容易地引入理解，缩小"高级知识"和"初级知识"之间理解的差距，不至于回头再以重新学习原有原理的办法来弥补。

布鲁纳的"学科结构课程理论"对中国体育课程建设的启示。

其一，布鲁纳的学科结构课程论推动了课程理论与实践的结合，告诉我们课程的构建要体现出三性。基础性，即选取最基本最重要的知识结构教给学生，不要过早地使课程学术化、专门化。应是着力拓展学生的思维和视野，培养学生跨学科能力的转移。全面性，即注重科学知识与科学方法、智力因素与非智力因素、书本知识与实践能力等关系的构建，给予学生全面均衡地发展。适切性，即根据不同学生的特点、不同需求，有针对性分层科学设计编制课程，以使每个学生都能获得充分的发展。

其二，布鲁纳的"学科结构课程论"揭示出，知识不是"摹本"，不是已知的"量"，不是原材料的"叠加"，而是一定"构造"的结果。把课程知识结构简约化，有助于帮助学生更好地理解和记忆。把课程知识结构原理化，能够促进会理相互迁移，举一反三、触类旁通。把课程知识结构序列化，能够使学习层级的上下衔接一目了然，缩小高级与初级知识之间的差距，有利于促进学习效果。

其三，布鲁纳的"学科结构课程论"，从结构主义认知心理学出发，围绕结构是知识体系运转的枢纽。从学习行为的角度，对课程结构的设计与编制提出了迁移性、结构性、科学性和经济性的四种原则。对其的借鉴，可以帮助我们处理好体育课程的集约化与简约化的关系，通晓面对大量的知识材料如何选择与构建，避免与防止错误的发生。如何处理好课程知识的"集约和简约"的关系，如何处理好课程"结构与效率"新旧图式的同化与顺应的关系。怎样使课程知识的形式与步骤呈现有效的"经济性"，消弭认知的紧张度。如何按照不同认知阶段把知识材料"序列"适用于学习者，减少知识理解的困难性。

（二）斯坦豪斯的"过程模式课程理论"对中国体育课程建设的启示

英国课程论学者斯坦豪斯（Hauenstein A. D）吸收了前人有关课程设计与编制的理论成果，在反思批判扬弃传统课程目标模式只关注结果取向，忽视过程的基础上，针对性地提出了"过程模式课程论"。他认为课程实践不是按照事先固定好的一套"计划"和"程序"的标准化来展开的。教师也不仅应是课程的执行者与搬运者，学习也不仅应是机械性、计划性的复制。相反，课程应是围绕教育实践过程中出现的问题进行修正与改进。为此，课程的进行应随学习程度的改变而改变，应随学习需要的发展而发展，应随学习环境的变化而变化，应随学习经验的变化而架构，应随师生交互发生的变化而调配，应随学习者能力的发展而重新统整。真正的课程是"不是仅给予学习者外在的知识，而应是给予学习经验促使学习者发现他自己独特的品质，发现自己作为一个人的特征。"因而提出，学生不仅是知识的接受者，也是知识与文化的创造者。课程的设计就是实现学习的目的与过程的统一的论断。

斯坦豪斯的"过程模式课程理论"对中国体育课程建设的启示。

其一，该理论揭示出，课程不仅是再现把某方面知识准确组织的方式，有序化设计的范式。既不能仅是知识逻辑属性效率的固定联结，也不能仅是按照教学序列的改造和重组。而是要植根于学习者的经验，根据学习者不同的学习能力把知识分成不同水平，引导学习者通过一系列学习过程体验实现课程的理解。

其二，该理论揭示出，决定课程效率的不是结果，而是过程。正如有学者指出，学习是一个认识的过程而不是一件产品。这告诫我们，课程知识文本的选择必须结合生活经验，形成生长"召唤"的场景。要把客观知识世界的科学性、理性等与生活世界的文化、价值、信念、理想等相结合，赋予学习者以真知、生机和活力，使学习者具备实现人生的意义的能力，即"学会做事、学会做人、学会合作、学会生存"。

其三，该理论揭示出，课程的实施存在着目标、过程和结果三者的相互关联、相互作用的机制。目标是课程实现的标准，结果是课程实现的目的、而过程则是课程实现的动力。课程的实施既是建立在理论的系统化认识——目标，更是建立在实践活动的理性认识——过程。课程的实施仅有理性的认识（目标）是不够的，必须结合事物现象的感性认识（过程），两者的统一才能产生力量获得科学的结果。这告诫我们，认知领域要和过程领域相互结合。课程要为学生提供一种学习情境的过程，适合学生生活的经验、要求和兴趣，课程要寻求目标与内容、内容与学习活动方式之间的联系，课程功能才能得以实现。

（三）施瓦布的"实践性课程理论"对中国体育课程建设的启示

美国学者施瓦布不满意课程理论的现状，他认为，课程改革和开发必须立足实践，必须从追求理论模式转向追求实践模式。必须明白理论与实践的两者在目的、结果、对象，问题来源与方法处理是存在不同的，脱离实践情境的改革和开发是不会成功的。他还认为，课程改革和开发是一种配置资源的社会实践活动，不能把课程改革和开发仅看作是学者和专家的技术活动。课程的实施者不是专家和学者，而教师和学生则是课程实施的积极因素。因而，课程改革和开发的主体不能只是课程专家和学科专家参与，教师和学生应成为课程开发主体的核心。因为，教师的需求和经验、学生的需要和兴趣，是决定课程改革和开发能否持续进行和实施下去的关键。提出只有处理好课程结构的"五四要素"——教材、学生、环境、教师和社会之间的相互作用，课程才具有真正的意义存在。为此，课程审议的决策过程应是一种"自下而上的民主决策过程"。应由专家学者扩大到校长、教师、学生、家长、社区代表、教材专家、课程专家、心理学家和社会学家等共同参与，只有这样才能产生好的效果。

施瓦布的"实践性课程理论"对中国体育课程建设的启示。

其一，这一课程理论告诉我们，课程改革和开发是一种教师活动，教师的道德和责任是决定其成功的根源。警示我们，无论课程改革的理念多么超前，上下层设计多么完美，只有一线教师和基层教育行政部门普遍能够理解与接受，课程改革才有可能成功。

其二，这一课程理论启示我们，课程理论研究，只有从理论的理解走向课程的实践才能获得成功。推进新课程的实施，促进教师的专业化发展。不能仅是解释《课程标准》条文题面意义，深描课程标准的重要性。强调课程标准的执行力，张扬新课程价值主体负载的精神性地指向。如果忽略新课程与《课程标准》在实践中操作性的培养，"体育不是你思考的东西，而是你练习的东西"，就会大大影响新课程的实施。

其三，这一课程理论指出，课程改革和开发是一种社会实践活动，是国家政府、学校和社会都是共同参与的主体。启示我们，课程改革和开发应从教育学的思考转向于教育社会学思考的结合，引进社会学的理论丰富与完善课程建设的理论。

（四）"建构主义课程理论"对中国体育课程建设的启示

随着人类社会向新知识经济时代的迈进，以个性解放为目的的新的知识教育形态日益凸显，正成为不可阻挡的世界潮流。20世纪90年代"建构主义课程理论"应运而生，掀起了教育史上的一场革命。该理论认为，知识不是被动接受的，而是认知主体积极建构的。知识不是外部的填入，课程应植根于学习者的经验。这一理论要求课程的编制应从以教为主转向以学为主，体现为学习而设计。其强调的"情境""协作""会话"和"意义建构"等新颖知识观点，已成为创造学习、教学、课程乃至整个教育的新范式的主要依据。这一全新的课程观体现了时代的特点，契合终身教育理念和学习型社会的发展，颇受欢迎，可帮助我们纠正传统的弊端，开拓原来狭窄的看法，走出知识论、工具论的误区，值得关注与理解。

"建构主义课程理论"对中国体育课程建设有以下启示。

其一，该理论强调，课程的目的除了要让学生懂得某些知识，还要让学生能真正运用所学知识去解决现实世界中的问题。如果学生在学校教学中对知识记得很"熟"，却不能用它来解决现实生活中的某些具体问题，只做到了单向的内化建构，而忽视了逆向的外化于物，就是一种无效的学习。

其二，该理论强调学习者的经验，有利于学习者"主体性"的发挥。要求课程要为学习发现更多的联合因素。消除课程把知识视为积累的弊端。要求课程关注的焦点应从教师的教转移到对学习者学习意义建构的关注，推动追求意义理解的学习研究。

其三，课程知识的掌握依赖于情景，知识在不同的情景下具有不同的意义。如合作、探究、自主的不同的学习经验会带来不同的学习结果。因而，要求课程要为学习者的意义建构提供一种学习的情境，引导学生从中获取个人的意义。真正的学习经验能使学习者发现他自己独特的品质，发现自己作为一个人的特征。

（五）"后现代主义课程理论"对中国体育课程建设的启示

后现代主义课程改革理论兴起于20世纪80年代末，以斯拉特瑞（Slat tery，P.）、多尔（Doll W. E.）、高夫（Gough N.）、吉鲁（H. A. Giroux）等人为代表。他们反对知识至上的理念，提倡全人发展的概念，注重人的价值和精神解放的追求。强调知识的有机整合，反对灌输与压制，反对统一的评价，要求课程不是知识的理性控制，而应是学生"享有"解放的自由过程。推崇人生来就有学习的潜能，人是学习的主体，可以自己建构对世界的认识。这些理念破大于立，还有待于进一步研究和完善，但后现代主义作为一种矗立于时代潮头的大"思想范式"，它的新的思想、新的尺度，无疑为我们解放思想提供了有益的视角和崭新的尺度。可把我们引向所殷切向往的、实现人的自由个性发展的目的，是值得尊敬的，因而，理解和把握这一点，可为中国课程理论与实践提供有益的启示。正如美国学者卡普拉在《转折点：科学、社会和新文化》一书中提出："知识学习是一个生理、精神、社会和环境相互依赖的生态，我们必须采取生态学的世界观看待和进行课程设计。"①

"后现代主义课程理论"对中国体育课程建设有以下启示。

其一，该理论启示我们，当代人类社会的发展已进入个性创新的发展时代，学习是学习者对自身经验的不断认识、反省与改造，因而课程应是个性的、多元性的、开放的。为此，应给予课程"多质"文本的建构，注重激发人的"解放（创新）"的体验。培养有批判精神、能够检验真理、富有理性的人。恰如美国要素主义教育家巴格莱认为："个人经验比知识更重要，教育的可能性取决于发挥个体利用知识以对付现在和未来环境变迁的能力。"②

其二，该理论发启示我们，学生不是机器。知识不是控制，应是解放，应给予学生一个自由创造的天地。为此，课程内容的取向应给予感受、意识、激励、智慧和表达的体验和理解。有如古希腊哲学家柏拉图的教育名言："自由的人不能用强迫的或残酷的方法施教。"③

其三，该理论启示我们，课程应有回归生活世界的文化性、境域性、参与性的品质，促进学习者与外界环境交互作用，产生内在动机，培养"解放"的思想，导向知识创新感悟义的理解。正如《共产党宣言》扉页中所提出的："每个人的自由发展是一切人的自由发展的条件。"显然，这一著名论断非常科学地说明了为"人的发展提供服务"是体育学习与人类关系的根源。

总之，上述各种课程理论揭示出，对其取向的理解并不仅仅在于它提出了一种新的解释，它更大意义在于反思，认清我们在课程现代化发展历程的片面与缺失，为重构课程与教学理论提供有益启示。其分析与

---

① 张文军：《后现代主义的教育思想述评》，上海，华东师范大学博士论文，1997。
② 王卫东：《现代化进程中的教育价值观》，北京，中国社会科学出版社，2002，第125页。
③ ［英］约翰·洛克：《教育漫话》，徐诚、杨汉麟译，石家庄，河北人民出版社，1998，第3页。

倡导的各种课程路向，可为我们体育课程理论研究与实践的改革和转换带来了新思想、新观点、增添新活力。引发我们从全新的角度来理解 21世纪体育教育教学的路向，进一步推动体育新课程理论与实践的发展。显然，这一点对于中国正在展开的体育新课程实施，尤其具有重大的意义。虽然这些理论也存在着一定的不足，还有待于进一步研究和完善。但它给体育教育课程、体育教学带来了崭新的思想，提出了新的尺度，可把我们引向实现人的自由个性发展的目的，理解和把握这一点无疑是十分重要的。正如学者李秉德认为："它不仅是现代学校教育的一种努力目标，更是未来学习化社会所必需的一种理念，从而也成为现代课程论与教学论的精神之一。"①

三、新订《普通高中体育与健康课程标准(2017 年版)》的思路与设计

2018 年 1 月 16 日，教育部召开新闻发布会，宣布历时 4 年的普通高中新课程方案和学科课程标准修改工作已全部完成。经国家教材委员会审查通过，于 2017 年年底印发，并将于 2018 年秋季开始执行。这就意味着今后学校体育的课程与教学等都将迎来新的变化，那么，新的体育课程方案和课程标准有哪些主要变化？作为体育教师，我们应如何应对就成为必需的思考？

(一)《普通高中体育与健康课程标准(2017 年版)》的主题意蕴与实践路径

梳理材料可发现，中国学校体育学者以强烈的历史责任感和使命感，历经 4 年完成了《普通高体育与健康课程标准(2017 年版)》的构建，遵循时代的"物之力"到"能之力"再到"智之力"的历史演进，与时俱进地按照教育国际化发展的趋势，把"学科核心素养"作为打造优质教育的布局纳入课程标准的核心。显然，这一目标从理论和实践上解决了新时代的学校体育要做什么和发展什么的问题，使新时代学校体育有了方向，有了主题，有了动力。充分反映了学校体育新时代人才培养的要求，围绕办好"发展具有中国特色、世界水平的现代教育"的新挑战又开启了新的坐标。正如教育部副部长田学军在"2018 全国教育科研工作会议"上指出的，答好新时代教育的时代之问，就是从过去的"以规模求生存、以规模求效益、以规模求发展"的外延粗放阶段，走向"以质量求提升、以结构求优化、以效益求提高"的内涵质量发展阶段，让高质量的教育惠及更多

---

① 李秉德、王鉴：《时代的呼唤与教学论的重建》，载《高等教育研究》1999 年第 5 期。

的学生。

　　显然，"质量是教育的核心"这一新思想的提出，不仅为学校体育新时代的践行指明了目标，也为学校体育课程与教学的变革与发展奠定了特色。毋庸置疑，这既是学校体育理论繁荣与实践进步的又一个新标志，也为推进学校体育的课程与教学的实施提供了遵循标准。正如学者张志勇所言，看"新旧课程标准"有没有区别，有没有特色，关键要看其主体性是否不同、有没有新创性的话语，有没有揭示出某一类主题的产生及其话语在发展性上的普遍性意义。

　　显然，只有按照"真学、真懂、真信、真用"才可获得"法泽天下"的理解。即要使一个正确的理论成为广泛可接受的话语，发挥出其应有的解释力与执行力，关键工作还在于理论主体性的明确与否，否则就会出现理论与行动上不完全一致的异化现象，即"失真"。显然，这一现象反映出，不知"体育学科素养"，亦将不识其起意之精善，当然也不会将其放之好实践。因此，"体育科学素养"这一准绳，在整个学校体育架构中，具有极为重要的角色定位和指导位置，其科学实施就成为历史的必然。

（二）体育"学科核心素养"的解析

　　当今，人类社会已进入新知识经济时代，以互联网、大数据、智能化等新的知识形态正日益成为引领世界发展不可阻挡的潮流。显然，这一变化对人类的认知能力形成新的挑战，在这一背景下，解放人的潜力、扩展人的关系，挖掘人的创造力，促进人实现更高的发展，就成为教育的首要任务。这就意味着按照以前基于"学科结构"授受教育的课程无法满足社会发展，为什么？因为这种教育特征解决的是，知识获取的表达方式和利用的问题，它只能模拟知识，难以创新知识。这就要求人类必须思考面对互联网、大数据、人工智能等新变革对高端知识和技能要求越来越高的情况下，用什么新的理论引领我们的学习和教育。

　　按照这一变革，围绕21世纪"人的培养"问题，国际经合组织、欧洲共同体展等纷纷开了广泛的调查与研究，并得出两点共同结论：一是真正影响人与社会发展的不是"教育的年限"，而是学习结果的"质量"；二是有质量的学习结果，不是知识掌握的多少，而是个人获取和应用知识与技能的能力。但有限的教育时间里无法培养人的全部素养，于是通过对人的核心素养的遴选，按照基础性、必要性、关键性实现"以少胜多"的效果。在每个人有限的学习时间里，发展其最为核心的素养，从而使其具有持续学习、生活发展、参与社会生产所需的必备品格和关键能力。

　　故而，"素养"就成为衡量学习者在某门知识"精熟度"的指标，并由低到高划分为"五级"来表示学生在某个领域达到的水平。学科素养不是一种单纯的能力，而是多种能力相互作用的产物，而问题解决能力又是其最为重要的组成部分。素养不是知识，也不是技能，而是对某一些知识和技能的应用能力，即所谓的"素养"是指，所有学生在今后生活和工作中所必须运用到的一些核心知识或技能。为此，世界主要国家和国际组织都围绕这一变化，先后启动了以"核心素养"为教育目标的变革。中国也于 2016 年正式公布了中国学生发展核心素养体系。也正是基于对教育本质的新认识，2015 年联合国教科文组织发布了第三个教育报告《反思教育：向"全球共同利益"的理念转变?》，提出教育应负的责任和教育的变革，要重新定义知识、学习和教育。

　　"一切划时代的真正的内容都是由于产生这些体系的那个时期的需要而真正形成起来的。"①显然，这一理念可从根本上改变学校体育长期以"知识传递为取向"的设计模式，促进教育由单纯传授知识走向注重建构知识，培养支撑终身体育发展的能力素养转变。也就是大家常说的以"记忆、理解"为主要策略的教学方法，难以产生"高品质"的学习结果，即"会用"。就于此，中国学校体育顺应时代的发展，围绕立德树人的根本任务，从生物进化和文化演进的高度，从人的身心发展和社会文化环境相互作用的关系，以"优质教育"的态度，在《普通高中体育与健康课程标准(2017 年版)》里理性构建了"学科核心素养"的发展目标。为每个学生都能进入"高品质"的学习提供保障，为每个学生都能学以致用提供支撑。正如世界著名教育家亨森(K. T. Henson)说过，"我们每写一条课程标准，不仅要考虑它的学科依据，还得明确它的目的指向——我们的公民是否需要这样的素质呢？同时还要关注儿童的接受可能、兴趣爱好、生活基础以及社会的发展趋势。"

　　从历史的发展来看，《普通高中体育与健康课程标准(2017 年版)》"学科核心素养"提出的背景，是学校体育遵循国际教育这一发展形态，以培养担当民族复兴大任的时代新人为着眼点，以"高质量"的观点推进新时代学校体育课程与教学进一步发展的理论成果。其理念反映了"课程面向学生生活""课程面向时代发展""课程面向科技进步""课程面向社会服务"的深层次的布局。也就是说，从其提出的直接起因上看，"学科核心素养"投射着、践行着、实现着、映照着中国特色社会主义教育事业进入新时代，从"有学上"到"上好学"，从"教育大国"迈向"教育强国"的历

---

① 《马克思恩格斯全集》(第 3 卷)，北京，人民出版社，1960，第 544 页。

史变革。

　　"学科核心素养"的提出，拉开了中国学校体育由知识取向的教学理解（侧重于运动技能的掌握）、能力取向的教学理解（侧重于把技能变成终身体育习惯与能力）、开始迈向更高以"学科素养"为解放取向的教学理解（向课堂要质量，让高质量的学习、高质量的体育教育惠及更多的学生）。历史经验表明，学校体育每一次的重大变革都给发展注入活力与动力。显然，体育"学科核心素养"这一变化的指向，既是为了培养社会主义事业的建设者和接班人形成适应时代发展的关键能力，也是主动适应"中国社会主要矛盾已经转化为人民日益增长的美好生活需要和不平衡不充分的发展之间的矛盾"的历史转变，为提高全民族的文明素质走向美好的生活而制定的。正如学者董翠香在 2016 年华东师范大学全国体育课程论坛上的发言认为："体育课程作为一个历史文化的范畴，它在教育的作用，要集中地体现出作为历史主体人的本身在时代的如何发展。"

　　那么，何谓学科核心素养，学者杨志成在《核心素养的本质追问与实践探析》一文中指出，核心素养观提出的目的，就是颠覆冲击教育教学由确定性知识的授受，走向养成知识的选择、建构和运用能力的转变。[1]显然，这一认识，勾勒了人才培养的方向，即核心素养开启了教育的发展目标在"优"，破题的重点是"质"，解决了传统教育忽视"对于个人和社会发展具有重要意义的知识、技能、价值观和态度"的不足。对此《普通高体育与健康课程标准（2017 年版）》指出："学科核心素养是学科育人价值的集中体现，是通过学科学习而逐步形成的正确价值观念、必备品格与关键能力。体育与健康学科核心素养主要包括运动能力、健康行为和体育品德"。为此，它既是新时代学校体育课程设置的指向，也是新时代学校体育教学实践的结果。循之这一视角来审视体育"学科核心素养"教育观，可以发现，它的核心是质量，目的是应用，目标是追求"整全"的知识观（学会做事、学会合作、学会做人、学会生存）。这一教育观推进着"知识的习得和心智的发展的结合，知识的习得与自我思变的结合、知识的习得和实践应用的发展的结合，知识的习得和社会发展的需要的结合"的任务落实。换言之，"体育课程标准"是影响教育的准绳与指南，必须要有明确的归属性，可宣扬的价值理性，方可指导我们的活动。俗语讲，"心有高标，方可致远"讲的就是这个道理。

　　体育"学科核心素养"的提出存有三个层面的理解。一是从党的十九

---

①　杨志成：《核心素养的本质追问与实践探新》，载《教育研究》2017 年第 7 期。

大报告"教育强国是中华民族伟大复兴的基础工程"这一定位来看，作为时代精神的体育面对变革要做出合乎这一定位的话语，全面准确地反映时代要求，阐明其学科服务于这一发展的品格与良方。可见，体育"学科核心素养"深化着对新时代教育本质的认识，回应着教育必须与时俱进，真正发挥它"在历史上第一次为一个尚未存在的社会培养着新人"的使命。彰显了任何话语的问世都是对当代社会发展、人的生活理解的反映，其的构建反映着特定时代社会的价值认识。二是从教育性上看，按照"人的独特性要求教育要具有卓尔不群的品格"，即人的唯一性是教育价值存在的理由和功能本然的依归。也就是说，21世纪体育课程应由寻求普遍性的教育规律走向寻求适应个人情境化的教育意义。要求体育教育注重每一个人的积极参与，关注每一个学生的发展，提供更多的个性选择，给予个性更大化地知识支配。课程发展将超越知识本位，超越学科结构主义，知识学习和教育过程成为人的素养发展的过程和工具。三是从体育基本技能的掌握，开始转向运动技能专项化的建设与发展，即体育课程不仅要给学生"硬实力"——运动技能能力、健康方法的落实，还要给学生"软实力"——健康行为、体育品德和社会责任的养成。显然，能不能为每个学生提供适合于这种新关系的课程与教学，并把"学科核心素养"这种视域纳入实施，打赢这一仗，就成为新时代学校体育课程与教学必需要应对的问题。

（二）体育"学科核心素养"与课程目标的解析

价值哲学指出，目标是本体的根基，是事物存在与运行的逻辑元点。这一命题释义出，"目标"是将课程基本理念转化为课程实践活动的"桥梁"。它包含着"确定体育课程设置、选择和组织体育教学、实施课程评价"等规准，界定"体育课程选择的基本假设、教学践行的方法和对象、评价问题的范式"等。从发生学的视角来看，任何概念的出现，必然承载着某种历史的目标与内容，蕴藏着一种发展的方式，其发展的背后都是按照人的发展价值指向进行的。也就是说，时代对人的发展有什么样的理解，就会有什么样的相应目标提出。同样的道理，随着中华文明复兴的集结号吹响，中国从富起来走向强起来，不约而同的"高质量"这个词语就成为各个学科、各个领域建设与发展的共同话语，这一图景似乎已成为中国当前理论研究的主要特征。可见，新订《普通高中体育与健康课程标准(2017年版)》其"学科核心素养"目标提出的原因，也是体育自觉回应国家对新时代人才培养要求的结果。

沿着这一认识分析，可以发现原《普通高中体育与健康课程标准(实验)》其目标指向，学生"终身体育能力的培养与习惯的形成"，显然存在着一定的目的不清。其一，没有把教育的知性存在与德性存相互融合，实现终极解释和终极价值统一，给出达成的评价标准。其二，最后的落脚点仅是指向促进个体的素质和个性的发展完善，没有呼应出个体的发展的指向是为了什么、为谁发展这个问题。洞察这一本质，可见《普通高中体育与健康课程标准（2017 年版）》的目的，是着力"学科核心素养"为目标——"统领"课程的设置、教材的分配、教学方法的选择、教学评价的实施。力图通过进一步提高学生"学科核心素养"的文化养成，使学生爱运动、会运动，自觉地促进自我身体健康、心理健康、社会适应等目标的全面实现，最终使其成为党在十九大报告中提出的："担当国家发展民族复兴大任的时代新人。"

如果一个人心中没有正确的对体育的认知，那体育就绝不会驻留在他心中；如果一个人的行为不符合体育的规则（精神），那体育就绝不会在他身上呈现。基于此，"学科核心素养"是在继承原有《普通高中体育与健康课程标准（实验）》目标引领课程主旨的观点上，又围绕新时代"个人健康"到"他人健康"再到"社会健康"，"个人发展"到"他人发展"再到"社会发展"这种新起点而创立的。质言之，即希望通过"体育学科素养"课程价值目标的建立，确保每个个体的个性与社会化的养成能获得充分发展，把人所具有的自然属性和社会属性、国家属性和民族属性等的一切关系丰富起来，造就新本质力量的形成，新社会关系的建立。也就是说，不同的价值导向必然产生不同的教育实践，显然，原有《普通高中体育与健康课程标准（实验）》的体育课程目标仅关注于"个性运动能力、个性健康养成"的工具性价值，遗忘了人与社会关系的主体性价值是不足。恰如未来学家阿尔温·托夫勒认为，工业社会的特点是标准化，而知识社会的特点是个性化、多样化、创造性、自主性。①

（四）体育"学科核心素养"与课程内容的解析

从横向关系上看，《普通高中体育与健康课程标准（实验）》的课程内容设计立足于实现"个体"终身体育运动习惯与能力。并从这个角度来考察课程和人之间的关系，赋予它内容和形式，解决主客观之间的需求。这样就使得课程内容的反映只满足了个体属性——能力与习惯的教好。从纵向关系上看，显然这一思路分野，仅发挥出个体利用知识"改变自

---

① 转引自桑新民：《科教兴国的教育使命——实现人类学习方式的历史性变革》，载《人民教育》1999 年第 1 期。

己"、没有完成个体"发展自己"服务社会的目的，即没有反映出个人的发展与他人发展、社会发展、国家发展的关系。

换言之，这一选择在当时看来是可行的，但当时代由工业革命的"物之力"、走向素质教育的"能之力"再走向"互联网＋"的"智之力"，按照这一逻辑要义，"体育学科素养"的提出，就是要发挥出"课程内容"存在的个人发展与社会进步的文化弘扬、社会改革和个体治疗的功能，燃犀"关怀自为、修身社会、报效国家"内圣与外王的语境。

如果体育课程只有对个人关系改善的着力、而没有对他人关系、社会关系、国家关系改善的着力，就会导致其难以发挥出体育"既是运动又是教育，既能锻炼又能分享，既可参与又可欣赏，既可更高更快更强，又可顽强拼搏自立自强"的多元功能。为此，"体育学科素养"的提出，正是为了弥补原有体育课程内容的不足。可见，假若"体育学科素养"对此没有具体的实施与操作，实现学校体育为新时代培养新人的说法，到头来只能是一句空谈。"质量是教育的核心"，是实现中国可持续发展目标的关键。然而，一门学科力图去把握某种对象时，必须提供出实现这一意图具体化的实践基础，理论与实践统一才能产生改变世界的力量实现预期设想。对此，学者毛振明论道，原有的课程标准只是平移了西方课程既定的词语、概念和范式，缺少适合于民族课程的时代意蕴及实践路径的阐明。因而，针对个人发展、社会进步与国家服务的话语体系不强，指导力不足，没有反映出学校体育为培养时代新人的整体要求与具体形式。

（五）体育"学科核心素养"与教学方式的解析

文献检索发现，教学方式是一个关联与区分教学内容与方式的理念。依据这一思路，就其关系来看"学科核心素养"，既是一种可衡量的价值观，也是选择教学形式与手段的表述与细化。其上位承应理念的归属与界定，下位对接实践应用的效力与实现。其不仅支配着教师怎样教，也对教师的教学行为具有引导作用。这一认识，正如大卫·杰弗里·史密斯所说："所谓教学，我认为乃指一种关怀。其方式潜隐着解放的价值关切或人文关怀的意义。"[1]

从《2003体育课标》教学设计的解读来看，其立足于形成学生"1～2项运动技能掌握"的活动之说。并从这个角度来考察学习者和技能之间的

---

[1] ［加拿大］大卫·杰弗里·史密斯：《全球化与后现代教育学》，郭洋生译，北京，教育科学出版社，2000，第259页。

关系，学习者与技能发生的逻辑关联，以及它的目标、内容和形式，并确立事物主体的取向。这样就导致其对教学方式的确定来自怎么教好"1~2项运动技能掌握"的理解，而对对象属性中的另一面——学生与他人的关系、社会的关系、国家的关系的发展，存在着对象化的不清的不足。针对此，学者邱耕田认为，"人的全面发展主要体现为：人的各种需要的良好满足和各种潜能的良好发挥，人与外部世界的关系的不断生成与改善，人的生理机能的进化与完善，以及人的主观上对自身状况满意度和幸福度的不断提高或增强"①。无疑邱耕田的这一理解，可为做好"体育学科素养"的认知与实施提供方法论的运用与价值引领。

沿着这一认识，知识贵在汇通，没有汇通就不会直接转化为素养。就于此，《普通高中体育与健康课程标准（2017年版）》提出了只有完备的知识养育，才有可能促进学生"体育学科素养"的发展和培养，强调教学要注意学习者"知情意行"的体验与感悟。因而要注重学生学练结构化的体育与健康知识和技能在学与用地融合；要重视创设复杂的体育与健康的学习和活动情境的构建。简单的教学情境无助于培养学生的综合能力、体育精神和优良品格。体育教育的功能与作用只有被学习者接受、欣赏、参与才能得到实现。

以此谓之，那么所谓的"知情意行"：一是在教学方式中要体现出体育学习的复合性，既有实践感知、观察发现，合作解决、成果分享，也有战胜困难的感悟、运动高峰体验的喜悦；二是在教学方式中要体现出知识的复合性，"既是运动又是教育，既能锻炼又能分享，既可参与又可欣赏，既可更高更快更强，又可顽强拼搏自立自强"的多元功能。正如学者季浏在2016年南京师范大学全国体育教育论坛上的发言认为，中国体育教育的问题不是"量"的问题，而是"质"的差距；学习历程不同，学习品质就会不同；没有经过"知识、理解、应用、分析、评价、创造"丰富学习过程的实践体验，就难以产生理解知识极易"剥落"。

为此，从体育教学设计上看，要为每一个学生提供形式多样的丰富教学方式，在多样化、多元化的教学活动之中增进学习成效，即今后的体育教学要由"送菜"与"点菜"相结合，形成有利于"为学习而设计""为理解时刻而教""学习要有自由选择度"的多元化学习方式。

从体育学习设计上看，要不断创设种类繁多，丰富多彩的复合情境。如既有高速对抗变化的竞技体育，也有健康养生保健的体育，休闲表演

---

① 邱耕田：《论整体性的发展》，载《新华文摘》2018年第1期。

娱乐的体育，享受生活的快乐体育等，透现出体育学习的过程是一个"知、情、意、行"的聚成，是其设计的内在逻辑。

从体育教与学的手段上看，为了进一步形成有利于学生学习的知识框架，形成有利于个性展示的学习方式，就要利用信息技术与"互联网＋"的平台寻求自身新的变革，破解传统集体教学在个性化学习不足的瓶颈，促进学习的"精细化"。

根据"知识并非绝然的客观真理，而是个体概观念与外部现实世界交互式作用的结果"。那么，"体育学科素养"统领教学方式的规准应围绕六个方面去着力设计：怎样使受教育者各取其需、各得其所，共享体育学习的权利，即给予每个人他需要的"部分"；如何根据不同受教育者的运动资质，分配知识资源标准，展开（最大发展区）学习；如何实现体育教育的方式平等，即如何给予属于不同范围和能力的受教育者，确定不同的教与学方式；如何实现体育教育的平等的评价形式，即如何给予属于不同范围和能力的受教育者，确定不同评价考核的对待；如何给予学习者建立规划体育与调控体育的能力；如何通过体育学习给予学习者建立公民的素养与社会责任的理解。

总之，对三者阐明的目的是为了充分促进学生在体育学习中得到更好、更全面的成长，弥补只有技能而无其他教学因素配合共同促进的弱点。换言之，学科核心素养的达成与实现，主要是通过"五个学习领域"一系列学习的经历，去理解、体验、领悟形成的，学科核心素养的建构与实现的获得归根结底依附于"五个学习领域"，学生精彩观念的诞生是在"五个学习领域"之路上产生的，如果混淆这一点，知识取向就会谬误不清。

四、新时代学校体育的发展重心、建设主题和实践路径

党在十九大报告中明确提出，"中国特色社会主义进入新时代，中国社会主要矛盾已经转化为人民日益增长的美好生活需要和不平衡不充分的发展之间的矛盾"。这一重要论断，鲜明了中国社会主义未来发展的主张、开显出内在矛盾出现了不同于原有状态变化的新关系，即中国人民由"生存资料"的需求走向"享受"和"发展资料"的需求。这就意味着今后学校体育的课程与教学等都将迎来新的变化，作为体育教师和体育工作者，我们应如何应对就成为必需的思考？

只有最丰富的生动感悟，才能达成实践最真实的认识。显然，这一"从有到强"的历史性变化，对学校体育的工作提出了许多新要求，已成

为推动新时代学校体育发展的根本动力，是开辟新境界、新场景、新蓝图，新局面重要的理论指南。可为如何认识、如何推进、如何设计、如何实施新时代学校体育建设与发展的重心、主题和实施的路径打开广阔的研究空间，提供了新思维、新逻辑和新突破。为此，做好这一研究，找准自己的方位和立场，自觉把新时代的这一理论体系贯穿于学校体育的研究和教育的全过程，就成为未来学校体育可持续发展的关键。

（一）正确认清制约新时代学校体育发展的问题

从办好人民满意教育的角度来看，虽然中国学校体育总体处于上升态势，但当前在学校体育的教育中还存在着一些令人不满意的现象，发展不充分、不平衡仍然是最大的制约因素。如在优质教育、优质教学、优质学习的资源方面，既存在着城乡差别、区域差别的供给不均、供给不公的缺憾，也存在着学科体系发展不够科学、总体质量不高，难以满足广大学生对美好体育活动追求的不足。唯此，为了改变这种不平衡、不充分的制约性，向人民提供满意的体育教育，实现学生的最大发展区的发展，推进学校体育从不完全令人满意的教育走向完全令人满意的教育，我们尚需在以下方面做好工作。

从客观方面来看，我们要认真学习、深入领会，按照"培养的社会主义建设者和接班人，应该具备什么样的基本素质和精神状态"①的要求着力下功夫。一是把上足体育课变成上好体育课，围绕质量是教育的核心，以足球进校园为抓手，学科核心素养是路径、终身体育是引领，促进由基本技能的掌握转向运动技能专项化的建设与发展。在体育教育的起点和终点、内容和形式、种类和品质等方面，进一步提高质量和效用，普及优质教育供给，实现学生最大发展区这个根本目的。二是在加强品德修养上下功夫，处理好体育教育在人生中的目的和手段的关系，养育学生成为有大爱大德、奉献社会服务人民大情怀的人；避免体育教育只驻足于学科目标，割裂或脱节与立德树人，与全力培养社会主义建设者和接班人的这个根本任务的发生。三是在增强综合素质上下功夫，引导学生增长见识、丰富学识增强综合素质，给力学生在运动能力、健康素养、体育品格的获得感和成就感，为使学生成为德智体美劳全面发展的人才奠定基础。

从主观方面来看，我们要围绕习近平总书记在 2018 年 9 月 10 日全国教育大会讲话中强调的"坚定理想信念、厚植爱国主义情怀、加强品德

---

① 摘自习近平总书记 2018 年 9 月 10 日全国教育大会上的讲话。

修养、增长知识见识、培养奋斗精神、增强综合素质"六个方面下功夫。系统总结了学校体育教育发展的成就与经验，深刻分析了学校体育教育面临的新形势、新任务，以"满意为最高标准"，根据新时代人民对物质生活、社会生活和精神生活的要求，广大学生在未来职业、社会关系和生活变化的发展趋势，把握好"从有到强"转向高质量发展的必然性。加快推进学校体育现代化，把健康生命的自然体育推向健康学生全面发展的体育，丰富人的本质。从体育教育的内容、质量和数量上，进一步提升体育教育在优质教育、优质教学、优质学习的办学思路，进一步提高学育教育的供给和效用、数量和种类，不断扩大体育优质教育的惠及范围。让教育回归育人本真，满足学生品德发展、学业发展、身心发展、特长发展的需求，破解"学校体育在优质教育、优质教学、优质学习的不平衡不充分的发展之间的矛盾"。

从根本遵循和行动纲领来看，新时代学校体育的使命，"以素养发展、因材施教，提高学生体质健康水平，教会运动技能，培养爱国主义、集体主义精神和顽强拼搏的意志品质，增强综合素质，为中国腾飞、中华民族伟大复兴打牢人才基础"。为此，应从以下三个方面找准立场和方法，全力推动新时代学校体育的工作迈上新台阶。

一是认清学校体育的发展重心，在培养人的本质规定与方向。要以培养担当民族复兴大任的时代新人为着眼点，以核心素养为引领，足球进校园为抓手，努力在优质教育、优质教学、优质学习的实效性上下更大的功夫，形成高水平的人才培养体系，落实立德树人的根本任务。认清学校体育的发展重心——以足球进校园为抓手，落实立德树人的根本任务。努力发展学科核心素养增强学生综合素质，帮助学生学会学习、学会锻炼、学会运动、提升运动能力，形成高水平的终身体育培养体系。推动学校体育教育教学高质量发展，解决好学校体育存在的"十五年体育教学教不会运动技能、学生体质持续多年下降、校园无竞赛难以培养出高水平运动人才"的三大问题。

二是抓好学校体育的建设主题——坚守卓越将"工匠精神"融入教育，增强教师立德树人的责任感和荣誉感，做个有理想信念、有道德情操、有扎实学识、有仁爱之心的好老师。提升体育教育教学质量，着力做好优质教育、优质教学、优质学习，保障学生获得高水平的学业质量，给力学生形成"有人格的品质、有身体的品质、有运动的品质"，实现学生最大发展区的发展，促进人才提升服务民族复兴。

三是做好学校体育的实施路径——从"坚定理想信念、厚植爱国主义情怀、加强品德修养、增长知识见识、培养奋斗精神、增强综合素质"六个方面下功夫，多方面着力养育学生树立正确的思想观、道德品质和行为习惯，形成积极向上的健康人格和心理品质，促进学生运动能力、健康素养、体育品格的核心素养提升和全面发展，为国家建设和发展培养德智体美全面发展的社会主义建设者和接班人。

（二）正确把握新时代学校体育发展的重心

毋庸置疑，开辟"新境界、新场景、新蓝图、新局面"是习近平新时代中国特色社会主义的主题思想，是党的十九大报告的理论结晶。沿着这一认识，这就要求当代中国学校体育的发展要深入贯彻新时代党的建设总要求。自觉遵奉与践行"苟日新，日日新，又日新"的精神，将发展素质教育落到实处，不断创新方式指导实践。把立德树人的成效作为检验学校体育一切工作的根本标准，从根本上健全终身体育的培养机制。以足球进校园为抓手，着力围绕学科核心素养做好教学的内容和形式的转换，扭转不科学的教育评价导向，克服重技轻德、唯分数忽视应用的顽瘴；扭转不全面的教学设计导向，克服过于偏重运动与身体的生物互构，忽视运动与行为互看的意识伸展，忽视运动与个体性、群体性、社会性的知行合一，以致只能培养勇士，难以有效出人全面发展的痼疾。

沿着这一认识，显然，只有确立学生最大发展区为目的，围绕质量是教育的核心，才能真正做到以体育健人、以体育化人。不断提升学生身体素质、运动技能、综合素养的水平，使学校体育成为学生"德智体美劳"全面成长的沃土，为学生的人生成长与发展奠定成才基础。努力实现学校体育不断走向更高质量、更高效率、更加公平、更可持续的发展。不断使学校体育同国家人才培养的要求相适应、同人民群众期待的满意教育相契合、同中国社会的发展相匹配。正如首都体育学院副教授刘海元所说，国家对于体育的重视，绝不仅是为了让学生掌握一些运动技能，而是为了培养学生完善的人格，实现体魄与人格并重。因为，国民形象代表着国家形象，国家强大自国民强健伊始。[①]

沿着这一认识，可见，当代学校体育主要矛盾已逐渐从"学生日益增长的美好体育学习的需要同落后的教育教学之间的矛盾"转化为"学生对优质教育、优质教学、优质学习日益增长的需要和实现学生最大发展区不平衡不充分的发展之间的矛盾"。为此，着力化解这一矛盾，为国家培养好社会主义建设者和接班人，就成为学校体育未来任务的发展重心。

---

① 摘自刘海元 2018 年 7 月在国家体育教师培训班上的讲话。

正如教育部副部长田学军在2018年全国教育科研工作会议上的指出，答好新时代教育的时代之问，就是从过去的"以规模求生存、以规模求效益、以规模求发展"的外延粗放阶段，走向"以质量求提升、以结构求优化、以效益求提高"的内涵质量发展阶段，让高质量的教育惠及更多的学生。

（三）正确做好新时代学校体育建设的主题

正确做好学校体育建设的主题，是实现"教育大国"迈向"教育强国"的基础工程，是推进学校体育从"有课上"到"上好课"的根本保证。为此，按照党的十九大报告提出的"新时代要有新气象更要有新作为"的要求，学校体育的建设与发展，不能再简单地延续学校体育历史文化的已有母版，不能再简单地固守学校体育改革的已有经验，不能再简单地重走学校体育实践的已有路径。而是要善于融通好学校体育优秀的传统资源、国外学校体育发展的优秀资源。坚持不忘本来、吸收外来、面向未来、加快体育教育现代化，主动适应"中国社会主要矛盾已经转化为人民日益增长的美好生活需要和不平衡不充分的发展之间的矛盾"的历史转变，发展优质教育做好人才建设，这应是新时代学校体育建设的主题。

需要注意的是，从中国社会矛盾转化与社会主义初级阶段这个角度来看，由于受国情的制约，从转向高质量发展阶段到真正实现高质量发展阶段，是一个需要不懈努力的持续过程。显然，学校体育短时期内难以快速消解"人民满意教育"同发展不平衡不充分之间的矛盾，难以满足广大学生对美好体育学习的渴望。为此，做好这一主题的建设，就需要广大教师自觉坚守"捧着一颗心来，不带半根草去"的奉献精神，从多方面着力改进做好工作。破除一切不合时宜的思想观念和机制弊端，为实现高质量教育教学奠定基础。也就是说，成功的学校体育建设依赖于各种条件的整体发展，学校体育要建设好"人民满意教育"的肇因不仅在于资源的投入，更为重要的是把诸多条件组成有效的整合。把资源投入、现有条件和创造条件着力聚合为一体，才能提升体育教育水平，不断增强学校体育走向优质教育、优质教学、优质学习的转变。

一是不片面拔高物质资源的需要，深挖潜力创造条件组织整合好各种资源，有效动员各种力量激励发挥各种积极性，着力做好学校体育的优质教育、优质教学、优质学习。以足球进校园为抓手，以素养为基、能力为本做引领，落实学科核心素养培养机制，保障学生获得高水平的学业质量得以潜力发展，实现学生最大发展区这个根本职责。正如苏霍姆林斯基所说，教育要去发现每一位学生的禀赋、兴趣，爱好和特长，为他们的表现和发展提供充分的条件和正确的引导。

二是要撸起袖子加油干、踏实干，将"工匠精神"融入体育教育，"苟日新，日日新，又日新"的不断增大智慧突破局限、创设新力指导实践。不断提炼出优质体育教育的新理论，概括出优质体育教学的新规律，深化出优质体育学习的新方式，精准教学设计促进学径变革，才能破解学校体育的教育与优质教育、优质教学、优质学习之间的不充分不平衡的发展矛盾。沿着这一认识可见，人民对优质教育的强烈需求，对教师的素质提出了越来越高的要求。显然，每一个教师如何按照"三个传播者""四个引路人""四有好教师"的要求，着力提高自身的素质就成为新时代的根本任务。

三是从课程设置、教学类型、学习方式、学业评价等多方面下功夫，有序协同统筹优化，不断提高执教能力。努力相互匹配每一个学生的特点因材施教，实现教有所执，学有所长，弱有所扶。给学生丰富出美好学习的体验，让每一位学生都有获得感、成就感，都能享受到高质量的体育教育，才能形成高水平的终身体育运动能力。为此，学者刘骥在《科技变革与新型劳动者需求：教育如何有效应对》一文中提出，新时代教育品质三大调整方向依次是：重视培养学生基础素养提升，促进快速学习能力的习得；建立新型协同教育培养模式，解锁教育质量制约因素；建立新型终身学习培养模式，提高培养层次实现人才质量持续升级。

（四）正确着力新时代学校体育的实施路径

从新时代学校体育实施路径的解决方式来看，习近平总书记2018年9月10日在全国教育大会上的讲话为新时代学校体育的路径的实施指明了方向，提供了根本遵循依据。需要我们围绕"坚定理想信念、厚植爱国主义情怀、加强品德修养、增长知识见识、培养奋斗精神、增强综合素质"六个方面下功夫。按照"一切为了学生发展的最高标准"创设各种适宜的条件，"着力建设好适合学生发展的课程，实施好学生学会学习的教学，建立起促进学生发展的学业质量评价体系，开展好有利于立德树人的文化活动，营造好积极向上的校园赛事活动"，就成为新时代学校体育实施的路径。正如学者毛振明在2018年全国优秀体育活动教案评选会上的发言认为，中国体育教育的问题不是"量"的问题，而是"质"的差距；学习历程不同，学习品质就会不同；没有经过"知识、理解、应用、分析、评价、创造"丰富学习过程的实践体验，就难以产生知识的理解极易"剥落"。

不同的观点产生不同的思想，不同的路径得出不同的结果。显然，要做好学生满意的体育教育，营造出高质量的学业效果，需从以下路径着力下功夫。

路径一，从课程设置入手，着力回答好"培养什么人"的这一根本问题，解决传统课程设置只有个性运动能力的目标确立，没有把个性的知性与社会服务情怀的德性融合，存有失却担当国家发展服务民族复兴的不足。为此，要求课程设置要在加强品德上下功夫，做好"立德树人"，厚植爱国、爱人民、为社会服务的情怀。推进体育课程的设置不仅要给学生"硬实力"运动技能能力、健康方法的落实，还要给学生"软实力"健康行为、体育品德和社会责任的养成。正如世界著名教育家亨森（K. T. Henson）所说："我们每写一条课程标准，每设置一门课程，不仅要考虑它的学科依据，还得明确它的目的指向——我们的公民是否需要这样的素质呢？同时还要关注儿童的接受可能、兴趣爱好、生活基础以及社会的发展趋势。"①

路径二，从教学类型入手，在增长知识上下功夫，围绕教学内容多样化、教学类型多种化、教学评价多元化的构建，着力回答好"质量是教育的核心"的这一根本问题，解决运动技能教不会的问题。一是要求注重"学练结构化"的教学方式的构建，促进学生体育与健康知识和技能在学与用的融合，改变体育教学的低效、无效、负效；二是要求重视"情境结构化"教学方式的构建，使学生在多样化、多种化的教学活动之中增进学习成效，实现学习的"懂、会、乐"，即推进体育教学关注每一个学生的发展，注重为每一个学生的积极参与，提供更多的个性选择，给予个性更大化地知识支配。如以"分层教学"解决个性化教学难题，以多样化教学类型解决综合知识能力的问题，以"组合训练法"解决学练结构效用性难题；三是以"足球进校园"为抓手，提高各项运动技能的教学质量，落实学科核心素养培养机制，提升学生的综合素质，培育高水平的终身体育运动的能力。正如习近平主席在2017年6月14日会见国际足联主席伊凡蒂诺时的阐明，足球运动的真谛不仅在于竞技，更在于增强人民的体质，培养人民的爱国主义、集体主义、顽强拼搏的精神。

路径三，从学习方式入手，着力回答好"帮助学生学会学习"的这一根本问题，解决学习"懂、会、乐"的失却，学生喜爱体育活动不喜爱体育课的不足，导致运动技能教不会的问题。简单的教学情境无助于培养

① 转引自程翔章、曹海东：《世界著名教育家、科学家的命运》，南宁，广西人民出版社，1999，第236页。

学生的学会学习的能力，不断创设种类繁多，丰富多彩的各种各样的复合学习情境。着力透现出为学习而设计、为理解时刻而教、学习要有自由度的聚成，是其设计的内在逻辑。正如教育部体卫艺司王登峰司长指出的："学校体育教育承载着一个人成长过程中至关重要的作用，能帮助孩子们发展智力、增强体质、健康体能、健全人格，也承载着培养他们遵守规则、团队合作、不怕困难和顽强拼搏精神的重担。"①

路径四，从学业评价入手，着力回答好"学习质量和应用效果"的这一根本问题，解决学力目标的"知识量"脱节"实践运用力"的不足。把被授予的知识量，转化为有效地运用种种知识与技能解决问题的能力，实现体育技能与实践会用的联姻。也就是大家常说的以"记忆、理解"为主要的评价方法，难以产生"高品质"的学习结果"会用"的问题。发挥学业评价的教育导向，促进由基本技能的掌握转向运动技能专项化的建设与发展。推进课内教学、课外训练、校园竞赛三大体系走向融合，实现普及与提高，解决校园无竞赛、无负荷、不能培育出高水平运动人才的问题。正如学者季浏在2018年上海学校体育观摩课上的发言，促进孩子形成健康的体魄、健全的人格和良好的运动能力，体育课、课外锻炼和竞赛是绝对不可缺少的环节。

总之，梳理学校体育的发展重心，阐明学校体育建设主题、廓清学校体育的实施路径。希望能在学习者与学习者之间展开对新时代学校体育的教育理解，架起一座集思广益的桥梁。借助其真理价值加快推进学校体育的建设，使学校体育成为人才成长的沃土。

第二节　国外学校体育课程的发展与借鉴

从课程的文化性来看，课程是一个具有多元文化的文本。它山之石可以攻玉，通过对不同民族、不同国家课程的分析和比较，可使我们从多个领域、多种角度获得他国课程的理论与实践经验。扬弃差异形成新的思想，得出适合民族文化背景的见解，为中国课程改革与建设提供参考和借鉴。诚如邓小平指出："教育要面向现代化，面向世界，面向未来。"由而，对其研究是必要的也是十分重要的。也如法国理论家皮尔·布迪厄在的《文化生产场》一书中指出，任何文化都是在外来文化的不断

影响和交流中发展成长的。①

一、国外体育课程的发展与趋势

（一）体育课程主体的多元化

自 20 世纪 70—80 年代，美国、英国、加拿大等西方国家经历了大规模国家课程开发运动的失败。为了扭转这一局面，都开始从一元走向多元转化发展的变革。重视多元参与、走向权利分享，赋权增能，重视社会、学校、教师、学生共同开发课程。改变以国家、学科专家为主体的一元课程决策模式，实施学校、教师、学生和社会共同参与的多元课程开发模式。突破国家体育课程开发权利过于集中的体制缺陷，改变体育课程忽视各地区、各学校在文化和教育方面的差异，忽视教师、学生对课程的不同愿望与要求的不足。为此，吸收不同体育课程理念的长处和优点，把课程视为多元解读的文本，努力适应时代变革的要求。尊重文化的差异，实施国家体育课程、地方体育课程、校本体育课程三级开发、三级管理的模式。推进体育课程从单一的运动教育走向大众生活的教育，应对 20 世纪末兴起的人文浪潮。以合目的性与合规律性为依据，既要满足社会发展和国家教育对体育课程的需要，也要满足学生不同文化的需求、不同层次对体育课程的需要。

（二）体育课程范式的现代化

今天，随着了新技术革命的深入发展和生产，生活式的变革，旧有的课程范式和组织方式面临着尖锐的挑战，科学性就成为体育课程内容现代化的突出表现。以现代技术为构建的课程形态日益凸显正成为不可阻挡的世界潮流。拉开了体育教育由单一识记取向的课程范式设计、视觉媒体取向的课程范式设计，开始迈向"3G"取向"慕课""翻转课堂"等的课程范式设计的大幕。显示出现代教育技术的引入是体育课程新发展的核心，是提高体育课程有效教学实施的组成部分。为此，实现体育教学科目和教学手段的现代化就成为世界各国体育的共同关注。在这一背景下，拉开体育课程设计要反映出现代科学成就和人文思想的成果，体育课程内容和手段要体现出现代科学方式和方法。实施以课内与课外相结合的协同学习、课堂学习、自主学习、网络学习等与新教育技术相结合，全面改造旧有体育课程模式。推进体育课程的现代化，就成为当代世界体育课程改革和发展的普遍范式。正如美国学者沃尔特·迪克等在《教学

---

① 王凯：《美国多元文化教育流变及课程转向研究》，载《外国教育研究》2002 年第 4 期。

系统设计》一书中所言："传统的教育技术以无法适应新时代的教育需要，教育工作者需要不断改进教学方法和教学系统跟上世界发展的脚步。"①

（三）体育学习历程的个别化

众所周知，班级授课制的出现为人类教育的普及奠定了基础，对社会进步发展所起到的作用是巨大的。但当人类由物质实践思维迈入 21 世纪智力实践思维时，人类发现班级授课制的教育不利于人个性特长的发挥，无法实现个性化最大发展区的教育养成。难以满足不同学生对体育学习的不同需求，难以体现体育对国家、对社会、对不同人才需要的渴望，制约了时代发展。

由而，当代世界各国都在努力创设一种个性化的体育课程环境，不断增大体育课程学制和教学管理的灵活性，积极探索建立个别化课程的学习途径和方式。强调教师要重视学生的种种差异，为所有的学生尽力创建个性化规划的学习进程。允许学生对体育课程学习内容的选择，放宽学生对课程学习时段的选择权，采用多样化的考试和评估方式，对差生提供课外多种学习辅导、对优等生开设俱乐部特别课程。实施多种体育课程环境，发挥学生个性特长，促进学生最大发展区实现。

显然，这些思想开启了"个性学习"的体育课程标准，引发着眼于形成个别化"知识传递"的体育课程环境。创设了体育课程自由学习的度、引导个性自主学习力量的释放。强调体育课程关注学习者"潜能"的存在，支援基于学习者自身意义发现，而展开了"选项"教学、分层教学、多样化教学内容、多元化的评价等新方式。鉴于此，为学习者创造最好的个性课程教育就成为当代体育课程的追求。正如联合国教科文组织在《学会生存—教育世界的今天和明天》报告中指出："教育如果像过去一样，局限于按照某些预定的组织规划、需要和见解去训练……这是不可能的……教育正日益走向包括整个社会和个人终身方向的解放。"②

（四）体育课程科目的综合化

从学校体育课程的产生和历史来看，由于学科课程是一种单学科的课程组织模式，它强调不同学科门类之间的相对独立性，强调一门学科的逻辑体系的完整性。其主导价值在于教育目标明确，对学生掌握单项运动技能和知识的发展能够产生较好地影响。因而，学科课程（分科课程）一直是学校体育教育的基础。然而随着时代文明的脚步迈向知识经济

---

① ［美］沃尔特·迪克：《教学系统化的设计》，北京，高等教育出版社，2008，封底。
② 联合国教科文组织：《学会生存——教育世界的今天和明天》，北京，教育科学出版社，1996，第 2 页。

的发展，人们发现传统体育学科课程只是实现了使学生掌握、传递和发展人类积累下来的文化遗产。难以给予学生获得更多关于现实世界的直接经验和真切体验，难以为学生引发新知识的产生和生长提供支撑。针对此，当代学者提出体育课程不能只注意暂时的体育实践效果，还要注重提高学生的体育文化修养。这一主张，引发 20 世纪 80 年代后世界各国都的体育学科课程综合化的改革探索，扫除学科课程单一性的不足。倡导体育学科课程和活动课程（经验）课程相结合，满足学生的学习兴趣和需要。必修课程和选修课程相结合，既保证所有学生的基本学力，又为不同学生的特点与发展方向，提供个性差异可选择的课程。这些演变反映出当代体育课程发展的趋势，既注重知识学习的逻辑性和效率性的共性可预知的目标，又重视课程生成的开放性、体验性的过程目标。鉴于此，体育课程科目相互渗透的综合化，成为 20 世纪 90 年代以来体育课程改革和发展的趋势。恰如美国要素主义教育家巴格莱认为，"教育的可能性取决于发挥个体利用整体知识以对付现在和未来环境变迁的能力"[1]。

（五）体育课程内容的生活化

自 20 世纪 80 年代苏联学者提出终身体育的理念及联合国教科文组织国际教育委员会的报告《学会生存：世界的今天和明天》一文的问世，引发世界各国体育学者反思重新审视体育学科教育的属性与作用及在学校教育的位置，弄清体育教育与人的素质和社会可持续发展之间的关系。以"学会做事，学会合作，学会生活，学会生存"为体育目标，从体育学科的特点出发，将不同文化属性课程整合到终身体育中去，回归学生生活经验世界。把体育课程运动性和生活性相结合，健康性与休闲性等相结合，实现体育课程的科学性和人文性的统一。

于是，从"教材就是学生的全部世界"走向"让世界成为学生的全部教材"，修正"以技能为中心、以课堂为中心、以教师为中心"的缺陷。催生学科从单纯的生物理解，到文化生活性格的构建，满足了人对体育运动生活化的要求和渴望。消弭学科百年来单一发展的不平衡性和由此产生的矛盾性。努力探寻体育课程既是运动又是教育、既能锻炼又能娱乐、既可健康、又可娱乐等不可偏废的关联。发挥学校体育多因素育人潜在的优势，让每一个学生都能在学习中享受"懂、会、乐"和谐的乐趣。走

---

[1]　转引自王卫东：《代化进程中的教育价值观》，北京，中国社会科学出版社，2002，第125 页。

出传统学校体育单一技艺系统复制的狭隘框架，理解我们过去的主张和行为是站在狭隘的"学科立场"唯体育而研究体育。所有的研究只围绕学科的"形式"，而没有触及学科教育的"本质"。正如中国有学者论道：体育学习与培养仅仅满足于一般传授技艺与增进体能。体育文化的意义和体育人化的崇高境界却被淡化和遗忘了。

（六）体育课程取向的人本化

20世纪中叶受人本主义和后现代教育思想的影响，"教学是人自身的学习，本质上是解放人的一种活动""真正的学习经验能使学习者发现他自己独特的品质，发现自己作为一个人的特征"。① 各国教育家开始意识到传统的教育形式，从根本上说只是要提高社会生产率和劳动质量，满足人类的物质性需要。而对于人的个性的完善、潜能的发展的任务是没有完成的。在这一新思潮的催进下，引发世界各国体育课程设置走向人本化的取向。不断探索体育课程如何达成，尊重学生的个性需求，提供不同的学习经验，帮助学生发展个人的价值观、知识和能力。

基于此，着力实施体育课程"以培养学生体育科学文明素养、以培养学生学会应用体育运动方法幸福生活、以养成学生人格的全面发展、以培养学生的社会责任"为目标的课程取向。厘清体育学习过程是以人的整体的心理活动为基础的认知活动和情意活动相统一的过程。如果课程没有"知、情、意、行"的精彩体验过程，学习任务不可能完成，同样学习的活动的发生也不能得以维持。围绕这一目的，"一切为了学生，为了一切学生"就成为课程构建的方式，培养具有"运动精神的人、会享受运动快乐生活的人"，就成为体育课程的重要内容。

二、当代国外体育课程发展对中国体育课程建设的启示

（一）重视课程的个性方式、强调引化学生自觉学习

当代国外体育课程在课程方式的选择上，强调课程适应学生的个性发展，强调创设个性化的教学方式、引化学生形成自觉的学习。如英国、美国、澳大利亚、日本等发达国家，都着力重视课程结构的个别化和个性处方化的课程形式，强调通过多样化的教学内容、多元化的学习方式吸引让学生强调参加各种活动，培养学生热爱体育的学习态度。要求课程尽可能提供各种多种的组合，满足学习者根据自身的情况（如能力、需

---

① 郭文安、靖国平：《论当代教育对于人的独立个性的追求与探索》，载《教育研究与实验》2000年第4期。

求、兴趣及已有的知识基础选取不同的组合），深化学生热爱学习，积极参与体育运动，形成终身体育的能力与习惯。

（二）关注体育课程内容的科学性、实用性和趣味性融于一体

当代国外体育课程在课程结构的构建上，认为竞技运动是体育课程内容的主要素材，但决不能把竞技运动直接搬到课堂中去，需要对它进行加工改制。关注体育课程结构方面多元化发展的建设，强调课程的构建要把科学性、实用性和趣味性融于一体，突破旧有以运动技术课程为主的体系。着力重视学生在运动乐趣的体验和享受、构建培养学生热爱运动的态度和自觉参加运动的情意学习。要求从学生的兴趣出发，加大教材的选择余地、加强教材与社会、生活的紧密联系，吸引学生热爱体育养成终身体育的能力与习惯。

（三）重视体育课程内容综合化、使学生具有一定的体育文化素养

当代国外体育课程在课程知识的构建上，强调品德和审美教育是学校体育的重要组成部分，要求绝不能把体育课程简单地视为某种运动的学习。强调从体育课程内容的综合化、多样化、竞技运动教材化出发，多角度地对体育课程内容素材进行改革，改变传统单一竞技式的课程结构。要求课程把民族体育内容和乡土体育内容、体育卫生和保健知识融入课程，促使学生成为有体育文明、文化素养的人。

三、国外体育课程的设置与借鉴

受时代的制约，学校体育课程烙印着一定的文化取向、承载着对象化的自我活动与环境行为的改造。因而，梳理国外体育课程的发展趋势与特点，明确其课程理念、了解其策略机制，形成体育课程的新视阈，构筑体育教育的新行为，推进中国体育课程与世界发展同步，这无疑对促进中国学校体育新课程的建设与发展是大有裨益的。这也是大家常说的，文明因交流而多彩，文化因互鉴而丰富的发展规律。对此，习近平主席指出："我们要尊重文明多样性，推动不同文明交流对话、和平共处、和谐共生，不能唯我独尊、贬低其他文明和民族。……从历史的长河和历史比较中认识我们的民族及其文化，认识社会主义，认识中国国情和中国道路。"①

（一）美国体育课程的设置与借鉴

美国虽然是典型的地方分权制国家，但由于美国各州的各学校一直

① 2014年9月24日，习近平主席在出席纪念孔子2565周年诞辰大会开幕会并发表重要讲话。

都比较重视体育课程的开设，把其作为必须办学的条件，因而，促使其在 2000 年建立了全国统一的体育课程标准。该课程标准的一个显著特点是，只对内容标准做详细的描述，也就是中国体育与健康课程标准的"以目标统领学习内容"。但不同点是，其不像中国体育与健康课程标准只注重字面意义的解读，而缺少实践模式操作的不足。其各种条例的执行，都立足于以解读各种"运动生活"的案例予以参照实施（见表 10-1），从而保证了国家体育课程标准的可行性。

表 10-1　《美国国家体育课程标准》要求

标准一，能够对运动技能和活动方式进行说明和示范，以利于参与各种各样的身体活动（附案例参考）。

标准二，能够说明动作概念、要领、方法和策略，并应用到体育学习中去（附案例参考）。

标准三，能够定期参加体育活动（附案例参考）。

标准四，达到并维持一个有助于健康的体能水平（附案例参考）。

标准五，能够列举体育活动中尊重自己和他人的社会的行为（附案例参考）。

标准六，懂得体育活动对增进健康、娱乐、挑战、自我表现和/或社会交往等方面的价值（附案例参考）

1. 美国体育课程标准的设置与划分

下面以美国加州体育课程理念、课程目标、学习领域和学习水平的划分、学习内容设置四个方面为例做一简介如下，给予借鉴理解。

（1）课程理念

①让所有的学生都有一种通过与他们的生活紧密相关的运动而获得健康生活方式的愿望和能力；

②体育课程应该在满足每个学生个性需要的基础上提供不同的适宜教学方法；

③教师要重视学生的种种差异，为所有的学生规划学习进程，并有利于所有学生的发展；

④让所有学生在活动中得到乐趣。

（2）课程目标

①发展学生的多种动作技能以及与闲暇活动技能有关的能力；

②逐步理解健康生活习惯的重要性；

③逐步获取有关游戏和运动的规则和策略；

④通过体育和娱乐计划，提高学生的自信和自我价值感。

2. 学习领域和学习水平的划分

美国国家体育课程标准学习水平划分（学前至 12 年级），将幼儿园分为一个学段，将小学和初中学生的学习分为 8 级学习水平，将高中阶段的学习分为课程 1 和课程 2 两个学段。设置运动技术和运动知识、自我表象和个人发展、社会发展三个学习领域。尽管该课程标准对每一领域未做概括性的解释，根据每一领域的内容标准要求可以窥见其，重视营造活泼、和谐、多元、多样、民主的课堂学习氛围。调动学生学习的积极性，给予等学生体验体育学习的乐趣和成功感，提高教学效果。形成四个特点：立足运动技术的学习——学习运动技术是所有体育课程的基础；社会性学习——通过团队合作学习促进运动技术的完善；认知、反省的学习——通过有意图的学习促进学生实现会学习与自主学习；情意学习——没有体验运动的有趣和快乐，就不是体育学习。以下就学习水平 5 的三个学习领域中的例子加以释义理解（见表 10-2）。

表 10-2　各学习领域的内容标准

学习领域	内容标准
运动技术和运动知识	标准一，在许多运动活动中学生将是有竞争力的
	标准二，学生将理解如何和为何个人在各种情景中运动，并在理解的基础上提高动作技能
	标准三，学生将达到和保持有助于健康的体能水平
自我表象和个人发展	标准一，展示充满活力的身体活动风格，理解身体活动能为娱乐、竞争和自我展现提供机会
	标准二，显示出运动活动中负责任的个人行为
社会发展	标准　，在运动活动中表现出负责任的社会行为，并理解尊重所有人的重要性
	标准二，理解历史和文化与比赛、运动、游戏、舞蹈之间的内在联系

例 1：学习领域水平 5 运动技能和运动知识——解读。

标准一：在许多运动活动中学生将是有竞争力的。

满足这一标准的学生将能够：

准确、快速地操作物体；在各种情景中运用运动技能；发展专门的运动技能；将球或其他物体传给另一位移动中的同伴。

以下是满足这一标准的活动任务要求：

学生在有防守队员干扰的情况下，与同伴合作进行传球或运球，要注意将球传至接球者的脚前，作为接球者要注意跑位、摆脱盯防，形成最佳的传球位置。一起练习的两名学生既要练习好传球，也要练习好接球。

例 2：学习领域水平 5 自我表象和个人发展——解读。

标准一：学生将展示充满活力的身体活动风格，理解身体活动能为娱乐、竞争和自我展现提供机会。

满足这一标准的学生将能够：

描述在学校和社区中有规律地参与身体活动的机会；每天参加某种形式、有助于健康的身体活动；描述并显示运动活动，使用身体语言交流思想和感情。

以下可能是满足这一标准的活动任务要求：

学生将通过一张记录表，记录在学校和社区中参与身体活动的机会。记录表的内容包括身体活动的类型、地点、参与活动的开支、活动的难易程度和所需的特殊器械等。

例3：学习领域水平5社会发展——解读。

标准一：在运动活动中表现出负责任的社会行为，并理解尊重所有人的重要性。

满足这一标准的学生将能够：

给同伴或小组讲解动作技能；在游戏和活动中要公平；了解某一种身体类型比另一种身体类型更有利于掌握某些运动技能。

以下可能是满足这一标准的活动任务要求：

学生协商安排小组比赛时各自的角色，以最大程度地发挥每一参赛者的才能。

3. 体育课程学习内容的设置

体育教材内容多样化一直是美国体育课程的特点。根据美国加利福尼亚州体育课程统计，其课程内容设置分为：冒险运动类、水上运动类、体能运动类、团队运动类、个人/双人运动类、合作性/自主性运动类、舞蹈和韵律活动类、球类运动类、体操运动类、东方武术运动等10多个类别，有70多个分科运动项目。

资料梳理发现，综合化是当今美国学校体育课程改革发展的趋势和特色，其课程从基本的运动模式和协调的身体活动，体能的概念，身体活动，生长和发展，有效的人际关系，个人特征，安全、挑战和冒险意识，食物与营养，健康九个方面把体育课改为了"健康与体育课"，这种学科性质的融合发生了质的变化，改变了传统以技艺性为特征的体育课。

其学科的综合性显而易见，其中反映出了更为重要的特征，这就是九个关键学习领域，单单靠课堂教学是无法完成的。这些指导性意见不仅是针对正规课程教学，而且还针对着课外、校外甚至社会和家庭都具有广泛的指导意义。体现了学校体育、家庭体育、社会体育的大课堂概念。

4. 美国学校体育课程给中国的借鉴

历史的发展证明，每个国家体育教育的历史形成，都离不开它所置身的客观环境。从以上可以得出，美国体育课程标准驻足于杜威的"教育即生活""教育即生长""教育即经验的改造和重组""做中学、学中做"的教育思想，他们认为这一思想有利于学习者"主体性"的发挥。由而，美国学校体育提出：体育运动的特点不但要从外部形象的技能来理解，还要从参与活动的"人"的心理角度（运动志向，心理态度）来理解。这一做法可以较好地解决体育课程"显性与隐性文化"培养的归属问题。为了实现这一目标，就要提供体育知识、技术、生活实践的咨询和辅导，促使学生产生意义学习的建构。沿着上述认识逻辑可以看出，美国体育课程强调运动对人的作用、关注个体运动的感受，把人的发展与幸福看作是体育首要思考的问题和态度。重视人在体育知识技能获得中感觉经验的重要作用，强调体育知识技能获得中刺激与反应之间的关系。如关注通过运动将个人同化于社会，将社会内化于个人，树立运动是人幸福生活的样法。正如学者梁漱溟之言："文化并非别的，乃是人类生活的样法。"[①]

梳理发现有以下经验可供我们借鉴。

一是其强调有了好的学习思想和好方法，才有好的学习结果。学习者只有通过具体的体育实践活动，才能加以理解"体育课程标准"的一个个任务。认为有计划、有组织的实践经历，可以使学习者建立经验学会学习学会体育，实现"教育即经验的改造和重组"。

二是其强调体育学习是一个"做中学、学中做"的精彩过程，认为成功体育学习的经验是在"学会如何获得知识、如何在求知的过程中学会学习"的过程中进行的。为此，一个完整的体育学习活动应重视引导学生学会学习，教会学生运用学习策略。保证人的潜力如何最大限度地调动起来并加以实现，才能促进学生成为终身体育可持续发展的人。

三是其强调"教育即生活"，反对无视学生的体验性。认为体育教育的养成在于把具体的生活活动和抽象的体育课程最大限度地联系在一起。这些"体育生活性的直接学习体验可以给予学习者获得更好的理解，而不是仅仅去死记硬练抽象的运动技能。"要通过运动实践提高认识和理解体育在生活的意义和社会的作用。为每一个学生提供适切的教育资源，促进每一个学生获得健康的发展，保证每一个学生都能受益得到学习的获得感。

四是其强调"教育即生长"，重视学习的过程、而不是学习的结果。认为"经验式学习应该是有目的地计划学习而不是简单地重复学习。"为

---

① 梁漱溟：《东西文化及其哲学》，北京，商务印书馆，1999，第98页。

此，要求对学习历程的设计应能复现"知、情、意、行"，即通过运动过程培养个人感情和表现能力，帮助学生发现运动对促进人体发育、机体机能提高和个体成长的作用，实现通过体育使学生获得对自身及与他人关系的有价值的思考。正如美国学者普劳德曼（Proudman B.）指出的那样："教育是人的灵魂的教育，而非理智知识和认识的堆集。简单重复性的完成一项任务只可以变成习惯性的条件反射，难以形成有教育性的获得。"

五是其高度关注体育学习历程的个性化，重认知、重经验（实践）、重视自我感觉与体验，倡导个性的自由发展。要求积极创设个性化学习的环境和条件，提高支配自由时间能力和掌握娱乐活动的运动形式，"把教推向学"就成为体育课程构建的法则。围绕这一目的，"为学习而设计"应成为美国体育课程构建的方式。培养具有"运动精神的人、会享受运动的人"，"体育的诸目标归结为一点，即成为主动的运动实践者"，应是美国体育课程的重要目标。

（二）英国体育课程的设置与借鉴

英国将体育作为必修的基础课程之一，因而英国公立、私立中小学都开设体育课。在英国公立小学和中学4～16岁的学生每周上两次体育课，每次时间通常为30～45分钟。上课的时候学校要求学生必须身穿短袖、短裤和运动鞋。小学的体育课一般都是由兼职教师上的，中学的体育课则由具有资格的专职体育教师来上。从体育课程设置来看，英国的学校体育课程的结构既有必修课，又包括多种多样的选修课。从课程的方式来看，英国体育课程强调学生根据自身运动能力和需求选择相适应的学习方式。小学阶段以学会以基本动作为目标，要求学生基本掌握舞蹈、游戏、体操等运动技术，这一阶段课程方式主要是必修课。

初中高年级以掌握各种运动项目为特征，这一阶段课程方式以必修课和选修课相结合为特征；进入高中年级以后，学生可以依据自身的运动兴趣和需求自由选择1～2项运动进行学习，这一阶段课程方式为全选修课。英国中学的学制分为三个阶段，课程设置也与之相对应分为三个阶段：第一个阶段，第一、二、三年，基本上为全必修课；第二个阶段，第四、五年，必修课和选修课相结合，选修课占相当大的比重；第三个阶段，第六学级，完全个人化、课程全为自选。总之，这三个阶段的课程基本上也是"全必修课—必修课和选修课相结合—全选修课"这样一个发展过程。

因而，选修制是英国公立中小学校的特点，1988年以后，虽然政府实施了国家统一的体育课程标准，但大多数学校和教师在课程内容的选取和教学组织方法方面都具有较大的灵活性和自主性。也就是说，体育课程内容和时数分配由学校自主安排，可以分科开设也可以综合开设。因而，选修制和按能力分班成为英国大多数学校的首选。

1. 英国体育课程标准的设置与划分

下面对英国体育课程理念、课程目标、学习领域和学习水平的划分、课程内容设置等四个方面做一简介如下，给予借鉴理解。

(1)课程理念

英国体育课程理念始终贯彻着两条主线，表现在以下方面。

在"儿童中心论"的指导下，强调"儿童个体的独特性，提倡学习过程的个别化"。体育课程关注学生的个体差异，强调从儿童的活动和经验出发来安排各种教学活动，注重儿童的个性发展。如英国国家体育课程标准(1999)指出："学校课程应该建立在学生的能力、兴趣、经验的基础上。"

确定体育课程的"活动和经验"相结合，重视学生的基础训练。在体育教学过程中，强调通过游戏或竞技项目培养学生的基本运动能力，要求体育课程的教学方式，从客观上要保证教学对学生的学习呈现积极的作用。

英国不同时期学校体育课程理念，如表 10-3 所示。

表 10-3　英国不同时期学校体育课程理念

年代划分	体育课程理念
20 世纪初至 60 年代	以"儿童为中心"进步主义教育理论为主的体育教学目标，强调个人的自由发展与自我实现，重视培养身心健全的人
20 世纪 70 年代至今	强调体育课程要在精神、道德、社会、文化、技能等方面促进学生的学习和发展，要求教师在教学过程中，注重学生的个人和社会的全面发展

(2)课程目标

英国体育课程目标强调，体育课程要在精神、道德、社会、文化、技能等方面，全方位地促进学生的学习和发展，形成学习者的人格品质。要求围绕以下三个方面进行阐述。

①体育课程应促进学生精神、道德、社会和文化的发展：

通过帮助学生获得成就感和形成对自己积极的态度，促进他们的精神发展；

通过帮助学生在遵守规则和裁判的基础上，获得公平竞争意识、形成积极运动行为、接受判罚等，促进他们的道德发展；

通过帮助学生发展活动中的社会技能，如合作、责任感、积极参与、诚实和团队精神等，促进他们社会的发展；

通过帮助学生体验和理解他们自己和在其他文化中活动的意义，认识个人活动和公共活动如何体现文化特征，思考运动怎样传承文化等，促进学生文化的发展。

②体育课程应促进关键技能的发展：

学生能通过使用语言和非语言来发展交流技能，如解释他们试图做什么，给他人反馈信息，计划和组织团队的工作，在游戏和比赛中给予指示和信号，在舞蹈中使用身体语言，以及对舞蹈中音乐和其他声音做出反应等，发展交流技能；

学生通过搜集和分析资料，使用不同的测量方法，计算运动成绩等，发展数字应用技能；

学生通过收集、分析和解释资料，以便对活动做出评价和改进，如使用录像机分析运动技术的过程和正误，从而发展 IT 技能的使用能力；

学生通过在合作性的集体或运动队活动中扮演各种角色，在游戏或比赛时与他人合作等，发展交往技能；

学生通过观察和模仿正确的动作，形成做任何新动作时的自信，发展改进自己活动的能力；

学生通过认识任务和挑战的性质，思考完成任务的不同途径，理解和应用运动的原理、策略等，发展解决运动问题的技能。

③体育课程的其他促进学生发展的作用：

通过帮助学生理解适合于不同活动的信息和概念，对活动做出批判性的评价，表达和概括有关战术和策略的思想和观点等，发展他们的思维能力；

通过帮助学生组织和管理运动和跳舞比赛以及体育节，学生能扮演不同的角色，管理所用的器材和设备，在锻炼、运动和跳舞俱乐部中协助教师工作等活动，发展与社会方面有关的工作能力；

通过帮助学生形成健康的生活方式以及对不同的挑战性情景的知识和理解，提高学生体育的可持续发展能力。

2. 学习领域和学习水平的划分

英国国家体育课程标准(1999)对学习领域和学习水平的划分，在基础教育规定了四个年龄段(见表 10-4)。第一、第二阶段，体育选修表现在对学习内容的选择上，而第三阶段则是在必修课程中开设"必修选择教材"，而第四阶段，则是让学生任意选修。由此可见，英国体育课程选修是从 12 岁开始，教学的第三、第四阶段实施的，而课程形式主要是必修和任意选修。"选择性必修"是规定若干项目让学生从中选择四个项目，任意选修是让学生自由选择一至两个项目。其体育课程分为 6 个领域，即舞蹈活动、游戏活动、体操活动、游泳活动和水上安全、运动活动、户外和冒险活动，给予学习者不同的特性和学习体验。

表 10-4　英国学校体育运动领域的分类与学习水平划分示例

阶段	必修内容	选修内容
阶段一(5~7 岁)	舞蹈、体操、球类运动	—
阶段二(8~13 岁)	舞蹈、体操、球类运动	从已收到三个领域选择 2 各领域：田径、野外运动和冒险运动、游泳和安全指导(若 25 米游泳未能达标，必须选修游泳)
阶段三(13~14 岁)	球类运动	从其他 6 个领域选择 1 个领域
阶段四(15~16 岁)	—	从 7 个领域选择 2 个领域

英国学校体育课程标准—水平学习目标，如表 10-5 所示。

表 10-5　英国学校体育课程标准—水平学习目标

水平	水平目标
水平一	学生以基本的控制力和协调性，模仿、重复和探求简单的动作和技能。他们以适合于特定活动的方式把这些动作和技能衔接起来；能够对自己和他人的动作进行描述和评价；讨论在一项活动中如何安全地练习以及自己的感受
水平二	学生运用简单的技能。他们模仿、记忆、重复和探索简单的动作；改变技能、动作，进行适当的创作，以适合于特定活动的方式把这些动作、技能衔接起来；开始表现出对简单战术和基本创作思想的理解；开始谈论自己与他人的不同表现并提出改进意见；能够理解如何安全地进行训练，并能够描述出自己的身体在各种不同的活动中的感受
水平三	学生能够恰当地选用技能、动作和创作思想，并把它们连贯地表现出来。他们开始通过不同表现形式来反映自己对简单战术和创作思想的理解；能够指出自己的动作与他人有何相似点和不同点，并能完善自己的表现；能够解释运动前做准备活动的重要性以及体育运动对健康有益的原因
水平四	学生能够将技能、技术作和创作思想衔接起来并准确适当地应用。他们的表现体现出精确、控制和流畅；他们理解战术和作品，将自己和他人的作品中使用的技能、技术与创作思想进行比较，做出评价，并能改进自己的表现；能阐释和应用准备活动的基本安全原理；能够描述练习对身体的影响以及对体能和健康的益处
水平五	学生选择和组合技能、技术和编排思想，并精确和恰当地应用，稳定地展示动作的精确性和流畅性。在学习过程中，他们利用他们所知道的关于策略、战术和编排的知识，分析和评价技能和技术，以及这些技能和技术怎样运用到他们和其他的同学活动中；他们改正技能和技术，改进他们的表现；在不同的练习中，他们解释身体的反应，以适合于所进行的活动的方式，做准备活动和放松练习；他们能够解释为什么有规律的、安全的练习有益于他们的体能和健康

水平	水平目标
水平六	学生选择和组合技能、技术和编排思想，以适合于所进行的活动的方式，连贯、精确地加以应用，并表现出控制能力和流畅性。在计划进行自己的学习时，他们运用所学习的有关策略、战术和编排思想，对变化的环境做出反应，同时判断所知道的关于自己以及其他人的力量和缺点；他们分析和评论已经运用于学习中的技能、技术和编排思想，以及编排和表现的其他方面，并提出改进的方法；他们能解释怎样为活动做准备和进行恢复；他们能解释不同的练习怎样对体能和健康做出贡献，描述怎样能够参加其他类型的活动和练习
水平七	他们选择并融合高难度技能、技术和创作思想，并恰到好处准确无误地按照具体活动的要求加以发挥，自始至终都表现出较高的精确度、控制力和流畅性。对高难度的战术和创作思想进行总结，将总结的结果应用到本人和他人的活动中，并通过适当的修改来适应变化的环境和不同的表演者；能够从活动者个人和整个活动成员的角度来分析和评价本人及其他人的表现，从而表现出对技术、战术和创作思想、品味以及与活动质量有关的体能的理解；通过设计方案来改善自己和他人的表现；能够解释练习和训练的基本原理并有效地加以运用；能够解释有规律、有计划的运动对健康的益处，并制定适合自己的练习和运动方案
水平八	自始至终都能够运用高难度的技能、技术和创作思想，体现出高水平的精确度、控制力、流畅性和独创性。通过对高超的战术和创作思想的总结，能够熟练运用并充分发挥天赋来表现创作思想，再经过适当修改来适应变化的环境和不同的活动者；通过评价自己和他人的作品，可以对技能、战略、战术、创作思想以及体能对活动质量和效果影响加深认识；通过设计方案，可以改进或帮助他人改进表现；他们创造行动计划和监控改善的方法；他们能够运用健康和体能的知识来制订和评价自己活他人的锻炼与活动计划

3. 体育课程学习的内容设置

英国对 5～16 岁的儿童少年实施 11 年的义务基础教育，其中 5～11 岁这 6 年为(小学阶段)，11～16 岁这 5 年为(初中＋高中阶段)。学生在 14～16 岁时，除了必修国家课程中的体育课，还可以选修此阶段的体育课程。其内容既有理论部分又有实践部分，每周上五次课，每次课一小时。到了期末在选修体育课的评价中，理论部分通常占 40%，而实践部分占 60%。英国学校体育课程的基础教育由 4 个关键阶段构成，各阶段所设课程及其应达到的标准如表 10-6 所示。国家只规定了学年的上课天数和周课时，没有规定各门课程的课时数，但对课时提出了建议。英国体育课程围绕"知识、技术、理解"的学习，达成三个目标：计划构成、参加实践、判断评价(见下文英国学校体育课程内容示例)。

(1)英国学校体育课程学习内容 2 示例

在课程 2 期间，学生喜欢活动，发挥在身体活动中的创造力和想象力；学习新的技能，并发现将新的技能如何应用于各个方面以及运用这些技能来创作动作、组合动作和片段等；喜欢相互间的交流、合作与竞争；理解如何在不同活动中取得成功，并学会如何评价和识别自己的成功。

表 10-6　英国学校基础教育分为四个阶段与年级的对应

基础教育阶段	年级	年龄
体育课程学习内容 1	预备班及 1～2 年级	5～7 岁
体育课程学习内容 2	3～6 年级	7～11 岁
体育课程学习内容 3	7～9 年级	11～14 岁
体育课程学习内容 4	10～11 年级	14～16 岁

在教学过程中，教师在评价和帮助学生提高运动水平时，必须将帮助学生学习和掌握技术，应用技术和战术的能力以及提高学生的体能和健康等几个方面有机地联系起来。

——获得和发展技能

指导学生的要求：

①帮助学生巩固已掌握的技能，获得新的技能；

②帮助学生持续地有控制地、较高质量地从事活动。

——选择和应用技能、战术和创造性思想

指导学生的要求：

①协助学生计划、运用和调整战略、战术和创造性思想以适应个人、二人组合、小组以及小团体的活动；

②帮助学生在课堂上发展和应用战术、战术策略和创造性思想的基本原理，以便提高学生的学习效果；

③鼓励学生在不同的身体活动中应用相关的体育规则和惯例。

——评价和改进活动

指导学生的要求：

①帮助学生识别哪些因素使身体活动取得更好的效果；

②依据上述信息，向学生提供改进的建议。

——体能和健康的知识和理解

指导学生的要求：

①帮助学生了解身体活动怎样在短期内影响其身体；

②使学生知道在从事不同的活动前，应进行适当的热身和准备活动；

③帮助学生了解身体活动有利于身心健康的原因；

④帮助学生了解穿着舒适的服装和讲究卫生有利于其健康和安全的原因。

——学习广度

在关键阶段 2 期间，在教学过程中教师应该通过以下六种活动来发展学生的知识、技能和理解：舞蹈活动、游戏活动、体操活动、游泳活动和水上安全、运动活动、户外和冒险活动。

英国国家体育课程标准（1999）要求学生只能从后三项活动中选择两项进行学习，游泳活动和水上安全教育对大多数关键阶段 2 的学生是必选的教学内容，只有少数已经在关键阶段 1 完成所有阶段 2 在游泳和水上安全教育方面的学习要求的学生可以免修。

1）舞蹈活动

指导学生的要求：

①应用来自不同时代、不同地区、不同文化背景的各种动作形式进行创编和表演舞蹈；

②培养学生对各种刺激和伴奏音乐做出适宜的反应。

2）游戏活动

指导学生的要求：

①编创并指导学生做一些缩小边界、改造过的排球比赛游戏、田径项目游戏以及攻防性的游戏；

②帮助学生在运动中，应用适宜的进攻和防守技能和战术及其基本原理；

③鼓励学生在游戏中，与他人合作一起组织并保证游戏活动的顺利进行。

3）体操活动

指导学生的要求：

①在地板上和使用体育器材，创作和表现出流畅的组合动作；

②做组合动作时，应在水平、速度和方向上体现出变化。

4）游泳活动和水上安全

指导学生的要求：

①逐步学会水上漂浮以及与速度、距离和自救有关的游泳技能；

②在没有帮助的情况下至少游 25 米；

③借助手臂和腿部动作，自如地卧浮或仰浮在水面上；

④练习各种游泳方法和自救技巧，如向前移动、向后移动、蛙泳、划水、飘浮和潜水等。

5）运动活动

指导学生的要求：

①设计并参与对速度、准确、力量和耐力等要求较高的挑战性活动和比赛；

②单个和组合地使用跑、跳和投等技能；

③迎接挑战，参与竞争。

6)户外活动和冒险活动

指导学生的要求：

①参加户外活动，如在熟悉、不熟悉和挑战性的环境中寻找踪迹；

②使用各种定向和解决问题的技能；

③与他人合作，共同迎接挑战。

(2)英国学校体育课程学习内容 3 示例

在课程 3 的学习期间，学生能够熟练掌握所学的运动技能、技术，并知道怎样在各种身体活动中应用所学的技能和技术。学生了解哪些因素可以使活动更有效果，并能够将这些信息应用到自己和他人的运动中去。学生能学会创造地自主设计怎样使自身的运动更有效果。同时，学生能够识别何种运动是自己所爱的项目，并能在运动中承担多种角色，如组织者、领导者等身份。

英国国家体育课程标准(1999)要求在教学过程中，教师在评价和帮助学生提高运动水平时，必须将帮学生学习和掌握技术，应用技术和战术的能力以及提高学生的体能和健康等几个方面有机联系起来。

——获得和发展技能

指导学生的要求：

①帮助学生提高和改进已掌握的技能；

②帮助学生将已掌握的技术和技能有针对性地应用到不同的活动项目中，并使其能持续地、有控制地、较高质量地从事活动。

——选择和应用技能、战术和创造性思想

指导学生的要求：

①协助学生计划和运用战略、战术和创造性思想以适应个人、二人组合、小组以及小团体的活动；

②帮助学生调整和改进他们的计划；

③鼓励学生在不同的身体活动中应用相关的体育规则和惯例。

——评价和改进活动

指导学生的要求：

①帮助学生知道自己运动目标和事实上所取得的运动结果；

②使学生会分析和评价自己与他人的活动，并应用这些信息提高活

动的质量。

——体能和健康的知识和理解

指导学生的要求：

①帮助学生了解怎样进行准备活动和通过何种活动可以从运动中恢复；

②使学生知道在不同类型的活动中身体不同部位的反映；

③使学生了解有规律的、安全的锻炼对增进体能和健康的原因；

④帮助学生了解怎样进行各项运动，并知道锻炼与体育活动对个人、社会的健康发展的重要作用。

——学习广度

在关键阶段 3 期间，在教学过程中教师应该通过四种活动来发展学生的知识、技能和理解。学习内容包括从游戏活动、舞蹈活动、体操活动、游泳活动和水上安全、运动活动、户外和冒险活动中选择四项内容。

除游戏活动是必选的内容外，其他三个项目应从上述各项中选择，舞蹈活动或体操活动中必须至少有一项被选择。

1)舞蹈活动

指导学生的要求：

①帮助学生采用具有一定难度的、复杂的动作形式与技术来创编和表演舞蹈；

②使学生学会应用一定数量的舞蹈形式和样式；

③帮助学生在创编舞蹈的过程中应用创造性思想及其基本原理；

④使学生在舞蹈中体现一定的表演技巧。

2)游戏活动

指导学生的要求：

①使学生能够根据所学的技术和技能，做一些攻防性的游戏比赛、排球比赛游戏，以及田径项目游戏；

②使学生在实施和完成较为复杂的战术和战略时，能够应用进攻和防守技能、战术及其基本原理；

③使学生能够对进行游戏或比赛过程中不断变化的场上情况做出适宜的反应。

3)体操活动

指导学生的要求：

①在地板上利用器械自编和自练复杂的体操套路练习；

②在不同的体操组合中应用技术和动作形式；

③在设计体操套路练习时应用体操编排的基本原理。

4)游泳活动和水上安全

指导学生的要求：

①帮助学生在游泳和水上安全活动中，设立和完成个人和集体的目标，并进行个人自救挑战和游泳比赛；

②使学生了解和掌握规范的泳式、技术，以及和个人有关的游泳技能。

5)运动活动

指导学生的要求：

①帮助学生在运动活动过程中，设立和完成个人和集体的目标，鼓励其迎接挑战，参与竞争；

②通过参与单个和组合地使用跑、跳和投等技能练习，来提高其速度、准确、力量和耐力。

6)户外活动和冒险活动

指导学生的要求：

①鼓励学生迎接在户外活动和旅行过程中出现的挑战；

②在迎接挑战过程中，鼓励学生应用所学的野外定向和解决问题的技术和技能；

③使学生在参与户外活动中制定行动方案时，能明确自身在集体中的角色及其相关的责任；

④要求学生对变化的环境和情况做出适宜的反应。

(3)英国学校体育课程的学习内容4示例

在课程4的学习期间，英国国家体育课程标准(1999)要求学生通过上述领域的学习，进一步在以下四个方面得到发展：获得和发展技能；选择和运用技能、战术以及各种编排思想；评价和提高活动能力；体能和健康的知识和理解力。能够熟练掌握所学的运动技术、技，并知道怎样在各种身体活动中应用所学的技能和技术。帮助学生了解哪些因素可以使活更有效果，并能够将这些信息应用到自己和他人的运动中去。英国国家体育课程标准(1999)要求学生能学会创造地自主设计怎样使自身的运动更有效果。同时，学生能够识别何种运动是自己所爱的项目，并能在运动中承担多种角色，如组织者、领导者等身份。

英国国家体育课程标准(1999)要求在教学过程中，教师在评价和帮助学生提高运动水平时，必须将帮助学生学习和掌握技术，应用技术和战术的能力以及提高学生的体能和健康等几个方面有机地联系起来。

——获得和发展技能

指导学生的要求：

①帮助学生能够选择和应用先进的技能与技术；

②同时要求学生能在变化的条件下，知道怎样随机应变地应用所学的技术、战术。

——选择和应用技能、战术和创造性思想

指导学生的要求：

①知道怎样选择和应用先进的策略、战术，以及组织概述与思想；

②能够区别和应用先进的策略与战术，并知道怎样随机应变；

③鼓励学生在不同的身体活动中应用相关的体育规则和惯例。

——评价和改进活动

指导学生的要求：

①帮助学生知道怎样选择自己在想要参加的运动中的角色；

②帮助学生识别哪些因素使身体活动取得更好的效果，使学生能够分析和评价自己与他人的活动；

③依据上述信息，改进自己与他人的活动质量；

④发展学生的领导才能。

——体能和健康的知识和理解

指导学生的要求：

①帮助学生知道准备活动、训练与体能与活动质量及有效性的关系；

②使学生知道怎样设计和实施有目的地活动和锻炼方案；

③使学生知道锻炼与体育活动对个人、社会的健康发展的重要作用；

④使学生知道怎样在校内或校外活动中监测和提高自己的锻炼与活动水平。

——学习广度

在关键阶段 4 期间，要求学生学习的内容主要有两项，即从舞蹈活动、游戏活动、体操活动、游泳活动和水上安全、运动活动、户外和冒险活动等中选择两项进行教学，来发展学生的知识、技能和理解。

1）舞蹈活动

指导学生的要求：

①帮助学生应用所学的技术和技能创编和表演舞蹈，要求表演的准确，富有感情；

②在创编和表演舞蹈过程中要求反映不同社会和文化背景，同时要求具备较强的艺术亲和力；

③要求在舞蹈中表现出艺术直觉。

2）游戏活动

指导学生的要求：

①参与各种竞赛；

②在做游戏的过程中，要求学生应用所学的技术和技能有针对性地应用到不同的游戏项目中，并使其能持续地有控制地、较高质量地从事游戏活动；

③使学生能够对进行游戏或比赛过程中不断变化的场上情况做出适宜的反映。

3）体操活动

指导学生的要求：

①创编、复习与练习在地板上利用器械自编和自练复杂的体操套路练习；

②在不同的体操组合中应用技术和动作形式，并要求动作准确和到位；

③在设计体操套路练习时，要求学生应用体操编排的基本概念和原理。

4）游泳活动和水上安全

指导学生的要求：

①参与某些特定的游泳和水上安全等要求较高的挑战性活动；

②在参与活动过程中，要求学生较好地运用控制、力量、准确以及耐力等技术。

5）运动活动

指导学生的要求：

①要求学生参与特定的运动活动项目；

②在参与活动过程中，要求学生精确地应用速度、准确、力量和耐力等要求较高的技术和技能。

6）户外活动和冒险活动

指导学生的要求：

①要求学生参加大规模的要求较高的挑战性的户外活动和旅行；

②学生在参与活动的过程中，能够应用一些复杂的技术和技能，如皮划艇、攀岩、划船、徒步行走等练习；

③在不熟悉和挑战性的环境中，培养学生解决问题和迎接挑战的能力；

④要求学生对变化的环境和情况做出适宜的反应。

4. 英国学校体育课程给中国的借鉴

一是将精神、道德、社会和文化作为体育课程设计的核心。在精神育化方面，要求体育课程帮助学生获得成就感和形成积极的人生态度。在道德养成方面，强调体育课程帮助学生形成遵守规则、接受判罚、公平竞争的意识，为学生未来遵守"国家、经济、市民"三个社会秩序的生活奠定思想品质。在社会教育方面，强调体育课程帮助学生发展在社会活动中的社会技能、如接受他人正确观点、交往合作、诚实竞争、积极参与社会活动的责任感等。在文化素养方面，强调体育课程帮助学生认同民族文化，理解体育文化对人的品质形成的作用，认为体育是产生社会美德的最佳场所之一。帮助学生体验和理解认识个人活动和公共活动如何体现文化特征，思考运动是一种跨越制度的文化，是建设世界的支持的意义与作用。诚如英国著名课程专家普瑞（Pring）于 1984 年发表了《课程中的个人和社会教育》一文中，认为体育作为学校课程的组成部分之一，对培养学生的个人和社会价值有着独特的、重要的作用。他指出："体育能够为个人和社会的发展做出贡献，如公平竞赛、团队精神、遵守规则、勇气、毅力等品质都可以在体育中得到很好的培养。"①

二是在体育课程实施上，体育是公民福利的一部分。强调体育课程要为全体学生提供均等的学习机会；为不同学习者提供适当的学习挑战机会；关心学生多样化学习的需求；消除一切影响学生个别化学习和发展方面的潜在障碍。围绕此，在其体育课程标准的指导要求上，无处不表现出学习分类具体、要求明确，方法实施针准，确确实实值得我们敬佩借鉴学习。

三是围绕体育意义建构学习，帮助学生达成学习目标。英国体育课程标准处处透显，如何解决教学中出现的问题、如何解决学生学习中出现的问题。以学习过程研究为核心，设计教学方法和程序，探讨有效学习的措施。突出学与教的统一，让学习成为鼓励和刺激每一个学生取得尽可能大的进步和达到最高水平的手段，实现教学内容、教育目标与学习结果的成功联结。

四是英国体育课程比较明晰地提出培养人活动能力的特性，从实施原则、路径、要求、目标等各方面，都逐一提供了较为可行的实施解释

---

① 转引自盛晓明：《中国、英国中学体育课程改革与发展的比较研究》，北京，北京体育大学博士论文，2004。

与说明。值得我们学习借鉴。

综上所述，通过与英国学校体育课程的交流，可发现其课程水平目标的描述不是在培养普通体育运动者，而是在培养未来专业的体育工作者。其水平之高令人惊讶，可以说中国高等体育院校的本科生、研究生都难以达其相背。那么英国体育课程是什么？对此英国教育和科学部（DES）在 1980 年题为《一种课程观》（*A view of the curriculum*）的报告中明确指出："课程的一个极其重要的任务，就在于保证学生个人和社会的发展，即不仅给学生提供满足他们以后成人生活所需的基本智力和社会要求，而且能够帮助学生形成一套可接受的个人价值观"。[①] 英国学者的论述指出，体育是形成人的高尚品质的重要组成部分。其体育课程的诸目标归结为一点，使人成为"绅士"者，应是英国体育课程的重要目标。希望大家慎思这一背后，英国对体育的理解与我们对体育的理解的有什么不同，我们应该怎样做好学校体育。

（三）日本体育课程的设置与借鉴

日本国家认为学校的体育教育，主要是为了解决国家、国民与体育运动的关系。一是作为教育领域，学校体育课程应具备有为建立社会秩序和维护社会发展的作用与机能。二是通过学校体育课程的设置，保证体育成为学生在未来社会的工作与生活的组成部分。三是由于人类与体育运动的关系会随着时代和社会的变化而变化，因而其也应呈现出多样性的发展趋势。

1. 课程理念

日本体育史界以 20 世纪 70 年代为分水岭，把学校体育分成产业社会型体育课与后工业社会型体育课等两个部分。[②] 从学者的研究来看，受时代的影响，日本学校体育课程理念存在着两个部分不同取向的认识与表现。

（1）产业社会型体育课程理念

20 世纪 70 年代前的日本体育课的理念认为，从学校走出来的学生，他们不仅有现在要生存，还有将来生存的问题。因而，学校体育课程的任务，也必须围绕这两个方面进行。体育要为学生未来的更有体力地工作和健康的生存提供保驾护航。因而，该时期日本的体育课程的教育定位，更多的是把体育视为改变人体生物性的手段，即增强体质。未能将

① 转引自盛晓明：《中国、英国中学体育课程改革与发展的比较研究》，北京体育大学博士论文，2004。

② 罗世铭：《当代日本学校体育与社会体育研究》，北京，北京体育大学出版社，2007，第3页。

体育上升到目的论——把一个人在体力、智力、情感、态度、伦理各个方面的因素综合发展起来，使他成为一个完善的人。基于此，为加强学生社会性的培养，"小团体教学法"就成为该时期日本学校体育的主要指导形式，重视身体锻炼的法则、实施体力评价、体育课是体力训练课等就成为当时日本学校体育的主要教学标识。对此日本学者春田正治曾提出："体育最本质和基本的任务是全面发展身体的能力，应培养出将来能承受劳动要求的强健的体力。"①

（2）后工业社会型体育课的理念

20世纪70年代日本经济开始走向高速增长，引发新的社会变化"从产业社会向后工业社会过渡"。于是在20世纪90年代日本提出，"健康日本21——活力国民健康塑造运动"的体育振兴战略计划。该计划以国民健康和提高生活幸福质量作为着力点，把实现充满活力的健康国家作为目标。就此促动日本学校体育课程向实现"具有休闲、娱乐这样人的重要生活方面的转移"。由而，该时期日本学校体育课程也由"身体运动教育"的理念走向"快乐的运动学习""快乐的运动体验""健康的运动教育"的理念。为此，"快乐体育教学模式""成功体育教学模式""运动处方教学"应运而生就成为日本学校体育的主要教学方式与内容。

2. 课程目标

（1）产业社会型体育课程的目标（1968）

由于教育的目的受时代的制约，考察发现日本产业社会型体育课程目标与中国传统体育课程目标几乎如出一辙，只重视了运动对体质、体力的作用，缺失了对课程对身心统一和谐发展目的论的关注。

一是依据所进行的适当运动，养成强健的身体，以求体力的提高。

二是掌握运动的方法和技能，养成亲近运动的习惯，养成明确的健全生活的态度。

三是通过运动和游戏，养成稳定的情绪和公正的态度，进而养成遵守规定，互相协作，负责任等生活中必要的能力和态度。

四是养成能注意健康安全地进行运动的能力和态度，掌握保持和增进健康的初步知识，养成为经营健康安全的生活所必要的能力和态度。

（2）后工业社会型体育课程的目标（1998）

针对传统产业社会型体育课程的目标（1968）的弊病，1998年7月日

---

① 转引自罗世铭：《当代日本学校体育与社会体育研究》，北京，北京体育大学出版社，2007，第152页。

本在教育课程审议会报告中提出："根据少年儿童的实际情况，教育课程的实施，社会变化的态势，全日制中小学应当在宽松的气氛中展开特色教育，并以培养学生的创新生命活力作为基本的目标，并以此方针开展教育课程的改革。"鉴于此，日本 1998 年 12 月 14 日颁布了《新学习指导纲要》。把"身心和谐统一"作为体育课程的立足点，以"余暇""生存能力"和"自我教育能力的培养"，告别灌输式的体力教育。由而，"创新生命活力"就成为 1998 年日本小学、中学、高中的体育教学大纲的理念。"个性与能力的发展""自我教育能力的培养"就成为日本体育课程目标的内容。从此日本体育课程目标的价值取向由学科中心转向以学生的学习为中心，实现了体育课程目标的价值取向由手段论转向目的论。

日本指导学习纲要目标的表述：

一是培养具有丰富人性、社会性，能够在国际社会生存的日本国民；

二是培养自觉学习、自我学习、自我思考的能力；

三是在进行宽裕的教育活动中，谋求基础性和基本性，充分发挥个性教育。

3. 学习领域和学习水平的划分

日本中小学年级设置与中国相同，小学 6 年、初中 3 年、高中 3 年。将体育学习领域划分为 7 个区域：运动文化领域、运动技能领域、认识形成领域、身体形成领域、社会行动领域、情感形成领域、美的表现领域（见表 10-7）。在每个年级以"低中高"来区分不同的学习水平（见表 10-8）。其主要特征表现，在教学中非常重视学生的合作与团结的社会性养成，为此强调教学设置要给予学生集体协同配合的练习，注重通过多种手段强化学生的素质和运动能力的训练。围绕体育课程达成学生运动的能力、保健课程来达成学生的保健能力，实现体育课程的目标。

表 10-7　日本中小学体育学习领域的划分

运动文化领域	表述"运动文化的继承、发展和运动教育"是体育课程的目的
运动技能领域	表述"运动技能、技术的学习是体育课程的核心"
认识形成领域	表述"运动技能、技术学习的懂、会、乐是衡量体育课程教学的标准"
身体形成领域	表述"体力、运动能力、健康等是体育课程完成的任务"
社会行动领域	表述"学生社会性格和行为的养成是体育课程任务的组成部分"
情感形成领域	表述"学生思想品质道德的养成是体育课程任务的组成部分"
美的表现领域	表述"培养学生的审美力和能力是体育课程任务的组成部分"

表 10-8　日本学校体育课程对教材的研究

·课的目的，教材研究——培养孩子们什么样的能力。
·作为课中所取素材的体育项目分析——如何理解运动项目的文化的、人类的意义和价值、社会的意义和价值，运动项目本身的客观结构和功能。
·考虑孩子的主体条件——兴趣、关心程度、发展阶段，以及对其指导的必要时间和物理条件。
·学习内容的选择和设定——从哪个角度教、教什么？
·为传授这个学习内容——而需要的教材和教具的构成。
·传授学习内容过程的研究——用什么指导方式，采取什么样的学习形态

4. 体育课程学习内容的设置

由于日本体育课程特别强调将终身体育贯穿于余暇内容要给予保证，解决以保持增进健康为中心的身体问题，保障作为终身学习的内容的高质量的体育运动学习能够顺利进行，因而，日本在体育课程内容的设置上，有以下表现取向。

一是日本的体育课程趋同于欧美国家的体育课程，课程内容设置丰富多彩，不仅有中国目前主流教学内容模块的篮球、排球、足球、田径、羽毛球、乒乓球、体操、流行舞、游泳、武术、滑雪等内容。也有我们尚未开展的射箭、棒球、垒球、板球、橄榄球、滚木球、弓道、柔道、剑道、摔跤、曲棍球等。有条件的学校还开展一些如拓展训练、保龄球等项目供学生选择与体验。

二是日本的体育课程一般由"体育运动课程"和"体育保健课程"两部分组成。"体育运动课程"以运动文化论指导思想，围绕"从基础到应用、到比赛的教学流程"，展开对运动技术的系统指导。"体育保健课程"以生活体育论指导思想，着力为社会环境和生活的变化而展开的能力教育。因而，日本学校体育课程广泛开展运动处方内容的教学，这对增强学生健康素养的养成起到了很好的作用。

三是日本的体育课程能正确围绕体育的文化价值与运动特性，提出"从学习内容的视角"，以及"唤起学习欲望的视角"进行课程与教学的改革。如"从教材的社会文化价值"提出"学习集团"的理论与实践操作模式，"从教材的运动特性"提出"快乐体育"的理论与实践操作模式。

日本学校体育备课时对教法的研究，如表 10-9 所示。

表 10-9　日本学校体育备课时对教法的研究

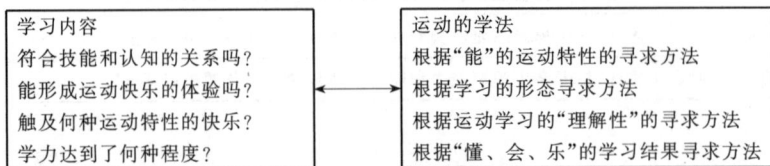

学习内容	运动的学法
符合技能和认知的关系吗？	根据"能"的运动特性的寻求方法
能形成运动快乐的体验吗？	根据学习的形态寻求方法
触及何种运动特性的快乐？	根据运动学习的"理解性"的寻求方法
学力达到了何种程度？	根据"懂、会、乐"的学习结果寻求方法

5. 日本学校体育课程给中国的借鉴

一是考察发现日本学校体育课程，非常注意吸收欧美国家与课程的先进文化理念与成果。并能根据自己民族发展的需要，正确地鉴别改造、比较分析验证，为我所用，实现本土化发展。如创新出"小团体教学模式""快乐体育教学模式"等有效教学理念值得中国借鉴学习。

二是考察发现日本学校体育课程能按照科学形态，把体育课程分为体育运动课程和保健课程两部分，较好地解决学校体育课程与健康保健知识"两张皮"的弊病。

三是考察发现日本体育课程能依据体育课程认知特性的不同，规定体育课堂教学设计的有效练习的原则与范式，指出不同课程设计适配的行为与规范。确定体育教师应该干什么、不该干什么的逻辑理解与职责定位，保证了体育课程目标的实现。本书认为，当前中国体育课程与教学最为缺失的就是这一部分，无规无法谁想怎么上就怎么上，这能有好的结果吗？俗语言"无规矩不成方圆"，这一点值得我们深思啊！

小　结

人们常说理论的价值在于指导实践，但来自实践的体会证明，理论的价值首先在于改变人的思想。对此有学者论道，衡量理论的高低在于这个理论能否改变人的思想。为此，希望本节"国外学校体育课程的发展与借鉴"，给我们借鉴汲取世界各国的体育课程的成果打开一扇窗户。感同身受到全球化教育现代性这些新鲜概念和视角，翻转了我们对传统体育教育的认知，登高望远慎思自己的问题。真切地树立体育教育的时代思想、重新理解体育教育的本性、构建新世纪的学科体系。燃犀民族文化意识的觉醒，洞穿体育教育的意义。立足自身借鉴他者，踏实学校体育实现"育人"的任务。

【作业与讨论】

1. 识记布鲁纳的"学科结构课程理论"对我国体育课程建设的启示。

2. 识记斯坦豪斯的"过程模式课程理论"对我国体育课程建设的启示。

3. 识记施瓦布的"实践性课程理论"对我国体育课程建设的启示。

4. 识记"建构主义课程理论"对我国体育课程建设的启示。

5. 讨论"后现代主义课程理论"对我国体育课程建设的启示。

6. 简述新时代学校体育教育的指导思想与主题。

7. 简述学科"三大"核心素养的特性与践行。

8. 简述新时代学校体育的重心、主题与路径。

9. 讨论你对新时代学校体育教学的认识与理解。

10. 识记、领会与讨论习近平同志在全国教育大会提出的"6 个"要求。

11. 识记国外体育课程的发展与趋势。

12. 识记当代国外体育课程发展对我国体育课程建设的启示。

13. 比较国外体育课程设置与我国体育课程标准设置的不同。

参考文献

著作

[1] 刘义兵，段俊霞. 教学研究范式论[M]. 北京：人民教育出版社，2011.

[2] 顾明远. 教育大辞典[M]. 上海：上海教育出版社，1998.

[3] 路书红. 教学论建设的方法论比较[M]. 济南：山东人民出版社，1995.

[4] 马克思恩格斯全集(23 卷)[M]. 北京：人民出版社，1972.

[5] 毛泽东选集(合订一卷本)[M]. 北京：人民出版社，1964.

[6] [加拿大]迈克·富兰. 变革的力量——透视教育改革[M]. 中央教育科学研究
　　所，加拿大多伦多国际学院译. 北京：教育科学出版社，2000.

[7] 廖哲勋. 课程学[M]. 武汉：华中师范大学出版社，1991.

[8] 梁漱溟. 东西文化及其哲学[M]. 北京：商务印书馆，1999.

[9] 纪江红. 四书五经[M]. 北京：京华出版社，2003.

[10] 马克思恩格斯选集(42 卷)[M]. 北京：人民出版社，1979.

[11] 王皋华. 体育新课程设计[M]. 北京：高等教育出版社，2003.

[12] 毛泽东. 体育之研究[M]. 北京：中共中央文献研究室，1990.

[13] 马克思恩格斯选集(4 卷)[M]. 北京：人民出版社，1972.

[14] [德]黑格尔. 哲学史讲演稿(一卷)[M]. 北京：生活·读书·新知三联书
　　店，1956.

[15] 张华. 课程流派研究[M]. 济南. 山东教育出版社，2000.

[16] 胡定荣. 课程改革的文化研究[M]. 北京：教育科学出版社，2005.

[17] 张楚廷. 课程与教学哲学[M]. 北京：人民教育出版社，2003.

[18] [美]约翰·杜威. 学校与社会·明日之学校[M]. 赵祥麟，等译. 北京：教育
　　科学出版社，2005.

[19] 毛泽东. 体育之研究[M]. 北京：人民体育出版社，2004.

[20] 叶澜. 教育研究方法论初探[M]. 上海：上海教育出版社，1999.

[21] 何克抗. 教学系统设计[M]. 北京：北京师范大学出版社，2007.

[22] 陈桂生. 教育学的建构[M]. 长沙：湖南教育出版社，1998.

[23] [德]拉伊(W. A. Lay). 实验教育学[M]. 金澎荣，黄觉明译. 上海：商务印书
　　馆，1928.

[24] 毛泽东选集(一卷)[M]. 北京：人民出版社，1991.

[25] 朱旭东. 教师专业发展理论研究[M]. 北京：北京师范大学出版社，2011.

[26] 江山野. 简明国际教育百科全书·课程[M]. 北京：教育科学出版社，1991.

[27] 张华. 课程与教学论[M]. 上海：上海教育出版社，2000.

[28] 马克思恩格斯选集(1卷)[M]. 北京：人民出版社，1995.

[29] 列宁全集(23卷)[M]. 北京：人民出版社，1995.

[30] 毛泽东. 实践论[M]. 北京：中共中央文献研究室，1990.

[31] 顾明远. 教育大辞典[M]. 上海：上海译文出版社，1997.

[32] [罗马尼亚]S. 拉塞克，G. 维迪努. 从现在到2000年教育内容发展的全球展望[M]. 北京：教育科学出版社，1996.

[33] 郝德永. 课程研制方法论[M]. 北京：教育科学出版社，2000.

[34] 上海师范大学《教育学》编写组. 教育学[M]. 北京：人民教育出版社，1979.

[35] [德]雅斯贝尔斯. 邹进译. 什么是教育[M]. 上海：上海三联书店，1991.

[36] 黄显华，霍秉坤. 寻找课程论和教科书设计的理论基础[M]. 北京：人民教育出版社，2002.

[37] [英]波普尔. 科学知识进化论——波普尔科学哲学选集[M]. 纪树立编译. 北京：生活·读书·新知三联书店，1987.

[38] [德]黑格尔. 小逻辑[M]. 北京：商务印书馆，1995.

[39] 吴志超. 现代教学论与体育教学[M]. 北京：人民体育出版社，1992.

[40] 周登嵩. 学校体育教学探索[M]. 北京：人民体育出版社，2000.

[41] 于晓霞. 学校体育教育手册[M]. 天津：天津人民出版社，1998.

[42] 毛振明. 学校体育学[M]. 北京：高等教育出版社，2001.

[43] 张勇. 体育教学论[M]. 北京：科学出版社，2004.

[44] 潘绍伟，于可红. 学校体育学[M]. 北京：高等教育出版社，2005.

[45] 李艳翎，等. 体育课程论[M]. 长沙：湖南大学出版社，2006.

[46] [英]亚瑟·K. 埃利斯. 课程伦理及其实践范例 [M]. 张军译. 北京：教育科学出版社，2005.

[47] [美]M. W. 瓦托夫斯基. 科学思想的概念基础 [M]. 北京：求实出版社，1989.

[48] 马克思恩格斯选集(1卷)[M]. 北京：人民出版社，2010.

[49] 胡定荣. 课程改革的文化研究[M]. 北京：教育科学出版社，2005.

[50] [德]伽达默尔. 真理与方法-哲学诠释学的基本特征[M]. 洪汉译. 上海：上海译文出版社，2004.

[51] 教育发展与政策研究中心编. 发达国家教育改革的动向和趋势[M]. 北京：人民教育出版社，1986.

[52] 李定仁，徐继存. 课程论研究二十年[M]. 北京：人民教育出版社，2006.

[53] 顾明远. 中国教育的文化基础[M]. 太原：山西教育出版社，2004.

[54] 穆尔. 知识与课程[J]. 钟启泉，译. 外国教育资料，1995(6).

[55] 张世英. 哲学导论[M]. 北京：北京大学出版社，2005.

[56] 顾明远. 教育大辞典[M]. 上海：上海教育出版社，1998.

[57] [美]小威廉姆 E. 多尔. 后现代课程观[M]. 王红宇译. 北京：教育科学出版

社，2000.

[58] 毛振明. 体育教学论[M]. 北京：高等教育出版社，2005.

[59] [澳]莱·克莱登. 课程与文化[M]. 刘民，等译. 大连：大连理工大学出版社，1992.

[60] 列宁选集(4卷)[M]. 北京：人民教育出版社，1972.

[61] 马克思恩格斯选集(3卷)[M]. 北京：人民出版社，1995.

[62] 马克思恩格斯全集(23卷)[M]. 北京：人民出版社，1972.

[63] 列宁全集(3卷)[M]. 北京：人民出版社，1985.

[64] [美]杜威. 学校与社会·明日之学校[M]. 赵祥麟，等译. 北京：人民教育出版社，1994.

[65] 莫雷. 20世纪心理学名家名著[M]. 广州：广东高等教育出版社，2005.

[66] 联合国教科文组织. 学会生存——教育世界的今天和明天[M]. 北京：教育科学出版社，1996：2.

[67] [美]布鲁纳. 布鲁纳教育论著选[M]. 邵瑞珍译. 北京：人民教育出版社，1989.

[68] 王承续，赵祥麟. 西方现代教育论著[M]. 北京：人民教育出版社，2001.

[69] 马克思恩格斯选集(1卷)[M]. 北京：人民出版社，2012.

[70] [英]丹尼斯·劳顿. 课程研究的理论与实践[M]. 张渭成，等译. 北京：人民教育出版社，2005.

[71] 马克思恩格斯选集(2卷)[M]. 北京：人民出版社，1972.

[72] 谭华. 体育史[M]. 北京. 高等教育出版社，2005.

[73] [英]洛克. 教育漫画[M]. 北京：人民教育出版社，1979.

[74] [法]卢梭. 爱弥儿[M]. 李平沤译. 北京：商务印书馆，1983.

[75] 顾明远，孟繁华. 国际教育新理念[M]. 海口：海南出版社，2005.

[76] 裴斯泰洛齐教育论著选[M]. 北京：人民教育出版社，2001.

[77] 斯宾塞. 教育论[M]. 胡毅译. 北京：人民教育出版社，1962.

[78] [日]佐藤正夫. 教学原理[M]. 钟启泉译. 北京：教育科学出版社，2002.

[79] [美]布卢姆. 教育评价[M]. 邱渊等译. 上海：华东师范大学出版社，1987.

[80] 王则珊. 学校体育理论与实践[M]. 北京：北京体育大学出版社，1995.

[81] 荀子. 劝学篇[M]. 北京：中华书局，1976.

[82] 李志才. 方法论——哲学逻辑学方法[M]. 南京：南京大学出版社，2000.

[83] 胡定荣. 课程改革的文化研究[M]. 北京：教育科学出版社，2005.

[84] 马克思恩格斯全集(23卷)[M]. 北京：人民出版社，1972.

[85] 张华. 课程与教学论[M]. 上海：上海教育出版社，2003.

[86] 课程研究所编辑. 课程改革整体论[M]. 北京：人民教育出版社，2004.

[87] 钟启泉. 课程论[M]. 北京：教育科学出版社，2007.

[88] 魏宏森，曾国屏. 系统论——系统科学哲学[M]. 北京：清华大学出版

社，1995.

[89] 黄显华，等. 寻找课程论和教科书设计的理论基础[M]. 北京：人民教育出版社，2002.

[90] 郭晓明. 课程结构论[M]. 长沙：湖南师范大学出版社，2002.

[91] 课程研究所编. 课程改革整体论[M]. 北京：人民教育出版社，2004.

[92] 李定仁，徐继存. 课程论研究二十年[M]. 北京：人民教育出版社，2004.

[93] 潘仲茗，等. 试谈课程设置和教学内容的改革[M]. 北京：人民教育出版社，1989.

[94] 课程研究所编. 课程改革整体论[M]. 北京：人民教育出版社，2004.

[95] 张华，钟启泉. 课程与教学论[M]. 上海：教育出版社，2003.

[96] 盛群力，等. 教学设计[M]. 北京：高等教育出版社，2005.

[97] 裴娣娜. 现代教学论（2卷）[M]. 北京：人民教育出版社，2005.

[98] [苏]苏霍姆林斯基. 给教师的建议[M]. 北京：教育科学出版社，1984.

[99] [苏]赞可夫. 教学与发展[M]. 北京：文化教育出版社，1980.

[100] [美]杜威. 民本主义教育[M]. 王承绪译. 北京：人民教育出版社，1988.

[101] 单丁. 课程流派的研究[M]. 济南：山东教育出版社，1998.

[102] 靳玉乐. 现代课程论[M]. 重庆：西南师范大学出版社，1995.

[103] 江山野. 国际教育大百科全书[M]. 北京：教育科学出版社，1991.

[104] 赫伯特·特马尔库塞. 理性革命[M]. 北京：中国人民大学出版社，2001.

[105] [德]恩斯特·卡西尔. 人论[M]. 上海：上海译文出版社，1985.

[106] [德]恩斯特·卡西尔. 人文科学的逻辑[M]. 沉晖等译. 北京：中国人民大学出版社，1991.

[107] 刘放桐等. 现代西方哲学（下册）[M]. 北京：人民出版社，1990.

[108] 美国学校体育国家标准研究[M]. 北京：人民教育出版社，2007.

[109] 王皋华. 体育课程设计[M]. 北京：人民出版社，2003.

[110] 张振华. 体育教学策略与设计[M]. 北京师范大学出版社，2012.

[111] [美]奥斯特霍夫. 开发和运用课题评估[M]. 谭文明，等译. 北京：中国轻工业出版社，2006.

[112] R.S.蔡斯. 课程设计：有代表性的模式[M]. 见瞿葆奎. 教育学文集[M]. 课程与教材（上）. 北京：人民教育出版社，1988.

[113] 李志才. 方法论-哲学逻辑的方法[M]. 南京：南京大学出版社，2000.

[114] 廖哲勋，田慧生. 课程新论[M]. 北京：教育科学出版社，2003.

[115] [苏]巴班斯基. 中学教学方法的选择[M]. 张定璋，高文译. 北京：教育科学出版社，2001.

[116] 联合国教科文组织. 学会生存——教育世界的今天和明天[M]. 北京：教育科学出版社，1996：2.

[117] [苏]尤·克·巴班斯基. 论教学过程最优化[M]. 吴文倪，等译. 北京：教育

科学出版社，1982.

[118] 皮连生. 教学设计——心理学的理论与技术[M]. 北京：高等教育出版社，2000.

[119] 毛振明，于素梅，杜晓红. 初中体育教学策略[M]. 北京：北京师范大学出版社，2012.

[120] 黄济，王策三. 现代教育论[M]. 北京：人民教育出版社，2005.

[121] 顾明远，孟繁华. 国际教育新理念[M]. 海口：海南出版社，2005.

[122] 盛群力，等. 教学设计[M]. 北京：高等教育出版社，2008.

[123] 徐玉珍. 校本课程开发的理论与案例[M]. 北京：人民教育出版社，2003.

[124] 姚利民. 有效教学论：理论与策略[M]. 长沙：湖南大学出版社，2005.

[125] 郑金洲. 上课的变革[M]. 北京：教育科学出版社，2007.

[126] 董奇，陶沙. 动作与心理发展[M]. 北京：北京师范大学出版社，2004.

[127] 施良方. 学生认知于优化教学[M]. 北京：中国科学技术出版社，1991.

[128] 周志俊，等. 体育教学艺术概论[M]. 合肥：安徽教育出版社，1997.

[129] [苏]加里培林. 关于智力活动形成的研究的发展[M]. 北京：科学出版社，1962.

[130] 傅道春. 新课程中课堂行为的变化[M]. 北京：首都师范大学出版社，2008.

[131] 廖哲勋. 课程学[M]. 武汉：华中师范大学出版社，1991.

[132] 丁朝蓬. 新课程评价的理念与方法[M]. 北京：人民教育出版社，2005.

[133] 霍秉坤，黄显华. 课程范式：意涵、应用和争议[M]. 香港：香港中文大学出版社，2004.

[134] 张学忠，杨旭东，等. 学校体育课程论[M]. 北京：中国科学技术出版社，2013.

[135] 朱慕菊. 走近新课程[M]. 北京：北京师范大学出版社，2002.

[136] 李秉德. 教学论[M]. 北京：人民教育出版社，1991.

[137] [美]艾尔·巴比. 社会研究方法[M]. 邱泽奇译. 北京：华夏出版社，2000.

[138] [美]斯克利文. 评价方法论[M]. 北京：人民教育出版社，1988.

[139] 王景英. 教育评价理论与实践[M]. 长春：东北师范大学出版社，2002.

[140] 陈向明. 教师如何做质的研究[M]. 北京：教育科学出版社，2001.

[141] 张华. 课程与教学论[M]. 上海：上海教育出版社，2003.

[142] 范兆雄. 课程资源概论[M]. 北京：中国社会科学出版社，2002.

[143] 刘义兵，段俊霞. 教学研究范式论[M]. 北京：人民教育出版社，2011.

[144] 季浏. 全日制义务教育体育（与健康）课程标准（实验稿）解读[M]. 武汉：湖北教育出版社，2002.

[145] 杨平，周广强. 谁来决定我们学校的课程——谈校本课程的开发[M]. 北京：北京大学出版社，2002.

[146] 靳玉乐，宋乃庆，徐仲林. 新教材将会给教师带来些什么——谈新教材新功

能[M]. 北京：北京大学出版社，2002.

[147] 周广强. 课程资源开发与整合[M]. 北京：人民教育出版社，2004.

[148] 教育部基础教育司，师范教育司编写组. 体育与健康课程标准研修[M]. 北京：高等教育出版社，2004.

[149] 郝德永. 课程研制方法论[M]. 北京：教育科学出版社，2000.

[150] 王承续，赵祥麟. 西方现代教育论著选[M]. 北京：人民教育出版社，2005.

[151] 王卫东. 现代化进程中的教育价值观[M]. 北京：中国社会科学出版社，2002.

[152] [德]黑格尔. 小逻辑[M]. 北京：商务印书馆，1980.

[153] 程翔章，曹海东. 世界著名教育家、科学家的命运[M]. 桂林：广西人民出版社，1999.

[154] [英]马林诺夫斯基. 在文化诞生和成长中的自由[M]. 杭州：浙江人民出版社，1987.

[155] [美]沃尔特·迪克. 教学系统化的设计[M]. 北京：高等教育出版社，2008.

[156] 梁漱溟. 东西文化及其哲学[M]. 北京：商务印书馆，1999.

期刊

[1] 王玉栋. 关于价值本质的几个问题[J]. 学术研究，2008(8).

[2] 徐全兴. 马克思主义哲学正处于自我革命中[J]. 新华文摘，2011(7).

[3] 王新生. 马克思哲学的历史主义根基：遗忘与重建[J]. 吉林大学社会科学学报，2009(2).

[4] 张振华. 体育课程论与教学论的辨析与建[J]. 成都体育学院学报. 2010(2).

[5] 丘成桐. 研学之乐[J]. 新华文摘，2011(7).

[6] 何中华. 马克思主义哲学中国化四问[J]. 新华文摘，2011(2).

[7] 李景林. 教化观念与儒学的未来发展[J]. 新华文摘，2009(10).

[8] 张江. 强制阐释论[J]. 新华文摘，2014(24).

[9] 孙伟平. 价值论与哲学的实质性"变革"[J]. 新华文摘，2015(3).

[10] 张振华. 体育课程论与教学论的辨析与建[J]. 成都体育学院学报，2010(2).

[11] 杨耕. 当前马克思主义研究中的五个问题[J]. 新华文摘，2014(20).

[12] 张象. 迎接世界现代史学科新的春天[J]. 新华文摘，2013(9).

[13] [美]穆尔. 知识与课程[J]. 钟启泉译. 外国教育资料，1995(6).

[14] 杨魁森. 劳动与生活[J]. 新华文摘，2010(21).

[15] 王锐生. 马克思人的理论和科学发展观[J]. 学术研究，2005(10).

[16] 郭文安，靖国平. 论当代教育对于人的独立个性的追求与探索[J]. 教育研究与实验，2000(4).

[17] 杨魁森. 劳动与生活[J]. 新华文摘，2010(21).

[18] 杨耕. 当前马克思主义研究中的五个重大问题[J]. 新华文摘，2014(20).

[19] 何中华. 马克思主义哲学中国化四问[J]. 北京：新华文摘，2011(2).

[20] 杨海蛟. 90 年代以来中国政治学研究特点及发展趋势[J]. 浙江社会科学，2001(4).

[21] 赵乐际. 落实党的十八大精神、深化党建研究工作[J]. 新华文摘，2013(9).

[22] 王新生. 马克思哲学的历史主义根基：遗忘与重建[J]. 吉林大学社会科学学报，2009(2).

[23] 邓晓芒. 从哲学看宏观历史的问题[J]. 新华文摘，2013(12).

[24] 张海鹏. 20 世纪中国近代史学科体系问题的探讨[J]. 新华文摘，2005(7).

[25] 李荣. 马克思主体性建构的三重意蕴[J]. 山东师范大学学报，2009(6).

[26] 王浦劬. 中国政治学学术发展中的基本关系论析[J]. 新华文摘，2009(8).

[27] 何中华. 马克思主义哲学中国化四问[J]. 新华文摘，2011(2).

[28] 刘启迪. 课程理论发展与实践进展—第五次全国课程学术研讨会综述[J]. 课程·教材·教法，2006(1).

[29] 于涛，周建东. 美国体育"学科革命"对体育学知识体系构建的影响[J]. 上海体育学院学报，2017(2).

[30] 李臣之. 课程实施：意义与本质[J]. 课程·教材·教法，2001(9).

[31] 杨魁森. 劳动与生活[J]. 新华文摘，2010(21).

[32] 陈时见，朱利霞. 一元与多元：论课程的两种文化选择[J]. 广西师范大学学报，2000(2).

[33] 汪泓. 精心的预设，精彩的生成[J]. 教师之友，2005(5).

[34] 张振华，周志俊. 体育学习与培养[J] 安徽师范大学学报，2007(3).

[35] 钟启泉. 现代课程编制的若干问题[J]. 教育研究，1989(5).

[36] 刘义兵. 当代国外课程评价的基本模式[J]. 外国教育研究，1992(1).

[37] 陈侠. 再谈课程原理[J]. 课程·教材·教法，1989(4).

[38] 张天宝. 教育研究与实验[J]. 1995(2).

[39] 黄甫全. 课程理想与课程评价——世纪之交对课程评价指标体系构建的文化思考[J]. 华南师范大学学报(社科版)，1996(6).

[40] 张廷凯. 关于课程评价的几个问题[J]. 课程·教材·教法，1996(3).

[41] 丁朝蓬. 教材结构分析与内容质量评价[J]. 教育理论与实践，2011(8).

[42] 陈侠. 制约学校课程的各种因素[J]. 课程·教材·教法，1985(4).

[43] 胡学增，沈勉荣. 关键在于建立新颖的课程和人才评价的科学体制[J]. 中小学教育，1993(4).

[44] 钟启泉. 现代课程编制的若干[J]. 教育研究，1989(5).

[45] 张廷凯. 关于课程评价的几个问题：从评价看课程编制的科学化[J]. 课程·教材·教法，1996(3).

[46] 李铁映. 论社会科学[J]. 新华文摘，2011(21).

[47] 桑新民. 科教兴国的教育使命——实现人类学习方式的历史性变革[J]. 人民教

育，1999(1).

[48] 钟启泉. 学校课程改革：挑战与期待[J]. 江苏教育研究，1989(1).

[49] 靳玉乐. 简析美国课程研究的五种范式[J]. 课程·教材·教法，1996(8).

[50] 杜佩屏. 普通高中综合课程的评价[J]. 课程·教材·教法，1998(7).

[51] 李臣之. 活动课程评价初探[J]. 课程·教材·教法，1997(7).

[52] 范兆雄. 课程资源分析[J]. 西北师范大学学报(社会科学版)，2002(3).

[53] 吴刚平. 课程资源的理论构想[J]. 教育研究，2001(9).

[54] 毛振明. 论体育教材的选编[J]. 天津体育学院学报，2002(4).

[55] 朱应明. 民间传统体育项目应用于学校体育教学的尝试[J]. 体育学刊，2001
(3).

[56] 薛红. 黑龙江省冬季体育课程资源开发探析[J]. 冰雪运动，2002(4).

[57] 赵吉峰，赵晚霞. 新形势下体育课程资源的开发和利用[J]. 湖北体育科技，
2003(3).

[58] 卢昌军. 试析阿尔杜塞和马克思对人本主义的批判[J]. 武汉大学学报(人文社
科版)，2007(5).

[59] 徐继存，段兆兵，陈琼. 论课程资源及其开发与利用[J]. 学科教育，2002(2).

[60] 文可义. 地方课程资源的开发和利用[J]. 广西教育学院学报，2003(4).

[61] 吴刚平. 课程资源的理论构想[J]. 教育研究，2001(9).

[62] 王君. 课程资源的开发和利用[J]. 辽宁教育研究，2002(2).

[63] 孙继昌. 开发和利用初中历史课程资源的途径[J]. 山东教育，2002(8).

[64] 曹卫民. 浅析小学体育课程内容资源的开发和利用[J]. 中国学校体育，2003,
(1).

[65] 邱耕田. 论整体性的发展[J]. 新华文摘，2018(1).

[66] 王登峰. 从有到强：新时代青少年校园足球的战略定位与方向[J]. 体育科学，
2018(4).

[67] 王凯. 美国多元文化教育流变及课程转向研究[J]. 外国教育研究，2002(4).

[68] 郭文安，靖国平. 论当代教育对于人的独立个性的追求与探索[J]. 教育研究与
实验，2000.

[69] 杨魁森. 劳动与生活[J]. 新华文摘，2010(21).

英文著作

[1] Schbert, W., *Curriculum：Perspective，Paradigm，and Possibility*.

[2] John Dewey, *The Sources of Science of Education*，New York，the Macmillan
Company.

[3] Tanner, D. & T Tanner, L. N., *Curriculum Development：Theory into Prac-
tion*，New York：Macmillam.

[4] Ross，A. *Curriculum——Construction and Critique*. London：Falmer Press.

[5] Scotter, R. D. and Others. *Foundations of Education: Social Perspective.* New York: Macmillan.

[6] Goodlad, J. L. , *Curriculum Inquiry: The Study of Curriculum Practice.*

[7] Schuber, W. H. , *Curriculum: Perspective, Paardigm, and Possibility,* New York: Macmillan Publishing Company.

[8] Kelly, A. V. *The Curriclum*, P. C. P. Education Series.

[9] Shulman L. Those Who Understand: Knowledge Growth in Teaching. *Educational Researcher,* 15(2).

[10] Vygotsky L S. *Mind in Society,* Cambridge, MA: Hamrversity Press.

[11] Nevo, D. "The Conceptualization of Education Evaluation", *Review of Education Research,* 53(1).

[12] A. V. Velly, *The Curriculum: Theory and Practice,* London: Paul Chapmam Publishing ltd.

[13] Marsh, C. & Willis, G. . , *Curriclum: Alternative Approaches, Ongoing Issues,* A Simon & Schuseter Commpany.

[14] Stufflebeam, D. L. , *Standards for Evations of Educational Programs, Projects And Materials,* Joint Committee on Standards for Educational Evaluation, New York: McGraw-Hill.

[15] Denis Lawton. *Theory and Practice of Curriculum,* London: Routledge & Kegan Paul.

[16] Daniel Tanner & Laurel N. Tanner. *Curriculum Development: Theory into Practice.* New York: Macmillan Publishing Co. Inc. & London: Collier Macmillan Publishers.

[17] Shulman, l. s. "Kowledge and Teaching: Foundations of the New Reform" . *Harvard Educationl Review,* 57(1).

[18] CLarK, E. T. , *Designing and Implementing an Integrated Curriculum: A Student-centered Approach,* Brandon, VT: Holistic Education.

报纸等类别分类

[1] 杨福斌. 过程哲学方法论探析[R]. 光明日报, 2015: 1、21.

[2] 毛振明. 2013年10月沈阳·全国学校体育学体育教学论研讨班发言.

[3] 课程现象——在现代教育活动中人们把课程现象, 分为物质性、活动性和关系性的三个层面。物质性的现象, 如课程计划标准、课本教学材料、视听电子教学材料等。活动性的现象, 如课程规划、教学设计、课程实施、教师考核及课程评价等活动。关系性的现象, 如课程选择与教育目的的关系、课程组织与文化结构以及学生身心发展的关系、课程研制与课程产品之间的关系等。

[4] 课程规律——是指课程及其组成成分发展变化过程中的本质联系和必然趋势;

是一种客观存在的特性。人们常说的课程规律，一般指称的是这种反映的结果。

[5] 先行者组织策略——是认知学习理论的经典方法。即学习新知识前，提供一个材料帮助学生的学习认知与原有图式发生联结。这个材料是以学生既有的知识为基础，并能与新知识发生联结，能够突出新知识的具体框架，为学习新知识做准备。

[6] 田菁. 体育课程内容资源开发研究[D]. 上海：上海体育学院，2007：69、73、87、76.

[7] 李林. 体育课程内容资源开发的理论与实践究[D]. 北京：北京体育大学，2004：28.

[8] 韦颂. 体育课程资源建设理论的基础建构研究[D]. 重庆：西南师范大学，2003：5.

[9] 张玲.《体育与健康》课程资源及其开发与利用研究[D]. 福州：福建师范大学，2003：9.

[10] 张文军. 后现代主义的教育思想述评[D]. 上海：华东师范大学，1997：67.

[11] 摘自，习近平总书记 2018 年 9 月 10 日北京全国教育大会上的讲话。

[12] 摘自，刘海元，2018 年 7 月青岛国家体育教师培训班上的讲话。

[13] 2014 年 9 月 24 日，习近平主席在出席纪念孔子诞辰 2565 周年大会开幕会并发表重要讲话。

[14] 盛晓明. 中国、英国中学体育课程改革与发展的比较研究[D]. 北京体育大学博士论文，2004：26、27.

[15] 罗世铭. 当代日本学校体育与社会体育研究[D]. 北京体育大学出版社，2007：3、152.